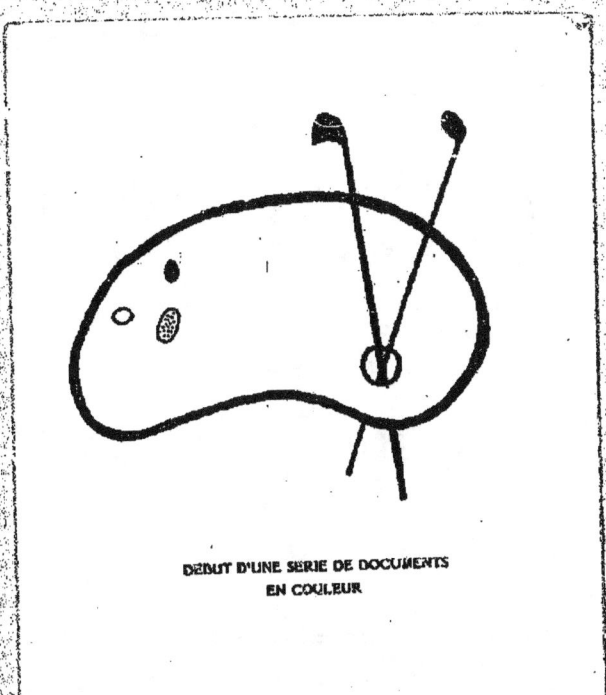

DEBUT D'UNE SERIE DE DOCUMENTS
EN COULEUR

QUERELLES DE PHILOSOPHES

VOLTAIRE
ET
J.-J. ROUSSEAU

PAR

GASTON MAUGRAS

PARIS
CALMANN LÉVY, ÉDITEUR
RUE AUBER, 3 ET BOULEVARD DES ITALIENS, 15
A LA LIBRAIRIE NOUVELLE

1886

CALMANN LÉVY, ÉDITEUR

DU MÊME AUTEUR

Format in-8°

L'ABBÉ F. GALIANI. Correspondance. (En collaboration avec Lucien Perey.) *Ouvrage couronné par l'Académie française*.................. 2 vol.

LA JEUNESSE DE MADAME D'ÉPINAY, d'après des lettres et des documents inédits. (En collaboration avec Lucien Perey.) *Ouvrage couronné par l'Académie française*........ 1 vol.

LES DERNIÈRES ANNÉES DE MADAME D'ÉPINAY, d'après des lettres et des documents inédits. (En collaboration avec Lucien Perey.) *Ouvrage couronné par l'Académie française*............ 1 vol.

LA VIE INTIME DE VOLTAIRE AUX DÉLICES ET A FERNEY. (En collaboration avec Lucien Perey.)...... 1 vol.

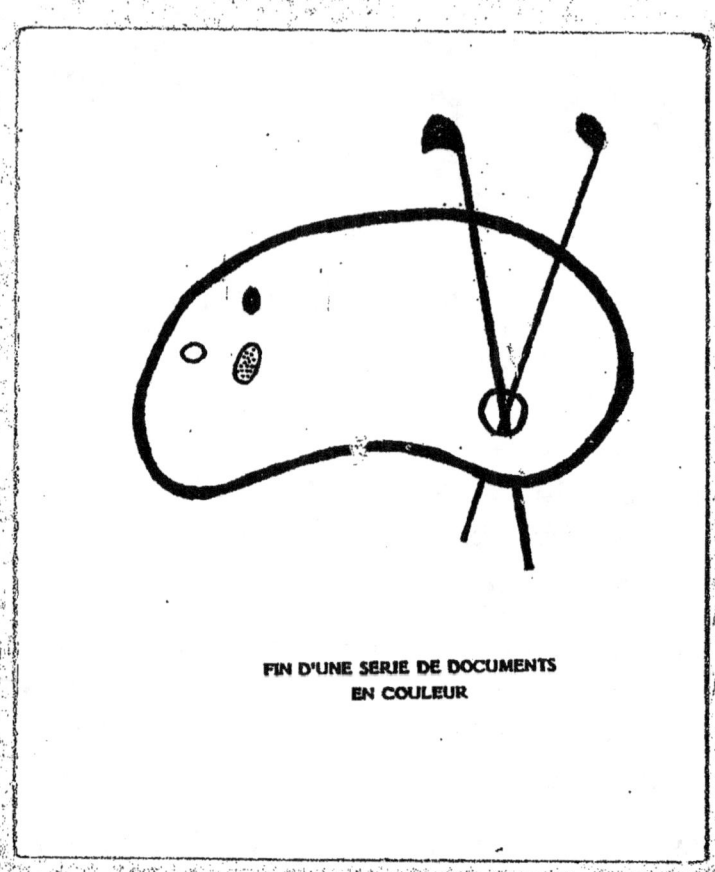

FIN D'UNE SERIE DE DOCUMENTS
EN COULEUR

QUERELLES DE PHILOSOPHES

VOLTAIRE

ET

J.-J. ROUSSEAU

CALMANN LÉVY, ÉDITEUR

DU MÊME AUTEUR :

Format in-8°

L'ABBÉ F. GALIANI. Correspondance. (En collaboration avec Lucien Perey.) *Ouvrage couronné par l'Académie française*. . . . . 2 vol.

LA JEUNESSE DE MADAME D'ÉPINAY, d'après des lettres et des documents inédits. (En collaboration avec Lucien Perey.) *Ouvrage couronné par l'Académie française*. . . . . 1 vol.

LES DERNIÈRES ANNÉES DE MADAME D'ÉPINAY, d'après des lettres et des documents inédits. (En collaboration avec Lucien Perey.) *Ouvrage couronné par l'Académie française*. . . . . 1 vol.

LA VIE INTIME DE VOLTAIRE AUX DÉLICES ET A FERNEY. (En collaboration avec Lucien Perey.) . . . . . 1 vol.

QUERELLES DE PHILOSOPHES

VOLTAIRE

ET

J.-J. ROUSSEAU

PAR

GASTON MAUGRAS

PARIS

CALMANN LÉVY, ÉDITEUR

RUE AUBER, 3 ET BOULEVARD DES ITALIENS, 15

A LA LIBRAIRIE NOUVELLE

1886

PRÉFACE

Le lecteur trouvera en tête de notre premier chapitre le plan et le but de cet ouvrage. Une préface serait donc inutile si nous ne tenions à répondre d'avance à une critique qui probablement nous sera faite.

Bien que des recherches, couronnées de succès, et l'extrême obligeance des collectionneurs auxquels nous nous sommes adressés, nous aient permis de donner une part d'inédit considérable, les documents qui figurent dans ce volume sont en majeure partie extraits des correspondances et des ouvrages qui ont paru depuis le siècle dernier jusqu'à nos jours. On nous reprochera peut-être d'avoir reproduit, intégralement ou en partie, des lettres publiées dans les correspondances générales et dans les recueils particuliers.

A cela nous répondrons que bien des documents édités sont peu connus et que c'est faire œuvre utile que de les mettre en valeur; que peu de personnes peuvent lire les volumineuses correspondances de Voltaire, de Rousseau, de d'Alembert, de Diderot, de Grimm, etc., etc., en les rapprochant, en contrôlant les assertions, en portant la lumière au milieu d'affirmations souvent contradictoires, en éclairant les faits et les événements par les récits des contemporains, les mémoires, les souvenirs, les publications périodiques, tant anciennes que contemporaines, tant françaises qu'étrangères.

Ce travail, que le public ne saurait entreprendre, nous l'avons fait sur un point spécial qui nous a paru intéressant : les rapports de J.-J. Rousseau et de Voltaire.

Nous nous sommes plus particulièrement attaché à Rousseau, dont la vie a été relativement très peu étudiée. On ne la connaît en effet que par les *Confessions*, témoignage bien suspect, et par l'ouvrage de Musset-Pathay, édité en 1822, travail consciencieux, mais dont l'auteur n'a eu entre les mains que des documents très incomplets.

Personne n'a encore montré Rousseau sous son véritable jour; c'est le but que nous nous sommes proposé et nous n'avons pas hésité à nous servir de tous les documents publiés ou inédits qui pouvaient nous venir en aide.

Peut-être nous reprochera-t-on d'avoir fait mention d'événements déjà racontés par les quelques auteurs qui ont touché incidemment aux rapports de Voltaire et de Rouseau : voulant traiter le sujet complètement, nous ne pouvions laisser de côté certains faits sous prétexte que ces faits étaient connus et qu'il était loisible au lecteur d'aller les rechercher dans les ouvrages spéciaux.

Les principales sources auxquelles nous avons eu recours sont : La bibliothèque de Neufchâtel, où sont déposés tous les papiers légués par Rousseau à M. Du Peyrou. — Les manuscrits de la Bibliothèque nationale de Paris. — Les *Mémoires* inédits de Cornuaud que M. Victor Cherbuliez, de l'Académie française, a eu l'extrême obligeance de mettre à notre disposition. — *J.-J. Rousseau, ses amis et ses ennemis*, par M. Streckeisen-Moultou. Paris, Michel-Lévy, 1865, 2 vol. in-8°. Ce recueil contient un très grand nombre de lettres adressées à Rousseau et déposées à la bibliothèque de Neufchâtel. Nous avons fait à cette correspondance de fréquents emprunts et nous l'avons désignée indifféremment sous le titre de « Streckeisen-Moultou », ou de « *Rousseau, ses amis et ses ennemis*. » — *Histoire de la vie et des ouvrages de J.-J. Rousseau*, par Musset-Pathay. Paris, 1822, Brière. 2 vol. — *Julie von Bondeli und ihr Freundeskreis*, par Eduard Bodemann, Hannover, Hahn'sche Hofbuchhandlung, 1874. Cet ouvrage, tiré à très petit nombre, n'est pas dans le commerce. — *Voltaire et la Société au dix-huitième siècle*, par

M. Desnoireterres. Paris, Didier, 1876, 8 vol. Ce travail, très remarquable et très complet, nous a fourni de précieux renseignements et nous a indiqué un grand nombre de sources. — *J.-J. Rousseau et le val de Travers*, par Fritz Berthoud. Paris, Fischbacher, 1881, 1 vol. in-8°. *J.-J. Rousseau et M. de Montmollin*. Fleurier, 1884, 1 vol. in-8°. Ces deux intéressants volumes, remplis de documents nouveaux, nous ont été d'un grand secours pour étudier les rapports des pasteurs de Neufchâtel avec Rousseau. — *Life and correspondence of David Hume*, 2 vol., 1846. Edinburgh. — *Hume's correspondence* (private correspondence). London, Colburn and C°, 1820, 1 vol. — *Correspondence of Horace Walpole*. London, Henry Colburn, 1837.

Nous nous sommes servi de la *Correspondance générale* de Rousseau, publiée par la librairie Hachette en 1872, et de la *Correspondance générale* de Voltaire, publiée par MM. Garnier frères en 1883. Suivant l'usage, nous avons donné la qualification d'*inédites* aux lettres qui ne font pas partie des correspondances générales et nous avons indiqué leur source chaque fois que nous y avons été autorisé. Les lettres ne portant pas la qualification d'inédite sont extraites des correspondances générales que nous venons de mentionner.

QUERELLES DE PHILOSOPHES

CHAPITRE PREMIER

1745—1754

Sommaire : Préambule. — Rousseau jusqu'en 1745. — *Les fêtes de Ramire*. — Premiers rapports avec Voltaire. — *Discours sur les Sciences et les Arts*. — Voltaire part pour Berlin. — Sauvagerie de Rousseau. — *Le Devin du village*. — Rousseau et Jelyotte. — Thérèse Levasseur. — Rousseau et ses enfants. — Maladie de Rousseau.

Nous n'entendons écrire ici ni l'histoire de Rousseau ni celle de Voltaire.

Notre but est simplement d'étudier les rapports qui ont existé entre les deux grands philosophes du dix-huitième siècle et de montrer comment ils en sont arrivés sans s'être jamais vus à une inimitié que rien ne put apaiser.

Nous avons cru qu'il était intéressant d'isoler tout

ce qui se rapporte à leur querelle fameuse, de façon à en bien mettre en relief les causes et les conséquences, à en nettement détacher les responsabilités. Le lecteur pourra mieux ainsi apprécier les hommes et les événements ; il jugera par lui-même à qui incombe la faute de la rupture et de cette lutte sans pitié qui de part et d'autre dépassa toute mesure.

Rousseau s'est toujours posé comme la victime des intrigues de Voltaire, victime innocente et pure, et dont tous les efforts ont été impuissants à désarmer une haine inspirée par la plus basse jalousie. Nous examinerons le plus ou moins de justesse de ces allégations. En suivant Jean-Jacques dans ses rapports avec les autres philosophes de l'époque, avec les pasteurs de l'Église réformée et avec les gouvernements de Genève et de Neuchâtel, nous verrons s'il fut réellement de la part du patriarche de Ferney l'objet d'une persécution que rien ne saurait excuser, ou s'il n'a pas été plutôt le jouet de ses hallucinations et le propre artisan de ses infortunes.

En dehors de la question spéciale que nous venons d'indiquer, la vie des deux philosophes ne nous occupera pas et nous éviterons volontairement tout ce qui dans leur existence nous écarterait du sujet que nous avons choisi. Il ne sera pas davantage question de leur talent d'écrivain et de leur génie, que nous mettons hors de cause ; leurs caractères seuls sont en jeu.

C'est vers la fin de l'année 1745 que Voltaire et Rousseau se trouvèrent pour la première fois en présence.

Rousseau était né à Genève en 1712. Sa mère mourut en lui donnant le jour. Ses ancêtres appartenaient à la religion réformée et exerçaient à Paris la profession de libraires; en 1550, ils préférèrent s'expatrier plutôt que d'abandonner la foi évangélique, et ils vinrent s'établir à Genève où on leur accorda bientôt le droit de bourgeoisie; c'était une grande faveur, car les bourgeois formaient une véritable aristocratie; ils étaient fort peu nombreux et jouissaient de privilèges considérables.

Jean-Jacques avait à peine dix ans, quand son père, horloger de son métier, dut quitter la ville à la suite d'une querelle. L'enfant entra en apprentissage, mais, mal surveillé par des parents éloignés, maltraité par son patron, il prit le parti de s'enfuir, et il n'avait guère plus de seize ans quand il se réfugia à Turin. Le hasard lui fit trouver un gîte chez des prêtres catholiques[1] qui s'empressèrent de le convertir. Mais, en abjurant la religion de Calvin, il perdit son droit de bourgeoisie à Genève[2], et nous verrons plus tard de quelle importance fut pour lui cet événement assez futile en apparence.

Après avoir exercé bien des métiers, après avoir été laquais, valet de chambre, séminariste, secrétaire du

---

1. L'hospice des Catéchumènes de Turin où Rousseau passa quelques mois fut fondé en 1652; il a été supprimé en 1879.
2. A Berne la loi était plus dure encore: celui qui abandonnait la religion protestante perdait non seulement ses droits civils mais encore tous ses biens.

cadastre, maître de musique, précepteur, après avoir mené pendant de longues années une vie nomade, où il ne s'acquit ni dignité ni honorabilité, Jean-Jacques arriva à Paris en 1741.

Il avait imaginé une nouvelle méthode pour noter la musique et il comptait sur elle pour faire fortune; malheureusement l'Académie des sciences, à laquelle il la présenta, la jugea impraticable; désolé de ce contretemps qui le laissait sans ressources sur le pavé de Paris, il alla voir le père Castel[1], auquel il était recommandé.

« Puisque les musiciens et les savants, dit le jésuite, ne chantent pas à votre unisson, changez de corde, et voyez les femmes; vous réussirez peut-être mieux de ce côté-là.... On ne fait rien à Paris que par les femmes. Ce sont comme des courbes dont les sages sont les asymptotes. Ils s'en approchent sans cesse, mais ils n'y touchent jamais[2]. »

Le jésuite ne se borna pas à donner des conseils, il mit son protégé en relations avec Mme de Beuzenval, Mme de Broglie, Mme Dupin, etc. Mais Rousseau ne se conforma qu'en partie aux préceptes qu'il venait de recevoir, et son premier soin fut de vouloir toucher au fruit défendu; avec une fatuité, qui ne l'abandonna jamais, il crut voir dans l'accueil gracieux de Mme Dupin des avances évidentes; il écrivit une lettre

---
1. Castel (Louis Bertrand) (1688-1757), jésuite, auteur de plusieurs ouvrages très originaux sur les mathématiques et la physique.
2. *Confessions*. Partie II, livre. VII.

passionnée dont le seul résultat fut de lui faire fermer la porte d'un des salons les plus fréquentés de Paris.

La prédiction du jésuite se réalisa cependant. En 1743, sur la recommandation de Mme de Broglie, le comte de Montaigu, ambassadeur à Venise, emmena Jean-Jacques comme secrétaire particulier. C'était là le début d'une carrière fort honorable. Malheureusement l'ambassadeur et le secrétaire ne furent pas longtemps d'accord ; ils se quittèrent fort mal, et Jean-Jacques se retrouvait à Paris à la fin de 1744, de nouveau sans situation, sans argent, sans appui. Il était âgé de trente-trois ans.

C'est vers la musique que ses aptitudes naturelles le portaient ; déjà il s'était essayé dans quelques œuvres de peu d'importance ; il résolut d'achever un opéra et d'en tirer parti. C'est ainsi qu'il composa les *Muses galantes*[1].

Le hasard allait se charger de mettre en rapports le compositeur encore obscur et misérable avec le représentant le plus illustre des lettres, de la poésie et de la philosophie.

Présenté par M. de Gauffecourt[2] chez le célèbre fer-

---

1. Cet ouvrage était encore dans le goût français ; plus tard Rousseau inaugura un genre nouveau, car il détestait notre musique : « Il n'y a pas même jusqu'à leurs chiens qui aboient faux », s'écria-t-il un jour. L'opéra français passait, du reste, pour détestable ; Walpole écrivait de Paris en 1739 à Richard West : « .... Il est vrai qu'on va beaucoup à l'opéra trois fois par semaine, mais pour moi ce serait une plus rude pénitence que de manger maigre : leur musique ressemble autant à une tarte aux groseilles qu'à une harmonie quelconque.... »

2. M. de Gauffecourt fut receveur des sels du Valais.

mier général de la Popelinière[1], Rousseau eut la bonne fortune de plaire au financier, qui fit représenter les *Muses galantes* sur son théâtre particulier. Le maréchal de Richelieu, pour les raisons que l'on sait, restait fort assidu chez Mme de la Popelinière; il entendit le nouvel opéra, daigna le trouver de son goût et le fit jouer chez M. de Bonneval, intendant des Menus. Peu de temps après, l'auteur recevait du noble duc une mission qui dut le combler de joie et lui faire entrevoir enfin un avenir plus calme et plus heureux.

Pendant l'hiver de 1742, on jouait beaucoup à Versailles sur le théâtre des Petites-Écuries. Le règne de la marquise de Pompadour était à son aurore, on s'efforçait à l'envi de plaire à la nouvelle favorite en égayant une cour que la récente maladie du roi et la mort presque tragique de la duchesse de Châteauroux avaient singulièrement assombrie. Richelieu présidait à ces divertissements et il eut l'idée de faire reprendre la *Princesse de Navarre* que Voltaire avait donnée quel-

---

[1]. Popelinière (Alexandre-Jean-Joseph Le Riche de la) (1692-1762), financier bel esprit; il se piquait de protéger les lettres et les beaux-arts et donnait dans sa maison de Passy des fêtes somptueuses. Tous les jeunes gens qui débutaient étaient sûrs de trouver en lui un appui véritable. « Sa maison, dit Grimm, était le réceptacle d'une foule de gens de tous les états, tirés indistinctement de la bonne et de la mauvaise compagnie. Gens de la cour, gens du monde, gens de lettres, artistes, étrangers, acteurs, actrices, filles de joie, tout y était rassemblé. On appelait sa maison une *ménagerie*, et le maître le *sultan*. » La Popelinière avait épousé la fille de Mimi-Dancourt la comédienne. Ils se séparèrent lorsqu'il eut découvert dans la cheminée du boudoir de sa femme une plaque à charnière qui cachait une communication avec la maison voisine, et par laquelle le duc de Richelieu pénétrait chaque jour.

ques mois auparavant et dont Rameau avait composé la musique. Mais, pour divers motifs, la pièce n'était plus de saison; il fallait en modifier certaines parties, et comme les auteurs se trouvaient en ce moment beaucoup trop occupés du *Temple de la Gloire*[1] pour qu'on pût leur rien demander, Richelieu songea au jeune protégé de M. de la Popelinière; il le pria de modifier dans le sens voulu la *Princesse de Navarre* et de mettre d'accord les vers et la musique.

Le travail terminé, Jean-Jacques eut la convenance d'écrire à Voltaire une lettre des plus respectueuses pour lui soumettre les modifications apportées à son œuvre, dont le titre même avait disparu pour faire place à celui des *Fêtes de Ramire*.

« Monsieur, il y a quinze ans que je travaille pour me rendre digne de vos regards et des soins dont vous favorisez les jeunes muses en qui vous découvrez quelque talent. Mais, pour avoir fait la musique d'un opéra, je me trouve, je ne sais comment, métamorphosé en musicien. C'est, Monsieur, en cette qualité que M. le duc de Richelieu m'a chargé des scènes dont vous avez lié les divertissements de la *Princesse de Navarre*. Il a même exigé que je fisse, dans les canevas, les changements nécessaires pour les rendre convenables à votre nouveau sujet.... Je vous supplie, Monsieur, de vouloir les examiner, ou plutôt d'en substituer de

---

[1]. Cette pièce fut représentée à Versailles le 27 novembre 1745; les costumes étaient magnifiques; on avait fait pour la figuration plus de quatre cents habits à huit cents livres pièce. Voltaire demandait un jour à Voisenon s'il avait vu le *Temple de la Gloire* : « J'y suis allé, répondit l'abbé, elle n'y était pas, je me suis fait inscrire. »

plus dignes de la place qu'ils doivent occuper. Quant au récitatif, j'espère aussi, Monsieur, que vous voudrez bien le juger avant l'exécution, et m'indiquer les endroits où je me serai écarté du beau et du vrai, c'est-à-dire de votre pensée. Quel que soit pour moi le succès de ces faibles essais, ils me seront toujours glorieux s'ils me procurent l'honneur d'être connu de vous, et de vous montrer l'admiration et le profond respect avec lesquels j'ai l'honneur d'être, Monsieur, votre très humble, etc. »

J.-J. ROUSSEAU, citoyen de Genève[1].

Jean-Jacques, dans ses *Confessions*, commet une inexactitude : « Avant toutes choses, dit-il, je ne voulus toucher aux paroles que de l'aveu de l'auteur et je lui écrivis à ce sujet une lettre très honnête.... Autorisé par M. de Voltaire..., je me mis au travail, et en deux mois ma besogne fut faite. » Le procédé eût été irréprochable en effet, mais les choses ne se sont pas passées ainsi, et les souvenirs de Rousseau l'ont mal servi. Il a d'abord modifié le texte, et sa propre lettre le prouve, puis il a écrit à l'auteur pour solliciter son agrément. Il y a là une nuance, et des plus sensibles.

Voltaire à cette époque venait d'atteindre sa cinquante et unième année. Sa vie, en dépit de quelques légers déboires, de plusieurs séjours à la Bastille, n'avait été qu'un long triomphe. Il était au comble de la réputation et de la gloire. L'amitié dont l'honoraient

---

1. Paris, 11 décembre 1745.

plusieurs souverains, les avances qu'il en recevait, la faveur marquée que lui témoignait Mme de Pompadour, tout pouvait lui faire présager une destinée plus brillante encore. Il ne connaissait en aucune façon le jeune compositeur, et bien qu'il eût pu se montrer froissé d'être consulté aussi tard, il prit fort gaiement son parti des transformations apportées à la *Princesse de Navarre*, et répondit avec beaucoup de bonne grâce et de désinvolture :

« Vous réunissez, Monsieur, deux talents qui ont toujours été séparés jusqu'à présent. Voilà déjà deux bonnes raisons pour moi de vous estimer et de chercher à vous aimer. Je suis fâché pour vous que vous employiez ces deux talents à un ouvrage qui n'en est pas trop digne.... Heureusement il est entre vos mains, vous en êtes le maître absolu : j'ai perdu entièrement tout cela de vue....[1]. Je compte avoir bientôt l'honneur de vous faire mes remercîments et de vous assurer, etc....[2]. »

Jean-Jacques a essayé plus tard de se faire une arme contre Voltaire du bon procédé qu'il en avait reçu.

« Qu'on ne soit pas surpris de la grande politesse de cette lettre, lit-on dans les *Confessions*, comparée aux autres lettres demi-cavalières que Voltaire m'a écrites depuis ce temps-là. Il me crut en grande faveur auprès de M. de Ri-

---

[1]. Plus tard Voltaire désavouait absolument le *Temple de la Gloire* et la *Princesse de Navarre* : « Ce sont des ouvrages de commande que j'ai fait faire par des jeunes gens, écrivait-il au libraire Lambert, je ne souffrirai pas qu'ils figurent dans le recueil de mes ouvrages. » (Catalogue d'autog.)

[2]. 15 décembre 1745.

chelieu, et la souplesse courtisane qu'on lui connaît l'obligeait à beaucoup d'égards pour un nouveau venu, jusqu'à ce qu'il connût mieux la mesure de son crédit¹. »

Rousseau s'illusionne. Il n'était pas besoin de *souplesse courtisane* pour répondre poliment à une lettre presque obséquieuse, et Voltaire, dont l'intimité avec le maréchal de Richelieu datait de plus de vingt-cinq ans, ne devait pas se sentir bien menacé par le petit Rousseau, comme on l'appelait alors, vu l'exiguïté de sa taille.

Et ce qui prouve à quel point le nouveau venu devait peu lui porter ombrage, c'est que la pièce fut répétée, que Mme de la Popelinière reprocha à l'auteur d'avoir composé une musique d'enterrement² et que Richelieu abandonna son protégé sans plus se soucier de lui que s'il n'avait jamais existé. Le maréchal agit même en très grand seigneur et négligea de payer le malheureux Jean-Jacques, qui, « la mort dans le cœur, épuisé de fatigue et dévoré de chagrin », en resta six semaines malade.

Il avait fondé en effet de grandes espérances sur ses compositions musicales; désespéré de cet insuccès, il se résigna, car il fallait vivre, à entrer en

---

1. *Confessions.* Partie II, livre VII.
2. Si Jean-Jacques avait eu l'esprit de soumettre à Voltaire les modifications apportées dans les vers de la *Princesse de Navarre*, il avait eu le tort de toucher à la musique et de n'en pas prévenir Rameau; or, Rameau était intime chez Mme de la Popelinière; il se vengea d'un manque d'égards en faisant tomber la pièce.

qualité de sécretaire à neuf cents livres d'appointements chez cette même Mme Dupin, pour laquelle il avait éprouvé une passion aussi éphémère qu'inopportune.

Mme Dupin était fille du célèbre financier Samuel Bernard[1] et de Mme Fontaine[2] :

« Sa maison, dit Rousseau, aussi brillante alors qu'aucune autre dans Paris, rassemblait des sociétés auxquelles il ne manquait que d'être un peu moins nombreuses, pour être d'élite dans tous les genres. Elle aimait à voir tous les gens qui jetaient de l'éclat : les grands, les gens de lettres, les belles femmes. On ne voyait chez elle que ducs, ambassadeurs, cordons bleus. Mme la princesse de Rohan, Mme la comtesse de Forcalquier, Mme de Mirepoix, Mme de Brignoli, Milady Hervey, pouvaient passer pour ses amies. M. de Fontenelle, l'abbé de Saint-Pierre, l'abbé Sallier, M. de Fourmont, M. de Bernis, M. de Buffon, M. de Voltaire, étaient de son cercle et de ses dîners[3]. »

Rousseau se trouva donc bientôt en relations non seulement avec beaucoup de grands seigneurs, mais aussi avec tout ce qui portait un nom dans la littérature. Son esprit se développa singulièrement dans la fréquentation de ce monde qui jusqu'alors lui était

---

1. Bernard (Samuel) s'enrichit sous le ministère de Chamillard. Il fit trois fois faillit; aussi en mourant, en 1739, sa fortune s'élevait-elle, dit-on, à plus de trente-trois millons.
2. Elle avait épousé en 1702 Louis-Guillaume de Fontaine, commissaire des galères; elle devint maîtresse de Samuel Bernard et en eut trois filles.
3. *Confessions.* Partie II, livre VII.

inconnu, et l'humble secrétaire de Mme Dupin ne passa pas longtemps inaperçu; la profondeur et l'étendue de ses vues, le charme de sa parole, l'éclat de son style, firent vite impression dans les cercles littéraires, et il compta bientôt pour amis Grimm, Diderot, d'Alembert, Raynal, d'Holbach, Duclos, Condillac, Saint-Lambert, Marmontel, etc.

Mme d'Épinay qui le vit à la Chevrette écrivait de lui :

« Il est complimenteur sans être poli, ou au moins sans en avoir l'air. Il paraît ignorer les usages du monde, mais il est aisé de voir qu'il a infiniment d'esprit. Il a le teint brun, et des yeux pleins de feu animent sa physionomie. Lorsqu'il a parlé et qu'on le regarde, il paraît joli; mais lorsqu'on se le rappelle, c'est toujours en laid. On dit qu'il est d'une mauvaise santé.... C'est apparemment ce qui lui donne de temps en temps l'air farouche[1]. »

Il était surtout d'une grande timidité, dont il enrageait, et qu'il cherchait à dissimuler sous une apparente brusquerie. Il détonnait, il est vrai, au milieu de la politesse affectée de ses contemporains, mais son succès n'en était pas moins vif, bien au contraire.

Il possédait depuis longtemps le goût de l'étude et des choses de l'esprit; c'est Voltaire qui le lui avait inspiré et qui même lui avait servi de modèle à l'époque où, installé chez Mme de Warens, il acquérait péniblement l'instruction et l'éducation premières qui lui man-

1. *Mémoires de Mme d'Épinay.*

quaient complètement. Rappelant ses souvenirs des Charmettes, l'auteur des *Confessions* dit en effet :

« Rien de tout ce qu'écrivait Voltaire ne nous échappait. Le goût que je pris à ces lectures m'inspira le désir d'apprendre à écrire avec élégance et de tâcher à imiter le beau coloris de cet auteur, dont j'étais enchanté. Quelque temps après parurent ses *Lettres philosophiques*. Quoiqu'elles ne soient assurément pas son meilleur ouvrage, ce fut celui qui m'attira le plus vers l'étude, et ce goût naissant ne s'éteignit plus depuis ce temps-là[1]. »

Les tragédies de Voltaire avaient même le don de le troubler profondément. A une représentation d'*Alzire*, il est ému « jusqu'à en perdre la respiration », et il sort avec des palpitations violentes, dont il est plusieurs jours malade. « Pourquoi, s'écrie-t-il, y a-t-il des cœurs si sensibles au grand, au sublime, au pathétique[2]! »

En 1749, l'Académie de Dijon met au concours cette question : « Le rétablissement des sciences et des arts a-t-il contribué à épurer ou à corrompre les mœurs? »

Rousseau s'enthousiasme du sujet et veut le traiter. Il consulte Diderot.

« Quel parti prendrez-vous, lui dit le philosophe?
— Le parti de l'affirmative.
— C'est le pont aux ânes, reprend Diderot, tous les talents médiocres prendront ce chemin-là, et vous n'y

---

1. *Confessions*. Partie I, livre V.
2. A Mme de Warens, Grenoble, 13 septembre 1737.

trouverez que des idées communes, au lieu que le parti contraire présente à la philosophie et à l'éloquence un champ nouveau, riche et fécond[1]. »

Séduit par ce raisonnement, Jean-Jacques l'adopta sans hésitation.

Soutenir une thèse banale, défendre une vérité devenue triviale à force d'être reconnue, enfoncer une porte ouverte, ne pouvaient procurer ni gloire ni réputation. Ne valait-il pas mieux en effet, pour réveiller les contemporains de leur assoupissement, tirer un coup de pistolet en l'air et forcément attirer leur attention!

Rousseau n'avait que trop de dispositions au paradoxe. Il écrivit donc avec le talent que l'on sait son Mémoire célèbre sur *les sciences et les arts*. Son but est de montrer que, bien loin de contribuer à épurer les mœurs, les sciences, les arts, les lettres ne servent qu'à les corrompre; comment, au lieu d'être l'appui et le soutien de la société, ils ne font que l'énerver et l'affaiblir. Ainsi, dans un siècle tout littéraire, Jean-Jacques n'hésite pas à condamner les lettres; il dit même qu'on devrait proscrire l'imprimerie. Tel est son premier défi à la société.

La théorie adoptée par le Genevois parut originale,

---

1. Mémoires de Marmontel. Dans les *Confessions*, Rousseau raconte que c'est en allant à Vincennes voir Diderot, qui y était enfermé pour avoir écrit la *lettre sur les aveugles à l'usage de ceux qui voient* (1740), que l'idée lui vint de traiter le sujet proposé par l'Académie, et de le traiter sous cette forme paradoxale. La version que Marmontel tenait de Diderot lui-même paraît plus conforme à la vérité.

elle était soutenue avec une rare éloquence, et l'Académie de Dijon n'hésita pas à lui décerner le prix[1].

Mais Rousseau ne s'était pas contenté d'attaquer les lettres, il avait lancé à profusion les traits de sa satire contre ceux qui les cultivaient. Depuis qu'il vivait dans les salons, au milieu de tous les beaux esprits, Jean-Jacques n'était pas plus heureux, bien au contraire; pauvre, timide, mal à l'aise, il se heurtait sans cesse à des hommes de lettres qui ne le valaient pas assurément et qui cependant l'écrasaient d'une supériorité factice. Il ne leur pardonnait pas tout ce qu'il enviait en eux, leur succès, leurs belles manières, leur aisance dans le monde, leur familiarité avec les grands seigneurs.

Cette jalousie qu'il ne peut maîtriser, il lui donne un libre cours dans son discours; les vices qu'il flagelle sans pitié sont ceux de ces salons qui ne lui font pas la place à laquelle il a droit, ce sont les vices de ces gens de lettres et de ces philosophes à côté desquels il passe presque inaperçu. Ce qu'il reproche le plus amèrement aux hommes de lettres, c'est de se faire les parasites des grands seigneurs : « C'est le métier de tous nos beaux esprits, dit-il, hors un[2]. »

Bien qu'il n'eût pas eu de relations avec Voltaire depuis 1745, et qu'à cette époque il n'ait eu qu'à s'en louer, Jean-Jacques ne crut pas devoir le ménager

---

[1]. Le discours sur les arts fut réfuté par le roi de Pologne Stanislas; Rousseau répondit à la réfutation du roi.

[2]. Dans l'esprit de Rousseau, Diderot formait cette honorable exception.

plus que les autres, et il lui décocha un trait qui pour un épiderme sensible pouvait passer pour assez blessant.

« Tout artiste veut-être applaudi, disait-il. Les hommages de ses contemporains sont la partie la plus précieuse de sa récompense. Que fera-t-il donc pour les obtenir, s'il a le malheur d'être né chez un peuple et dans des temps, où les savants devenus à la mode ont mis une jeunesse frivole en état de donner le ton; où les hommes ont sacrifié leur goût aux tyrans de leur liberté; où, l'un des sexes n'osant approuver que ce qui est proportionné à la pusillanimité de l'autre, on laisse tomber des chefs-d'œuvre de poésie dramatique, et des prodiges d'harmonie sont rebutés? Ce qu'il fera, messieurs? il rabaissera son génie au niveau de son siècle, et aimera mieux composer des ouvrages communs qu'on admire pendant sa vie, que des merveilles qu'on n'admirerait que longtemps après sa mort. Dites-nous, célèbre Arouet, combien vous avez sacrifié de beautés mâles et fortes à notre fausse délicatesse! et combien l'esprit de la galanterie, si fertile en petites choses, vous en a coûté de grandes[1]! »

A cette époque l'étoile de Voltaire pâlissait quelque peu. Mme de Pompadour avait d'abord voulu s'entourer de tous ceux qui par leurs talents pouvaient contribuer à sa réputation; l'auteur de la *Henriade* fut attiré à la cour[2] et malgré l'éloignement qu'il

---

1. *Discours sur les sciences et les arts* (IIe partie).
2. Il écrivait en 1745 à la marquise, qui n'était encore que madame d'Étioles :

> Sincère et tendre Pompadour,
> Car je veux vous donner d'avance
> Ce nom qui rime avec l'amour
> Et qui sera bientôt le plus beau nom de France.

inspirait à Louis XV, il reçut bientôt la charge de gentilhomme ordinaire de la chambre et celle d'historiographe de France. Mais cette faveur fut de courte durée; le poète vit peu à peu l'influence de ses ennemis l'emporter et la puissante favorite s'éloigner de lui. Découragé et attristé, il était sur le point de quitter une cour où pour l'humilier on portait aux nues le génie du vieux Crébillon[1]. Le moment était donc mal choisi pour critiquer Voltaire, et l'impertinente tirade de Rousseau dut lui paraître fort déplacée[2].

Un autre incident vint encore compromettre le Genevois, bien qu'il y fût complètement étranger. Un soir, Voltaire assistait au Théâtre-Français à la représentation d'une de ses pièces; le parterre, de méchante humeur, montrait moins que de l'enthousiasme. Exaspéré de ce mauvais goût, l'auteur, à moitié hors de sa loge, apostrophe le public avec virulence.

« Qui êtes-vous? crie-t-il, au plus échauffé.

— Rousseau.

— Quel Rousseau, le petit Rousseau? »

Cette conversation aurait pu se prolonger si Mme Lebas, la femme du célèbre graveur, ne s'était levée : « Si vous ne vous taisez pas, je vais vous donner un soufflet, dit-elle à Voltaire. »

---

1. Prosper Jolyot de Crébillon, de l'Académie française. Il mourut en 1762, à l'âge de quatre-vingt-neuf ans. Ce poète jouissait d'une grande réputation qu'il devait moins à son talent qu'aux ennemis de Voltaire.
2. En réponse au *Discours sur les arts*, Voltaire écrivit *Timon*, petite satire fort courte.

Toute la salle éclata de rire et l'incident fut clos[1].

Ce Rousseau était l'auteur du *Journal encyclopédique* de Bouillon. Voltaire le prit évidemment pour le Rousseau de Genève; il ne dissimula pas son déplaisir et rappelant les bons procédés qu'il avait eus pour lui à l'époque des *Fêtes de Ramire*, il n'hésita pas à taxer d'ingratitude la conduite du Genevois.

Jean-Jacques comprit le danger de s'exposer à la rancune d'un ennemi encore puissant, et il s'empressa de conjurer l'orage en écrivant une lettre dont la dignité apparente dissimulait mal l'excessive humilité.

« Monsieur, un Rousseau[2] se déclara autrefois votre ennemi, de peur de se reconnaître votre inférieur; un autre Rousseau[3], ne pouvant approcher du premier par le génie, veut imiter ses mauvais procédés. Je porte le même nom qu'eux; mais n'ayant, ni les talents de l'un, ni la suffisance de l'autre, je suis encore moins capable d'avoir leurs torts envers vous. Je consens bien de vivre inconnu, mais non déshonoré; et je croirais l'être si j'avais manqué au respect que vous doivent tous les gens de lettres, et qu'ont pour vous tous ceux qui en méritent eux-mêmes.

« Je ne veux point m'étendre sur ce sujet, ni enfreindre, même avec vous, la loi que je me suis imposée de ne jamais louer personne en face. Mais, Monsieur, je prendrai la liberté de vous dire que vous avez mal jugé d'un homme de bien, en le croyant capable de payer d'ingratitude et d'arro-

---

1. *Portraits intimes du dix-huitième siècle*, par E. et J. de Goncourt.
2. Rousseau (Jean-Baptiste) (1670-1741). Ses démêlés avec Voltaire sont restés célèbres.
3. L'auteur du *Journal encyclopédique* de Bouillon.

gance la bonté et l'honnêteté dont vous avez usé envers lui au sujet des *Fêtes de Ramire*. Je n'ai point oublié la lettre dont vous m'honorâtes dans cette occasion ; elle a achevé de me convaincre que, malgré de vaines calomnies, vous êtes véritablement le protecteur des talents naissants qui en ont besoin....

« Depuis ce jour, j'ai renoncé aux lettres et à la fantaisie d'acquérir de la réputation, et désespérant d'y arriver comme vous, à force de génie, j'ai dédaigné de tenter, comme les hommes vulgaires, d'y parvenir à force de manège ; mais je ne renoncerai jamais à mon admiration pour vos ouvrages....

« Je vous proteste donc, Monsieur, que non seulement Rousseau de Genève n'a point tenu les discours que vous lui avez attribués, mais qu'il est incapable d'en tenir de pareils. Je ne me flatte pas de mériter l'honneur d'être connu de vous, mais si jamais ce bonheur m'arrive, ce ne sera, j'espère, que par des endroits dignes de votre estime.

« J'ai l'honneur d'être avec un profond respect, Monsieur, votre très humble, etc... »

J.-J. Rousseau, citoyen de Genève [1].

Voltaire se borna à répondre par ce petit billet fort laconique :

« Vous réhabilitez, Monsieur, par votre probité, le nom de Rousseau. Celui dont il est question n'est point citoyen de Genève, mais citoyen, à ce qu'on dit, du bourbier du Parnasse. Il a des torts que vous êtes incapable d'avoir et ne paraît pas avoir votre mérite [2]. »

Puis, ennuyé de toutes les tracasseries qu'on lui

---

1. 30 janvier 1750.
2. *Inédite*. Bibliothèque de Neuchâtel, Mss.

suscitait à Paris, le philosophe partit pour la Prusse où depuis plusieurs années Frédéric cherchait à l'attirer.

Le *Discours sur les sciences et les arts* plut par son excentricité même. « Il prend tout par-dessus les nues, écrivait Diderot, il n'y a pas d'exemple d'un succès pareil. » Tout le monde crut à une boutade d'un homme d'esprit; on fut enchanté de la satire, même ceux qu'elle ménageait le moins. Ce discours, en effet, pouvait bien n'être qu'une fantaisie, mais l'auteur comprit vite le parti à tirer d'une attitude étrange et qui étonnait ses contemporains. A peine l'Académie de Dijon lui a-t-elle décerné le prix, que Rousseau forme la résolution « de rompre brusquement en visière aux maximes de son siècle. » Dès lors il y a dans sa vie un changement absolu, et cette époque marque le point de départ de la voie dans laquelle il va s'engager de plus en plus.

Aujourd'hui il a attaqué les lettres et les arts, pour lesquels ses contemporains ont un véritable culte; demain, au milieu de la société la plus raffinée, il fera l'apologie de l'état sauvage; bientôt il entreprendra la réforme même du siècle : usages, habitudes, mœurs mêmes, il voudra tout changer, tout modifier. Du jour où il a goûté du paradoxe, il s'en fait l'apôtre passionné. Tant qu'il est resté inconnu, il a vécu comme tout le monde et il s'est conformé aux usages de son époque sans s'en étonner ni s'en choquer le moindrement; à peine remarque-t-on chez lui de loin en loin quelques singularités[1]. Dès que sa réputation commence à grandir, la tête lui tourne.

Soit qu'il subisse une influence de nature irrésistible, soit que le succès de son discours l'ait grisé et qu'il ait cru arriver plus vite en se singularisant à cette réputation qu'il enviait si passionnément, il prend le contre-pied de tout ce qui existe dans la société où il vit, il se pose en moderne Diogène.

« Je commençai, dit-il, ma réforme par ma parure; je quittai la dorure et les bas blancs; je pris une perruque ronde[2], je posai l'épée; je vendis ma montre en me disant avec une joie incroyable : Grâce au ciel, je n'aurai plus besoin de savoir l'heure qu'il est[3]. »

Si Jean-Jacques avait compté pour les exploiter sur la sottise et la niaiserie de ses contemporains, il n'eut pas lieu d'être mécontent. Son discours avait fait grand bruit; sa misanthropie affectée, son prétendu mépris pour le jugement des hommes, eurent encore un bien plus vif succès. Dès qu'on le vit faire parade de cynisme, mépriser la politesse, fouler aux pieds toutes les bienséances, il devint l'homme à la mode, l'objet de la curiosité la plus impatiente.

---

1. Nous citerons par exemple son bizarre entretien avec la courtisane de Venise.
2. Galiani prétendait qu'il était douteux qu'on pût avoir du génie en portant perruque, en frisant ses cheveux et en les enfermant dans une bourse. Il attribuait à cet usage notre infériorité à l'égard des anciens. Hâtons-nous d'ajouter que Galiani, comme tous ses contemporains, portait perruque.
3. *Confessions.* Partie II, livre VIII.

Son premier soin avait été de reconquérir son indépendance et de quitter Mme Dupin. Il s'était remis à son occupation favorite, c'est-à-dire à composer des opéras, et, en attendant d'être joué, il copiait de la musique pour gagner sa vie. On comprend aisément combien il était piquant de voir Rousseau s'abaisser à cet humble métier et quel attrait une société blasée éprouvait pour un homme qui savait si bien exploiter ses faiblesses. Lui-même avoue naïvement le succès que lui valait son excentricité et, on peut le dire, son charlatanisme.

« L'état que j'avais pris excitait la curiosité; on voulait connaître cet homme bizarre qui ne recherchait personne, ne se souciait de rien que de vivre libre et heureux à sa manière.... Ma chambre ne désemplissait pas de gens qui, sous divers prétextes, venaient s'emparer de mon temps. Les femmes employaient mille ruses pour m'avoir à dîner. Plus je brusquais les gens, plus ils s'obstinaient....

« Bientôt il aurait fallu me montrer comme Polichinelle, à tant par personne.... Je n'y vis de remède que de refuser les cadeaux grands et petits.... Tout cela ne fit qu'attirer les donneurs qui voulaient avoir la gloire de vaincre ma résistance....[1].

Le singulier prestige que Jean-Jacques avait su conquérir lui ouvrit toutes les portes, même celles de l'Opéra. Pendant les rares instants de liberté que lui laissait sa célébrité récente, il eut le temps de com-

---

1. *Confessions*, Partie II, livre VIII.

poser le *Devin du village*. Il présenta la pièce, on fut trop heureux de l'accepter ; on décida même que la première représentation aurait lieu à Fontainebleau en présence du roi, de la reine et de toute la cour. Fidèle à ses nouveaux principes, Rousseau y assista avec son costume de chaque jour, affligé d'une grande barbe et d'une perruque fort mal peignée. La pièce eut un succès étourdissant; on s'enthousiasma pour les amours naïves de ces *bonnes petites gens*, et le roi fit engager l'auteur à venir le voir ; son intention était de lui donner une pension. C'était l'encouragement ordinaire accordé aux gens de lettres distingués. Pour ne pas subir le même sort que ses confrères, Jean-Jacques s'enfuit, et on ne le revit plus à Fontainebleau.

Le lendemain Jelyotte[1], le fameux chanteur, lui écrivait :

« Vous avez eu tort, Monsieur, de partir au milieu de vos triomphes. Vous auriez joui du plus grand succès que l'on connaisse en ce pays. Toute la cour est enchantée de votre ouvrage : le Roi qui, comme vous savez, n'aime pas la musique, chante vos airs toute la journée avec la voix la plus fausse de son royaume et il a demandé une seconde repré-

---

1. « Jelyotte (1710-1788), dit Marmontel, portait sur son front la sérénité du bonheur et en le respirant lui-même il l'inspirait. En effet, si l'on me demande quel est l'homme le plus complètement heureux que j'aie vu en ma vie, je répondrai c'est Jelyotte.... Il n'était ni beau ni bien fait, mais pour s'embellir il n'avait qu'à chanter ; on eût dit qu'il charmait les yeux en même temps que les oreilles. Les jeunes femmes en étaient folles ; on les voyait à demi-corps élancées hors de leurs loges, donner en spectacle elles-mêmes l'excès de leur émotion ; et plus d'une des plus jolies voulait bien la lui témoigner. » (*Mémoires*.)

sentation pour la huitaine. J'aurai soin de faire le changement que vous désirez, j'accourcirai le récitatif de la première scène et j'avertirai M. Cuvillier de se contenter de son état de sorcier sans aspirer orgueilleusement au rang de magicien.

« M le duc d'Aumont[1] m'a dit ce matin que si vous vous fussiez laissé présenter au Roi, il était sûr que vous auriez eu une pension. Bonjour, Monsieur[2]. »

Le succès du *Devin du village* plaça Rousseau au premier rang parmi les auteurs dramatiques[3].

Malheureusement le rôle de cynique si bien adopté par le philosophe ne devait pas se borner aux puérilités dont nous venons de donner quelques exemples.

Peu de temps après son retour de Venise, c'est-à-dire vers 1745, il avait pris une maîtresse. Le hasard mit sous ses pas une servante d'auberge d'accès facile. Le choix lui parut heureux et il s'y tint. Cette fille de basse extraction[4], sans éducation, sans intelligence

---

1. Premier gentilhomme de la chambre; sa juridiction s'étendait sur tous les théâtres.
2. *Inédite*. A Fontainebleau, le 20 octobre 1752. Bibliothèque de Neuchâtel. Mss.
3. Quelque temps après, la plus vive polémique s'éleva entre les partisans de la musique italienne et ceux de l'opéra français. Tout Paris se divisa en deux partis, et des deux côtés on déploya un véritable acharnement. C'est alors que Grimm fit paraître en faveur de la musique italienne son *Petit prophète de Bœmischbroda* et que Rousseau écrivit, pour soutenir la même cause, sa *Lettre sur la musique* (1753), qui produisit la plus vive sensation. Les esprits étaient tellement surexcités, qu'un soir à l'Opéra Rousseau fut pendu en effigie au manche d'une contrebasse par les partisans de la musique française.
4. Rousseau a dit qu'elle était fille de François Levasseur, « officier de la monnoye d'Orléans ». Elle était née en 1721. (Rousseau à M. Rey, 5 février 1762. Lettres inédites, par Bosscha.)

aucune[1], pas jolie, près de laquelle il ne pouvait trouver, et encore! que des jouissances purement matérielles, devint la compagne de sa vie. Personne n'en aurait voulu, cela suffit pour qu'il la trouvât de son goût, et cependant lui-même a avoué qu'il ne ressentit jamais pour elle la moindre étincelle d'amour. Il n'en avait même pas la primeur; elle pouvait et devait n'être pour lui qu'une passagère fantaisie. Si l'on s'explique qu'il se soit montré peu délicat dans son choix à une époque où, vu son isolement, il ne lui était guère permis d'être difficile, on ne comprend pas que plus tard il n'ait pas rompu une liaison indigne de lui.

Non content de s'attacher à une pareille créature, le philosophe en tirait vanité. Cette malheureuse Thérèse ne le quittait pas; il la traînait à sa suite aussi bien chez Mme d'Épinay que chez la maréchale de Luxembourg; on l'acceptait partout, et même on l'entourait d'égards qu'elle méritait bien peu. Ce n'était pas seulement condescendance pour les faiblesses d'un homme de

---

1. « Je voulus d'abord former son esprit, dit Rousseau, j'y perdis ma peine. Son esprit est ce que l'a fait la nature; la culture et les soins n'y prennent pas. Je ne rougis pas d'avouer qu'elle n'a jamais bien su lire, quoiqu'elle écrive passablement. Quand j'allai loger dans la rue Neuve des Petits-Champs, j'avais à l'hôtel de Pontchartrain, vis-à-vis mes fenêtres, un cadran sur lequel je m'efforçai durant plus d'un mois à lui faire connaître les heures. A peine les connaît-elle encore à présent. Elle n'a jamais pu suivre l'ordre des douze mois de l'année et ne connait pas un seul chiffre, malgré tous les soins que j'ai pris pour les lui montrer. Elle ne sait ni compter l'argent ni le prix d'aucune chose. Le mot qui lui vient en parlant est souvent l'opposé de celui qu'elle veut dire. Autrefois j'avais fait un dictionnaire de ses phrases pour amuser Mme de Luxembourg, et ses quiproquos sont devenus célèbres dans les sociétés où j'ai vécu. » (*Confessions*. Partie II, livre VII.)

talent, mais la société de l'époque ne pouvait se défendre d'un certain attrait pour cette monstrueuse association qui amusait son oisiveté, et qu'elle trouvait fort piquante et fort originale parce que Rousseau était en jeu.

Ce n'est pas tout. Jean-Jacques eut des enfants ; il en eut cinq. Cinq fois il eut le triste courage de porter ces malheureux petits êtres aux Enfants trouvés, et il le fit allègrement et sans scrupule[1]. C'est toujours la même logique à rebours. Il se croit des devoirs vis-à-vis de Thérèse Levasseur, alors qu'il n'en a nullement ; il ne s'en croit aucun vis-à-vis de ses enfants, alors qu'un fou ou un misérable pouvait seul agir comme il l'a fait.

Il faut lire dans ses *Confessions* de quels détestables sophismes il cherche à pallier son crime. Il y a du reste dans les passages qu'il y consacre des contradictions qu'on doit relever.

Quand il est question de son premier enfant, et du sort qu'il lui fait subir, c'est sur la société de son époque, sur les mauvais exemples qui l'ont entouré que Rousseau rejette toute la faute. Il cherche à persuader qu'au dix-huitième siècle il était fort bien porté de mettre ses enfants à l'hôpital et qu'il n'a fait.

---

1. Il ne prit même pas de précautions pour pouvoir les retrouver un jour ; il ne se rappelait même pas la date de leur naissance ! L'aîné avait dû naître, croyait-il, dans l'hiver de 1746 à 1747, et pour celui-là seulement il mit dans les langes une marque dont Thérèse garda le double. En 1761 la maréchale de Luxembourg fit les plus louables efforts pour retrouver cet enfant, mais tout fut inutile.

que suivre l'exemple commun. Mais alors, quelle belle occasion il avait de se singulariser en élevant ses enfants! C'est sur ce point qu'il fallait réformer le siècle et non sur le port de la barbe ou de la perruque.

Ses raisons sont pitoyables :

« Je formai ma façon de penser, dit-il, sur celle que je voyais en règne chez des gens très aimables, et dans le fond très honnêtes gens, et je me dis : Puisque c'est l'usage du pays, quand on y vit, on peut le suivre. Voilà l'expédient que je cherchais. Je m'y déterminai gaillardement sans le moindre scrupule; et le seul que j'eus à vaincre fut celui de Thérèse, à qui j'eus toutes les peines du monde de faire adopter cet unique moyen de sauver son honneur [1]. »

L'honneur de Thérèse!

Dans le chapitre suivant, Jean-Jacques revient sur le même sujet à propos de ses autres enfants. Cette fois la théorie change. Il n'est plus question de l'honneur de Thérèse, encore moins de se conformer à l'usage du pays; Jean-Jacques a réfléchi : s'il a mis ses enfants à l'hôpital, c'est par devoir et pour leur bien :

« En livrant mes enfants à l'éducation publique, faute de pouvoir les élever moi-même, écrit-il, en les destinant à devenir ouvriers et paysans, plutôt qu'aventuriers et coureurs de fortune, je crus faire un acte de citoyen et de père; et je me regardai comme un membre de la République de Platon.... Cet arrangement me parut si bon, si sensé, si légitime, que

---

1. *Confessions.* Partie II, livre VII.

si je ne m'en vantai pas ouvertement, ce fut uniquement par égard pour la mère.... Tout pesé, je choisis pour mes enfants le mieux ou ce que je crus l'être. »

Et pour qu'on ne puisse douter qu'il a bien réfléchi, qu'il a agi en pleine connaissance de cause, il craint de faire école et il ose ajouter :

« Si je disais mes raisons, j'en dirais trop. Puisqu'elles ont pu me séduire, elles en séduiraient bien d'autres : je ne veux pas exposer les jeunes gens qui pourraient me lire à se laisser abuser par la même erreur....[1]. »

Quelque confiance qu'il eût dans l'excellence de son système, Jean-Jacques, cependant, cacha sa conduite avec le plus grand soin, non pas qu'il en eût la moindre honte, dit-il, mais uniquement pour sauver l'honneur de Thérèse !

Toujours l'honneur de Thérèse !

Trois ou quatre amis intimes, auxquels il était impossible de dissimuler la vérité, furent seuls mis dans le secret.

Derrière les raisonnements et les sophismes qu'il accumule pour innocenter sa conduite, on perçoit clairement la vérité, et il faut la dire. Rousseau n'aimait pas ses enfants : « Les entrailles de père ne sauraient parler bien puissamment, dit-il, pour des enfants qu'on n'a jamais vus. » Comme s'il était nécessaire de voir ses enfants pour les aimer, comme si cette

---

[1]. *Confessions.* Partie II, livre VII.

affection n'était pas innée dans le cœur de l'homme ! Mais pour élever ses enfants, il faut souvent s'imposer une gêne et des soucis, dont l'auteur d'*Émile* aimait mieux se dispenser. N'était-il pas beaucoup plus simple de les jeter à l'hospice et de n'en plus entendre parler[1] ?

Si nous insistons sur ces événements et sur les modifications que nous venons de signaler dans la manière d'être et dans l'esprit de Rousseau, c'est qu'ils sont à notre avis le point de départ d'une perturbation mentale, qui va s'accroître peu à peu. Déguisée au début sous une affectation de singularité, de misanthropie, elle fut à peine remarquée ; alimentée par un orgueil immense et une invincible jalousie, elle devint bientôt la manie, puis le délire de la persécution, enfin la folie pure.

Après cette rapide esquisse de l'état moral de Rousseau, ajoutons une particularité sur son état physique, particularité de grande importance, car elle a eu, nous en sommes convaincus, une véritable influence sur sa vie.

Jean-Jacques était affligé depuis sa naissance d'une infirmité physique, disons le mot, d'une maladie de vessie, qui ne fit que croître pendant de longues

1. On a dit que si Jean-Jacques avait mis ses cinq enfants aux Enfants trouvés, c'est qu'il savait pertinemment qu'ils n'étaient pas à lui. Mais alors comment écrivait-il de Thérèse à Mme de Luxembourg, le 12 juin 1761 : « Je l'ai toujours aimée et honorée comme ma femme, à cause de son bon cœur, de sa sincère affection, de son désintéressement sans exemple *et de sa fidélité sans tache* sur laquelle elle ne m'a pas même occasionné le moindre soupçon. » Et cette affirmation, il l'a répétée cent fois.

années, et qui lui causa les plus cruelles souffrances. Il crut longtemps ses jours menacés, et dès 1751 il écrivait qu'il était atteint d'une maladie mortelle et très douloureuse[1].

Les indispositions de ce genre, la médecine le reconnaît, ont toujours une influence considérable sur le moral ; elles poussent à l'hypocondrie, à la tristesse, à la misanthropie, souvent à la monomanie, quelquefois même au suicide. Avant de voir l'état mental de Rousseau s'aggraver, il n'est que juste d'indiquer cette cause physique qui pour nous contribua puissamment à déséquilibrer les facultés du citoyen de Genève ; elle lui enleva une partie de son libre arbitre, et le rendit par conséquent dans une certaine mesure irresponsable de ses actes.

1. A Moultou, 18 mai 1751.

CHAPITRE II

1754-1755

Sommaire : Départ de Rousseau pour Genève. — Il rentre dans la foi évangélique. — *Discours sur l'inégalité des conditions sociales.* — Il le dédie à la République. — Il l'envoie à Voltaire. — Tremblement de terre de Lisbonne. — Poëme de Voltaire. — *Lettre sur la Providence.* — *Candide.*

En 1754, Gauffecourt fut obligé d'aller à Genève; il offrit à Rousseau de l'accompagner, et la proposition fut acceptée avec empressement.

Jean-Jacques était alors âgé de quarante-deux ans; il y en avait vingt-six qu'il était éloigné de sa ville natale. Il y revenait précédé d'une assez grande réputation.

« Arrivé dans cette ville, dit-il, je me livrai à l'enthousiasme républicain qui m'y avait amené. Cet enthousiasme augmenta par l'accueil que j'y reçus. Fêté, caressé dans tous les états, je me livrai tout entier au zèle patriotique, et, honteux d'être exclu de mes droits de citoyen par la profession d'un autre culte que celui de mes frères, je résolus de reprendre ouvertement ce dernier....[1]. »

Il demanda en effet à rentrer dans la religion de son pays, ce qui lui fut accordé. Il se soumit aux instructions du pasteur de sa paroisse, et il reçut la communion[2]. Ayant donc abjuré ses erreurs, il fut réintégré dans ses droits et inscrit sur le rôle des gardes[3] que payaient seuls les citoyens et les bourgeois.

Rousseau n'eut qu'à se louer de l'accueil de ses compatriotes; les magistrats, les ministres, les citoyens, tout le monde lui fit fête; flatté de jouer dans sa patrie un rôle aussi considérable, persuadé que s'il y habitait il y tiendrait le premier rang, il prit la résolution de venir s'installer à Genève le printemps suivant. Il repartit pour Paris après quatre mois d'un séjour délicieux.

Il s'était lié particulièrement avec les frères De Luc[4],

---

1. *Confessions*. Partie II, livre VIII.
2. Registre du Consistoire du 1ᵉʳ août 1754 : « Le sieur Jean-Jacques Rousseau ayant satisfait sur tous les points par rapport à la doctrine, on l'admet à la sainte Cène. » Jean-Jacques aurait dû comparaître devant le Consistoire pour y être interrogé, mais il obtint d'être dispensé de cette formalité et de se présenter seulement devant une commission de cinq membres, qui lui firent prêter le serment de soumission à la Réforme calvinienne; on lui reprocha plus tard de n'être pas rentré régulièrement dans la religion évangélique.
3. L'état des gardes est le nom que porte à Genève l'impôt sur le revenu.
4. Luc (François de) (1698-1780), a composé deux ouvrages pour défendre la religion réformée. Ses deux fils furent des savants distingués : Jean André a publié de nombreux ouvrages scientifiques; Guillaume Antoine fut le collaborateur de son frère.

le docteur Tronchin[1], MM. Jallabert[2], Chappuis[3], Lullin[4], mais c'est surtout avec les pasteurs qu'il avait noué des relations intimes, et à partir de cette époque il entretint une correspondance suivie avec MM. Vernes, Vernet, Roustan, Moultou, etc., ministres du saint Évangile.

Par une singulière ironie du sort, au moment même où Jean-Jacques, enthousiasmé des honneurs qui lui avaient été rendus, quittait Genève à regret, se promettant bien d'y revenir avant peu pour le reste de ses jours, Voltaire entrait dans la cité de Calvin pour « y sécher ses habits mouillés par le naufrage » et avec l'espoir d'y trouver un refuge « contre les rois, leurs résidents et les cardinaux impolis[5]. »

Après un séjour assez orageux à la cour de Frédéric, le philosophe était parti brouillé avec son royal ami. On connaît ses mésaventures de Francfort, ses efforts infructueux pour rentrer à Paris, le choix qu'il fit

---

1. Tronchin (Théodore) (1709-1781), célèbre médecin genevois, disciple de Boërhave et grand promoteur de l'inoculation. En 1765 il fut appelé à Paris comme médecin du duc d'Orléans.
2. Jallabert (Jean) (1712-1768), professeur de philosophie et de mathématiques. Il joua à Genève un rôle politique et devint syndic de la République.
3. Chappuis (Marc), né à Genève en 1734, a traduit de l'italien l'*Histoire de la Socivizca*, fameux brigand de la nation morlaque, in-8º. Berne, 1777.
4. Lullin (Michel) de Châteauvieux (1695-1781), remplit plusieurs fois les fonctions de syndic; il a beaucoup contribué au développement des arts dans sa patrie.
5. Le cardinal de Tencin, sachant Voltaire mal en cour, avait refusé de le recevoir lors de son passage à Lyon. Quand le prélat mourut en 1758, Voltaire écrivait à M. de Montpéroux : « Dieu veuille avoir son âme, c'était un terrible mécréant. »

enfin du territoire de Genève pour y attendre des jours meilleurs[1].

Ne voulant pas cependant ressembler à un proscrit, il prit prétexte de sa mauvaise santé et déclara que les soins de Tronchin lui étaient indispensables. La réputation universelle dont jouissait le docteur, le grand nombre de malades qui, de tous côtés, venaient chercher la santé auprès de lui, rendaient ces raisons parfaitement plausibles. Le Conseil[2] autorisa Voltaire à séjourner sur le territoire de la République, et, grâce à un subterfuge imaginé par le conseiller Tronchin[3], le philosophe put se rendre acquéreur, à la porte de Genève, d'une charmante propriété, qu'il surnomma les Délices, dès qu'il y fut installé[4].

Il fut accueilli avec joie par une partie de la population, particulièrement par l'aristocratie, avide de plaisirs, et qui espérait, non sans raison, qu'un personnage aussi marquant donnerait à Genève un peu de la vie qui lui manquait[5]. Les pasteurs montrèrent bien quelques inquiétudes et parurent se préoccuper de la réputation antireligieuse du nouvel habitant, mais sa

---

1. Voir la *Vie intime de Voltaire aux Délices et à Ferney* (Calmann Lévy).
2. Le *Petit Conseil* ou Conseil des vingt-cinq représentait à Genève le pouvoir exécutif.
3. Tronchin (François), né à Genève en 1704, conseiller d'État.
4. Il n'était pas permis aux catholiques de posséder sur le territoire de Genève. Tronchin acheta les Délices et les vendit à Voltaire par un bail à vie pour quatre-vingt-sept mille livres, sous cette condition cependant qu'il reprendrait la propriété à la volonté de l'acquéreur, moyennant le payement d'une somme de trente-huit mille livres.
5. Voir la *Vie intime de Voltaire aux Délices et à Ferney*.

bonhomie, sa déférence apparente pour les mœurs et les usages de Genève, calmèrent bientôt, en partie du moins, les scrupules du clergé.

Peu de temps après son retour à Paris, Jean-Jacques concourut encore pour un nouveau prix proposé par l'Académie de Dijon. La question mise au concours était : *De l'origine et des fondements de l'inégalité parmi les hommes.* Sensible à la réception qu'il avait reçue à Genève, désireux aussi de s'y préparer un retour triomphal, le philosophe dédia son discours à la République et il consacra une longue préface à faire des mœurs et des institutions politiques de sa patrie la plus séduisante description. Les magistrats et le clergé de Genève étaient l'objet des plus rares éloges.

« Plus je réfléchis sur votre situation politique et civile, disait-il aux citoyens, et moins je puis imaginer que la nature des choses humaines puisse en comporter une meilleure.... Votre bonheur est tout fait, il ne faut qu'en jouir; et vous n'avez plus besoin pour devenir parfaitement heureux, que de savoir vous contenter de l'être.... Votre constitution est excellente, dictée par la plus sublime raison, et garantie par des puissances armies et respectables[1].... Puisse durer toujours, pour le bonheur de ses citoyens et l'exemple des peuples, une République si sagement et si heureusement constituée!... Quelqu'un parmi vous connaît-il dans l'univers un

---

1. A la suite de discussions intestines que rien ne pouvait apaiser, les Genevois furent obligés, en 1737, de demander à la France et aux cantons de Berne et de Zurich de venir les mettre d'accord. Des plénipotentiaires furent nommés et ils ramenèrent la paix dans la cité troublée au moyen de l'*Acte de médiation*. Cet *acte* fut *garanti* par la France et les deux cantons qui en étaient les auteurs.

corps plus intègre, plus éclairé, plus respectable que celui de votre magistrature?... »

Parlant des pasteurs, il s'écriait :

« Qu'il m'est doux de pouvoir placer au rang de nos meilleurs citoyens ces zélés dépositaires des dogmes sacrés autorisés par les lois, ces vénérables pasteurs des âmes, dont la vive et douce éloquence porte d'autant mieux dans les cœurs les maximes de l'Évangile, qu'ils commencent toujours par les pratiquer eux-mêmes! Tout le monde sait avec quel succès le grand art de la chaire est cultivé à Genève. Mais, trop accoutumés à voir dire d'une manière et faire d'une autre, peu de gens savent jusqu'à quel point l'esprit du christianisme, la sainteté des mœurs, la sévérité pour soi-même et la douceur pour autrui, règnent dans le corps de nos ministres. »

Il sera curieux de rapprocher ces éloges presque excessifs du jugement par trop sévère que le même Jean-Jacques portera quelques années plus tard sur ces mêmes institutions, ces même magistrats et ce même clergé.

La dédicace n'eut pas le succès que son auteur en attendait. Le Conseil, s'il faut en croire Rousseau, espérait que le discours lui serait dédié; déçu dans son attente, il montra quelque mécontentement, et se plaignit qu'on ne lui eût pas d'abord soumis l'ouvrage avant d'en faire hommage à la République[1]. La vérité

---

1. Dans une lettre à M. Perdriau, Rousseau explique très nettement les motifs qui l'ont empêché de soumettre son livre au Conseil : Vous conviendrez, dit-il, que je ne pouvais obtenir l'aveu du Conseil sans

est qu'un gouvernement aristocratique, comme l'était celui de Genève, ne pouvait voir sans inquiétude des théories égalitaires qui menaçaient sa propre existence.

Le premier syndic[1], M. Chouet, répondit cependant à l'envoi du livre par une lettre fort aimable[2]. Mais Jean-Jacques, qui s'attendait de la part de ses concitoyens à une explosion d'enthousiasme, se montra peu satisfait

que mon ouvrage fût examiné, et pensez-vous que j'ignore ce que c'est que ces sortes d'examens.... la décision de mes censeurs serait sans appel : je me verrais réduit à me taire, ou à donner sous mon nom le sentiment d'autrui, et je ne veux faire ni l'un ni l'autre. » (28 novembre 1754.)

Rousseau savait parfaitement à quoi s'en tenir sur l'accueil qui serait fait à son livre, Rey en effet, qui l'imprimait en avait envoyé, des extraits à Genève, et Jean-Jacques averti lui écrivait le 17 novembre 1754 :

« J'apprends de Genève que votre lettre à M. Maistre y a mis tout le monde aux champs, de sorte que je ne serais pas surpris qu'on employât toutes les voies possibles pour arrêter votre édition.... Voici donc ce qu'il me semble que vous avez à faire. C'est de garder sur cet écrit le plus profond secret qu'il vous sera possible, ou du moins de n'en parler que comme d'une édition que vous voulez préparer à loisir, et cependant d'user en secret de la plus grande diligence pour l'imprimer et le répandre avant toute tracasserie. » (Lettres inédites de Jean-Jacques Rousseau à Marc.-Michel Rey, par J. Bos-cha, Amsterdam, 1858.)

1. Il y avait à la tête du gouvernement quatre syndics pris dans le *Petit Conseil*.

2. Voici quelle était la lettre du premier syndic : « Monsieur le syndic Saladin m'a remis, selon votre intention, le nouvel ouvrage que vous venez de faire imprimer. J'ai fait au Magnifique Conseil le rapport de l'Épître dédicatoire, comme vous l'avez désiré. Il a vu avec plaisir les sentiments de vertu et de zèle pour la patrie que vous exprimez avec tant d'élégance. C'est toujours avec beaucoup de satisfaction que les Pères de la Patrie apprennent que leurs concitoyens s'illustrent comme vous le faites par des ouvrages, qui ne peuvent qu'être le fruit d'un rare mérite et de talents distingués. Agréez, Monsieur, qu'en mon particulier je vous témoigne combien je suis touché des beautés de cette pièce, et recevez l'assurance que je suis avec toute l'estime que vous méritez. (18 juin 1755.) » (*Inédite*. Bibliothèque de Neuchâtel. Mss.

de la réponse et en conserva une assez vive rancune[1].
« Cette dédicace, dit-il, que le plus pur patriotisme m'avait inspirée, ne fit que m'attirer des ennemis dans le Conseil et des jaloux dans la bourgeoisie[2]. »

Il n'avait pas eu de relations avec Voltaire depuis la lettre qu'il lui avait adressée en 1750; apprenant que le philosophe venait de s'installer près de Genève, il eut l'idée de lui envoyer son *Discours sur l'inégalité*. Le premier mouvement du patriarche à la réception de cet ouvrage fut un certain étonnement, l'auteur l'ayant prévenu cinq ans auparavant qu'il renonçait formellement à la littérature; mais l'instabilité d'opinions est chose assez fréquente pour qu'on ne s'y arrête pas.

Voltaire lut donc le discours en question :

« Pourquoi les conditions humaines sont-elles inégales, disait Rousseau? Parce que l'homme se développe, et c'est surtout dans la société qu'il se développe. » Et poursuivant sa thèse, il lançait son aphorisme célèbre : « L'état de réflexion est un état contre nature, et l'homme qui médite est un animal dépravé.... Eh! quand vous ne penseriez pas, où serait le mal? l'imbécillité n'est pas un si grand malheur.... » De déductions en déductions,

---

1. *Confessions.* Partie II, livre VIII.
2. Rousseau répondit à M. Chouet sans laisser percer sa mauvaise humeur, car on lit dans les registres du Conseil à la date du 28 juillet 1755 : « Lecture est faite d'une lettre du sieur J.-J. Rousseau, qui fait ses humbles remerciements à M. le premier syndic (J. Chouet) de ce qu'il a bien voulu faire agréer au Magnifique Conseil la dédicace de son ouvrage. »

l'auteur en arrivait à une véritable apologie de l'état sauvage[1].

Voltaire resta frappé de stupeur.

Ainsi il se trouvait un homme pour nier la civilisation ! Le *Discours sur les arts et les sciences* n'était donc pas une gageure, une fantaisie écrite dans un accès passager de misanthropie, c'était la première étape d'un plan bien arrêté et sérieusement conçu. Et ce plan, on le poursuivait avec ténacité, puisque le *Discours sur l'inégalité* en marquait la seconde étape.

Cette fois l'attaque contre la société était plus vive encore. Où l'auteur s'arrêterait-il dans cette voie ?

Voltaire était l'incarnation la plus éclatante de son siècle. Cette civilisation, ces arts, ces sciences que Rousseau considérait comme les fléaux de l'humanité, Voltaire croyait au contraire qu'ils en étaient les flambeaux.

Mais ce n'est pas un rêveur vulgaire qui se dresse ainsi devant lui et s'attaque à tout ce qu'il aime si passionnément, c'est un homme de talent et du talent le plus dangereux. Va-t-il l'écraser sous les sarcasmes, couvrir de ridicule ces théories si étranges, si para-

---

[1]. On fit remarquer avec justesse la singulière inconséquence de l'auteur qui dans sa préface vantait les mérites du gouvernement de Genève et dans son discours n'avait plus comme idéal que la vie sauvage : « Il y a lieu de s'étonner, disait Bonnet, qu'un écrivain qui a si bien connu les avantages d'un bon gouvernement et qui les a si bien peints dans sa belle dédicace à notre République, où il a cru voir tous ces avantages réunis, les ait si tôt et si parfaitement perdus de vue dans son discours. » (Manuscrits Bonnet. Bibliothèque de Genève.)

doxales, qui prêtent si bien le flanc à la raillerie. Il n'en est rien. Se rappelant que Jean-Jacques était l'ami de tous les encyclopédistes, qu'il faisait partie du cénacle philosophique, le patriarche ne voulut pas diviser la petite Église. Mieux valait ménager ce nouveau venu, et lui laisser rendre à la bonne cause les services qu'elle en pouvait attendre.

Voltaire se borna donc à remercier l'auteur de son envoi et à lui répondre fort spirituellement :

« J'ai reçu, Monsieur, votre nouveau livre contre le genre humain, je vous en remercie. Vous plairez aux hommes à qui vous dites leurs vérités, mais vous ne les corrigerez pas. On ne peut peindre avec des couleurs plus fortes les horreurs de la société humaine, dont notre ignorance et notre faiblesse se promettent tant de douceurs. On n'a jamais employé tant d'esprit à vouloir nous rendre bêtes ; il prend envie de marcher à quatre pattes quand on lit votre ouvrage[1]. Cependant, comme il y a plus de soixante ans que j'en ai perdu l'habitude, je sens malheureusement qu'il m'est impossible de la reprendre, et je laisse cette allure naturelle à ceux qui en sont plus dignes que vous et moi[2].... Je me borne à être un sauvage paisible dans la solitude que j'ai choisie auprès de votre patrie où vous devriez être....

---

1. Rousseau paraissait admettre sérieusement que la marche à quatre pieds était la marche normale de l'homme. La question fut longuement discutée à l'époque, on publia sur ce singulier sujet plusieurs brochures dont une du Président Hénault. Les objections soulevées par les adversaires de la marche *à quatre pattes* finirent par convaincre Jean-Jacques.

2. Répondant au *Discours sur l'inégalité*, Voltaire a écrit dans le *Dictionnaire philosophique*, à l'article *Homme* : « On a franchi les bornes de la folie ordinaire jusqu'à dire « qu'il n'est pas naturel qu'un homme

« M. Chappuis m'apprend que votre santé est bien mauvaise ; il faudrait la venir rétablir dans l'air natal, jouir de la liberté, boire avec moi du lait de nos vaches et brouter nos herbes [1].... »

Suivant sa petite ruse habituelle, quand il pouvait compter sur l'indiscrétion de ses correspondants, Voltaire s'étendait ensuite longuement sur les misères inhérentes à la vie d'homme de lettres, se lamentait sur les dangers qui y étaient attachés, enfin se plaignait amèrement des falsifications dont on était victime, des ouvrages infâmes qu'on publiait sous votre nom, etc. C'était l'époque où les copies de la *Pucelle* couraient Paris et où le poëte tremblait pour son repos et pour sa liberté [2].

Rousseau, flatté d'une aussi longue épître, répondit fort poliment :

« C'est à moi, Monsieur, de vous remercier à tous égards. En vous offrant l'ébauche de mes tristes rêveries, je n'ai point cru vous faire un présent digne de vous, mais m'acquitter d'un devoir et vous rendre un hommage que nous vous devons tous comme à notre chef. Sensible d'ailleurs à l'honneur que vous faites à ma patrie, je partage la recon-

---

« s'attache à une femme pendant les neuf mois de sa grossesse ; l'ap-
« pétit satisfait, dit l'auteur de ces paradoxes, l'homme n'a plus besoin
« de telle femme, ni la femme de tel homme... l'un s'en va d'un côté,
« l'autre de l'autre, et il n'y a pas d'apparence qu'au bout de neuf mois
« ils aient la mémoire de s'être connus.... » Tout cela est exécrable,
« mais heureusement rien n'est plus faux. »
1. 30 août 1755.
2. Voir la *Vie intime de Voltaire*.

naissance de mes concitoyens, et j'espère qu'elle ne fera qu'augmenter encore lorsqu'ils auront profité des instructions que vous pourrez leur donner. Embellissez l'asile que vous avez choisi ; éclairez un peuple digne de vos leçons, et vous qui savez si bien peindre les vertus et la liberté, apprenez-nous à les chérir dans nos murs comme dans vos écrits.... »

Prenant au sérieux les gémissements de Voltaire sur les falsifications dont ce pauvre homme de lettres était victime, il terminait ainsi sa lettre :

« Ne soyez pas surpris de sentir quelques épines inséparables des fleurs qui couronnent les grands talents. Les injures de vos ennemis sont les acclamations satiriques qui suivent le cortège des triomphateurs : c'est l'empressement du public pour tous vos écrits qui produit les vols dont vous vous plaignez : mais les falsifications n'y sont pas faciles, car ni le fer ni le plomb ne s'allient avec l'or [1]. »

Peu de jours après, Voltaire demanda à Jean-Jacques la permission de rendre publique la lettre édifiante qu'il lui avait adressée le 30 août 1755; l'irritation contre l'auteur de la *Pucelle* ne faisait qu'augmenter; il devait donc par tous les moyens se poser en victime et bien démontrer son innocence. Rousseau donna d'autant plus facilement l'autorisation demandée qu'il avait lui-même communiqué la lettre à un grand nombre de personnes et en avait laissé prendre des copies.

---

1. 10 septembre 1755.

Jusqu'à présent les relations des deux philosophes sont restées très correctes. Il n'y a toujours eu de la part de Voltaire qu'une grande courtoisie; Jean-Jacques, de son côté, bien que légèrement agressif, a comblé le patriarche d'éloges presque exagérés. Ces bons rapports vont s'altérer rapidement et faire place à une hostilité déclarée.

Les Genevois n'avaient pas oublié la promesse que Rousseau leur avait faite de venir habiter parmi eux, et ils le sommaient affectueusement de tenir sa parole, mais le Citoyen, comme il aimait à se désigner lui-même, restait sourd à leurs supplications. Autant quelques mois auparavant il désirait rentrer à Genève, autant maintenant il voulait s'en tenir éloigné. Quelle était donc la cause de ce changement subit?

Fallait-il l'attribuer, comme on l'a dit, au peu de succès de sa récente dédicace à la République? Nous ne le croyons pas. La cause véritable de ce brusque revirement fut la présence de Voltaire aux Délices. Dès que Rousseau vit installé dans sa patrie cet astre éblouissant, il comprit bien qu'il n'y tiendrait plus le premier rang comme il s'en était flatté, il se vit éclipsé sur son propre terrain et il en conçut un incommensurable dépit. Il a eu, dans les *Confessions*, la franchise d'avouer les motifs qui le tinrent éloigné de sa patrie :

« Une chose qui aida beaucoup à m'y déterminer, dit-il, fut l'établissement de Voltaire auprès de Genève. Je compris que cet homme y ferait révolution : que j'irais retrouver dans ma patrie le ton, les airs, les mœurs qui me chassaient de Paris, qu'il me faudrait batailler sans cesse, et que je n'aurais d'autre choix dans ma conduite que celui d'être un pédant insupportable, ou un lâche et mauvais citoyen [1]. »

Aussi ne veut-il plus entendre parler de retourner à Genève. Lui qui écrivait au pasteur Moultou : « C'est à force de vivre parmi des esclaves que j'ai senti tout le prix de la liberté! Que vous êtes heureux de vivre au sein de votre famille et de votre pays, d'habiter parmi les hommes et de n'obéir qu'aux lois, c'est-à-dire à la raison![2] » lui qui détestait Paris, ses mœurs, ses usages, se dérobe aux instances de ses amis et s'obstine à repousser cette terre de liberté qui lui tend les bras.

Mais qu'allait-il devenir, ayant pris Paris en aversion profonde, où allait-il se fixer?

« Mme d'Épinay, raconte Grimm, ayant dans la forêt de Montmorency une petite maison dépendante de sa terre, Rousseau la persécuta longtemps pour se la faire prêter, disant qu'il ne lui était plus possible de vivre dans cet horrible Paris et qu'il ne pouvait désormais avoir d'autre île contre les hommes que les bois et la solitude [3]. »

Mme d'Épinay, dès qu'elle connut le désir du Citoyen, s'empressa de le satisfaire, et elle lui offrit à l'Ermitage une hospitalité large et généreuse. Il l'accepta et en

---

1. *Confessions*. Partie II, Livre VIII.
2. 28 mai 1751.
3. Correspondance littéraire, juin 1762.

prit prétexte pour raconter qu'il sacrifiait sa patrie à Mme d'Épinay[1]. Rien n'était moins sincère[2].

Mais dès lors chaque jour verra s'accroître l'antipathie de Jean-Jacques contre celui dont la seule présence lui ferme les portes de Genève. Désormais il cherchera toutes les occasions, au besoin il les fera naître, d'attaquer sourdement d'abord, au grand jour ensuite, cet intrus détesté dont il veut faire, à tout prix, de force sinon de gré, un irréconciliable ennemi.

Le 1ᵉʳ novembre 1755 eut lieu le tremblement de terre de Lisbonne. Lisbonne, Mequinez, Tetuan, d'autres villes encore furent englouties avec un grand nombre de leurs habitants. Depuis l'antiquité, depuis la ruine d'Herculanum et de Pompéi, on n'avait pas vu pareil désastre, et l'imagination des contemporains en fut profondément frappée. « Voilà un horrible argument contre l'optimisme, s'écrie Voltaire à la nouvelle du désastre[5]. Le *tout est bien* de Mathieu Garo et de Pope[4] est un peu dérangé, je n'ose plus me plaindre de mes coliques[5]. » Et sous le coup de son émotion, il écrit le poème sur le *Désastre de Lisbonne*.

---

1. Voir la *Jeunesse de Madame d'Epinay*. Paris, Calmann Lévy.
2. En 1757, il écrivait à Grimm : « Qu'ai-je fait de mon côté pour Mme d'Epinay dans le temps que j'étais prêt de me retirer dans ma patrie, que je le désirais vivement et que je l'aurais dû? Elle remua ciel et terre pour me retenir. A force de sollicitations et même d'intrigues, elle vainquit ma trop juste et longue résistance; mes vœux, mes goûts, mon penchant, l'approbation de mes amis, tout céda dans mon cœur à la voix de l'amitié, je me laissai entraîner à l'Ermitage. »
3. Voltaire à Bertrand, 30 novembre 1755.
4. Pope, dans son *Essai sur l'homme* avait dit *tout est bien*.
5. Voltaire à d'Argental, 1ᵉʳ décembre 1755.

Le poète contestait tout d'abord l'assertion de ces philosophes qui soutenaient qu'en ce monde *tout est bien, tout est nécessaire*, et il s'écriait :

« Il le faut avouer *le mal* est sur la terre. »

Puis, après avoir longuement défendu cette théorie, il terminait par une pensée plus consolante :

« Le passé n'est pour nous qu'un triste souvenir ;
Le présent est affreux, s'il n'est point d'avenir,
Si la nuit du tombeau détruit l'être qui pense.
Un jour tout sera bien, voilà notre espérance ;
Tout est bien aujourd'hui, voilà l'illusion.
Les sages me trompaient, et Dieu seul a raison....
Humble dans mes soupirs, soumis dans ma souffrance,
Je ne m'élève point contre la Providence.... »

Lorsqu'il eut terminé son œuvre, Voltaire la lut à Tronchin ; le docteur, effrayé des sentiments exprimés, le supplia de la brûler, mais tout ce qu'il put obtenir fut que les termes en seraient quelque peu adoucis.

La publication du poème produisit un certain bruit à Genève. Les pasteurs surtout s'indignèrent, ils avaient l'œil sur les Délices, persuadés qu'on y tramait de ténébreux projets contre l'œuvre religieuse de Calvin, et ils n'attendaient que l'occasion d'intervenir. Le moment leur parut opportun, mais ils jugèrent préférable de ne pas se montrer dans le débat et surtout plus habile de ne pas s'exposer aux coups du solitaire des Délices.

Depuis son voyage à Genève en 1754, Rousseau

était resté en relations avec la plupart des membres du clergé genevois, qui ne lui ménageaient pas les caresses. Les lettres du Citoyen avaient facilement laissé percer l'irritation qu'il éprouvait contre Voltaire, aussi, quand il s'agit de répondre au *Désastre de Lisbonne*, c'est sur lui que les pasteurs jetèrent immédiatement les yeux : « Vos lettres, cher philosophe, lui disait le ministre Roustan, sont lues et dévorées par tous nos citoyens, laisserez-vous passer sans mot dire ces tristes choses? » Et en même temps il lui envoyait l'écrit incriminé. Jean-Jacques ne se déroba pas à l'appel qui lui était adressé et, prenant en main la cause de la Providence, il écrivit une longue réfutation du poème de Voltaire. Lui-même nous fait connaître les motifs qui l'engagèrent à prendre part au débat :

« Frappé de voir ce pauvre homme accablé, pour ainsi dire, de prospérités et de gloire, déclamer toutefois amèrement contre les misères de cette vie, et trouver toujours que tout était mal, je formai l'insensé projet de le faire rentrer en lui-même et de lui prouver que tout était bien. Voltaire, en paraissant toujours croire en Dieu, n'a jamais cru qu'au diable, puisque son Dieu prétendu n'est qu'un être malfaisant qui, selon lui, ne prend de plaisir qu'à nuire. L'absurdité de cette doctrine, qui saute aux yeux, est surtout révoltante dans un homme comblé des biens de toute espèce, qui, du sein du bonheur, cherche à désespérer ses semblables par

---

1. Tronchin à Rousseau, 1756, Streckeisen-Moultou.

l'image affreuse et cruelle de toutes les calamités dont il est exempt. Autorisé plus que lui à compter et à peser les maux de la vie humaine, j'en fis l'équitable examen, et je lui prouvai que, de tous ces maux, il n'y en avait pas un dont la Providence ne fût disculpée, et qui n'eût sa source dans l'abus que l'homme a fait de ses facultés plus que dans la nature elle-même. Je le traitai dans cette lettre avec tous les égards, toute la considération, tout le ménagement, et je puis dire avec tout le respect possibles[1].... »

Quelque violent que fût le désir de Jean-Jacques d'entamer la lutte, quelque conscience qu'il eût de sa valeur, il était encore un assez mince personnage, et cette première escarmouche avec un homme tel que Voltaire, en pleine possession de sa réputation et de son talent, pouvait sembler quelque peu audacieuse. Le châtelain de Ferney ne passait pas pour aimer la contradiction, il ne passait pas davantage pour ménager ceux qui l'attaquaient ; il fallait y regarder à deux fois avant d'ouvrir les hostilités ; Rousseau jugea donc prudent de s'abriter derrière l'autorité du docteur Tronchin, et de le consulter sur l'opportunité de la lettre :

« Voici, mon respectable citoyen, une longue kyrielle à lire pour un homme aussi utilement occupé que vous, mais j'ai droit à vos bienfaits ainsi que le reste des hommes ; j'ai la même confiance en vos bons offices que le reste de l'Europe en vos ordonnances. Voyez donc, je vous supplie, s'il n'y a point trop d'indiscrétion dans le zèle qui m'a dicté

---

1. *Confessions.* Partie II, livre IX.

cette lettre. Si je suis moins fondé que je n'ai cru l'être, ou que M. de Voltaire soit moins philosophe que je ne le suppose, supprimez la lettre et renvoyez-la-moi sans la montrer. S'il peut supporter ma franchise, cachetez ma lettre et la lui donnez, en ajoutant tout ce que vous croirez propre à lui persuader que jamais l'intention de l'offenser n'entra dans mon cœur. Il serait peut-être à désirer pour le public et surtout pour lui-même qu'il eût reçu quelquefois de ses amis des représentations pareilles, elles eussent servi dans l'occasion de préservatif....[1]. »

Tronchin jugea son ami Voltaire assez philosophe pour supporter une satire à peine voilée, car il porta aux Délices la lettre soumise à son appréciation. Après s'être acquitté de son ambassade, le docteur répondit à Rousseau :

« J'ai reçu, mon respectable ami, vos lettres avec l'empressement qui précède et qui suit tout ce qui vient de vous, et avec le plaisir qui accompagne tout ce qui est bien. Je voudrais pouvoir vous répondre du même effet sur notre ami, mais que peut-on attendre d'un homme qui est presque toujours en contradiction avec lui-même et dont le cœur a toujours été la dupe de l'esprit. Son état moral a été dès sa plus tendre enfance si peu naturel et si altéré, que son être actuel fait un tout artificiel qui ne ressemble à rien. De tous les hommes qui coexistent celui qu'il connaît le moins, c'est lui-même. Tous les rapports de lui aux autres hommes et des autres hommes à lui sont dérangés. Il a voulu plus de bonheur qu'il n'en pouvait prétendre; l'excès de ses prétentions l'a conduit

---

[1]. Montmorency, 1756.

insensiblement à cette injustice que les lois ne condamnent pas, mais que la raison désapprouve.

Il n'a pas enlevé le blé de son voisin, il n'a pas pris son bœuf ou sa vache, mais il a fait d'autres rapines pour se donner une réputation et une supériorité que l'homme sage méprise, parce qu'elle est trop chère. Peut-être n'a-t-il pas été assez délicat sur le choix des moyens. Les louanges et les cajoleries de ses admirateurs ont achevé ce que ses prétentions immodérées avaient commencé, et croyant en être le maître, il est devenu l'esclave de ses admirateurs, son bonheur a dépendu d'eux....

Qu'en résulte-t-il? La crainte de la mort (car on en tremble) n'empêche pas qu'on ne se plaigne de la vie, et ne sachant à qui s'en prendre, on se plaint de la Providence, quand on devrait n'être mécontent que de soi-même.... J'espère pourtant qu'il lira votre belle lettre avec attention. Si elle ne produit aucun effet, c'est qu'à soixante ans on ne guérit guères des maux qui commencent à dix-huit. On l'a gâté, on en gâtera bien d'autres. Plaignez-le et conservons-nous....[1]. »

Cette lettre n'était pas honnête et il eût mieux valu pour Tronchin ne pas l'écrire; à ce moment il était intimement lié avec l'hôte des Délices, il n'avait aucun sujet de plainte contre lui et c'était manquer étrangement à son ami que d'en parler dans de pareils termes; Rousseau en jugea ainsi, car il a écrit dans les *Confessions* que Tronchin en répondant « lui marqua peu d'estime pour Voltaire. »

Voici la lettre que le docteur s'était chargé de trans-

---

[1]. *J.-J. Rousseau, ses amis et ses ennemis*, par Streckeisen-Moultou.

mettre aux Délices ; elle débute par un léger mensonge que Rousseau commettait sciemment, mais qui lui était indispensable pour motiver son étrange intervention en faveur de la Providence. Jamais Voltaire n'avait adressé son poème au citoyen de Genève ; l'auteur de l'envoi était le pasteur Roustan, et Jean-Jacques le savait bien.

« Vos deux derniers poèmes[1], Monsieur, me sont parvenus dans ma solitude, et quoique tous mes amis connaissent l'amour que j'ai pour vos écrits, je ne sais de quelle part ceux-ci me pourraient venir à moins que ce ne soit de la vôtre. Ainsi je crois devoir vous remercier à la fois de l'exemplaire et de l'ouvrage.... J'y ai trouvé le plaisir avec l'instruction, et reconnu la main du maître. Je ne vous dirai pas que tout m'en paraisse également bon. . . . .
. . . .

« Je ne puis m'empêcher, Monsieur, de remarquer à ce propos une opposition bien singulière entre vous et moi dans le sujet de cette lettre. Rassasié de gloire et désabusé des vaines grandeurs, vous vivez libre au sein de l'abondance ; bien sûr de votre immortalité, vous philosophez paisiblement sur la nature de l'âme, et, si le corps ou le cœur souffre, vous avez Tronchin pour médecin et pour ami : vous ne trouvez pourtant que mal sur la terre. Et moi, homme obscur, pauvre, et tourmenté d'un mal sans remède, je médite avec plaisir dans ma retraite, et trouve que tout est bien. D'où viennent ces contradictions apparentes ? Vous l'avez vous-même expliqué : vous jouissez ; mais j'espère, et l'espérance embellit tout.

« Pardonnez-moi, grand homme, un zèle peut-être in-

---

1. Le libraire trouvant que le poème sur le *Désastre de Lisbonne* était insuffisant pour former une brochure, y avait joint le poème sur la *Religion naturelle*.

discret, mais qui ne s'épancherait pas avec vous si je vous estimais moins. A Dieu ne plaise que je veuille offenser celui de mes contemporains dont j'honore le plus les talents, et dont les écrits parlent le mieux à mon cœur, mais il s'agit de la cause de la Providence dont j'attends tout. Après avoir si longtemps puisé dans vos leçons des consolations et du courage, il m'est dur que vous m'ôtiez maintenant tout cela pour ne m'offrir qu'une espérance incertaine et vague, plutôt comme un palliatif actuel que comme un dédommagement à venir....

« Toutes les subtilités de la métaphysique ne me feront pas douter un moment de l'immortalité de l'âme, et d'une Providence bienfaisante. Je la sens, je la crois, je la veux, je l'espère, je la défendrai jusqu'à mon dernier soupir[1]. »

On peut se demander pourquoi Jean-Jacques prenait si vivement en mains la cause de la Providence, et comment l'homme qui passait sa vie à se plaindre de son sort, à tout blâmer, à tout critiquer, s'avisait tout à coup que tout était bien? C'est que la Providence n'était là que pour la forme, c'est que Rousseau trouvait une occasion inespérée de frapper indirectement Voltaire, et, sous les formes les plus courtoises, de lui faire une blessure douloureuse.

Le public en effet ne devait-il pas être frappé de ce contraste si bien établi par Jean-Jacques : « Vous êtes riche, heureux, vous jouissez de tous les biens de ce monde, et vous blasphémez la Providence. Moi, au contraire, pauvre, malheureux, frappé de tous côtés,

---

1. 18 août 1756.

j'adore la bonté divine. » Quelle leçon! C'est Jean-Jacques l'infortuné qui soutient que tout est bien et rappelle à la pudeur Voltaire, comblé par le sort, qui soutient que tout est mal.

Quelle chute pour Voltaire! quel piédestal pour Rousseau!

Certes, le terrain était bien choisi; et les rieurs ne devaient pas être du côté du poète. Mais Rousseau n'avait pas seulement pour but de rabaisser le châtelain des Délices, il comptait bien qu'une attaque aussi vive ne passerait pas inaperçue, qu'il en résulterait une controverse publique qui mettrait le comble à sa propre réputation.

Voltaire, nous l'avons dit, n'aimait pas la contradiction, il aimait encore moins qu'on pût rire à ses dépens; il sentit toute la perfidie de l'attaque, et la lettre du Genevois, d'une argumentation très serrée, dut lui paraître parfaitement insupportable. Cependant il l'accueillit avec mansuétude, mais il se donna le malin plaisir de tromper les espérances de l'auteur en lui envoyant, au lieu de la réfutation espérée, une lettre de remerciements des plus aimables et qui coupait court à toute discussion. Il dédaignait même de relever la supposition absolument erronée qui servait de prétexte à la prose de Jean-Jacques.

« Vous me pardonnerez, lui disait-il, de laisser là ces discussions philosophiques qui ne sont que des amusements. Votre lettre est très belle, mais j'ai chez moi une de mes nièces, qui, depuis trois semaines, est dans un assez grand danger, je suis garde-malade et très malade moi-même. J'attendrai que je me porte mieux et que ma nièce soit guérie pour penser avec vous.

« M. Tronchin m'a dit que vous viendriez enfin dans votre patrie. M. d'Alembert vous dira quelle vie philosophique on mène dans ma petite retraite. Elle mériterait le nom qu'elle porte si elle pouvait vous posséder quelquefois. Comptez que de tous ceux qui vous ont lu personne ne vous estime mieux que moi malgré mes mauvaises plaisanteries, et que de tous ceux qui vous verront personne n'est plus disposé à vous aimer tendrement[1]. »

On sait avec quelle facilité Voltaire jouait des maladies quand il y trouvait un intérêt quelconque. Cette fois et par extraordinaire il disait vrai ; sa nièce, Mme de Fontaine, venait de tomber sérieusement malade, et l'inquiétude que son état inspirait pouvait honnêtement servir de raison pour esquiver une réponse embarrassante. Rousseau éprouva une assez vive déception, mais il eut l'esprit de la dissimuler.

« J'ai été charmé, écrit-il à Tronchin, de la réponse de M. de Voltaire ; un homme qui a pu prendre ma lettre comme il a fait mérite le titre de philosophe, et l'on ne peut plus être porté que je le suis à joindre à l'admiration que j'eus toujours pour ses écrits l'estime et l'amitié pour sa personne[2]. »

Non seulement Voltaire ne réfuta pas la *Lettre sur*

---

1. 12 septembre 1756. —
2. Sayous, *Dix-huitième siècle à l'étranger*.

la Providence, mais quand le citoyen de Genève quelque temps après lui demanda, conformément à l'usage, la permission de la publier, il s'empressa de s'y refuser, de façon que Jean-Jacques en fut doublement pour ses frais : il n'eut pas la réfutation qu'il attendait et son éloquente plaidoirie dut demeurer secrète. C'était un coup d'épée dans l'eau.

Deux ans plus tard Voltaire publiait *Candide*, qui pouvait passer pour une réponse directe aux théories optimistes de Rousseau ; ce dernier le prit ainsi, car il écrivit dans les *Confessions* :

« Depuis lors Voltaire a publié cette réponse qu'il m'avait promise, mais qu'il ne m'a pas envoyée. Elle n'est autre que le roman de *Candide*, dont je ne puis parler parce que je ne l'ai pas lu[1]. »

Mais cette assertion est d'autant moins vraisemblable, que Jean-Jacques mandait en 1764 au duc de Wirtemberg :

« Vous êtes surpris que ma lettre sur la Providence n'ait pas empêché *Candide* de naître ? C'est elle, au contraire, qui lui a donné naissance ; *Candide* en est la réponse. L'auteur m'en fit une de deux pages, dans laquelle il battait la campagne, et *Candide* parut dix mois après. Je voulais philosopher avec lui ; en réponse, il m'a persiflé[2].

---

1. *Confessions*. Partie II, livre IX.
2. 11 mars 1764.

CHAPITRE III

1756—1759

Sommaire : Article *Genève* de d'Alembert. — *Lettre à d'Alembert sur les spectacles*. — Réponse de d'Alembert. — Rousseau refuse de revenir dans sa patrie. — Corruption des mœurs à Genève.

Quand Voltaire fut établi aux Délices en 1755, son premier soin fut de vouloir y installer un théâtre. On s'explique aisément son goût passionné pour les spectacles, quand on se rappelle la situation vraiment bizarre dans laquelle il se trouvait placé : lui, le premier auteur dramatique de l'époque ; lui, dont les pièces formaient presque exclusivement tout le répertoire du Théâtre-Français, par suite de l'ostracisme qui l'éloignait de Paris, ne voyait jamais représenter ses œuvres. Comment les juger, les apprécier, les modifier suivant l'optique de la scène ? Outre un amour-propre d'auteur bien naturel, on comprend donc le désir très vif de Voltaire de posséder un théâtre sur lequel il pût essayer les productions de son génie. Mais les spectacles étaient rigoureusement interdits à Genève, les marionnettes mêmes n'y étaient pas tolérées, et le poète se heurta à une résistance invincible de la part du Consistoire : s'il se soumit, ce ne fut pas sans regrets ni sans espoir d'un retour de fortune[1].

D'Alembert vint aux Délices à la fin de 1755; Voltaire lui confia ses doléances, il se plaignit des vexations dont il était victime et de ce rigorisme exagéré qui transformait la cité de Calvin en une petite ville du seizième siècle. D'Alembert préparait l'article *Genève* qu'il destinait à l'*Encyclopédie;* il fut convenu qu'il y glisserait un paragraphe sur le théâtre, paragraphe qui, sans nul doute, fut rédigé de concert aux Délices.

Pendant son séjour à Genève, l'encyclopédiste se trouva en relations fréquentes avec les pasteurs, et leurs entretiens roulèrent souvent sur la religion. Le clergé de Genève était renommé pour sa science et passait pour fort libéral; bien loin de témoigner de l'aversion pour les philosophes, il acceptait volontiers avec eux des controverses sur des points religieux. C'est ainsi que les ministres de Genève traitèrent dans d'amicales conversations avec d'Alembert beaucoup de questions délicates et qu'ils se laissèrent vraisemblablement entraîner en paroles au delà de leur pensée.

L'article *Genève* parut en 1757. D'Alembert y louait sans réserves presque toutes les institutions de la Répu-

---

1. Voir la *Vie intime de Voltaire aux Délices et à Ferney.*

blique, mais abordant ensuite la question religieuse, il félicitait les pasteurs, au moins la majeure partie, de n'avoir d'autre religion qu'un socinianisme[1] parfait, et il ajoutait :

« On se plaint moins à Genève qu'ailleurs des progrès de l'incrédulité, ce qui ne doit pas surprendre, car la religion y est presque réduite à l'adoration d'un seul Dieu, du moins chez tout ce qui n'est pas peuple ; le respect pour Jésus-Christ et pour les Écritures est peut-être la seule chose qui distingue d'un pur déisme le christianisme de Genève. »

Ces dangereuses assertions soulevèrent dans la cité de Calvin un grand scandale ; le clergé tout entier fut compromis, et plus particulièrement les pasteurs, qui, par leur intimité avec le philosophe, pouvaient passer pour ses complices.

Fidèle à sa promesse, d'Alembert avait inséré dans son article le paragraphe convenu sur les spectacles :

« On ne souffre point à Genève de comédie ; ce n'est pas qu'on y désapprouve les spectacles en eux-mêmes, mais on craint, dit-on, le goût de parure, de dissipation et de libertinage que les troupes de comédiens répandent parmi la jeunesse. Cependant ne peut-il pas être possible de remédier à cet inconvénient, par des lois sévères et bien exécutées sur la conduite des comédiens? Par ce moyen, Genève aurait des spectacles et des mœurs, et jouirait de l'avantage des

---

[1]. Les Sociniens étaient une secte de chrétiens antitrinitaires ou rationalistes. Leurs chefs étaient les deux Socin ; ils établirent leur doctrine en Pologne ; chassés en 1658, les Sociniens se dispersèrent en Transylvanie, en Hollande, en Angleterre, etc.

uns et des autres : les représentations théâtrales formeraient le goût des citoyens et leur donneraient une finesse de tact, une délicatesse de sentiment qu'il est très difficile d'acquérir sans ce secours. La littérature en profiterait, sans que le libertinage fît des progrès, et Genève réunirait à la sagesse de Lacédémone la politesse d'Athènes. »

Ce passage exprimait un souhait fort raisonnable et n'offrait rien de bien répréhensible ; il passa du reste à peu près inaperçu, tous les esprits étant occupés des graves imputations portées contre l'orthodoxie du clergé genevois.

Les pasteurs, Rousseau l'a dit, ne savaient à quel saint se vouer, pour effacer l'effet déplorable causé par l'article de d'Alembert. Ils se flattèrent d'abord d'obtenir de l'auteur même une rétractation, et à leur sollicitation le docteur Tronchin lui écrivit[1] :

« Permettez, Monsieur, à un citoyen qui connaît la bonté de votre cœur, la droiture de votre âme, votre crédit dans l'empire des lettres, et votre amitié pour sa patrie, la liberté qu'il prend de verser dans votre sein la peine que nous fait ce que vous dites de notre foi dans l'*Encyclopédie*. S'il s'agissait d'une vérité historique, je ne vous importunerais pas, mais c'est du christianisme dont il est question, et avec les meilleures intentions, car il n'est pas possible que vous

---

1. On trouvera dans la *Vie intime de Voltaire aux Délices et à Ferney* tous les détails de cet incident, mais nous n'avions pu retrouver, malgré nos recherches, les lettres de Tronchin et de d'Alembert ; un heureux hasard nous les a fait découvrir et nous mettons sous les yeux du lecteur ces curieux documents.

en ayez de mauvaises, vous nous en fermez les portes. L'effet de ce que vous dites est trop à craindre pour que nous puissions l'attendre avec indifférence. C'est bien ici, Monsieur, que nous devons dire, *Aconita non bibuntur fictilibus*, le vase est d'or, il est enrichi de pierreries, car qui fait plus de cas que nous de l'*Encyclopédie*, et des auteurs qui y travaillent ! Nous jugeons, Monsieur, et la règle est bien sûre, par l'ascendant qu'ils ont sur nous, de celui qu'ils doivent avoir sur tous les lecteurs en général.

« L'attention et la réflexion que notre état physique et moral nous permet et que rien ne trouble, ont mis dans les mains de chaque citoyen la mesure des effets de ce que vous dites de nous. Ils nous effrayent, Monsieur. Pardonnez cet effroi à une petite République, dont le repos, le bonheur, peut-être même l'existence, est incompatible avec la haine, ou avec le mépris public; et qui connaît mieux que vous, Monsieur, l'influence de la religion en général et du christianisme en particulier sur la confiance, l'estime et la bienveillance publiques. Vous dites pourtant que nous ne sommes pas chrétiens, et que pouvez-vous nous reprocher de plus grave? Cette accusation nous rend odieux à ceux dont malheureusement nous sommes séparés, et méprisables à ceux à qui nous sommes réunis.

« Vous nous aimez pourtant, Monsieur, j'en appelle aux éloges dont vous daignez nous combler; vous avez bien voulu nous en donner les assurances les plus obligeantes, lorsque vous étiez ici. Vos intentions sont trop pures, vous ne voulez point nous faire de mal. Si la république des abeilles mérite autant l'attention du sage que les plus grands empires, vous ne serez pas insensible à notre peine. Il s'agit, Monsieur, d'une tache que vous pouvez effacer, vous n'y perdrez rien et nous y gagnerons beaucoup. Quelques lignes de votre main bienfaisante, dictées par votre belle âme, nous rendront le repos que vous nous avez ôté, rempliront nos cœurs de reconnaissance et du respect que nous vous avions voué[1]. »

Il fallait que l'émoi fût bien grand à Genève, la situation bien pressante, pour que le docteur ait pu consentir à s'abaisser jusqu'à de pareilles adulations.

Le philosophe tint bon; il était soutenu par Voltaire, qui lui écrivait :

« Vous savez tous les murmures de la synagogue.... Ces drôles osent se plaindre de l'éloge que vous daignez leur donner de croire en Dieu et d'avoir plus de raison que de foi.... Mais vous, à qui quelques-uns se sont ouverts, vous qui êtes instruit de leur foi par leur bouche, ne vous rétractez pas : il y va de votre salut, votre conscience y est engagée.... Vous n'avez pas besoin de mes saintes exhortations pour soutenir la gale que vous avez donnée au troupeau de Genève.... Je vous assure que mes amis et moi les mènerons beau train, ils boiront le calice jusqu'à la lie. »

La réponse de d'Alembert fut ce qu'elle devait être, polie, mais inébranlable dans son refus :

« Vous me rendez justice, Monsieur, mandait-il à Tronchin, quand vous croyez que mes intentions dans l'article *Genève* ont été de rendre à vos concitoyens et à votre clergé le tribut d'estime que je leur dois. Le ton d'éloge qui règne dans cet article d'un bout à l'autre suffirait pour vous convaincre de mes sentiments. Aussi, Monsieur, j'ose vous assurer que si j'avais attendu quelque chose de la part de votre République, c'eût été des remerciments de vos magis-

[1]. *Inédite.* Bibl. nat. Mss. f. Fr. 15230.

trats plutôt que des plaintes de vos ecclésiastiques, dont je connais la vertu et les lumières et que je n'ai jamais eu dessein d'offenser; mais je vous avoue que ma surprise est au comble quand je vois en quoi consistent leurs plaintes.

« J'accuse, dites-vous, les ministres de Genève de n'être pas chrétiens. Permettez-moi de vous représenter, Monsieur, que ceux au nom desquels vous me faites l'honneur de m'écrire n'ont pas lu attentivement l'article qui les a blessés. J'y ai dit expressément que les ministres de Genève ont beaucoup de respect pour Jésus-Christ, et pour les Écritures, et qu'ils expliquent de leur mieux les passages de la Bible qui peuvent paraître contraires à leurs opinions. C'est supposer, ce me semble, que Messieurs vos ecclésiastiques reconnaissent l'autorité de ce livre; et que faut-il autre chose, selon eux-mêmes, pour être chrétien, que de respecter la doctrine de Jésus-Christ et de croire que cette doctrine est contenue dans le Nouveau-Testament? Cette manière de penser ne satisferait peut-être pas un catholique romain, mais ce n'est pas le titre auquel Messieurs vos ministres prétendent. Aussi je vois, Monsieur, par votre lettre même, que l'accusation prétendue de n'être pas chrétien est l'objet auquel se bornent leurs plaintes, et je crois y avoir répondu de manière à les faire cesser. Vous avez, Monsieur, trop de lumière pour ne pas sentir toute la solidité de ma justification, et Messieurs vos ministres sont trop éclairés et trop équitables pour ne pas la goûter.

« Ils ne pouvaient choisir, pour me faire passer leurs représentations, personne qui leur donnât plus de poids, et je ne puis, de mon côté, trouver auprès d'un corps aussi estimable, un défenseur plus puissant que vous. J'ose donc me flatter, Monsieur, que cette lettre appuyée par vous, comme elle ne peut manquer de l'être, satisfera pleinement Messieurs vos ecclésiastiques, en même temps qu'elle me fournit l'occasion

de vous assurer que personne ne vous honore et ne vous
respecte plus que moi.

« D'ALEMBERT[1].

« *P. S.* — Je dois vous ajouter, Monsieur, que des raisons
essentielles qui n'ont aucun rapport à l'article *Genève*, m'obligent de renoncer absolument et sans retour au **travail de
l'*Encyclopédie*** ; ainsi cet ouvrage arrêté au milieu de sa course
ne mérite plus, ce me semble, de devenir l'objet des plaintes
de votre clergé[2]. »

Après avoir piteusement échoué près de d'Alembert,
Tronchin s'adressa à Voltaire, à Diderot, partout il fut
éconduit[3]. Ne pouvant obtenir de rétractation, les pasteurs éperdus eurent l'idée de faire écrire une énergique
réfutation qui les laverait de l'outrage fait à leur foi.
Dans ce but ils s'adressèrent à leur ami Rousseau,
mais sa réponse déjoua leurs espérances :

« Si l'article dont vous me parlez, répondit-il à Vernes, est
indiscret et répréhensible, il n'est assurément pas offensant.
Cependant, s'il peut nuire à votre corps, peut-être fera-t-on
bien d'y répondre : quoique, à vous dire le vrai, j'ai un peu
d'aversion pour les détails où cela peut entraîner, et qu'en
général, je n'aime guère, qu'en matière de foi, l'on assujettisse la conscience à des formules[4]. »

---

1. 6 janvier 1758. — *Inédite*. Bibl. nat. Mss. f. Fr. 15230.
2. Fatigué des persécutions qu'essuyait cet ouvrage, d'Alembert se
retira en effet, malgré les instances de Voltaire et de Diderot. Le
8 mars 1759 le privilège de l'Encyclopédie fut révoqué par ordre du roi.
3. Voir la *Vie intime de Voltaire aux Délices et à Ferney*.
4. 18 février 1758.

Les ministres en furent réduits à se porter eux-mêmes garants de l'orthodoxie de leurs croyances.

Donc Jean-Jacques a fait défaut à ses amis dans le besoin, il s'est dérobé à l'honneur dont on le jugeait digne. Rien ne l'a choqué dans l'article de d'Alembert, pas plus au point de vue religieux qu'à tout autre point de vue; son avis très net a été de ne pas répondre.

Mais Diderot vient à l'Ermitage, on cause naturellement de l'article qui fait tant de tapage. Jean-Jacques apprend que d'Alembert et Voltaire sont d'accord, que c'est à l'instigation de Voltaire que le paragraphe sur le théâtre a été inséré, qu'il en attend les meilleurs résultats à Genève. Aussitôt tout change d'aspect. Du moment que le châtelain des Délices a une part quelconque à l'article *Genève*, on ne peut laisser ce dangereux écrit sans réponse. Mais qu'importent les questions religieuses, qu'importe que l'orthodoxie des pasteurs soit suspectée, le seul paragraphe sur le théâtre est de Voltaire, lui seul est important, c'est à lui seul qu'on répondra. *Indigné de tout ce manège de séduction dans sa patrie*, Rousseau écrit la *Lettre sur les spectacles*.

« J'ai sous presse, écrit-il à Vernes, un petit écrit sur l'article *Genève*, de M. d'Alembert. Le conseil qu'il nous donne d'établir une comédie m'a paru pernicieux; il a réveillé mon zèle, et m'a d'autant plus indigné que j'ai vu clairement qu'il ne se faisait pas un scrupule de faire sa cour à M. de

Voltaire à nos dépens. Voilà les auteurs et les philosophes....[1] »

Peu de temps après, il ne cache plus qu'il connaît le véritable auteur de l'article et que c'est lui qu'il a visé dans sa réponse :

« Je n'ignorais pas que l'article *Genève* était en partie de M. de Voltaire, quoique j'aie eu la discrétion de n'en rien dire ; il vous sera aisé de voir, par la lecture de l'ouvrage, que je savais, en l'écrivant, à quoi m'en tenir[2]. »

L'évidence est complète : ce n'est pas à l'article *Genève* que Rousseau répond, ce n'est pas d'Alembert qu'il réfute, c'est Voltaire qu'il veut attaquer, qu'il veut frapper dans ses plus chers désirs. Le philosophe des Délices n'a pas renoncé à ses projets, il a cru qu'il en faciliterait l'accomplissement en faisant exprimer par d'Alembert un souhait très modeste et fort raisonnable ; ce souhait ruinera à jamais ses secrètes espérances. Rousseau, dans un éloquent plaidoyer, va montrer à ses concitoyens les funestes effets du théâtre et les conjurer, s'ils veulent éviter les pires maux, de repousser toujours de la cité sainte cette pierre de scandale et de démoralisation.

N'était-ce pas une plaisante chose que de voir ce compositeur d'opéras écrire contre le théâtre et s'efforcer d'en démontrer les détestables résultats ? Mais qu'importe à Rousseau de se mettre en contradiction

---

1. 4 juillet 1758.
2. 22 octobre 1758.

avec lui-même? Homme de lettres, il a proscrit les lettres, auteur dramatique, il peut bien proscrire les spectacles[1]. Que lui importe d'être inconséquent, pourvu qu'il porte à Voltaire le coup le plus sensible.

C'est que depuis deux ans son antipathie n'a fait que croitre, c'est qu'il a une revanche à prendre et qu'elle se fait attendre, c'est que la fameuse *Lettre sur la Providence* dort toujours au fond d'un tiroir, c'est qu'il trouve une occasion unique en attaquant ostensiblement d'Alembert, de frapper indirectement l'homme des Délices. On peut bien être inconséquent pour un pareil résultat.

Dans un volume de plus de quatre cents pages, Rousseau s'efforce de démontrer les dangers du théâtre, et énumère tous les arguments qui militent en faveur de sa suppression. Reprenant la thèse des Pères de l'Église, il déclare que rien n'est plus nuisible aux mœurs que le goût du spectacle, et que particulièrement dans un petit État comme Genève, ce serait la perte de la moralité publique.

L'ouvrage avant de paraître fut, suivant l'usage, soumis à la censure[2]. Or, sait-on qui M. de Malesherbes, alors directeur de la librairie, désigna pour remplir l'office de censeur, ce fut d'Alembert! Et c'est le philo-

---

1. Rousseau a composé les *Muses galantes*, le *Devin du village*, *Pygmalion*, la *Découverte du Nouveau-Monde*, *Narcisse ou l'Amant de lui-même*, le *Prisonnier de guerre*, l'*Engagement téméraire*.
2. Aucun ouvrage ne pouvait paraître sans avoir été examiné et autorisé par le directeur de la librairie. Pour chaque ouvrage on nommait un censeur dont le nom restait secret.

sophe lui-même qui sollicita la faveur de reviser le livre écrit contre lui. Il en fit l'éloge avec sa bienveillance et sa générosité habituelles[1].

1. L'ouvrage fut imprimé par Rey d'Amsterdam qui l'adressa au directeur de la librairie, en demandant l'autorisation de l'introduire en France. M. de Malesherbes envoya à d'Alembert le livre et la lettre de Rey. Voici la réponse du philosophe :

« A M. de Lamoignon de Malesherbes, premier Président de la Cour des Aides.

« Monsieur, je vous suis très obligé du livre que vous voulez bien m'envoyer. Je ne trouve point dans le paquet la lettre du libraire Rey, que votre domestique a sans doute oublié d'y mettre. Si vous jugez à propos de nommer un censeur, et de me choisir pour cela, je vous donne d'avance mon approbation par écrit. J'ai l'honneur d'être avec respect....

« A Paris, ce 8 juillet 1758. » — *Inédite*. Bibl. nat. Mss. f. Fr. Nouv. acq., 1183.

D'Alembert, comme il le désirait, fut chargé, à titre de censeur, d'examiner l'œuvre de Rousseau, et il n'hésita pas à solliciter son entrée en France ; il écrivit à M. de Malesherbes :

« Monsieur, j'ai lu l'ouvrage de M. Rousseau contre moi ; il m'a fait beaucoup de plaisir, je ne doute pas qu'il n'en fasse au public et je ne trouve rien qui doive en empêcher l'entrée. J'ai l'honneur d'être....

« Paris, ce samedi 22 (1758.) » — *Inédite*. Bib. nat. Mss. f. Fr. Nouv. acq., 1183.

Rey écrivait lettres sur lettres pour obtenir l'entrée en France. C'est encore d'Alembert, dont la bienveillance était inépuisable, qui se chargea de solliciter le directeur de la librairie.

« Je reçois en ce moment une lettre du libraire Rey qui me mande qu'il vient d'expédier pour la France seize cents exemplaires du livre de M. Rousseau contre moi et qui me prie de solliciter auprès de vous la permission de les faire entrer. Je lui mande que je ne doute point que vous ne l'accordiez, et je vous prie, Monsieur, de vouloir bien donner sur cela vos ordres. Vous pouvez croire sur la parole que j'ai l'honneur de vous en donner, qu'il n'y a rien dans ce livre qui puisse en empêcher le débit. M. Turgot, qui l'a lu, vous en rendra le même témoignage. J'ai l'honneur d'être.... »

« A Paris, ce 1ᵉʳ septembre 1758. » — (*Inédite*. Bib. nat. Mss. f. Fr. Nouv. acq., 1183). M. Brunetière, dans un article de la *Revue des Deux-Mondes* du 1ᵉʳ février 1882, a fait allusion à cette correspondance.

La *Lettre à d'Alembert sur les spectacles* parut le 20 octobre 1758; elle produisit une grande sensation, surtout à Genève. Rousseau ne se bornait pas à traiter la question du théâtre, il traçait des lois à ses concitoyens et il couvrait d'éloges la bourgeoisie et ses institutions.

Le peuple, qui n'aimait pas Voltaire, accueillit la lettre avec transport. Si les pasteurs furent fortement déçus de voir que le philosophe ne défendait en rien leur religion, ils n'en laissèrent pour la plupart rien paraître. Le ministre Moultou, qui s'était pris pour Rousseau d'un grand enthousiasme, et avec lequel il échangeait une fréquente correspondance, lui écrivait :

« Votre livre est ici le signal de ralliement de tous les bons citoyens, l'opprobre et l'effroi des méchants, et l'on peut juger maintenant de l'amour plus ou moins grand que chacun porte à la patrie par le degré d'estime qu'il donne à votre ouvrage. En un mot, si Genève peut conserver ses anciennes mœurs ou les reprendre, c'est à vous qu'elle le devra, et le palladium de cette République est sorti de cet article de l'*Encyclopédie* qui devait la conduire à sa ruine[1]. »

Le pasteur Sarazin écrivait de son côté au philosophe :

« Je n'ai pas de termes assez expressifs pour vous marquer la satisfaction que j'ai ressentie en relisant le digne ouvrage qui vient de sortir de votre plume.... Vous venez de rendre un service signalé à notre commune patrie, en

---

1. 1758. Streckeisen-Moultou.

vous élevant aussi librement et aussi fortement que vous l'avez fait contre la fureur des spectales, et en montrant tout le ridicule et le danger du projet qu'ont formé certaines personnes d'établir un théâtre dans notre ville[1].

Et Rousseau, plein de vénération et d'admiration pour le clergé de sa patrie, répondait :

« Quand j'ose élever ma faible voix sur les dangers du théâtre, je ne fais que répéter les maximes de nos pasteurs, dont nous devrions mieux profiter.... Tout ce que j'ai dit de bon, je le tiens de mon pays ; je serais bien ingrat de ne pas le lui rendre, quand le besoin paraît l'exiger.... O Monsieur ! si jamais je puis revoir ma patrie, qu'il me sera doux d'apprendre à devenir meilleur et plus sage en conversant quelquefois avec vous !...[2] »

Tous les Genevois ne poussaient pas l'admiration aussi loin que les pasteurs Moultou et Sarazin. Beaucoup trouvaient plaisant de voir d'Alembert et Rousseau, qui n'avaient jamais habité Genève, débattre entre eux ce qui convenait le mieux à ses habitants.

« De quoi se mêle M. Rousseau, disait-on ? dès l'âge le plus tendre il est sorti de sa patrie ; il a reçu une éducation absolument étrangère, il a passé quarante ans de sa vie sans connaître Genève, il n'y a jamais vécu.... Il ne connaît ni nos lois, ni nos usages, ni notre génie... ni l'esprit de notre gouvernement, ni celui de nos magistrats, ni celui de notre

---

1. Sarazin aîné à Rousseau, septembre 1758. Gaberel, *Rousseau et les Genevois*.
2. Rousseau à Sarazin l'aîné, 29 novembre 1758.

peuple, et M. Rousseau sans aucune de ces idées s'érige en arbitre de nos affaires : il plaide pour nous, il nous prescrit des lois; il règle nos occupations publiques, civiles, domestiques, comme si la République l'avait appointé pour cela[1]. »

Ces critiques ne manquaient pas de justesse.

La *Lettre sur les spectacles*, nous l'avons vu, est uniquement dirigée contre Voltaire. Mais, par un hasard assez singulier, Rousseau, en attaquant le patriarche, paraissait suivre avec logique la ligne de conduite qu'il s'était tracée. Aux yeux du public en effet, aux yeux de ceux qui ne sont pas dans le secret de la coulisse, rien de plus naturel que cette attaque du philosophe contre le théâtre, qui a été la grande passion du dix-huitième siècle; c'est la troisième étape de son apostolat contre la civilisation. Après avoir proscrit les sciences, les arts, la littérature, il a vanté les charmes de l'état sauvage; aujourd'hui il veut renverser le temple de Thalie et de Melpomène, c'est la continuation raisonnée de sa croisade, personne ne peut s'en étonner. Et cependant si Voltaire n'eût pas habité Genève, nous n'aurions jamais eu la *Lettre sur les spectacles*. Une coïncidence heureuse a permis à Rousseau de paraître logique, au fond la jalousie seule le guidait. Il s'efforçait du reste de sauvegarder le mieux possible les apparences et rien dans son écrit ne trahissait ses sentiments secrets. Si l'on peut faire exception à ce qu'il dit

---

1. Grimm. *Corresp. litt.*, juin 1758.

sur le théâtre, c'est en faveur de l'auteur de *Zaïre*, et ostensiblement il reste plein d'égards et de respect pour lui :

« Que M. de Voltaire, dit-il, daigne nous composer des tragédies sur le modèle de la *Mort de César*, du premier acte de *Brutus;* et s'il nous faut absolument un théâtre, qu'il s'engage à le remplir toujours de son génie et à vivre autant que ses pièces ! »

Voltaire, moins que tout autre, ne fut là dupe de ces hypocrites éloges. A la première nouvelle de la publication, le châtelain des Délices ne s'était pas ému : « Qu'est-ce qu'un livre de Jean-Jacques contre la comédie ? dit-il ironiquement, Jean-Jacques est-il devenu père de l'Église ?[1] » Puis, écrivant à d'Alembert, il raille agréablement le goût des Genevois pour les spectacles :

« Est-il vrai que Jean-Jacques écrit contre vous et qu'il renouvelle la querelle de l'article *Genève?* on dit bien plus, on dit qu'il pousse le sacrilège jusqu'à s'élever contre la comédie qui devient le troisième sacrement de Genève. On est fou du spectacle dans le pays de Calvin.

« Nos mœurs changent, Brutus, il faut changer nos lois. »
(*La Mort de César.*)

« On a donné trois pièces nouvelles faites à Genève même, en trois mois de temps, et de ces pièces je n'en ai fait qu'une. Voilà l'autel du dieu inconnu à qui cette nouvelle Athènes sacrifie. Rousseau en est le Diogène, et du fond de son tonneau, il s'avise d'aboyer contre nous. Il y a en lui double

---

1. A Thieriot, 17 septembre 1758.

ingratitude; il attaque un art qu'il a exercé lui-même, et il écrit contre vous qui l'avez accablé d'éloges[1]. »

Cependant la *Lettre sur les spectacles* arrive aux Délices; le patriarche en prend connaissance; cette fois il ne peut maîtriser un mouvement de colère que nous dévoile Mme de Constant[2] :

« Nous lisons le Rousseau genevois, écrit-elle, rien n'est plus fou et plus fait pour le bas. Il y a un passage de Platon appliqué indirectement à Voltaire qui a mis les Délices en fureur contre lui[3]. Voltaire déclame violemment sans croire que nous en connaissions la véritable raison, car ce que Rousseau dit sur lui tout à plat est fort obligeant. »

Cédant à ce premier mouvement, Voltaire écrit au pasteur Vernes : « A l'égard des ânes rouges qui écrivent contre l'art des Sophocles, dans lequel ils se sont eux-mêmes exercés, je les plains et je vous aime. » Puis c'est tout, à peine de loin en loin laisse-t-il échapper dans ses lettres quelques plaisanteries. Et cependant il comprenait parfaitement que par-dessus la tête de d'Alembert, il recevait un terrible coup droit qui ruinait à jamais son espoir d'acclimater le théâtre à Genève.

Il ne se faisait pas la moindre illusion sur les mobiles qui poussaient Rousseau, il savait que c'était la jalousie qui le guidait et que toute cette campagne était dirigée

---

1. 2 septembre 1758.
2. Mlle Pictet, l'aimable voisine de Voltaire aux Délices, avait épousé le major de Constant-Rebecque, d'une des premières familles de Lausanne. Elle a laissé une correspondance qui donne sur la société de Genève les plus curieux détails. (Bibliothèque de Genève.)
3. Le passage s'appliquait à Diderot.

contre les Délices[1]. Quand Marmontel vint voir Voltaire quelque temps après[2], il lui demandait si Genève avait pris le change sur les véritables motifs qui avaient poussé Jean-Jacques à écrire la *Lettre sur les spectacles* :

« Rousseau, répondit le patriarche, est connu à Genève mieux qu'à Paris. On n'y est dupe ni de son faux zèle, ni de sa fausse éloquence. C'est à moi qu'il en veut et cela saute aux yeux. Possédé d'un orgueil outré, il voudrait que, dans sa patrie, on ne parlât que de lui seul. Mon existence l'y offusque ; il m'envie l'air que j'y respire, et surtout il ne peut souffrir qu'en amusant quelquefois Genève je lui dérobe à lui les moments où l'on pense à moi[3]. »

Tout le monde s'attendait à voir le premier auteur dramatique du siècle prendre la défense du théâtre si vivement attaqué. Ceux qui connaissaient la situation à Genève et les secrets desseins du poète prévoyaient une réponse virulente. Et cependant Voltaire garde le silence. Ce n'est pas qu'il ne ressente le coup qui lui est porté, ce n'est pas qu'il n'y soit sensible, mais il feint de l'ignorer, et il reste indifférent à une querelle qui en apparence ne le regarde pas ; encore une fois il fait preuve d'une patience et d'une douceur inaccoutumées. Le fait est digne de remarque. C'est la seconde fois que Rousseau cherche le fer, pour la seconde fois Voltaire se dérobe. Rousseau évidemment s'attendait à une réponse, sa déception fut grande de n'en point recevoir :

---

1. Voir la lettre de Voltaire à Pezay du 5 janvier 1767.
2. En 1760.
3. Mémoires de Marmontel.

« M. de Voltaire ne m'a point écrit, mande-t-il assez aigrement à Vernes ; il me met tout à fait à mon aise et je n'en suis pas fâché[1]. »

La *Lettre* de Rousseau souleva à Paris les plus vives polémiques. Des gens de lettres, des comédiens, s'empressèrent de la réfuter, Marmontel lui-même se jeta dans l'arène :

« Votre ouvrage a eu un plein succès, écrit Mme de Créqui à Rousseau ; M. de Marmontel vous réfute en ne vous répondant point. Les femmes sont un peu furieuses. Laissez dire tous ces oisons-là et pensez que jamais vous ne donnez quatre lignes qu'elles ne fassent sensation[2]. »

D'Alembert, bien qu'il fût à peu près hors du débat puisqu'il n'était pas auteur dramatique et que Rousseau ne se fût attaqué qu'à un paragraphe infime de l'article *Genève*, crut de son honneur de relever le gant dans une *Lettre à M. J.-J. Rousseau, citoyen de Genève.*

« Quelle misère qu'un tel livre pour un homme tel que d'Alembert, mande Moultou à Jean-Jacques, mais que peut-on, quand on combat l'évidence même et que l'on défend un ouvrage auquel on ne prend qu'un intérêt forcé...? Les Genevois se sont récriés contre la peinture que vous avez faite de leurs mœurs, dit M. d'Alembert. Mais de quels Genevois parle-t-il? des philosophes de Saint-Jean[3]? des

---

1. 6 janvier 1759.
2. Janvier 1759. Streckeisen-Moultou.
3. C'était le nom que portait la propriété des Délices avant d'avoir été acquise par Voltaire.

très humbles sujets du comte de Tournay? Était-ce donc les mœurs de ces sybarites-là que vous étiez appelé à peindre, et deviez vous seulement vous souvenir que ces hommes étaient Genevois, après qu'ils l'avaient si indignement oublié eux-mêmes?[1] »

La *Lettre sur les spectacles* ne fit pas à Genève une moindre sensation qu'à Paris. Elle excita dans la bourgeoisie qui y était flattée outre mesure le plus grand enthousiasme, et dès lors Rousseau devint l'idole des bourgeois de Genève. Ils prirent même tellement au sérieux sa diatribe contre le théâtre, que le patriarche devint pour eux un objet d'horreur, qu'à plusieurs reprises ils l'insultèrent, et que souvent le matin on trouvait affichés sur les murs du château des placards menaçants et injurieux. La longanimité du châtelain était donc d'autant plus méritoire qu'il voyait à quel point les attaques de Rousseau portaient leurs fruits et soulevaient les passions populaires. Il comprit dès lors qu'il ne serait pas le plus fort sur le territoire de la République et qu'il pouvait renoncer à l'espoir d'établir jamais un théâtre aux Délices. Il prit donc la résolution d'émigrer sur une « terre libre ». Il acheta dans le pays de Gex les terres de Ferney et de Tournay, où il lui était loisible de faire jouer la comédie tout à son aise :

« Je me ruine, je le sais bien, écrivait-il, mais il m'a fallu absolument être seigneur de Ferney et de Tournay, parce

1. Janvier 1760.

qu'il arrivera infailliblement que les prêtres de Baal dans trente ou quarante ans d'ici voudront me faire brûler comme Servet et Antoine, et que je veux être en état de les faire pendre aux créneaux de mes châteaux. »

Pour se venger de ces prêtres intolérants, il entreprit contre eux sur cette question du théâtre une lutte qui dura plus de vingt ans! lutte qui, après des alternatives de succès et de revers, finit par son triomphe complet[1].

Dès qu'il connut la réponse de d'Alembert, il s'empressa de lui écrire :

« Vous avez daigné accabler ce fou de Jean-Jacques par des raisons, et moi je fais comme celui qui, pour toute réponse à des arguments contre le mouvement, se mit à marcher. Jean-Jacques démontre qu'un théâtre ne peut convenir à Genève, et moi j'en bâtis[2]. »

---

1. Voltaire ne pardonna jamais aux *Prédicants* les tracasseries qu'ils lui avaient fait éprouver. Dans la *Guerre de Genève* il a fait de la Rome protestante ce portrait peu flatté :

>   Au pied d'un mont que les temps ont pelé,
>   Sur le rivage où, roulant sa belle onde,
>   Le Rhône échappe à sa prison profonde,
>   Et court au loin par la Saône appelé,
>   On voit briller la cité genevoise,
>   Noble cité, riche, fière et sournoise;
>   On y calcule et jamais on n'y rit.
>   L'art de Barême est le seul qui fleurit :
>   On hait le bal, on hait la comédie;
>   Du grand Rameau l'on ignore les airs.
>   Pour tout plaisir Genève psalmodie
>   Du bon David les antiques concerts,
>   Croyant que Dieu se plaît aux mauvais vers
>   Des prédicants la morne et dure espèce
>   Sur tous les fronts y grave la tristesse.

2. 15 octobre 1760.

Il en bâtissait en effet, et même deux, de peur d'en manquer, l'un à Tournay, l'autre à Ferney. De plus, grâce à sa protection, une troupe ambulante s'installait à Carouge, sur le territoire sarde, où elle donna des représentations. Ce fut là la petite vengeance du philosophe : les Genevois ne voulaient pas de spectacles, il en établit trois à leurs portes et il eut la satisfaction d'y voir venir en foule les fils de la puritaine Genève.

Dès que son théâtre de Tournay fut terminé, il commença une série ininterrompue de représentations où se pressait toute l'aristocratie genevoise ; on ne se contentait pas d'être spectateurs, les plus grands noms de Genève, des fils des syndics, figuraient sur la scène. Aussi l'exaspération de Moultou ne connaissait-elle plus de bornes :

« Sans mentir, Monsieur, écrivait-il à Rousseau, cet homme nous a fait beaucoup de mal.... il vous réfute d'une autre manière que d'Alembert, et avec des succès bien humiliants pour lui. A soixante ans, Monsieur, il se donne en spectacle avec des écervelés de quinze, pour amuser des radoteurs et des enfants. Voilà la misère des grands talents qui ne sont pas étayés par un grand fond de raison, ils ne font qu'un bouffon d'un Voltaire...[1]. »

Il y avait à Genève, nous l'avons vu, deux partis très tranchés. L'un, composé de toute l'aristocratie, soutenait Voltaire et les innovations qu'il cherchait à apporter. L'autre, plus austère, et à la tête duquel

[1]. Streckeisen-Moultou.

se trouvaient les pasteurs, se plaignait hautement du trouble qu'il apportait dans la République par ses représentations et ses fêtes continuelles. Les ministres étaient d'autant plus irrités que depuis longtemps déjà ils voyaient Genève, de plus en plus envahie par l'esprit du siècle, leur échapper, et le point d'appui que les partisans des idées nouvelles trouvaient aux Délices était pour eux un sujet de continuel effroi. Ils croyaient sincèrement, paraît-il, que Voltaire voulait démoraliser Genève, y détruire le christianisme, et « faire fleurir l'esprit du temps sur les débris de la morale du réformateur[1]. »

Il serait temps cependant de relever cette accusation si souvent formulée contre Voltaire et d'examiner dans quelle mesure le patriarche a véritablement corrompu les mœurs de la cité de Calvin.

Jean-Jacques, dans sa *Lettre*, avait porté aux nues les mœurs de ses concitoyens, et fait en même temps un grand éloge des cercles où ils se réunissaient le soir.

« Oh! que vous changeriez de ton, lui écrivait le docteur Tronchin, si vous voyiez tout ce que je vois, et si de sages pasteurs vous disaient comme ils me le disent tous les jours que les mœurs de notre peuple dépérissent à vue d'œil!.. Genève ne ressemble pas plus à Sparte que les gantelets d'un athlète ne ressemblent aux gants blancs d'une fille de l'Opéra[2]. »

Et il lui parlait de la licence qui régnait dans la ville

---

1. Gaberel, *Rousseau et les Genevois*.
2. Streckeisen-Moultou.

et dont on n'avait pas l'idée. Ces cercles, dont Jean-Jacques parle si avantageusement, sont la perte des familles. Les pères y jouent, boivent[1] et fument depuis quatre heures jusqu'à huit et souvent même plus tard. Les enfants abandonnés à eux-mêmes « se livrent à toutes leurs passions naissantes, et couvrent de l'ombre de la nuit des habitudes déréglées, souvent même criminelles[2]. »

Moultou n'écrivait-il pas de son coté :

« Il y a cependant encore des mœurs parmi nous, mais ce n'est pas chez le plus grand nombre. Les riches, depuis longtemps corrompus, ont commencé à corrompre les pauvres en les avilissant ; les vertus ne sont que dans la classe des hommes médiocres, parce que ce n'est que là que peuvent être les vertus des républicains. Nos Lucullus et nos Apicius ont enfin produit des Atticus, et la nouvelle célébrité[3] que nous avons acquise, se joignant à la décadence de nos principes et de nos mœurs, ne nous offre dans l'avenir que d'affligeantes perspectives[4].

1. Dans sa *Lettre sur les spectacles*, Rousseau se montre fort tolérant pour le goût de la boisson.
2. Tronchin à Rousseau (1758). Streckeisen-Moultou. Près de dix ans auparavant, le Consistoire avait adressé au Magnifique Conseil, au sujet des cercles, une représentation disant : « Que le mal va croissant depuis trente à quarante ans; qu'il y a actuellement plus de cinquante cercles, tant dans la ville que dans la banlieue, que s'il y a des cercles de gens de mérite, il y en a d'artisans de bas étage, d'autres où il n'y a que des enfants mineurs, qu'on y boit et mange, qu'on y joue aux cartes, qu'on y perd le temps et même les nuits, qu'on y puise l'esprit de dissipation, d'oisiveté et d'irréligion, que les femmes et les filles sont poussées par l'abandon où on les laisse à faire des sociétés entre elles, où règne aussi l'esprit de dissipation, etc. » (Extrait des registres du Consistoire, recueil Cramer.)
3. Voltaire.
4. Moultou à J.-J. Rousseau, 1758. Streckeisen-Moultou.

Enfin la situation paraissait si pressante que dans un moment de lyrisme, le pasteur adressait encore à son ami cette éloquente invocation :

« O Rousseau! notre ange tutélaire, sauvez-nous ou élevez un monument qui proteste contre notre corruption et qui fasse après vous des citoyens quand vous ne pourrez plus nous en montrer le modèle. Vous avez bien fait, Monsieur, des *Lettres sur la musique* pour des gens qui n'ont point d'oreilles; nous avons encore des cœurs républicains, faites parler la patrie, ils vous entendront[1]. »

On sait quelle était la cause de cette corruption qui gagnait peu à peu toutes les classes, de cette dépravation qui menaçait les fondements même de l'État; la cause était aux Délices. C'était cet homme que l'on avait vu arriver quelques années auparavant, malade, inquiet, ne sachant où reposer sa tête, et auquel la République avait eu l'imprudence d'accorder un asile; c'était cet homme qui abusait de l'hospitalité reçue pour pervertir les mœurs de la cité sainte. Sa seule présence avait suffi pour menacer Genève de tous les maux.

---

1. Du reste, de bons esprits, Vernes entre autres, niaient cette démoralisation : « Si le ton, les manières et les maximes françaises ont gâté quelques jeunes gens, écrivait Vernes à Jean-Jacques, ils sont en petit nombre et ils osent à peine se montrer.... J'ose vous dire que la vertu est encore ici sur le trône, qu'elle seule conduit aux honneurs. » (23 juillet 1759.)
On lisait à M. de Rochemont une des diatribes de Rousseau contre la corruption de sa patrie : « Oh! dites à cet honnête homme, « s'écriat-il, que nous sommes encore presque tous bons et bêtes! » De quoi donc se plaignait-on?

Tel devint du moins le langage de Rousseau et de ses fidèles.

Ces reproches étaient-ils fondés? pouvait-on, avec quelque apparence de justice, rendre Voltaire responsable du relâchement qu'on constatait dans la Rome protestante?

Assurément non. En 1758, Voltaire n'était à Genève que depuis trois ans. Comment croire que la vertu des habitants ait été à ce point fragile qu'il ait suffi d'un si court espace de temps pour la mettre à mal et en triompher? En quoi d'innocentes représentations à Lausanne avaient-elles pu corrompre la République de Genève[1]? Était-ce Voltaire qui avait fondé les cercles où les pères et même les mères[2] restaient jusqu'à des heures avancées de la nuit? Fallait-il lui reprocher les *habitudes déréglées et même criminelles* de la jeunesse genevoise? Tout cela n'existait-il pas bien avant qu'il n'ait mis le pied sur le territoire de Genève? N'était-ce pas agir avec une insigne mauvaise foi que de l'en rendre responsable?

La vérité, c'est que depuis longtemps déjà la République était travaillée par la passion du luxe et des divertissements. Soumis à un régime d'une austérité rigoureuse, à des lois tyranniques qui remontaient au seizième siècle et qu'on s'efforçait de leur appliquer,

---

[1]. Voltaire passait les hivers à Monrion, près de Lausanne, et c'est là seulement qu'il joua la comédie tant qu'il ne fut pas possesseur de Ferney, c'est-à-dire jusqu'en 1758.

[2]. Il y avait des cercles pour les femmes. Lettre de Tronchin de 1758.

les Genevois se précipitaient vers les plaisirs avec d'autant plus d'ardeur qu'ils en avaient été plus longtemps privés. La corruption, puisque tel est le nom pompeux donné aux distractions les plus naturelles, la corruption avait déjà produit des ravages profonds dans la société genevoise, lorsque Voltaire arriva aux Délices. C'était donc à ses concitoyens que Rousseau devait s'en prendre d'une démoralisation croissante, mais cela servait mieux sa haine de trouver un bouc émissaire et de rejeter tous les péchés d'Israël sur l'hôte de la République.

Il est juste d'ajouter que les pasteurs, dans l'espoir d'en tirer parti, flattaient volontiers dans leurs lettres l'antipathie de Rousseau pour Voltaire; ils lui donnaient ainsi un aliment et une apparence de raison.

Les Genevois, amis de Jean-Jacques, n'avaient pas oublié la promesse que le philosophe leur avait faite de revenir habiter Genève; déjà à plusieurs reprises ils lui avaient rappelé sa parole, mais sans pouvoir le décider à quitter Paris. Pensant que la question d'argent seule l'arrêtait, ils crurent en 1757 avoir résolu la difficulté en lui trouvant une situation paisible et suffisamment rétribuée. D'accord avec le Conseil, Tronchin lui offrit la place de bibliothécaire de la ville de Genève avec mille deux cents francs d'appointements. De plus, M. Perdriau lui proposait la jouissance gratuite d'une villa sur les bords du lac. Ces offres séduisantes furent repoussées au grand étonnement de tous. Rousseau prétexta son ignorance en fait de livres, sa mauvaise santé; bref, il se jugea incapable de remplir dignement la situation qu'on lui offrait.

Ces scrupules si honorables ne servaient qu'à dissimuler les véritables raisons de son refus. Nous l'avons vu, la situation n'était plus la même, la place qu'il enviait était prise : qu'irait-il faire maintenant dans sa patrie? Comme ses compatriotes, ignorant ces motifs cachés, insistaient de nouveau près de lui, il prenait prétexte de sa santé pour repousser leurs avances :

« L'amitié de mes compatriotes me sera toujours sacrée, écrivait-il à De Luc le père.... Vous voulez que je vous fasse connaître mes peines; hélas! mon cher concitoyen, vous les connaissez; elles viennent de mes maux qui me mettent hors d'état de supporter le voyage et de me rendre dans la patrie[1]. Je souffre de ma pauvre vessie; à cela près, je serais

---

1. Depuis plusieurs années déjà Rousseau se disait très malade. Nous devons à l'inépuisable obligeance de M. Horteloup, la communication d'une lettre *inédite* du philosophe, dans laquelle il refuse les soins de Tronchin comme désormais inutiles. Cette lettre du 25 novembre 1755 est adressée à De Luc père :

« Je ressens votre zèle et votre amitié. Vous voudriez me mettre en correspondance avec M. Tronchin et par conséquent me guérir, s'il était possible, et je ne doute pas que ce n'en fût le moyen, s'il en restait un. Il y aurait d'ailleurs du plaisir et de l'instruction à recevoir des lettres de cet homme célèbre, et je ne puis qu'être que sensiblement touché de l'intérêt qu'il veut bien prendre à moi. Mais non, mon cher concitoyen, je sais d'avance quel jugement il porterait de mon état et de mes ressources : ses lumières lui diraient tout ce que je sens et sa candeur l'empêcherait de me le déguiser : ainsi je suis sûr d'être d'avance dans le même état où je serais après l'avoir consulté, excepté que la description de mes douleurs passées, me les ferait derechef sentir toutes, et que mon imagination ranimée par la peinture de tant de maux, m'en rendrait plus encore que le premier médecin du monde n'en saurait guérir. Son estime et ses bontés me seront toujours chères et jetteront

heureux et j'accepterais peut-être vos offres, si je croyais qu'une sonde d'or me fît p..... mieux qu'une autre[1]. »

Mais le prétexte tiré de sa santé fit bientôt place à des motifs plus sérieux, et Rousseau déclara enfin que la véritable raison qui l'éloignait de Genève était la corruption des mœurs.

« Le mal est désormais sans remède, écrivait-il à Tronchin en 1759. Loin d'aller être témoin de la décadence de nos mœurs, que ne puis-je fuir au loin pour ne pas l'apprendre ! J'aime mieux vivre parmi les Français que d'en aller chercher à Genève. Dans ce pays où les beaux esprits sont si fêtés, Jean-Jacques Rousseau ne le serait guère. Tel que je suis je ne me plains ni de mon sort, ni de mon séjour. Je suis l'ami du genre humain, et l'on trouve partout des hommes[2]. »

Dans toutes ses lettres il revient sur ce sujet qui l'obsède :

« D'ailleurs, mes chers Genevois, on travaille à vous mettre tous sur un si bon ton, et l'on y réussit si bien, que

---

de la douceur sur les restes d'une vie que tout son savoir ne saurait prolonger. Parlez-lui donc de mon respect et non de mes maux, qu'il affermisse et conserve la santé de mes concitoyens, ce sera me consoler de la perte de la mienne. »

1. Montmorency, 29 mars 1758. — *Inédite*. (Journal *l'Ordre* du 22 avril 1851.)

2. 28 août 1759. Collection de M. le colonel Tronchin. Cette lettre fut communiquée à Voltaire qui a écrit de sa main sous la signature de Rousseau : « L'extrême insolence est une extrême sottise, et rien n'est plus sot à un Jean-Jacques que de dire : le genre humain et moi. » (Sayous, *Dix-huitième siècle à l'étranger*.)

je vous trouve trop avancés pour moi. Vous voilà tous si élégants, si brillants, si agréables; que feriez-vous de ma bizarre figure et de mes maximes gothiques ? Que deviendrais-je au milieu de vous, à présent que vous avez *un maître en plaisanteries* qui vous instruit si bien? Vous me trouveriez fort ridicule, et moi je vous trouverais fort jolis, nous aurions grand'peine à nous accorder ensemble[1]. »

Ainsi donc c'est la présence de ce *maître en plaisanteries* qui l'empêche de rentrer dans sa patrie, voilà la vérité !

Plus on insiste pour le faire revenir, plus il s'irrite contre Voltaire. Cet homme qui attire chez lui une partie de la société, qui jouit d'une grande réputation à Genève, qui y est fêté et honoré par l'aristocratie, ne peut être qu'un misérable usurpateur, le corrupteur des mœurs, le fléau de la République.

« Vous me parlez de ce Voltaire! écrit Jean-Jacques à Moultou. Pourquoi le nom de ce baladin souille-t-il vos lettres? Le malheureux a perdu ma patrie; je le haïrais davantage si je le méprisais moins. Je ne vois dans ses grands talents qu'un opprobre de plus qui le déshonore par l'indigne usage qu'il en fait. Ses talents ne lui servent, ainsi que ses richesses, qu'à nourrir la dépravation de son cœur. O Genevois! il vous paie bien de l'asile que vous lui avez donné[2]. »

Rien dans la conduite de Voltaire pouvait-il motiver de pareilles injures? N'avait-il pas, en toutes circon-

1. A Vernes, 14 juin 1759.
2. 29 janvier 1760.

stances, usé de bons procédés envers Rousseau? Et cependant à partir de 1758 sans que le patriarche ait dit un mot, fait un geste, écrit une ligne de nature à blesser le Genevois, toutes les lettres de Jean-Jacques témoignent de la haine la plus violente. Au fond, le bien de la patrie entrait pour une faible part dans cette invincible aversion, une immense jalousie en était l'âme.

Mais il faut lire la liste des maux que la présence du philosophe des Délices attirera sur Genève :

« Ainsi donc, écrit Jean-Jacques au pasteur Vernet, la satire, le noir mensonge et les libelles sont devenus les armes des philosophes et de leurs partisans ! Ainsi paie M. de Voltaire l'hospitalité dont, par une funeste indulgence, Genève use envers lui ! Ce fanfaron d'impiété, ce beau génie et cette âme basse, cet homme si grand par ses talents, et si vil par leur usage, nous laissera de longs et cruels souvenirs de son séjour parmi nous. La ruine des mœurs, la perte de la liberté, qui en est la suite inévitable, seront chez nos neveux les monuments de sa gloire et de sa reconnaissance. S'il reste dans leur cœur quelque amour pour la patrie, ils détesteront sa mémoire et il en sera plus souvent maudit qu'admiré....

« La pente donnée, rien ne peut arrêter les progrès du mal.... chaque citoyen qui meurt est remplacé par quelque agréable. Le ridicule, ce poison du bon sens et de l'honnêteté, la satire, ennemie de la paix publique, la mollesse, le faste arrogant, le luxe, ne nous forment dans l'avenir qu'un peuple de petits plaisants, de bouffons, de baladins, de philosophes de ruelle et de beaux esprits de comptoir, qui, de la considération qu'avaient ci-devant nos gens de lettres, les élèveront à la gloire des académies de Marseille ou d'Angers; qui trouveront bien plus beau d'être courtisans que libres, comédiens que citoyens....[1]. »

Peu à peu, toutes ces idées fermentant dans sa tête, Rousseau en était arrivé à se persuader qu'on le jalousait à Genève, qu'on l'y détestait. Mais d'où pouvait provenir de la part de ses concitoyens une animosité si peu naturelle, si peu compréhensible? C'était assurément l'œuvre du vieillard de Ferney qui, non content de pervertir Genève, s'efforçait par sa séduction et ses intrigues d'y ruiner le crédit du seul homme qui aurait pu sauver la ville.

« Pouvez-vous croire, écrivait Jean-Jacques à Moultou, que je ne m'aperçoive pas que ma réputation blesse les yeux de mes concitoyens, et que, si Jean-Jacques n'était pas de Genève, Voltaire y eût été moins fêté? Il n'y a pas une ville de l'Europe, dont il ne me vienne des visites à Montmorency, mais on n'y aperçoit jamais la trace d'un Genevois; et, quand il y en est venu quelqu'un, ce n'a jamais été que des disciples de Voltaire, qui ne sont venus que comme espions. Voilà la véritable raison qui m'empêchera de jamais me retirer à Genève; un seul haineux empoisonnerait tout le plaisir d'y trouver quelques amis[2]. »

On aurait pu répondre à Jean-Jacques que non seulement rien ne l'empêchait d'habiter Genève, mais que c'était même son devoir d'y revenir pour combattre cette corruption qui lui tenait tant à cœur. Il aurait

1. Montmorency, 29 novembre 1760.
2. A Moultou, 1762.

pu lutter ainsi contre l'hôte néfaste des Délices et contrebalancer son influence. Si le seul amour de la patrie le guidait, que n'agissait-il ainsi ?

Lui-même a prévu l'objection et y a répondu :

« J'aurais dû peut-être aller faire tête à l'orage, si je m'en étais senti le talent. Mais qu'eussé-je fait seul, timide et parlant très mal, contre un homme arrogant, opulent, étayé du crédit des grands, d'une brillante faconde, et déjà l'idole des femmes et des jeunes gens? Je craignis d'exposer inutilement au péril mon courage, je n'écoutai que mon naturel paisible, mon amour du repos.... [1]. »

Le *naturel paisible* et l'*amour du repos* jouèrent un faible rôle dans la détermination du philosophe. Ce qui le décida, c'est qu'il ne se sentit pas de force à soutenir la lutte. Car enfin la patience de Voltaire aurait des bornes; à force de l'irriter, il finirait par réveiller le vieux lion; il se voyait déjà la proie de cet esprit cruel et mordant, il se voyait vaincu dans sa propre patrie.

Et puis à Genève la vie pour lui n'eût pas été tenable. Certes, il eût été entouré d'une cohorte de fidèles dévoués jusqu'au martyre; suivi par le peuple et une partie de la bourgeoisie, il aurait pu facilement troubler le repos du seigneur de Ferney; mais quel dépit de le voir dans ses châteaux mener un train de prince, donner des fêtes où l'on accourait de Dijon et de Turin,

---

1. *Confessions*. Partie II, livre VIII.

où toute l'aristocratie de Genève se précipitait, de le voir riche, heureux, entouré d'une véritable cour, et d'être obligé de contempler ce défilé incessant de célébrités qui encombraient la route de Ferney.

Mieux valait encore abandonner sa patrie à son sort et rester dans ce Paris détesté.

CHAPITRE IV

1757—1760

Sommaire : Rupture de Rousseau avec Mme d'Épinay, Grimm, Diderot, d'Holbach. — Lettre à Voltaire. — Rupture avec le patriarche. — La *lettre sur la Providence*. — Rousseau veut la faire paraître. — Il y renonce.

Depuis que Rousseau était installé à l'Ermitage, l'infirmité dont il souffrait avait fait de grands progrès ; en même temps les fatales prédispositions mentales dont il avait le germe s'étaient sensiblement développées sous l'influence tout à la fois de la maladie et de l'isolement.

Après s'être créé à Paris les amitiés les plus honorables, après avoir trouvé auprès de Mme d'Épinay un asile assuré, Rousseau, poussé par une inconcevable manie, se crut l'objet des plus noirs desseins, la victime d'infâmes trahisons, et il rompit successivement avec Mme d'Épinay, Grimm, Diderot, d'Holbach et tous les intimes de la petite coterie philosophique.

L'histoire de cette rupture ne rentre pas dans le cadre de notre récit[1], mais il est utile cependant d'en dire quelques mots, car c'est la première crise véritable qu'on remarque chez le philosophe et c'est le point de départ d'un dérangement d'esprit qui ne fera que croître dans l'avenir.

Quand Jean-Jacques s'établit à l'Ermitage, Grimm, qui le connaissait bien pour l'avoir pratiqué pendant des années et qui le jugeait avec une clairvoyance impitoyable, prédit à Mme d'Épinay tous les désagréments qui résulteraient pour elle de la bonté de son cœur :

« Vous lui rendez un fort mauvais service, lui dit-il, de lui donner l'habitation de l'Ermitage ; mais vous vous en rendez un bien plus mauvais encore. La solitude achèvera de noircir son imagination ; il verra tous ses amis injustes, ingrats, et vous toute la première, si vous refusez une seule fois d'être à ses ordres ; il vous accusera de l'avoir sollicité de vivre auprès de vous, et de l'avoir empêché de se rendre aux vœux de sa patrie. Je vois déjà le germe de ses accusations dans la tournure des lettres que vous m'avez montrées....[2]. »

Les événements ne justifièrent que trop ces fâcheux pronostics. La solitude en effet était ce qui convenait

---

1. Voir la *Jeunesse de Mme d'Épinay*.
2. On a vu page 45 à quel point les prévisions de Grimm se sont réalisées. Jean-Jacques écrivait encore à De Luc le père le 2 décembre 1758 : « Il fut un temps où Mme d'Épinay avait de l'amitié pour moi et m'en donnait tous les témoignages possibles ; de mon côté, cette amitié me fut chère jusqu'à lui sacrifier le séjour de ma patrie, ce qu'à la vérité elle n'obtint pas sans efforts. » (Montmorency, 2 décembre 1758.) (*Inédite*; journal *l'Ordre*, 22 avril 1851.)

le moins à une tête aussi chaude, aussi mal équilibrée, à un tempérament aussi mélancolique; mais par une bizarrerie bien fréquente dans la nature humaine, Jean-Jacques a toujours recherché avec passion cet isolement qui lui était mortel. L'absence de société à l'Ermitage le jeta dans le pays des chimères. « Oubliant tout à fait la race humaine, dit-il, je me fis des sociétés de créatures parfaites, aussi célestes par leurs vertus que par leurs beautés; d'amis sûrs, tendres, fidèles, tels que je n'en trouvai jamais ici-bas.... » Le résultat fut qu'il sortit « de sa forêt au bout de dix-huit mois brouillé avec tout le genre humain[1]. »

C'est à propos de Mme d'Houdetot que commencèrent les hostilités. Jean-Jacques s'était épris pour elle d'une passion folle qui fut accueillie avec une indulgente bonté, mais sans espoir de retour. Saint-Lambert était l'amant de Mme d'Houdetot; il reçut à l'armée, où il se trouvait alors, une lettre anonyme dans laquelle on lui présentait sous le jour le plus coupable les relations de sa maitresse et du philosophe.

Rousseau eut l'indignité d'accuser Mme d'Épinay de cette délation et de lui adresser à ce sujet des lettres outrageantes, qui semblaient véritablement écrites sous l'empire de la démence. C'est plus près de lui qu'il aurait dû chercher la coupable; cette femme qui lui servait à la fois de servante et de maîtresse était très vraisemblablement l'auteur de la lettre anonyme; mais il la

---

1. *Correspondance littéraire* de Grimm, juin 1762.

tenait en si médiocre estime qu'il ne lui faisait même pas l'honneur de la supposer jalouse.

Mme d'Épinay, toujours bonne et indulgente, pardonna, malgré les conseils de Grimm qui lui écrivait : « Vous savez que les fous sont dangereux surtout quand on biaise avec eux. » Elle répondait avec raison qu'on ne pouvait tenir rigueur à un fou, mais qu'à la vérité, devant tant d'ingratitude, l'amitié n'existait plus chez elle[1].

Quelques jours après, Grimm lui disait encore : « Cet homme finira par être fou. *Nous le prévoyons depuis lontemps.* » Ainsi, déjà en 1757, ceux qui vivaient intimement avec Jean-Jacques ne doutaient pas de sa folie et les esprits perspicaces pressentaient que telle serait la destinée inévitable de cet esprit soupçonneux, défiant, de cette imagination sensible à l'excès, qu'un rien suffisait pour affoler.

La réconciliation entre Rousseau et Mme d'Épinay fut de courte durée. Peu temps après, l'aimable femme dut se rendre à Genève pour recourir aux soins de Tronchin. Diderot crut qu'il était du devoir de Jean-Jacques de l'y accompagner et il le lui dit. Cela suffit

---

1. « Mme d'Épinay, dit M. Saint-Marc Girardin, vit bien vite ce qu'il y avait de vide et de gonflé, par conséquent de faux, dans Rousseau, ou plutôt le contraste malheureux qu'il y avait entre son génie et son caractère.... « Ce que les gens qui se font un rôle pardonnent le moins, c'est d'être pénétrés, et en même temps leur grimace est si visible au bout de quelque temps, que tout le monde la connaît. Dans la société de Mme d'Épinay, de Grimm, de Diderot, tout le monde savait que Rousseau jouait la comédie, un peu par caractère, un peu par manie, à la fois charlatan et dupe comme on finit toujours par l'être. »

pour faire perdre au philosophe tout sang-froid et toute mesure. Il crut que Mme d'Épinay était grosse et se sauvait en Suisse pour y cacher sa faute, il crut qu'on voulait lui faire endosser une paternité de Grimm, il crut toutes les folies imaginables[1]. Non content de diffamer sa bienfaitrice auprès de Diderot, méconnaissant tout ce qu'elle avait mis de bonté et de délicatesse dans sa conduite, il lui adressa des lettres révoltantes d'ingratitude et de méchanceté; elles amenèrent une rupture qui cette fois fut définitive. Grimm, auquel il écrivit pour se disculper, lui répondit :

« Je ne connaissais pas votre monstrueux système, il m'a fait frémir d'indignation; j'y vois des principes si odieux, tant de noirceur et de duplicité ! Vous osez me parler de votre esclavage à moi qui depuis deux ans suis le témoin journalier de toutes les marques d'amitié la plus tendre et la plus généreuse que vous avez reçues de cette femme ! Si je pouvais vous pardonner, je me croirais indigne d'avoir un ami. Je ne vous reverrai de ma vie et je me croirai heureux si je puis bannir de mon esprit le souvenir de vos procédés : je vous prie de m'oublier et de ne plus troubler mon âme. »

L'indignation de Grimm s'explique aisément, car mieux que personne, il pouvait mesurer l'ingratitude du philosophe. Mais les bienfaits étaient ce que Rousseau pardonnait le moins et il se hâtait toujours d'être ingrat pour faire acte d'indépendance.

[1]. Ses odieux soupçons ont été soigneusement consignés dans les *Confessions* et ont fait foi pendant de longues années. Voir la *Jeunesse de Mme d'Épinay*. (Calmann Lévy.)

La brouille avec Diderot suivit de près celle avec Mme d'Épinay. Dans la préface du *Fils naturel*, Diderot avait dit : « Il n'y a que le méchant qui soit seul. » Rousseau, sous l'influence de son humeur chagrine et soupçonneuse, crut que son ami avait voulu le désigner et il lui en garda une mortelle rancune. Des amis communs amenèrent cependant un rapprochement, mais peu de temps après, Saint-Lambert revint de l'armée; Jean-Jacques, fort embarrassé pour le revoir après ce qui s'était passé avec Mme d'Houdetot, alla trouver Diderot pour lui demander conseil : « Avouez-lui franchement votre passion, dit le philosophe, mais donnez-lui pour excuse une ivresse qu'il doit connaitre, et priez-le de vous pardonner un moment de trouble et d'erreur. » Rousseau transporté lui saute au cou : « Vous me rendez la vie, lui dit-il, et le conseil que vous me donnez me réconcilie avec moi-même, dès ce soir je m'en vais écrire. » Quelques jours après Diderot rencontre Saint-Lambert qui lui parle de Rousseau avec mépris. « N'avez-vous pas reçu une lettre de lui, dit le philosophe étonné? — Je n'en ai reçu qu'une, reprend Saint-Lambert, à laquelle on ne répond qu'avec des coups de bâton. » Et il raconte que Rousseau, bien loin de s'excuser, lui a adressé un long sermon où, après lui avoir reproché sa liaison avec Mme d'Houdetot, il lui en montre les dangers, les conséquences et l'engage vivement à y renoncer. Diderot outré court à l'Ermitage, et dans une scène des plus vives, parvient aisément à convaincre Jean-Jacques de fausseté et de fourberie[1].

Le citoyen de Genève ne pardonna pas à Diderot, et il rompit ouvertement avec lui en l'accusant d'avoir dévoilé à Saint-Lambert sa liaison avec Mme d'Houdetot.

Il cessa dès lors toutes relations avec d'Holbach et toute la coterie holbachique.

Ainsi, et il est utile d'insister sur ce point, la rupture avec Grimm, Diderot et leurs amis, tint à des causes d'un ordre purement privé. Assurément Rousseau ne partageait par toutes les idées de l'école philosophique, mais la différence des sentiments, l'éloignement des doctrines, ne furent pour rien dans la brouille; ses amis n'ignoraient pas combien ils différaient d'opinion avec lui sur certains points, mais cette diversité de vues n'avait jamais altéré leurs bons rapports, et ils avaient le bon goût de se laisser mutuellement une complète indépendance.

A la suite de ces divers incidents, Rousseau quitta l'Ermitage et Mme d'Épinay partit pour Genève où elle resta deux ans pour sa santé. Jean-Jacques prétendit qu'elle avait profité de son séjour pour ameuter tous ses compatriotes contre lui :

« Tandis qu'ils travaillaient à Paris[2], elle travaillait à Genève, dit-il. Grimm, qui dans la suite alla l'y rejoindre, acheva

---

[1]. « M. de Castries, dans le temps de la querelle de Diderot et de Rousseau, disait avec colère: cela est incroyable, on ne parle que de ces gens-là, gens sans état, qui n'ont point de maison, logés dans un grenier, on ne s'accoutume point à cela. » (Chamfort, éd. Hetzel, p. 205.)

[2]. Grimm et la coterie holbachique.

ce qu'elle avait commencé. Tronchin, qu'ils n'eurent pas de peine à gagner, les seconda puissamment, et devint le plus furieux de mes persécuteurs, sans avoir jamais eu de moi, non plus que Grimm, le moindre sujet de plainte. Tous trois d'accord semèrent sourdement dans Genève le germe qu'on y vit éclore quatre ans après[1]. »

Jean-Jacques venait en effet de se brouiller avec Tronchin, mais personne naturellement n'avait eu besoin d'intervenir.

Affligé de cette monomanie de la persécution qui le suivit jusqu'à sa mort, ne repondait-il pas aux conseils amicaux du docteur « qu'il en usait avec lui comme on en use dans l'interrogatoire des infortunés qu'on défère à l'inquisition », ne lui parlait-il pas de délateurs secrets, de mémoires sur lesquels il le jugeait sans l'entendre, toutes choses qui n'existaient que dans son cerveau malade ! Tronchin, dont le diagnostic n'était pas en défaut, lui répondait :

« Si vous vous portiez bien, l'encre dont vous vous servez serait moins noire, les malveillants que vous supposez disparaîtraient, vous ne vous reprocheriez point les éloges que vous avez donnés à votre patrie, vous n'imagineriez point qu'elle n'en est pas digne[2]. »

Mécontent de ces affectueuses paroles qu'il regarda comme des offenses, Rousseau rompit toutes relations avec son ami et à partir de ce jour se plut à le considérer comme un ennemi acharné.

1. *Confessions*. Partie II, liv. X.
2. 7 mai 1759.

Après avoir quitté l'Ermitage, Jean-Jacques s'était installé près de Montmorency, non loin du château qu'occupait la maréchale de Luxembourg[1]. Quand sa brouille avec Mme d'Épinay, avec Grimm, avec Diderot, fut officielle, les salons qui se piquaient de repousser la coterie philosophique se mirent en frais vis-à-vis de lui ; on ne rechercha pas à quelles causes tenait la rupture, on ne vit que le fait brutal, on en conclut qu'il y avait scission dans le parti, et on voulut l'exploiter. Cet espoir était prématuré, la scission véritable n'eut lieu qu'en 1760, avec la *Nouvelle Héloïse*, et l'intimité de Rousseau avec les grands seigneurs n'y fut peut-être pas étrangère.

Lui qui avait dit tant de mal de la noblesse, lui qui s'était montré si sévère pour les hommes de lettres parasites, lui qui avait accablé de sarcasmes les beaux esprits qui vivent chez les grands, ne sut pas résister aux flatteries de ses illustres voisins et il devint l'hôte du maréchal et de Mme de Luxembourg dans une des dépendances de leur château de Montmorency. Le philosophe redoutait un peu la maréchale, qui passait pour plus que malicieuse, mais il fut bien vite subjugué :

« La duchesse de Luxembourg, dit Walpole, a été fort belle, fort galante et fort méchante ; sa beauté s'en est allée, ses amants aussi et elle croit à présent que c'est le

1. Luxembourg (Magdeleine-Angélique de Neufville-Villeroy, maréchale de), sœur du duc de Villeroy. Née en 1707, elle mourut en 1787. Elle épousa en premières noces le duc de Boufflers, dont elle eut un fils, mort à Gênes de la petite vérole.

diable qui va venir. Cet affaissement moral l'a adoucie jusqu'à la rendre agréable, car elle est spirituelle et bien élevée[1]. »

Elle avait été affichée, autant qu'on peut l'être, sous Louis XV, à une époque où il était si difficile de primer dans ce genre-là, mais depuis elle était devenue l'arbitre du bon ton, et son salon réunissait l'élite de la société. Rousseau se trouva ainsi journellement mêlé à la meilleure compagnie, et il en reçut mille flatteries, mille cajoleries.

« Il avait quitté tous ses anciens amis, raconte Grimm, il nous avait remplacés par des gens du premier rang. Je ne décide pas s'il a perdu ou gagné au change, mais je crois qu'il a été aussi heureux à Montmorency qu'un homme, avec autant de bile et de vanité, pouvait se promettre de l'être. Il jouissait sans rivalité de l'encens de ce qu'il y a de plus grand et de plus distingué dans le royaume, sans compter une foule de femmes aimables qui s'empressaient autour de lui. Le rôle de la singularité réussit toujours à qui a le courage et la patience de le jouer. Jean-Jacques Rousseau a passé sa vie à décrier les grands ; ensuite il a dit qu'il n'avait trouvé des vertus et de l'amitié que parmi eux[2]. »

Le philosophe rencontra fréquemment chez la maréchale le prince de Conti[3], et sa maîtresse, Mme de

---

1. Walpole à Gray, 25 janvier 1766. Traduction du comte de Baillon.
2. Correspondance littéraire, juin 1762.
3. Conti (Louis-François de Bourbon, prince de) (1717-1776) ; il était grand prieur du Temple.

Boufflers[1] ; tous deux s'éprirent pour lui d'un grand enthousiasme.

Mme de Boufflers était une *savante*, une femme bel esprit :

« Il y a en elle deux femmes, dit Walpole rarement bienveillant, celle d'en haut et celle d'en bas. Je n'ai pas besoin de vous dire que celle d'en bas est galante et qu'elle a encore des prétentions : celle d'en haut est fort sensée ; elle possède une éloquence mesurée qui est juste et qui plaît, mais tout cela est gâté par une véritable rage d'applaudissements. On dirait qu'elle pose toujours pour son portrait devant son biographe[2]. »

On l'appelait l'*idole du Temple*, par allusion à la demeure de son adorateur.

Rousseau fut amoureux de toutes les femmes, et ce qui est pis, crut toutes les femmes amoureuses de lui ; à peine connut-il Mme de Boufflers qu'à certains signes, il lui sembla reconnaître qu'elle éprouvait un caprice pour lui. La crainte du prince de Conti lui inspira assez de sagesse pour le maintenir sur une respectueuse réserve dont la comtesse ne chercha nullement à le faire sortir.

Mais comment manœuvrait-il dans cette société dont il avait si peu l'usage ?

---

1. La comtesse de Boufflers, aussitôt après son mariage, fut attachée à la duchesse d'Orléans ; puis elle passa à la cour du prince de Conti dont elle ne tarda pas à devenir la maîtresse. Son plus vif désir était d'épouser le prince ; en 1764 elle devint veuve, mais à son grand regret, il n'y eut rien de changé dans sa situation.
2. Walpole à Gray, 25 janvier 1766. Traduction du comte de Baillon.

Était-il, comme Voltaire, plein d'aisance avec les grands seigneurs, les traitait-il avec cette familiarité qu'autorise le talent? Point du tout. Il était malhabile à se conduire dans ce monde dont il acceptait les bienfaits pour les lui reprocher ensuite comme des outrages. Deux traits montreront comment il croyait sauver son indépendance par des impolitesses et faire preuve de fierté alors qu'il était simplement mal élevé.

« Un jour, dit Grimm, il nous conta avec un air de triomphe qu'en sortant de l'Opéra, le jour de la première représentation du *Devin du village*, M. le duc de Deux-Ponts l'avait abordé, en lui disant avec beaucoup de politesse : « Me permettez-vous, monsieur, de vous faire mon compliment? » et qu'il lui avait répondu : « A la bonne heure, pourvu qu'il soit court. » Tout le monde se tut à ce récit. A la fin, je pris la parole et je lui dis en riant : « Illustre citoyen et consouverain de Genève, puisqu'il réside en vous une partie de la souveraineté de la République, me permettez-vous de vous représenter que, malgré la sévérité de vos principes, vous ne sauriez trop refuser à un prince souverain les égards dus à un porteur d'eau, et que si vous aviez opposé à un mot de bienveillance de ce dernier une réponse aussi brusque, aussi brutale, vous auriez à vous reprocher une impertinence des plus déplacées[1]. »

En 1760, après une chasse, le prince de Conti lui adresse du gibier; Jean-Jacques refuse l'envoi et accompagne son refus d'une lettre peu polie. Le prince eut le bon esprit d'en rire. Mme de Boufflers se chargea

---

1. *Correspondance littéraire*, juin 1762.

de la réponse et souligna finement au philosophe la bévue qu'il venait de commettre.

« Il est vrai, lui dit-elle, que le prince désapprouve votre trop de délicatesse, et, quoique bien éloigné de la soupçonner lui-même, il craint que d'autres ne la taxent d'affectation. C'est une accusation à laquelle vous devez prendre garde de donner lieu, dans la crainte qu'elle n'obscurcisse l'éclat de votre vertu, et qu'elle ne l'empêche de produire tout l'effet dont elle serait capable sans cela[1]. »

Mais pendant que Rousseau repoussait avec ostentation les cadeaux de ses amis, Thérèse, à son insu, non seulement les acceptait, mais au besoin tendait la main. Aussi bien chez Mme de Luxembourg que chez Mme d'Epinay, elle ne cessait de montrer pour elle et les siens une basse avidité.

Les changements de résidence, les querelles avec Mme d'Epinay, Grimm et Diderot, bien loin d'atténuer l'irritation de Rousseau contre le châtelain de Ferney, n'avaient fait que la surexciter. Voltaire était-il informé de ce déchaînement contre lui? Il nous paraît difficile qu'il pût l'ignorer[2]; le citoyen ne ménageait pas ses expressions dans sa correspondance, il ne se montrait pas plus réservé dans ses paroles: comment supposer que ni de Paris ni de Genève Voltaire n'ait été averti par ces amis officieux qu'on trouve toujours en pareille occurrence!

1. Fin de 1760.
2 Voir la note 2 de la page 84.

Dans tous les cas, si l'auteur de *Candide* fut prévenu, il n'en laissa rien paraître, et soit par calcul, soit pour toute autre raison, ses sentiments d'affectueuse amitié pour Jean-Jacques n'en parurent nullement altérés. Déjà, en 1755, il l'avait vivement pressé de le venir voir et de partager avec lui sa petite retraite des *Délices*. En 1759, il renouvela son offre. Jean-Jacques était malade, accablé d'ennuis, il ne savait trop où s'abriter, car il avait quitté l'asile donné par Mme d'Epinay et n'avait pas encore été recueilli par la maréchale de Luxembourg ; c'est le moment que choisit Voltaire pour lui offrir l'hospitalité. Il faut reconnaître qu'après ce qui s'était passé entre eux la conduite du patriarche ne manquait pas d'une certaine générosité :

« Quand je sus qu'il avait beaucoup d'ennemis à Paris, écrit-il, qu'il aimait comme moi la retraite, et que je présumai qu'il pouvait rendre quelques services à la philosophie, je lui fis proposer par M. Marc Chappuis, citoyen de Genève, dès l'an 1759, une maison de campagne appelée l'*Ermitage*[1] que je venais d'acheter. »

On a nié cette offre amicale et nous croyons que c'est à tort. Il est vrai que Rousseau ne répondit pas à la proposition transmise par M. Marc Chappuis, il est vrai qu'il n'y fit aucune allusion, il est vrai que peu de temps après il adressait à Voltaire une lettre inju-

1. Cette habitation était située entre Ferney et Tournay.

rieuse, mais si tout cela prouve qu'il fut ingrat, cela ne prouve pas que l'invitation n'ait pas été réellement faite.

Nous croyons par plusieurs raisons à la démarche du philosophe de Ferney, bien que nous n'en n'ayons d'autre preuve que son affirmation. D'abord à plusieurs reprises nous le verrons offrir de nouveau l'hospitalité à son ennemi et nous pourrons donner des marques authentiques de la réalité de ses propositions. Et cependant Rousseau n'y répondra pas davantage, et ne s'en ouvrira à personne. Si Voltaire lui offrit un asile en 1762 et en 1763, on peut aussi bien admettre qu'il l'ait fait en 1759. Du reste, comment supposer qu'il ait osé affirmer un fait mensonger dans des lettres publiées de son propre aveu[1] alors que Jean-Jacques et Marc Chappuis étaient vivants? n'auraient-ils pas l'un et l'autre saisi avec empressement l'occasion de le confondre et de le convaincre d'imposture? N'était-ce pas s'exposer au plus éclatant démenti? Et cependant ni Rousseau ni Marc Chappuis n'ont réclamé.

Il est probable que dans l'état d'esprit où se trouvait Jean-Jacques, la proposition gracieuse qui lui était faite lui parut plutôt une offense; il chercha à en tirer vengeance, et l'occasion se présenta bientôt. Déjà dans deux circonstances mémorables il s'est attaqué ouvertement à Voltaire, mais il est resté sur le terrain des principes, et la querelle n'a pas dégénéré en fâ-

---

1. Lettre de Voltaire à Hume du 24 octobre 1766. Cette lettre fut imprimée du consentement de Voltaire.

cheuses personnalités ; le châtelain de Ferney a eu le bon esprit de tourner la chose en plaisanterie, d'en prendre gaiement son parti, et d'éviter toute discussion. Furieux de ce mutisme que rien ne pouvait rompre, le Citoyen cherchait une occasion de recommencer la lutte, lorsqu'il crut la trouver en 1760. Cette fois le moyen paraissait infaillible et de nature à faire sortir enfin le patriarche de son impassibilité olympienne.

On n'a pas oublié la lettre sur le *Désastre de Lisbonne*. Plusieurs fois l'auteur fit demander à Voltaire la permission de la publier, elle lui fut toujours refusée. Il en éprouva un certain dépit, car il considérait cette œuvre comme une de ses meilleures productions, il la croyait de nature à contribuer grandement à sa réputation, et elle marquait le point de départ de la lutte qu'il voulait engager contre les tendances antireligieuses, si bien représentées par Voltaire et son école.

Ne pouvant publier sa lettre, Jean-Jacques la montra à quelques personnes, lorsqu'il apprit tout à coup, en juin 1760, que Formey, littérateur prussien, venait de la faire paraître en entier dans un journal de Berlin. C'était une indiscrétion assez désobligeante pour Voltaire, plus encore pour Rousseau, dont on pouvait suspecter la bonne foi, aussi crut-il devoir se disculper.

« Quoique Voltaire fût honoré par excès dans cette lettre, dit-il, comme enfin, malgré ses procédés malhonnêtes, il eût été fondé à se plaindre, si je l'avais fait imprimer sans son aveu, je pris le parti de lui écrire à ce sujet[1]. »

On croit rêver quand on voit Jean-Jacques parler des *procédés malhonnêtes* de Voltaire, alors qu'il n'y a eu jusqu'à présent de la part du philosophe de Ferney que patience, mansuétude, longanimité à toute épreuve.

Voici la lettre de Rousseau :

« A Montmorency, le 17 juin 1760.

« Je ne pensais pas, Monsieur, me retrouver jamais en correspondance avec vous, mais apprenant que la lettre que je vous écrivis en 1756 a été réimprimée à Berlin, je dois vous rendre compte de ma conduite à cet égard, et je remplirai ce devoir avec vérité et simplicité. Cette lettre vous ayant été réellement adressée n'était point destinée à l'impression. Je la communiquai, sous condition, à trois personnes à qui les droits de l'amitié ne me permettaient pas de rien refuser de semblable, et à qui les mêmes droits permettaient encore moins d'abuser de leur dépôt en violant leur promesse. Ces trois personnes sont : Mme de Chenonceaux, belle-fille de Mme Dupin, Mme la Comtesse d'Houdetot et un Allemand nommé M. Grimm. Mme de Chenonceaux souhaitait que cette lettre fût imprimée, et me demanda mon consentement pour cela. Je lui dis qu'il dépendait du vôtre. Il vous fut demandé, vous le refusâtes et il n'en fut plus question.

« Cependant, M. l'abbé Trublet[2] vient de m'écrire qu'ayant reçu les feuilles d'un journal de M. Formey, il y avait lu cette

---

1. *Confessions.* Partie II, livre X.
2. Trublet (Nicolas-Charles-Joseph) (1697-1770). Rousseau l'appelle dans les *Confessions* « une manière de demi-cafard. » C'était un écrivain médiocre dont Voltaire s'est moqué sans pitié dans le *Pauvre Diable*. Il fut pourtant de l'Académie, mais il resta candidat si longtemps que toute

même lettre.... Voilà, Monsieur, tout ce que j'en sais, il est très sûr que jusqu'ici l'on n'avait pas même ouï parler à Paris de cette lettre. Il est très sûr que l'exemplaire, soit manuscrit, soit imprimé, tombé dans les mains de M. Formey, n'a pu venir que de vous, ce qui n'est pas vraisemblable, ou d'une des trois personnes que je viens de nommer. Enfin, il est très sûr que les deux dames sont incapables d'une pareille infidélité. Je n'en puis savoir davantage de ma retraite. Vous avez des correspondances au moyen desquelles il vous serait aisé, si la chose en valait la peine, de remonter à la source et de vérifier le fait.... »

Si trois personnes seules ont connu la lettre et que les deux dames soient incapables d'infidélité, le soupçon ne peut s'égarer et le coupable est facile à trouver. C'est donc Grimm qui a commis l'indiscrétion. Mais cette accusation si nette et si précise est faite sans preuves aucune et rien n'est jamais venu la confirmer.

Rousseau, à l'en croire, n'a pris la plume que pour se disculper auprès de Voltaire; cependant, son innocence établie, il n'en reste pas là et il croit devoir terminer sa lettre par les aménités suivantes :

« Je ne vous aime point, Monsieur, vous m'avez fait les maux qui pouvaient m'être les plus sensibles, à moi votre disciple et votre enthousiaste. Vous avez perdu Genève pour prix de l'asile que vous y avez reçu ; vous avez aliéné de

la compagnie se renouvela avant qu'il ne fût admis au nombre des quarante. « Ce qu'il y a de désespérant pour la nature humaine, écrit Voltaire à d'Alembert, c'est que ce Trublet est athée comme le cardinal de Tencin et que ce malheureux a travaillé au journal chrétien pour entrer à l'Académie par la protection de la reine. » (19 mars 1761.)

moi mes concitoyens pour le prix des applaudissements que je vous ai prodigués parmi eux : c'est vous qui me rendez le séjour de mon pays insupportable ; c'est vous qui me ferez mourir en terre étrangère, privé de toutes les consolations des mourants, et jeté, pour tout honneur, dans une voierie, tandis que tous les honneurs qu'un homme peut attendre vous accompagneront dans mon pays. Je vous hais enfin, puisque vous l'avez voulu ; mais je vous hais en homme encore plus digne de vous aimer, si vous l'aviez voulu. De tous les sentiments dont mon cœur était pénétré pour vous, il n'y reste que l'admiration qu'on ne peut refuser à votre beau génie, et l'amour de vos écrits. Si je ne puis honorer en vous que vos talents, ce n'est pas ma faute. Je ne manquerai jamais au respect qui leur est dû, ni aux procédés que ce respect exige. Adieu, Monsieur[1]. »

Cette lettre fut un acte de véritable folie. Jean-Jacques n'avait pas le moindre grief contre Voltaire, et il ne parlait de cette soi-disant corruption, que pour déguiser les véritables motifs de sa haine. Son irritation venait d'une tout autre cause, et lui-même découvre inconsciemment la blessure qui saigne dans son cœur. Il ne suffit pas à Voltaire d'être riche, heureux, comblé d'honneurs, il a fallu encore qu'il vienne à Genève ; son crime, son crime irrémissible, c'est d'y avoir, lui, étranger, pris la place de Rousseau, Genevois ; c'est d'y jouir d'un prestige qui ne laisse nulle place à une réputation rivale ; c'est, par le fait seul de sa présence, d'en rendre le séjour intolérable pour Rousseau.

1. Montmorency, 17 juin 1760.

Vous avez aliéné de moi mes concitoyens; vous me rendez le séjour de mon pays insupportable; vous me ferez mourir en terre étrangère tandis que tous les honneurs qu'un homme peut attendre vous accompagneront dans mon pays.

Voilà les motifs évidents, incontestables, de la colère du philosophe. Voltaire a pris sa place *dans son pays* et c'est ce qu'il ne lui pardonnera jamais.

Jean-Jacques raconte qu'au reçu de sa lettre, le patriarche « jeta les hauts cris comme s'il avait reçu une insulte abominable et que, pour mettre sa brutalité plus à l'aise, il fit semblant d'être irrité jusqu'à la fureur[1]. » Lui devait-il des remerciements empressés?

Rousseau comptait bien que ce procédé pousserait à bout son ennemi et le ferait sortir du calme dont il ne s'était pas encore départi. Mais cet espoir fut cruellement déçu. A deux attaques courtoises en apparence, Voltaire a répondu par le silence; à cette attaque inqualifiable, il fait la même réponse; pour la troisième fois l'agresseur se heurte au parti pris du silence. Certes, Voltaire eut être indigné de cette haine persistante de la part d'un homme de lettres, qu'il avait toujours ménagé plus qu'aucun autre, qu'il ne demandait qu'à aimer, mais s'il fut « irrité jusqu'à la fureur », il eut du moins l'esprit de ne le pas témoigner. « C'est dommage que la tête ait tourné à cet homme », dit-il simplement après avoir pris connaissance de la lettre[2].

A peine y fait-il quelques allusions dans sa Corres-

---

1. *Confessions.* Partie II, livre X.
2. Wagnière. Additions au Commentaire historique.

pondance : « Je voudrais que Rousseau ne fût pas tout à fait fou, dit-il, mais il l'est. Il m'a écrit une lettre pour laquelle il faut le baigner et lui donner des bouillons rafraîchissants[1]. » Et il pria Tronchin de lui envoyer une ordonnance ; mais le docteur répondit que puisqu'il ne pouvait pas le guérir lui-même de la manie de faire encore des pièces de théâtre à son âge, il désespérait de guérir Jean-Jacques. « Nous restâmes l'un et l'autre fort malades, chacun de notre côté, » ajoute Voltaire gaîment[2].

Mais si Rousseau n'a pu réussir à l'irriter, il a eu du moins le talent de lui faire une cruelle offense, et le vieillard de Ferney s'en ouvre à d'Alembert :

« Il m'écrit, à moi, la plus impertinente lettre que jamais fanatique ait griffonnée. Il me mande en propres mots : « Vous avez corrompu Genève, pour prix de l'asile qu'elle « vous a donné ; » comme si je me souciais d'adoucir les mœurs de Genève, comme si j'avais besoin d'un asile, comme si j'en avais pris un dans cette ville de prédicants sociniens, comme si j'avais quelque obligation à cette ville[3]. »

En lui reprochant l'asile qu'il avait reçu, Jean-Jacques mettait le doigt sur la plaie et faisait à son ennemi une injure d'autant plus douloureuse, qu'il ravivait méchamment une vieille blessure. Il n'était que trop certain qu'en 1754, le philosophe banni de Prusse, banni de France, avait dû solliciter un refuge sur le

1. A d'Alembert, 23 juin 1760
2. Lettre à Hume 1766.
3. Ferney, 19 mars 1761.

territoire genevois; mais, depuis, la situation s'était heureusement modifiée, et le seigneur de Ferney, le comte de Tournay, n'aimait pas qu'on lui rappelât ces mauvais jours, pas plus que les obligations qu'il avait à la République.

Lisez cette lettre à M. de Thibouville et voyez si l'homme qui l'écrivait devait aimer qu'on lui parlât d'asile!

« On me reproche d'être *comte* de Ferney; que ces Jean-f......-là viennent donc dans la terre de Ferney, je les mettrai au pilori. N'allez pas vous aviser de m'écrire à Monsieur le Comte, comme fait *Luc*[1] : mais écrivez à Voltaire, *gentilhomme ordinaire du roi*, titre dont je fais cas, titre que le roi m'a conservé avec les fonctions : car, pardieu! ce qu'on ne sait pas, c'est que le roi a de la bonté pour moi, c'est que je suis très bien auprès de Mme de Pompadour et de M. le duc de Choiseul, et que je ne crains rien, et que je me f... de.... et de.... et de...., ainsi que de Chaumeix, et que je leur donnerai sur les oreilles dans l'occasion. Pourtant brûlez ma lettre et gardez le secret à qui vous aime[2]. »

Mais nous n'en avons pas encore fini avec la lettre du 17 juin 1760. Il y a un paragraphe que nous avons laissé de côté parce qu'il fournit la preuve d'un procédé fort équivoque de Rousseau, que nous devons le discuter à loisir et que nous n'avons pas voulu interrompre le récit.

Voici ce paragraphe :

1. Frédéric.
2. 20 mai 1760.

« M. l'abbé Trublet me marque qu'il tient la feuille en réserve[1] et ne la prêtera point sans mon consentement, qu'assurément je ne donnerai pas : mais cet exemplaire peut n'être pas le seul à Paris. Je souhaite, Monsieur, que cette lettre n'y soit pas imprimée, et je ferai de mon mieux pour cela ; mais si je ne pouvais éviter qu'elle le fût, et qu'instruit à temps je pusse avoir la préférence, alors je n'hésiterais pas à la faire imprimer moi-même. Cela me paraît juste et naturel. »

En ce qui concerne l'abbé Trublet, le récit de Jean-Jacques était exact. Cet abbé l'avait prévenu dès le 13 juin qu'il venait de recevoir la *Lettre sur la Providence*.

« Je n'avais jamais entendu parler de cet écrit, disait l'abbé, et il en est de même de toutes les personnes à qui j'en ai parlé, parmi lesquelles plusieurs sont de vos amis, entre autres, MM. Duclos et d'Alembert....

« Elle (cette lettre) est pourtant bien propre à faire du bruit ; elle est de vous, à l'auteur le plus célèbre, et très digne de l'un et de l'autre. Je me perds donc dans l'énigme de cet incognito et j'ose vous en demander le mot. En attendant je n'ai voulu prêter mon exemplaire à personne ; j'en excepte le père Berthier qui me le renvoya le lendemain. Je vous avouerai encore que j'ai lu votre dite lettre à deux ou trois de nos philosophes et vous croyez bien qu'ils m'ont fort prié de la leur prêter. Je les ai refusés et elle ne sortira point de mes mains, à moins que vous ne me le permettiez. L'un d'eux me dit que cela serait bon à réimprimer dans les circonstances. Oui et non ; mais cela serait curieux et dès lors très recherché. Qu'en pensez-vous[2]? »

---

1. La feuille de Formey qui reproduisait la *Lettre sur la Providence*.
2. L'abbé Trublet à Rousseau. Paris, 13 janvier 1760. — *Inédite*. Bibliothèque de Neufchâtel. Mss.

Voilà ce qu'écrit l'abbé le 13 juin. Rousseau approuve sa réserve puisqu'il mande le 17 à Voltaire qu'il ne laissera pas Trublet communiquer la lettre, et qu'il fera *de son mieux* pour en empêcher la publication.

Mais ce qu'il ne dit pas, c'est que trois jours auparavant il s'est adressé à M. de Malesherbes, pour lui demander ce qu'il penserait de l'impression de cette lettre. Ce magistrat lui répondait le 17 :

« Je n'ai aucune connaissance, Monsieur, des éditions de vos œuvres faites à Paris, ni de la lettre qui a été imprimée à Berlin; vous vous opposeriez inutilement à ce qu'elle parût en France, et le meilleur parti que vous ayez à prendre, est de la faire imprimer promptement à Paris[1]. »

Rousseau reçoit cette lettre le 18[2], le 19 il trouve un imprimeur et il s'empresse aussitôt d'en prévenir le directeur de la librairie.

1. *Inédite*. Paris, 17 juin 1760. Bibliothèque de Neufchâtel. Mss.
2. Le 18, Rousseau écrivait encore à Trublet en lui recommandant de la façon la plus absolue de ne laisser voir la lettre à âme qui vive; en même temps il lui parlait de son projet de la faire imprimer et l'interrogeait sur ce que pourrait en penser M. de Malesherbes. L'abbé répondait le 21 : « J'ai reçu, Monsieur, la réponse que vous avez bien voulu me faire. Je me conformerai très exactement à vos intentions, et votre lettre à M. de Voltaire ne sortira pas de mes mains. Je ne la lirai même à personne si vous l'exigez. Je vois souvent M. de Malesherbes et je puis lui demander son avis sur l'impression de votre lettre, mais, 1° il faudrait la lui confier, et il pourrait bien la confier à d'autres, à quelque censeur royal, pour avoir son avis, et, en ce cas, il serait à craindre que le consulté ne la confiât encore à d'autres, et qu'enfin, à force de passer par différentes mains, il n'en fût tiré copie; 2° je ne crois pas que M. de Malesherbes fût d'avis de l'impression, surtout dans les circonstances présentes. Je ne lui parlerai donc point jusqu'à nouvel ordre de votre part. » (*Inédite*. Bibliothèque de Neufchâtel. Mss.)

« ... J'ai suivi, Monsieur, votre conseil, au sujet de ma lettre à M. de Voltaire, et j'ai prié mes voisins de campagne, MM. Guérin et de la Tour, de l'imprimer, quand ils en auront reçu de vous la permission. Je suppose que M. l'abbé Trublet aura bien voulu leur communiquer son exemplaire pour vous être présenté. Sinon, je lui remettrai ma copie et nous nous passerons des notes de M. de Formey. J'ai dessein d'y joindre un autre petit morceau extrait de Platon sur l'imitation théâtrale, d'une métaphysique assez ennuyeuse, mais qui, se rapportant à un sujet que j'ai traité, devient intéressant pour moi. Agréez, Monsieur, mes très humbles excuses et mon profond respect[1]. »

M. de Malesherbes répond le 23 juin :

« Dès que l'abbé Trublet vous aura remis le manuscrit, ou que vous aurez pris le parti de faire imprimer sur le vôtre, envoyez-le à M. Calley ; je l'en préviendrai, et je m'arrangerai pour que la permission soit expédiée tout de suite, sans m'écrire à Malesherbes et attendre ma réponse[2]. »

Le jour même l'autorisation était obtenue sans que l'on fût encore en possession de la pièce originale, détenue par l'abbé Trublet[3].

« Il est permis à M. Guérin d'imprimer la lettre de

---

1. *Inédite*. Bibliothèque nationale. Mss. f., Fr. n. a. 1183.
2. Streckeisen Moultou.
3. Le 24 juin, c'est-à-dire le lendemain même du jour où l'autorisation était accordée, M. de la Tour, gendre de M. Guérin, se présenta chez l'abbé Trublet pour lui emprunter la feuille de Formey qui devait servir de texte pour l'impression. Comme marque de sa mission, M. de la Tour montrait une lettre de Rousseau à Guérin le chargeant de se rendre chez l'abbé et de lui emprunter son exemplaire. L'abbé, qui ignorait l'ardeur qu'apportait Rousseau en cette affaire et qui n'avait pas reçu de réponse

M. Rousseau à M. de Voltaire, et un morceau extrait de Platon par le même auteur sur l'imitation théâtrale. »

« A Paris, ce 23 juin.

« De Lamoignon de Malesherbes[1].

Ainsi, c'est le 17 juin que Rousseau s'engage par écrit à faire tous ses efforts pour empêcher l'impression, et c'est le 23 qu'il obtient l'autorisation d'imprimer. En six jours il a fait toutes les démarches, sollicité M. de Malesherbes, trouvé l'imprimeur, évité le censeur : on n'a pas exemple d'une pareille précipitation pour manquer à sa parole.

Il est probable qu'en prenant connaissance de la *Lettre sur la Providence* M. de Malesherbes s'aperçut que si elle était fort édifiante comparée au poème de Voltaire, elle risquait fort de ne pas paraître aux yeux de la Sorbonne d'une orthodoxie suffisante ; en effet, l'autorisation accordée si précipitamment fut révoquée, et en marge on peut lire cette mention :

« Cet ordre n'a pas reçu d'exécution, M. Guérin est convenu et M. Rousseau aussi que la lettre ne pouvait pas être imprimée en France[2]. »

à sa lettre du 21, crut prudent d'attendre et il refusa de se dessaisir de son exemplaire. Aussitôt il reçut « une lettre peu honnête et peu raisonnable » où Jean-Jacques lui reprochait amèrement sa conduite. Trublet, qui n'avait agi que par prudence, s'empressa de satisfaire son irritable correspondant.

1. *Inédite.* Bibliothèque Nationale. Mss. f., Fr. n. a. 1183.
2. C'est seulement en 1764, dans l'édition des œuvres de Rousseau publiée par Duchesne sous la direction de l'abbé de la Porte, que la lettre à Voltaire sur le *Désastre de Lisbonne* parut pour la première fois.

Un an après, on apprit qu'un imprimeur de Genève, sur un exemplaire venu on ne sait d'où, préparait une édition de cette fameuse *Lettre*. Moultou, pris d'un excès de zèle qui dut singulièrement déplaire à son ami, s'adressa aux scholarques[1], et l'on fit arrêter le tirage :

« Je vous remercie de ce que vous avez fait pour moi sur la lettre à M. de Voltaire, répondit Rousseau à Moultou, et je vous prie d'en faire aussi mes très humbles remercîments à M. le syndic Mussard. Je n'ai pour raison de m'opposer à sa publication que les égards dus à M. de Voltaire, et que je ne perdrai jamais de quelque manière qu'il se conduise avec moi, car je ne me sens porté à l'imiter en rien....[2] »

La petite anecdote que nous venons de raconter a dû édifier le lecteur sur la façon dont Rousseau comprenait les égards vis à vis de son ennemi.

1. Les scholarques remplissaient les fonctions de censeurs.
2. 12 décembre 1764.

CHAPITRE V

1760—1761

Sommaire : Affaire Necker. — Interdiction des représentations de Voltaire. — La comédie des *Philosophes*. — Ramponeau. — La *Nouvelle Héloïse*. — Rupture de Rousseau avec le parti philosophique. — Les *Lettres de Ximénès*. — La *Muse limonadière*. — Le *Projet de paix perpétuelle*.

La jalousie de Rousseau ne devait pas être stérile. Ses attaques incessantes contre la comédie, ses objurgations et ses excitations auprès de ses partisans, l'assurance tant de fois réitérée que Voltaire corrompait les mœurs de la patrie, finirent par émouvoir l'opinion publique.

Un événement, futile en apparence, mit le feu aux poudres. Voltaire y était du reste complètement étranger, et l'on ne pouvait en bonne conscience l'en rendre responsable. Un scandale éclata dans la puritaine Genève ; il y eut un mari.... trompé dans une des meilleures familles de la ville. Les vieux calvinistes, qui se plaignaient si amèrement de la corruption des mœurs et de la dépravation causée par le seigneur de Ferney, eurent là l'occasion d'un beau triomphe :

Voici en quelques mots à quoi se réduisait cette fatale aventure. Un certain M. V..... avait aimé la fille d'un procureur indigent :

« Il la vit malgré ses parents, écrit Mlle de Bondeli[1], et, ne pouvant l'épouser, lui fit un enfant dont elle accoucha sans bruit quelconque et passa constamment pour aussi vertueuse qu'elle était belle et spirituelle. Enfin V..... obtint le consentement de ses parents et on vit paraître à l'église à la grande surprise d'un chacun un enfant de dix-huit mois. Papa et maman furent, selon les chastes lois du pays, mis en prison. Les parents adorèrent la nouvelle mariée,

[1]. Nous aurons fréquemment recours à la correspondance si peu connue de Mlle de Bondeli; c'est un témoin oculaire dont les renseignements sont précieux, particulièrement en ce qui concerne Rousseau, auquel elle avait voué une admiration sans bornes. Il écrivait d'elle, le 12 octobre 1763 : « J'ai lu avec reconnaissance et je puis dire avec surprise les lettres de Mlle Bondeli dont vous m'avez envoyé copie et que M. Usteri m'a aussi envoyées avec la dissertation sur le sens moral.... Je dis... avec surprise, parce qu'elle réunit ce qui se trouve rarement où que ce soit et ce que je n'aurais point cherché à Berne : la solidité et le coloris, la justesse et l'agrément, la raison d'un homme et l'esprit d'une femme, la plume de Voltaire et la tête de Leibnitz, elle réfute mes censeurs en philosophe et les raille en petite maîtresse; sa critique est aussi raisonnée que ses bons mots sont saillants. La manière dont elle défend *Héloïse*, m'en fait presque aimer les défauts, et sur le seul qu'elle ait relevé, je suis bien heureux qu'elle ait bien voulu m'en trouver d'autres.... Quoi qu'il en soit, je m'honorerai toujours d'une pareille avocate, et je serais bien fâché de n'être pas attaqué, lorsque je serai défendu par elle. »

(*Julie von Bondeli und ihr Freundeskreis*, von Edward Bodemann, Hannover Hahn'sche Hofbuchhandlung, 1874.)

le public non seulement pardonna, mais idolâtra cette femme; jamais on ne vit un pareil phénomène dans cette chaste et sainte cité. Le mari, toujours amoureux, pensa se ruiner pour tenir maison à sa femme; à la seconde couche elle prit un abcès à la place sur laquelle on s'asseoit, des empiriques la firent souffrir le martyre pendant trois ans. Elle fut un exemple de stoïcisme; sa chambre était une académie, son lit le tribunal des grâces, des vertus et du génie. Jamais femme n'eut autant de genres de belle réputation. Tronchin la guérit[1]. »

Rousseau, qui la vit en 1754 quand il vint à Genève, dit, dans sa *Lettre sur les spectacles,* qu'il n'y a jamais eu que deux femmes de génie : « Sapho et encore une ». *Encore une* désignait, assure-t-on, Mme V.....

On juge de l'émoi qui s'empara de la ville lorsqu'on apprit tout à coup que cette femme célèbre venait d'être surprise avec son amant. Laissons encore la parole à une contemporaine, Mme de Constant :

« Voilà du gai, voici du triste et de l'affreux, écrit-elle à son mari. Il est arrivé une aventure terrible à Genève, qui occupe tout le monde. M. V... frère du ministre, se doutant depuis longtemps que sa femme, celle que tu connais, ou dont tu as ouï parler par rapport à l'esprit, avoit une intrigue avec le professeur Necker[2], a surpris son portefeuille qu'il a trouvé plein de lettres, depuis deux ans jusqu'à présent, très amoureuses, très sales et très injurieuses pour

---

1. *Julie von Bondeli*, p. 260.
2. Necker (Louis), fils de Charles Frédéric et frère du ministre de Louis XVI. Né à Genève en 1730. Élève de d'Alembert, professeur de mathématiques en 1757, correspondant de l'Académie des sciences de Paris; il a fait les articles Forces et Frottements dans l'*Encyclopédie.*

lui ; il a fait du bruit. Necker qui ne savoit rien est venu, V..... l'a vu arriver et lui a tiré un coup de pistolet sur l'escalier, dont il est blessé, et est parti sur-le-champ pour Morges où il est, après avoir publié son déshonneur à tous les voisins. Necker est au lit très mal de désespoir plutôt que de sa blessure et il convient de tout. Comme le mari veut le divorce, sa femme doit partir demain et il le demandera sous le prétexte d'une désertion malicieuse; mais ce qu'il y a à craindre, c'est que Necker est si passionné qu'on a peur qu'il n'abandonne ses enfans et ne la suive. Ce qu'il y a encore d'affreux, c'est que le mari prétend que le dernier de ses enfants n'est pas à lui et le veut dejeter. Voilà de grandes horreurs[1]. »

Quelques jours plus tard elle écrit encore :

« On n'est occupé que de l'affaire de Necker ; depuis le Conseil jusqu'au savetier, elle fait un bruit horrible; on a ôté hier les enfans à Mme V....., et elle est partie ce matin pour la Savoye...; voilà deux personnes qui s'étoient fait des réputations, tombées du clocher en bas; cette femme est une grande malheureuse, son mari l'a tirée de la crasse, l'a soignée dans ses maux, l'a adorée et l'adore encore. On dit encore qu'il la trouva il y a trois ans avec un homme qu'on ne nomme pas, et qui refusa de se battre avec lui, qu'il leur pardonna à tous deux et que peu de temps après elle forma son intrigue avec Necker, du vivant de sa femme, qui, à ce qu'on prétend, en est morte de chagrin; il a avoué tout et dit qu'il ne lui reste plus qu'à mourir pour expier ses fautes et réparer le tort qu'il a fait à cette femme[1]. »

1. *Inédite.* Bibliothèque de Genève. Mss. — La procédure engagée à cette époque et dont les pièces se trouvent aux archives de Genève

Ce fâcheux événement souleva une grande indignation à Genève. Les partisans de Rousseau en profitèrent pour renouveler leurs plaintes amères contre le seigneur de Tournay et son théâtre; une austérité spartiate s'empara de la bourgeoisie, qui trouvait fort mauvais que l'aristocratie assistât à des spectacles dont elle-même était privée : « M. de Voltaire, écrit de Lubières, n'est pas bon à donner aux chiens dans un certain ordre de gens qui ont intérêt à faire les sévères, ou qui portent envie aux plaisirs des autres, ou qui se livrent à l'enthousiasme qui a saisi contre lui la bourgeoisie. »

Sans se soucier de l'orage qui grondait sur sa tête, le patriarche continuait gaiement ses représentations. Il poussa même l'audace jusqu'à narguer le Consistoire sur son propre terrain et il osa faire jouer une comédie aux Délices. On était en octobre 1760, au moment des grandes fêtes de Tournay. Poussé par la clameur publique, le Consistoire fit au Magnifique Conseil de solennelles représentations. Il fallut sévir.

On interdit formellement à Voltaire tout essai *théâtral* sur le territoire de la République, et les Genevois sont vivement exhortés par les pasteurs à s'abstenir de figurer à Tournay soit comme spectateurs, soit comme acteurs. Terrifiée par les menaces du clergé, une grande partie de l'aristocratie se soumet; à part quelques rares fidèles, personne n'ose plus se rendre à Tournay ; on

démontra l'innocence de Mme V..... et de M. Necker. Ce dernier cependant dut quitter la ville.

joue devant des banquettes vides; bientôt les acteurs eux-mêmes disparaissent[1].

C'est alors que la colère de Voltaire, si longtemps contenue, éclate. Les pasteurs et la religion calviniste reçoivent le premier coup :

« Nous avons eu, depuis peu, un cocu à Genève, écrit le philosophe à d'Argens. Ce cocu, comme vous savez, tira un coup de pistolet à l'amant de sa femme. La petite Église de Calvin, qui fait consister la vertu dans l'usure et dans l'austérité des mœurs, s'est imaginé qu'il n'y avait de cocus dans le monde que parce qu'on jouait la comédie. Ces maroufles s'en sont pris aux jeunes gens de leur ville qui avaient joué sur mon théâtre de Tournay, et ils ont eu l'insolence de leur faire promettre de ne plus jouer avec des Français, qui pourraient corrompre les mœurs de Genève[2]. »

Rousseau, cause première de ce déchaînement contre le théâtre, n'est pas oublié : « Le polisson! le polisson! s'écrie Voltaire indigné, s'il vient au pays, je le ferai mettre dans un tonneau avec la moitié d'un manteau sur son vilain petit corps à bonnes fortunes[3]. » Et comme il n'ignore pas que c'est lui qui par dessous main pousse les pasteurs, il ne peut s'empêcher de s'écrier : « Jean-Jacques est un Jean F... qui écrit tous les quinze jours à ces prêtres pour les échauffer contre les spectacles[4]. »

1. Voir la *Vie intime de Voltaire*.
2. 20 janvier 1761.
3. A Damilaville, 22 avril 1761.
4. A d'Alembert, 20 octobre 1761.

Les critiques plus ou moins amères, les injures même n'ont pu émouvoir le patriarche, mais on l'atteint dans sa passion favorite, dans son amour pour le théâtre, on lui inflige un échec dans sa lutte légendaire avec le Consistoire : cette fois il relève le gant et accepte la lutte qui lui est offerte; désormais il n'épargnera plus les railleries à son infatigable adversaire.

En dehors de la question personnelle qui évidemment dût lui être très sensible, Voltaire, se plaçant à un point de vue plus élevé, fut vivement affecté de voir la désunion s'accentuer dans le petit groupe philosophique. Cette division était d'autant plus fâcheuse qu'elle arrivait dans un moment où les attaques pleuvaient dru sur les frères. Après avoir été malmenés dans des brochures d'une rare violence, ils furent représentés sur la scène. La comédie des *Philosophes*, de Palissot, où ils étaient couverts de ridicule, fut autorisée par la censure et jouée avec un grand scandale. Diderot surtout y était traité avec mépris; Rousseau dont on ne connaissait pas encore la récente conversion, car la *Lettre sur la Providence* restait toujours secrète et il n'avait écrit ni la *Nouvelle Héloïse*, ni l'*Emile*, n'était pas ménagé; on le représentait marchant à quatre pattes et broutant une laitue[1].

---

1. Palissot a nié qu'il ait voulu mettre Rousseau en scène. Il a prétendu que c'était d'Alembert et Voltaire qui s'étaient divertis à lui appliquer le personnage de la pièce qui, sous le nom de Crispin, ne désignait évidemment qu'un valet secrétaire. Cette explication est sans valeur; Rousseau était on ne peut plus clairement désigné; c'est même vraisemblablement la phrase de Voltaire dans sa lettre du 30 août 1755 : « Il prend envie de marcher à quatre pattes quand on lit votre ouvrage »,

« On m'a parlé, écrit Voltaire à Mme d'Epinay, d'une comédie contre les philosophes, dans laquelle Préville[1] doit représenter Jean-Jacques marchant à quatre pattes. Il est vrai que Jean-Jacques a un peu mérité ces coups d'étrivières par sa bizarrerie, par son affectation de s'emparer du tonneau et des haillons de Diogène, et encore plus par son ingratitude envers la plus aimable des bienfaitrices ; mais il ne faut pas accoutumer les singes d'Aristophane à rendre les singes de Socrate méprisables, et à préparer de loin la ciguë, que maître Joly de Fleury[2] voudrait faire broyer pour eux par les mains de maître Abraham Chaumeix[3].... Les philosophes sont dispersés et désunis, tandis que les fanatiques forment des escadrons et des bataillons[4]. »

Peu de temps après, à propos d'un futile incident, Voltaire envoyait à Jean-Jacques un premier coup de griffe.

Ramponeau, cabaretier de la Courtille, vendait de très mauvais vin et à très bon marché. On ne sait pourquoi ni comment, mais par suite d'un de ces engouements inexplicables et si fréquents à Paris, Ramponeau devint tout à coup célèbre, et il fut de bon ton d'aller

qui inspira à Palissot l'idée de représenter Jean-Jacques dans cette singulière attitude.

1. Préville (Pierre-Louis Dubus, dit) (1721-1799), célèbre acteur de la Comédie-Française.
2. Avocat général au Parlement, auteur de nombreux réquisitoires contre les ouvrages de Voltaire.
3. Chaumeix (Abraham-Joseph de), attaqua vivement l'*Encyclopédie* et fut ridiculisé par tous les philosophes. Voltaire prétend qu'il fut successivement marchand de vinaigre, maître d'école, janséniste et convulsionnaire, et il l'a accusé d'avoir dénoncé les philosophes au Parlement de Paris.
4. 25 avril 1760.

boire... d'aller s'empoisonner chez lui. La meilleure société, les plus grandes dames s'y donnaient rendez-vous. Un entrepreneur de spectacles nommé Gaudon s'imagina qu'il ferait fortune s'il pouvait montrer Ramponeau aux populations avides de le contempler, et il lui fit signer un engagement. Mais à peine lié par cet écrit, le cabaretier eut la nostalgie de son comptoir, où du reste il faisait fortune, et il refusa de monter sur les planches, déclarant que ses scrupules religieux s'y opposaient; quant à payer un dédit, il n'y voulait pas songer. D'où un procès qui ne fut jamais jugé, mais qui pendant un mois occupa tout Paris.

A peine au courant, Voltaire prend la plume et se hâte d'écrire :

« *Le Plaidoyer de Ramponeau*, prononcé par lui-même devant ses juges : « Je ne paierai point, Messieurs, et je
« ne me montrerai point sur le théâtre. J'ai fait un marché,
« il est vrai, mais, comme dit le fameux Grec, dont j'ai en-
« tendu parler à la Courtille : « Si ce que je promis est
« injuste, je n'ai rien promis. »

« Maître Beaumont prétend que si J.-J. Rousseau, citoyen de Genève, s'est fait voir marchant à quatre pattes sur le théâtre des Fossés-Saint-Germain, Genest de Ramponeau, citoyen de la Courtille, ne doit point rougir de se montrer sur ses deux pieds, mais la cour verra aisément le faux de ce sophisme. Jean-Jacques est un hérétique, et je suis catholique; Jean-Jacques n'a comparu que par procureur, et on veut me faire comparaître en personne; Jean-Jacques a comparu en dépit des lois, et c'est en vertu des lois qu'on veut me montrer au peuple. Jean-Jacques a été faiseur de comédies, et moi je suis un honnête cabaretier. On sait ce qu'on doit à la dignité des professions. Néron voulut avilir les chevaliers romains jusqu'à les faire monter sur le théâtre, mais il n'osa y contraindre les cabaretiers. Si la cour avait pu lire un petit livre que Jean-Jacques, indigné de sa gloire et honteux d'avoir travaillé pour les spectacles, a lâché contre les spectacles mêmes, elle verrait que ce Rousseau préfère hautement les marchands de vins aux histrions. Il ne veut pas que dans sa patrie il y ait des comédies, mais il y veut des cabarets; il regrette ce beau jour de son enfance où il vit tous les Genevois ivres[1]; il souhaite que les filles dansent toutes nues au cabaret.

L'année 1760 se termina sur cette petite plaisanterie[2].

En 1761 la *Nouvelle Héloïse* paraît.

Ce « *misérable* et *plat* roman », pour parler comme l'auteur lui-même[3], causa une incroyable sensation.

Avec lui s'ouvre une nouvelle phase de la lutte de Rousseau contre les mœurs du siècle ; à la galanterie, à l'amour licencieux, Jean-Jacques oppose la passion. Il arrivait du reste au moment psychologique. On était fatigué de ces contes libertins, de ce style polisson, de

---

1. Rousseau avait dit en effet dans la *Lettre sur les spectacles* : « Les citoyens ne sont pas des anachorètes ; laissons, s'il le faut, passer la nuit à boire ceux qui, sans cela, la passeraient peut-être à faire pis. Car enfin le goût du vin n'est pas un crime, il en fait rarement commettre. Il rend l'homme stupide et non méchant. Pour une querelle passagère qu'il cause, il forme cent attachements durables. Généralement les buveurs ont de la cordialité, de la franchise, ils sont presque tous bons, droits, justes, fidèles, braves et honnêtes gens à leur défaut près. »

2. Dans un poème : *le Russe à Paris*, que Voltaire composa en 1760, il fait encore allusion à la comédie des philosophes et au rôle que Rousseau y joue.

3. 11 décembre 1760, à Lenieps.

ces grivoiseries continuelles, héritage de la Régence. Le scepticisme, la gouaillerie, le cynisme avaient fini par fatiguer, on en avait tant abusé[1] !

On se prit d'enthousiasme pour ces héros, qui parlaient si bien de l'amour. « Ils passèrent presque pour platoniques, parce qu'ils n'étaient plus libertins ; en même temps, comme ils gardaient quelque chose de sensuel, le siècle n'était pas trop dépaysé. La société aimait à se trouver purifiée sans se convertir ; elle se prêtait de bonne grâce à un repentir qui n'était pas une mortification[2]. » L'enthousiasme devint de la fureur, surtout chez les femmes, dès qu'on supposa que Rousseau avait écrit sa propre histoire : « Tout le monde, dit-il, était persuadé qu'on ne pouvait exprimer si vivement des sentiments qu'on n'aurait point éprouvés, ni peindre ainsi les transports de l'amour, que d'après son cœur.... Je ne voulus ni confirmer, ni détruire une erreur qui m'était avantageuse[3]. »

Nous trouvons dans une correspondance inédite une

1. Rousseau, dans son ouvrage, ne se contente pas de peindre l'amour, il découvre la nature, qu'on paraissait ignorer jusqu'à lui. On plaçait toujours les châteaux dans les bas-fonds, et, quand par hasard ils se trouvaient sur une hauteur, on avait grand soin de leur faire tourner le dos à la vue ; quand ce n'était pas possible, on masquait le paysage par un épais rideau d'arbres. Les éblouissantes descriptions du philosophe, son style éclatant et coloré, éveillèrent un sens qui sommeillait encore. Grâce à lui, les beautés de la nature frappent l'homme, on les perçoit, on les admire, on se passionne pour elles. Est-ce à dire que personne avant Rousseau n'ait su les apprécier ? Bien d'autres les avaient connues, et Voltaire en particulier, y avait été sensible dès son arrivée en Suisse, mais personne n'avait amené dans les esprits la révolution qui fut l'œuvre de Rousseau.

2. Saint-Marc Girardin, *Jean-Jacques Rousseau, sa vie et ses œuvres*.
3. *Confessions*. Partie II, Livre XI.

appréciation qui résume bien la sensation causée par l'ouvrage de Jean-Jacques. Le Roy[1], le spirituel lieutenant des chasses, écrivait à son ami Hennin, le 3 février 1761 :

« La tête me tourne, mon ami; je viens d'achever la lecture du roman tant attendu de Jean-Jacques. Malheur à celui qui lira cet ouvrage sans en avoir une forte envie de devenir meilleur, cet homme-là ne vaut rien du tout.

« Ce n'est pas qu'il n'y eût rien à reprocher à l'ouvrage. On dira qu'il n'est pas toujours aussi bien écrit que Rousseau le fait ordinairement, qu'il y a des choses qui avoisinent l'indécence, que souvent c'est l'auteur qui parle et non ses personnages. Mais je dirai moi que ces quelques taches et ces quelques négligences ne se laissent apercevoir que par des âmes froides, incapables de l'enthousiasme de la vertu, et que tout est effacé par l'intérêt le plus attachant, qui n'est pas suspendu, par des traités fréquents et complets d'une morale aussi raisonnable que sublime. Quel cœur de bronze peut ne pas se fendre en mille endroits de ce livre, et quelle âme de boue ne se sentirait pas élevée par l'héroïsme uniforme et sans chimère dont il est plein ? O Julie ! O Wolmar ! O Claire ! Ah ! mon ami, lisez vite cet ouvrage et venez savourer avec moi tout ce qu'il contient d'admirable. M. de la Popelinière s'est avisé de donner dans le même temps un petit roman prétendu oriental, qui est écrit à faire vomir[2].

---

1. Georges Le Roy (1723-1789), lieutenant des chasses des parcs de Versailles et de Marly, collaborateur de l'*Encyclopédie*. Il était très lié avec les d'Holbach (voir les lettres à Mlle Volland).

2. *Daïra*, histoire orientale. Paris, Bauche, 1761. Deux parties, in-12. « C'est, je vous jure, écrivait Voltaire à Mme de Fontaine, un des plus absurdes ouvrages qu'on ait jamais écrits; pour peu qu'il (La Popelinière)

En vérité le financier paraît là être le laquais du philosophe[1]. »

Jean-Jacques craignait cependant qu'on ne lui reprochât les inconséquences de sa conduite :

« Mon grand embarras, dit-il, était la honte de me démentir ainsi moi-même, si nettement et si hautement. Après les principes sévères que je venais d'établir avec tant de fracas, après les maximes austères que j'avais si fortement prêchées, après tant d'invectives mordantes contre les livres efféminés qui respiraient l'amour et la mollesse, pouvait-on rien imaginer de plus inattendu, de plus choquant, que de me voir tout d'un coup m'inscrire de ma propre main parmi les auteurs de ces livres que j'avais si durement censurés[2] ! »

Ces remarques sont fort justes. N'était-il pas étrange en effet de voir l'homme qui peu de temps auparavant avait montré avec tant de force dans la *Lettre sur les spectacles* les dangereuses émotions que cause la peinture des passions, n'était-il pas étrange de voir ce même homme composer l'ouvrage le plus passionné et dépeindre l'amour sous des couleurs si vives, si chaudes, si troublantes, que, il l'avouait lui-même, toute fille qui lirait ce livre était perdue d'avance!

Le succès calma les inquiétudes que lui inspiraient ses contradictions et lui fit voir Paris, qu'il décriait si volontiers, sous un jour tout nouveau :

en fasse encore un dans ce goût-là, il sera de l'Académie ». 27 février 1761.
1. *Inédite.*
2. *Confessions.* Partie II, livre IX.

« Dans le monde, il n'y eut qu'un avis, dit-il ; et les femmes surtout s'enivrèrent et du livre et de l'auteur, au point qu'il y en avait peu, même dans les hauts rangs, dont je n'eusse fait la conquête, si je l'avais entrepris. J'ai de cela des preuves que je ne veux pas écrire, et qui, sans avoir besoin de l'expérience, autorisent mon opinion. Il est singulier que ce livre ait mieux réussi en France que dans le reste de l'Europe, quoique les Français, hommes et femmes, n'y soient pas fort bien traités.... L'amitié, l'amour, la vertu, règnent-ils donc à Paris plus qu'ailleurs ? Non, sans doute ; mais il y règne encore, ce sens exquis qui transporte le cœur à leur image, et qui nous fait chérir dans les autres les sentiments purs, tendres, honnêtes, que nous n'avons plus. La corruption désormais est partout la même, il n'existe plus ni mœurs ni vertus en Europe, mais s'il existe encore quelque amour pour elles, c'est à Paris qu'on doit le chercher[1]. »

Préoccupé de l'effet que ses inconséquences pourraient produire dans sa patrie, convaincu que ses concitoyens ne verraient pas sans douleur l'auteur de la *Lettre sur les spectacles*, cette lettre qui ne respirait que l'austérité et la vertu, écrire un livre de nature à pervertir les imaginations[2], Rousseau prit la résolution de ne pas envoyer un seul exemplaire à Genève. Cette plaisante détermination suffit pour apaiser ses scrupules et mettre sa conscience à l'abri. Nulle part cependant son ouvrage ne fut plus lu qu'à Genève,

1. *Confessions*. Partie II, livre XI.
2. Plus tard, il disait à une dame de Genève : « J'écrivais pour des gens corrompus et je ne crois pas que mes concitoyens le soient assez pour avoir besoin d'être rappelés au bien par l'énergie de l'amour. » (*Julie von Bondeli*, 4 août 1764.)

mais il y fit scandale, et les amis de l'auteur, les pasteurs eux-mêmes, ne purent cacher leur chagrin et leur désappointement. Sous la pression du parti austère et dévot, le Consistoire porta même des plaintes au grand Conseil ; il appela sa vigilante attention sur ces peintures vives et hardies, si dangereuses pour les mœurs des jeunes gens, et il fut un instant question de condamner la *Nouvelle Héloïse* ; on se contenta d'interdire aux loueurs et loueuses de livres de louer ou de prêter cette œuvre malsaine[1]. Ainsi, par un juste retour des choses de ce monde, c'est Rousseau qui, à son tour, passe pour corrompre les mœurs de sa patrie ! Cependant le bruit se calma peu à peu, et pour cette fois l'orage fut écarté.

Jean-Jacques, dans son ouvrage, ne se bornait pas à peindre des plus brillantes couleurs et les passions et la nature, en plus d'un endroit il abordait les questions religieuses. Il était croyant, mais sous certaines restrictions :

« J'ai de la religion, mon ami, écrivait-il en 1758 à Vernes, et bien m'en prend, je ne crois pas qu'homme au monde en ait autant besoin que moi. J'ai passé ma vie parmi les incrédules sans me laisser ébranler, les aimant, les estimant beaucoup sans pouvoir souffrir leur doctrine.... Mon ami, je crois en Dieu, et Dieu ne serait pas juste si mon âme n'était pas immortelle. Voilà, ce me semble, ce que la religion a d'essentiel et d'utile ; laissons le reste aux disputeurs. »

1. Extrait des registres du Consistoire et du Magnifique Conseil, 22 janvier 1761.

Ce ne fut pas sans inquiétude que ses amis le virent aborder ces questions, si délicates, si difficiles à traiter à l'époque et qui lui offraient mille chances de soulever des susceptibilités toujours en éveil :

« A l'égard de ce que vous me dites de Wolmar, et du danger qu'il fait courir à l'éditeur, répond-il à M...., cela ne m'effraye point, je suis sûr qu'on ne m'inquiétera jamais justement, et c'est une folie de vouloir se précautionner contre l'injustice. Il reste là-dessus d'importantes vérités à dire, et qui doivent être dites par un croyant. Je serai ce croyant-là, et si je n'ai pas le talent nécessaire, j'aurai du moins l'intrépidité. A Dieu ne plaise que je veuille ébranler cet arbre sacré que je respecte et que je voudrais cimenter de mon sang, mais j'en voudrais bien ôter les branches qu'on y a greffées et qui portent de si mauvais fruits[1]. »

Le but de la *Nouvelle Héloïse* est de faire la leçon tout à la fois aux *philosophes* et aux *croyants*. L'auteur l'écrit à Vernes :

« Vos griefs contre Wolmar me prouvent que j'ai mal rempli l'objet du livre ou que vous ne l'avez pas bien saisi. Cet objet était de rapprocher les partis opposés par une estime réciproque ; d'apprendre aux *philosophes* qu'on peut croire en Dieu sans être hypocrite, et aux *croyants* qu'on peut être incrédule sans être un coquin. Julie dévote est une leçon pour les philosophes, et Wolmar athée en est une pour les intolérants. Voilà le vrai but du livre[2]. »

1. A M. ***, 1760.
2. 24 juin 1761.

C'était jouer là un jeu bien dangereux; lui-même s'en rendait compte et il confiait à Mme de Créquy qu'il ne gardait guère d'illusion à cet égard.

« Vous n'ignorez pas, Madame, que je n'ai jamais fait grand cas de la philosophie, et que je me suis entièrement détaché du parti des philosophes. Je n'aime point qu'on prêche l'impiété : voilà déjà de ce côté-là un crime qu'on ne me pardonnera pas. D'un autre côté, je blâme l'intolérance, et je veux qu'on laisse en paix les incrédules; or le parti dévot n'est pas plus endurant que l'autre. Jugez en quelles mains me voilà tombé[1]. »

Rousseau n'était pas le seul à être fatigué des philosophes, de leurs prédications forcenées et de leur intolérance égale à celle des *dévots*[2]. « Sottise pour sottise, s'écriait Horace Walpole dans un moment d'humeur, j'aime mieux les jésuites! » Jean-Jacques exprimait la même idée quand il écrivait : « Pour moi, j'aimerais encore mieux être dévot que philosophe[3]. »

---

1. 5 janvier 1761.
2. Voltaire soutenait le contraire et il écrivait à d'Alembert le 13 février 1764 : « Je sais bien qu'on dit que les philosophes demandent la tolérance pour eux; mais il est bien sot et bien fou de dire que « quand « ils y seront parvenus ils ne toléreront plus d'autre religion que la leur », comme si les philosophes pouvaient jamais persécuter ou être à portée de persécuter! Ils ne détruiront certainement pas la religion chrétienne, mais le christianisme ne les détruira pas, leur nombre augmentera toujours; les jeunes gens destinés aux grandes places s'éclaireront avec eux, la religion deviendra moins barbare et la société plus douce. Ils empêcheront les prêtres de corrompre la raison et les mœurs. Ils rendront les fanatiques abominables, et les superstitieux ridicules. Mon cher Paul de la philosophie, votre conversation seule peut faire plus de bien dans Paris que le jansénisme et le molinisme n'y ont jamais fait de mal. »
3. *Inédite*. Catalogue d'autographes.

Walpole, qui pratiqua longtemps le parti philosophique, disait en 1765[1] :

« Les *savants*, je leur demande pardon, les *philosophes* sont insupportables, superficiels, arrogants et fanatiques ; ils ne font que prêcher, et leur doctrine avouée est l'athéisme ; vous ne pourriez croire à quel point ils se gênent peu. Ne vous étonnez donc pas si je reviens tout à fait jésuite. Voltaire lui-même ne les satisfait point. Une de leurs dévotes disait de lui : *Il est bigot, c'est un déiste*[2]. »

Le citoyen ne se trompait pas dans ses prévisions lorsqu'il supposait que les dévots lui sauraient peu de gré de son évolution et les philosophes encore moins. Il y avait alors dans le parti philosophique des hommes de grand talent qui depuis quelque années combattaient le bon combat ; unis, ils pouvaient tout espérer ; désunis, ils avaient tout à redouter. Leurs ennemis, nombreux et acharnés, avaient juré leur perte

---

1. Walpole à Gray, 19 novembre 1765.
2. Walpole mandait aussi à Montaigu : « Je n'ai encore rien vu ni rien entendu de sérieux, qui ne fût ridicule : les jésuites, les méthodistes, les philosophes, les politiques, l'hypocrite Rousseau, le railleur Voltaire, les encyclopédistes, les Hume, les Lyttleton, les Grenville, le tyran athée de la Prusse et le charlatan de l'histoire, M. Pitt, tous ces gens-là ne sont pour moi que des imposteurs, chacun dans son genre. La renommée ou l'intérêt, voilà leur seul but, et après avoir vu toutes leurs parades, mon opinion est qu'un laboureur qui sème, lit son almanach et croit que les étoiles ne sont que des chandelles à un sou, créées uniquement pour l'empêcher de tomber dans les fossés, quand il regagne le soir sa cabane, est un être plus sage, plus raisonnable et certainement plus honnête qu'aucun d'eux. Oh ! je suis bien las des visions et des systèmes qui se heurtent et se repoussent, pour reparaître encore, comme les figures dans un tableau à ressort. » (Paris, le 24 novembre 1765. Traduction du comte de Baillon.)

et les harcelaient sans relâche. Longtemps on avait compté Rousseau au nombre des membres de la petite Église, non seulement il était l'ami de tous les philosophes, non seulement il vivait avec eux dans une étroite intimité, mais il leur avait prêté l'appui de son talent et il avait fourni plus d'un article à l'*Encyclopédie*[1].

En général la différence d'opinions provoque les dissentiments et amène la rupture ; ici ce n'est pas le cas : Rousseau a commencé par s'éloigner de ses amis pour des motifs d'ordre tout intime, la divergence des doctrines n'éclate que plus tard. C'est seulement dans la *Nouvelle Héloïse* qu'il se sépare nettement et ouvertement du parti philosophique ; il devient alors l'apôtre du spiritualisme contre les philosophes dont les théories tendent de plus en plus à l'incrédulité, et il plante en face d'eux un drapeau rival. Il devient le promoteur de la grande scission qui s'opère ; à l'école de Voltaire, qui est irréligieuse sans être athée, il oppose une école spiritualiste qui est religieuse sans être chrétienne.

La déception fut grande parmi les frères quand on le vit faire bande à part et engager la lutte. On le regarda aussitôt comme un déserteur, un traître. S'il conserva des relations avec d'Alembert et quelques autres, tous ceux avec lesquels il s'était déjà brouillé

---

1. A la formation de l'*Encyclopédie*, Diderot et d'Alembert engagèrent Rousseau à écrire des articles. Il leur en donna un certain nombre, entre autres l'article Économie sociale, qui fit beaucoup de bruit.

ne lui épargnèrent ni les sarcasmes ni les reproches.

Voltaire, qui n'a plus de raison d'user de ménagements envers lui, ne cache ni le chagrin ni la colère que lui fait éprouver sa nouvelle attitude :

« Pour Jean-Jacques, ce n'est qu'un misérable qui a abandonné ses amis, et qui mérite d'être abandonné de tout le monde. Il n'a dans son cœur que la vanité de se montrer dans les débris du tonneau de Diogène, et d'ameuter les passants pour leur faire contempler son orgueil et ses haillons. C'est dommage, car il était né avec quelques demi-talents, et il aurait eu peut-être un talent tout entier s'il avait été docile et honnête[1]. »

Il écrit aussi à Damilaville :

« Je salue toujours les frères et les fidèles, je m'unis à eux dans l'esprit de vérité et de charité. Nous avons des faux frères dans l'Église. Jean-Jacques, qui devait être apôtre, est devenu apostat[2]. »

Enfin il épanche sa douleur dans le sein de d'Alembert, mais le philosophe lui répond en faisant une allusion très juste aux maux physiques de Rousseau, maux qui ont eu sur sa conduite une influence plus grande qu'on ne le croit.

« A l'égard de Rousseau, j'avoue que c'est un déserteur qui combat contre sa patrie; mais c'est un déserteur qui n'est plus guère en état de servir, ni par conséquent de faire

1. Voltaire à Mme d'Épinay, Ferney, 19 février 1761.
2. *Inédite*, 6 avril 1771. — Bibliothèque nationale. Mss., f. Fr. nouv. acq., 2778.

du mal : sa vessie le fait souffrir et il s'en prend à qui il peut. Prions Dieu qu'il conserve la nôtre[1]. »

Mais que pense-t-on à Ferney du nouvel ouvrage? Quelle impression y a-t-il produit? On l'a lu, Voltaire nous le dit :

« Point de roman de Jean-Jacques s'il vous plaît ; je l'ai lu pour mon malheur, et c'eût été pour le sien si j'avais le temps de dire ce que je pense de cet impertinent ouvrage. Mais un cultivateur, un maçon, et le précepteur de Mlle Corneille[2], et le vengeur d'une famille accablée par des prêtres[3], n'a pas le temps de parler de romans[4]. »

Et pour montrer le peu de cas qu'il fait de la *Nouvelle Héloïse*, le patriarche la met sans cesse en parallèle avec *Daïra*, ce pitoyable roman de la Popelinière. « La *Nouvelle Héloïse* et *Daïra* m'ont fait relire *Zaïde* », écrit-il à Damilaville. « Mes anges sont-ils absorbés dans la lecture du roman de Jean-Jacques ou de celui de la Popelinière? » mande-t-il aux d'Argental[5].

Il était cependant bien tentant de jeter le ridicule sur l'œuvre d'un ennemi, et Voltaire, en dépit de ses occupations, n'y résista pas. Bientôt part de Ferney une assez vive satire contre le nouvel ouvrage, les *Lettres sur la*

---

1. 31 octobre 1761.
2. Voltaire venait d'adopter Mlle Corneille et s'occupait beaucoup de son éducation.
3. La famille de Crassier.
4. Voltaire à Thieriot, 21 janvier 1761.
5. « Son *Héloïse*, écrit-il le 8 août 1770 à Mme du Deffand, me paraît écrite moitié dans un mauvais lieu, et moitié aux Petites-Maisons. Une des infamies de ce siècle est d'avoir applaudi quelque temps à ce

Nouvelle Héloïse ou Aloïsia, signées du marquis de Ximénès.

Beuchot a reconnu que ces lettres étaient l'œuvre du patriarche, mais il a assuré que le marquis les lui avait dérobées. C'est inexact. Il est vrai que Ximénès avait déjà été pris la main... dans les manuscrits, mais cette fois, loin d'être coupable, il s'exposa au ressentiment de Rousseau pour plaire à son hôte; peut-être même cette pénitence lui fut-elle imposée en expiation de ses indélicatesses passées. Bien qu'il ne fût plus tenu à aucun ménagement vis-à-vis de celui qui l'injuriait si gratuitement, Voltaire, fidèle à son système de ne jamais se mettre en évidence, pria Ximénès de signer les lettres à sa place. Avec ses amis cependant il ne dissimulait pas sa paternité[1], mais vis-à-vis de d'Alembert, qui était resté dans de bons termes avec Jean-Jacques, il se montrait plus circonspect.

« Je n'ai point fait de réponse à sa lettre, lui écrivait-il, M. de Ximénès a répondu pour moi, et a écrasé son misérable roman. Si Rousseau avait été un homme raisonnable a qui on ne pût reprocher qu'un mauvais livre, il n'aurait pas été traité ainsi[2]. »

---

monstrueux ouvrage. Les dames qu'il outrage sont assurément d'une autre nature que lui. La *Zaïde* de Mme de la Fayette vaut un peu mieux que la Suissesse de Jean-Jacques, qui accouche d'un faux germe pour se marier. Ce polisson m'ennuie et m'indigne, et ses particuliers me mettent en colère. Cependant il faut être véritablement philosophe et calmer ses passions, surtout à nos âges. »

1. A d'Argental, 16 février 1761.
2. Ferney, 19 mars 1761.

D'Alembert ne fut pas dupe des assertions de son ami et il lui adressa ces conseils pleins de sagesse :

« Je n'approuve pas que vous vous déclariez contre Jean-Jacques, comme vous le faites, et je n'aurais sur cela qu'à vous répéter vos propres paroles : « Que deviendra le petit « troupeau s'il est désuni et dispersé? » Nous ne voyons point que Platon ni Aristote, Sophocle ni Euripide aient écrit contre Diogène, quoique Diogène leur ait dit à tous des injures. Jean-Jacques est un malade de beaucoup d'esprit, et qui n'a d'esprit que quand il a la fièvre; il ne faut ni le guérir ni l'outrager. »

Cette appréciation si juste et si fine du caractère de Rousseau ne put désarmer le philosophe, la période de la patience était passée. Outragé et irrité, Voltaire n'entend plus la voix de la modération :

« A l'égard de Jean-Jacques, répond-il, s'il n'était qu'un inconséquent, un petit bout d'homme pétri de vanité, il n'y aurait pas grand mal; mais qu'il ait ajouté à l'impertinence de sa lettre l'infamie de cabaler du fond de son village, avec des pédants sociniens, pour m'empêcher d'avoir un théâtre à Tournay, ou du moins pour empêcher ses concitoyens, qu'il ne connaît pas, de jouer avec moi, qu'il ait voulu, par cette indigne manœuvre, se préparer un retour triomphant dans ses rues basses, c'est l'action d'un coquin et je ne lui pardonnerai jamais. J'aurais tâché de me venger de Platon s'il m'avait joué un pareil tour, à plus forte raison du laquais de Diogène[1]. »

Non content des *Lettres de Ximénès*, Voltaire écrivit

---

1. 20 avril 1761.

encore, toujours sous le voile de l'anonyme, une romance en cinquante-sept couplets, où il couvrait de ridicule les héros de la *Nouvelle Héloïse*, Wolmar, Julie, Saint-Preux.

Les *Lettres* de Ximénès ne restèrent pas sans réponse; il en parut une à Genève et des plus virulentes; on ne se contentait pas d'y attaquer ces *petits marquis sifflés sur le théâtre de Paris*[1], on y lançait des sarcasmes contre la France et son gouvernement.

Le résident courut porter ses plaintes au premier syndic contre une insolence aussi punissable. Tous les exemplaires furent saisis et brûlés. Par la même occasion, on saisit aussi les *Lettres de Ximénès*, bien qu'elles fussent signées, mais parce qu'elles ne portaient pas le nom de l'imprimeur et paraissaient par conséquent sans permission[2].

Tout ce bruit fait autour de la *Nouvelle Héloïse*, ces attaques, ces réponses, montrent bien qu'il existait à Genève deux partis très tranchés, l'un en faveur de Rousseau, l'autre qui lui était franchement hostile. Nous allons les voir s'affirmer de plus en plus.

Il existait à Paris une certaine Mme Bourrette[3] qui cumulait les fonctions de cabaretière avec celles de poète et qu'on avait surnommée *la Muse limonadière*; elle adressait à tous les hommes célèbres des échan-

---

1 Le marquis de Ximénès avait fait jouer une pièce dont le sort ne fut pas heureux.
2. Affaires étrangères. Genève, 1761.
3. Charlotte Renyer, femme Bourrette (1714-1784).

tillons de son talent. Voltaire ne fut pas épargné et riposta par une tasse de porcelaine[1]. Dès que Rousseau eut fait paraître la *Nouvelle Héloïse*, Mme Bourrette, le jugeant suffisamment illustre, lui adressa une longue lettre qui ne reçut pas de réponse. Sans se décourager, elle écrivit de nouveau et chercha à stimuler son zèle par un exemple assez malheureusement choisi :

« J'ai l'honneur, Monsieur, de vous faire part d'une générosité que j'ai reçu de M. de Voltaire, un de vos illustres amis; il m'a fait donner par Mme d'Argental une tasse de porcelaine incrustée en or, faite pour un déjeuner, venez y prendre du café. Je vous l'avoue, j'ai été aussi sensible à ce présent qu'à celui de Sa Majesté le Roy de Pologne, qui m'a honorée de son portrait dans une boîte d'or. Je vous envoie ci-joints les vers qui m'ont attiré la marque de son souvenir, avec ceux que je lui ai envoyés en remerciement. Si, à l'exemple d'un si grand homme, qui a pensé à moi, de si loin, vous m'honorez d'une réponse en ajoutant la faveur d'un mot pour que votre libraire me vende *Héloïse* à bon compte, pardonnez, Monsieur, cette économie à une mère de famille qui voudrait être en état de le payer le double. Je désire faire cette acquisition comme un trésor que je veux conser-

---

1. Mme Bourrette avait son débit rue Croix-des-Petits-Champs. Elle répondit à la tasse de Voltaire par ces vers :

> Législateur du goût, dieu de la poésie,
> Je tiens de vous une coupe choisie
> Digne de recevoir le breuvage des dieux ;
> Je voudrais pour vous louer mieux,
> Y puiser les eaux d'Hippocrène
> Mais vous seuls les buvez, comme moi l'eau de Seine.

Mme Denis, à laquelle Mme Bourrette avait également adressé des vers, lui envoya un fort bel éventail.

ver, je ne l'aie lue que par emprunt et je ne me lasserai jamais de le relire[1]. »

A la lettre étaient joints ces vers singuliers :

« A monsieur Rousseau de Genève sur sa *Nouvelle Héloïse* :

> Dans tes sublimes entretiens,
> La vertu nous devient aisée.
> Il n'est point de Père Elisée
> Dont les sermons valent les tiens.
>   (Par la *Muse limonadière*, février 1761.) »

Cette fois Rousseau répond : le nom de Voltaire a suffi pour le tirer de son indifférence :

« Si jamais l'occasion se présente de profiter de votre invitation, j'irai, Madame, avec grand plaisir, vous rendre visite et prendre du café chez vous, mais ce ne sera pas, s'il vous plaît, dans la tasse dorée de M. de Voltaire, car je ne bois pas dans la coupe de cet homme-là[2]. »

Quant à l'exemplaire de *Julie*, Mme Bourrette dut s'en passer.

Peu de temps après, Jean-Jacques fit paraître l'*Extrait du projet de paix perpétuelle de l'abbé de Saint-Pierre*[3]. Il avait eu entre les mains les papiers de l'abbé, et, au milieu de beaucoup de fatras, il crut devoir sauver cet écrit de l'oubli. Le *Projet de paix perpétuelle* fut accueilli à Ferney par des éclats de rire :

---

1 *Inédite.* Bibliothèque de Neufchâtel. Mss.
2. 12 mars 1761.
3. Rousseau en céda le manuscrit pour douze louis à M. de Baslide, rédacteur du journal *le Monde*.

« Jean-Jacques politique! s'écrie le patriarche. Nous verrons s'il gouvernera l'Europe comme il a gouverné la maison de Mme de Wolmar. C'est un étrange fou..., il m'offense de gaieté de cœur, moi qui lui avais offert, non pas un asile, mais ma maison, où il aurait vécu comme mon frère[1]. »

Et il s'empresse de publier le *Rescrit de l'empereur de la Chine sur ladite paix perpétuelle*, où le projet de Jean-Jacques est tourné en ridicule[2]. En apprenant les plaisanteries de son ennemi, Rousseau se contenta de dire : « C'est un pauvre homme à courte vue sur ces matières. » Mais les sarcasmes qui arrivaient de Ferney ne firent qu'augmenter son irritation contre le seigneur châtelain.

1. A Damilaville, 19 mars 1761.
2. « *Rescrit de l'empereur de Chine, à l'occasion du Projet de paix perpétuelle.* — Nous avons lu attentivement la brochure de notre amé Jean-Jacques, citoyen de Genève, lequel Jean-Jacques a extrait un projet de paix perpétuelle du bonze Saint-Pierre, lequel bonze Saint-Pierre l'avait extrait d'un clerc du mandarin marquis de Rosni, duc de Sulli, excellent économe, lequel l'avait extrait du creux de son cerveau.... Nos plénipotentiaires enjoindront à tous les souverains de n'avoir jamais aucune querelle, sous peine d'une brochure de Jean-Jacques pour la première fois, et du ban de l'*Univers* pour la seconde... Nous prions la république de Genève et celle de Saint-Marin de nommer conjointement avec nous le sieur Jean-Jacques pour premier président de la diète, attendu que ledit sieur ayant déjà jugé les rois et les républiques sans en être prié, il les jugera tout aussi bien quand il sera à la tête de la Chambre.... Priant le Tien qu'il ait en sa sainte garde ledit Jean-Jacques, comme aussi le sieur Volmar, la demoiselle Julie et son faux germe. Donné à Pékin, le 1er du mois de Hi-han, l'an 1. 898. 436. 500 de la fondation de notre monarchie. »

CHAPITRE VI

1761—1762

Sommaire : Impression de l'*Émile* et du *Contrat social*. — La propriété littéraire au dix-huitième siècle. — M. de Malesherbes, directeur de la librairie. — L'*Émile* s'imprime en France. — Inquiétudes de Rousseau. — Il croit son ouvrage livré aux Jésuites. — Correspondance avec M. de Malesherbes. — Accusations contre les libraires Duchesne et Guérin. — Rousseau avoue ses torts.

En 1761, l'*Émile* et le *Contrat social* étaient terminés. Rousseau considérait ces deux ouvrages comme les plus importants qui fussent sortis de sa plume; après eux en effet ne pouvait-il pas considérer sa mission comme accomplie?

Jusqu'à présent il a fidèlement suivi son plan : ramener l'homme à la nature et le détourner de la civilisation qui le pervertit. Après avoir successivement attaqué dans ses écrits les lettres, les arts, les sciences, l'inégalité des conditions sociales, le théâtre, il a éveillé chez ses contemporains le goût de la nature, il leur a dépeint les délices d'un amour passionné et exalté qu'ils ne connaissaient pas. Aujourd'hui, dans le *Contrat social*, il leur donne un code complet d'institutions politiques; dans l'*Émile*, à la fois un traité d'éducation et le plan d'une religion naturelle.

Ces deux derniers ouvrages étaient le couronnement de son œuvre. Après avoir pris son siècle corps à corps, après avoir porté le fer rouge dans toutes ses plaies, dans toutes ses erreurs, il pouvait se retirer de la lutte. « Vous devez savoir et je crois vous l'avoir dit, écrivait-il à Lenieps, que j'ai quitté pour ma vie le métier d'auteur. Il me reste encore un vieux péché à expier sous la presse, après quoi le public n'entendra plus parler de moi. Je ne connais point de sort plus heureux dans la vie que de n'être connu que de ses amis [1].... »

Le *Contrat social* fut vendu à Rey d'Amsterdam, moyennant la somme de mille francs, et l'impression commença aussitôt.

Un sort différent était réservé à l'*Émile*. Mme de Luxembourg, qui portait à Rousseau le plus vif intérêt et qui lui reprochait toujours de se laisser duper par les libraires, se chargea elle-même de trouver un éditeur: l'auteur y consentit avec empressement. Mais la maréchale, assez inexpérimentée, pria M. de Malesherbes de lui venir en aide dans cette négociation fort délicate.

M. de Malesherbes, nous l'avons vu, se trouvait chargé des épineuses fonctions de directeur de la librairie. On

[1]. 11 décembre 1760.

sait qu'à cette époque aucun livre ne pouvait paraître en France sans une autorisation expresse ou tacite ; c'était M. de Malesherbes[1] qui désignait le censeur sur l'appréciation duquel il accordait ou refusait la permission d'imprimer. On comprend l'importance de pareilles fonctions au milieu du dix-huitième siècle, en présence d'une littérature philosophique très audacieuse. Malesherbes, du reste, était un libéral, il partageait la plupart des docrtines que soutenaient les encyclopédistes, et sa présence à la librairie, si elle lui attira bien des haines dans le gouvernement, fut un bienfait pour les gens de lettres[2], qu'il protégea de tout son pouvoir. Homme excellent, plein de droiture et d'honnêteté, il s'efforça toujours de concilier les devoirs de sa charge avec ses idées personnelles.

1. Malesherbes (Chrétien-Guillaume de Lamoignon de), 1721-1793. Il fut reçu en 1775 à l'Académie française. Sa démarche n'était pas élégante, et le maître de danse Marcel dit un jour à son père : « A la manière dont il marche, vous ne pouvez raisonnablement le placer que dans l'Église. » Malesherbes cependant ne fut pas d'Église. M. de Lamoignon ayant été nommé en 1750 chancelier de France, son fils lui succéda en qualité de premier président de la Cour des Aides. Mais le chancelier de France avait dans ses attributions la direction de la librairie ; ses nombreuses fonctions ne lui permettant pas de s'en occuper, il confia à son fils cette charge importante, qu'il remplit de 1750 à 1763. Il était partisan de la liberté de la presse, ce qui peut donner une idée de la tolérance personnelle qu'il exerçait envers les auteurs.

2. Pendant la publication de l'*Encyclopédie*, M. de Bernis, alors ministre, se plaignit à Malesherbes de ce qu'il laissait passer des articles dangereux. Le magistrat lui répondit : « Si j'étais lieutenant criminel, mon métier serait d'intimider ceux qui seraient assez malheureux pour avoir affaire à moi. Je ne sais pas si j'aurais la vertu de cet état, mais heureusement ce n'est pas le mien ; je suis chargé d'une police qui concerne les gens de lettres, les savants, les auteurs de toute espèce, c'est-à-dire des gens que j'aime et que j'estime, avec qui j'ai toujours désiré de passer ma vie, qui font honneur à leur siècle et à leur patrie », et il eut le courage de se refuser à changer de système.

Rousseau avait eu particulièrement à se louer de lui. Quand la *Nouvelle Héloïse* s'imprimait à Amsterdam, M. de Malesherbes, jouissant de la franchise postale, se chargeait de faire passer les épreuves à l'auteur et de les renvoyer en Hollande; de cette façon Jean-Jacques évitait tous les frais de poste, si considérables à cette époque, et de plus il avait une complète sécurité, puisque les paquets portant l'estampille du directeur de la librairie n'étaient pas ouverts[1].

La bienveillance de M. de Malesherbes ne se borna pas à des soins matériels, il prit la peine de revoir lui-même toutes les épreuves et d'indiquer à l'auteur les passages qu'il fallait supprimer ou modifier pour paraître en France sans danger. Leurs relations étaient des plus cordiales. Il n'est donc pas étonnant que M. de Malesherbes ait cédé à la demande de Mme de Luxembourg et qu'il se soit mis en quête avec elle d'un éditeur pour l'*Émile*.

Les libraires Guérin et Duchesne furent bientôt trouvés, et l'on obtint d'eux des conditions vraiment avantageuses. Rousseau reçut de son manuscrit six mille francs, dont moitié comptant. Le directeur de la librairie lui-même examina le traité et de sa propre main écrivit en marge les modifications dont il exigea l'acceptation des éditeurs[2].

[1]. M. de Malesherbes poussait la bonté jusqu'à faire fermer en sa présence les paquets que Jean-Jacques envoyait en Hollande. (J.-J. Rousseau à Rey, 28 mai 1760. Bosscha. *Lettres inédites*.)

[2]. Voir à l'appendice le texte du traité avec les changements apportés par M. de Malesherbes.

« Monsieur, mandait Guérin à Malesherbes, j'ai communiqué hier à M. Rousseau le projet de transaction rédigé sur vos observations. Il en est très content et il m'a chargé, Monsieur, de vous présenter ses respects et ses remerciments des bontés dont vous l'honorez. Je fais avertir le sieur Duchesne que je vous ai renvoyé tous les papiers de cette affaire. Il ira, Monsieur, prendre vos ordres[1]. »

Guérin, bien qu'il fût le principal intéressé dans l'affaire, ne figurait pas dans le traité; Duchesne seul était en nom.

Ainsi Jean-Jacques, au lieu de vendre son manuscrit comme à l'ordinaire à un libraire hollandais, vient de traiter avec un libraire français.

Pour la clarté de ce qui va suivre et pour bien comprendre les conséquences qu'eut pour le philosophe cette dérogation à ses habitudes, il faut d'abord établir quels étaient les usages suivant que l'on faisait imprimer en France ou à l'étranger.

La propriété littéraire au dix-huitième siècle était soumise à des règles qui naturellement différaient beaucoup de celles qui la régissent aujourd'hui; il n'existait pas, pour la protéger, de traités de puissance à puissance, de traités internationaux; il n'était défendu en aucun pays de contrefaire les livres imprimés en pays étrangers.

Par exemple, les libraires hollandais réimprimaient immédiatement tout ce qui paraissait en France, sans

---

1. *Inédite*. Saint-Brice, ce 30 août 1761. Bibliothèque nat. Mss. f. Fr. n. acq. 1183.

souci de l'intérêt des éditeurs français, qui se trouvait ainsi gravement lésé; et de même, par un juste esprit de représailles, les libraires français réimprimaient sans hésitation tout ce qui paraissait en Hollande.

Quand un auteur français se faisait imprimer en Hollande, il se trouvait donc exposé aux contrefaçons des éditeurs parisiens; mais par équité et pour que l'auteur pût retirer de son ouvrage tout l'avantage possible, le directeur de la librairie l'autorisait à désigner lui-même l'éditeur français qui serait chargé de la contrefaçon; cet éditeur recevait un privilège, mais il payait une redevance à l'auteur.

Le libraire hollandais auquel le livre avait été vendu aurait été mal venu de se plaindre, attendu que l'auteur n'avait pu lui céder que les droits qu'il avait lui-même; or, il ne possédait en aucune façon le droit d'empêcher les libraires de Paris de copier ou de contrefaire son ouvrage, imprimé à l'étranger.

Ces principes étant bien établis, dans la pratique on arrivait à une entente. Quand Rey d'Amsterdam, par exemple, achetait un manuscrit, il s'entendait avec un de ses confrères de Paris, qui se chargeait, en payant un prix convenu, de l'édition française; à mesure que l'ouvrage s'imprimait en Hollande, Rey envoyait les bonnes feuilles à Paris; le libraire français imprimait sur ces bonnes feuilles et l'ouvrage paraissait presque simultanément à Amsterdam et à Paris; de cette façon on déflait toute contrefaçon.

La réciproque était également vraie; lorsqu'un libraire

français achetait un ouvrage, son intérêt était de s'entendre aussitôt avec un libraire étranger.

Quand Rousseau signa le traité de l'*Émile*, il fut averti que Neaulme, libraire de la Haye, était d'accord avec Duchesne, qu'ils se trouvaient liés par un traité, que l'impression se ferait parallèlement à Paris et à la Haye, et que Neaulme serait chargé de répandre aussitôt l'édition étrangère en Hollande, en Allemagne, en Angleterre.

Jean-Jacques ne s'était pas d'abord beaucoup soucié de voir imprimer son livre en France; lui-même en reconnaissait la difficulté, car il écrivait à Guérin, le 21 décembre 1760, alors que l'ouvrage n'était pas encore achevé :

« Je n'imagine pas qu'il puisse être imprimé dans le royaume, au moins pour la première fois, sans une mutilation, à laquelle je ne consentirai jamais, attendu que ce qu'il faudrait ôter est précisément ce que le livre a de plus utile[1]. Je ne vois d'autre remède à cet inconvénient que de faire imprimer d'abord le livre en pays étranger, après quoi, quand il aura fait son premier effet, je ne crois pas que la réimpression en France souffre les mêmes difficultés. »

En effet, quand il fut appelé à traiter avec un libraire français, Rousseau demanda que l'impression fût faite à l'étranger pour éviter ainsi tout désagrément. Mais M. de Malesherbes, Mme de Luxembourg, les libraires lui persuadèrent qu'il n'avait rien à redouter, qu'on n'im-

---

1. *La Profession de foi du Vicaire savoyard.*

primerait à Paris que pour plus de commodité, qu'on garderait le secret et qu'officiellement l'ouvrage s'imprimerait en Hollande.

Convaincu que l'approbation, et même la complicité du directeur de la librairie le mettaient à l'abri de tout danger, Jean-Jacques consentit à laisser faire le travail à Paris. Il a nié plus tard qu'il eût été averti, mais il ne peut nier sa lettre à Moultou du 12 décembre 1761 et elle ne laisse pas le moindre doute.

Il écrivait en effet à son ami :

« Je me suis laissé guider dans la disposition de cet ouvrage, et contre mon avis, mais non pas sans l'aveu du magistrat, le manuscrit a été remis à un libraire de Paris pour l'imprimer. Ce libraire a ensuite traité avec un autre libraire de Hollande, pour faire en même temps et sur ses feuilles une autre édition parallèle à la sienne. »

Au moment où Jean-Jacques négociait ainsi l'*Émile* et le *Contrat social*, sa santé s'altérait de plus en plus; la maladie dont il souffrait avait fait de tels progrès qu'il crut ses jours réellement menacés[1]. Guérin, qui le vit à cette époque, écrivait à M. de Malesherbes :

« J'ai trouvé ce philosophe très abattu de son mal auquel s'est joint un débordement de bile avec quelque mouvement de fièvre. Il se promenait cependant dans son jardin, et il m'a paru assez gai. Il a plus de courage que de force[2]. »

---

1. Il éprouva en 1761 un accident terrible. Une sonde se brisa et resta dans la vessie; on eut toutes les peines du monde à l'extraire.
2. *Inédite.* Bib. nat. Mss. f. Fr. n. acq. 1183.

Ces douleurs physiques allaient avoir comme toujours sur son esprit la plus fatale influence.

L'impression du *Contrat social* marchait assez rapidement ; il n'en était pas de même de l'*Émile*. Le traité avait été signé à la fin d'août, deux mois s'étaient perdus à choisir le format, les caractères, à faire des essais, bref on se trouvait au commencement de novembre et c'est à peine si l'auteur avait reçu quelques épreuves.

Aussitôt Rousseau, dont l'impatience fébrile ne peut comprendre tous ces retards, croit qu'il se passe une chose qu'il ignore, et il conçoit sur l'honnêteté de son libraire les plus graves soupçons[1] ; l'imagination aidant, ces soupçons se changent bientôt en certitude.

Mais donnons-lui la parole et laissons-le décrire lui-même, une fois revenu à la santé, les phases successives de sa maladie. Il va nous montrer comment en groupant les faits les plus naturels, les plus simples, comment, en les interprétant sous l'empire d'une véritable manie, celle de la persécution, on peut arriver à trouver la certitude d'une infâme trahison qui n'a jamais existé.

« Jamais un malheur, quel qu'il soit, ne me trouble et ne m'abat, pourvu que je sache en quoi il consiste ; mais mon penchant naturel est d'avoir peur des ténèbres : je redoute et je hais leur air noir ; le mystère m'inquiète toujours, il est par trop antipathique avec mon naturel

---

1. Rousseau était toujours tourmenté de l'idée qu'on lisait ses épreuves ; déjà, pendant l'impression de la *Nouvelle Héloïse*, il l'écrivait à M. de Malesherbes qui lui servait d'intermédiaire avec les libraires. (Voir la lettre du 18 mai 1760 Correspondance générale.)

ouvert jusqu'à l'imprudence. L'aspect du monstre le plus hideux m'effrayerait peu, ce me semble ; mais si j'entrevois de nuit une figure sous un drap blanc, j'aurai peur. Voilà donc mon imagination, qu'allumait ce long silence, occupée à me tracer des fantômes. Plus j'avais à cœur la publication de mon dernier et meilleur ouvrage, plus je me tourmentais à chercher ce qui pouvait l'accrocher ; et toujours portant tout à l'extrême, dans la suspension de l'impression du livre, j'en croyais voir la suppression. Cependant, n'en pouvant imaginer ni la cause ni la manière, je restai dans l'incertitude du monde la plus cruelle....

« Malheureusement j'appris, dans le même temps, que le P. Griffet, jésuite, avait parlé de l'*Émile*, et en avait même rapporté des passages. A l'instant mon imagination part comme un éclair, et me dévoile tout le mystère d'iniquité : j'en vis la marche aussi clairement, aussi sûrement que si elle m'eût été révélée. Je me figurais que les jésuites, furieux du ton méprisant sur lequel j'avais parlé des collèges, s'étaient emparés de mon ouvrage ; que c'étaient eux qui en accrochaient l'édition ; qu'instruits par Guérin, leur ami, de mon état présent, et prévoyant ma mort prochaine, dont je ne doutais pas, ils voulaient retarder l'impression jusqu'alors, dans le dessin de tronquer, d'altérer mon ouvrage, et de me prêter, pour remplir leurs vues, des sentiments différents des miens. Il est étonnant quelle foule de faits et de circonstances vint dans mon esprit se calquer sur cette folie, et lui donner un air de vraisemblance, que dis-je ! m'y montrer l'évidence et la démonstration. Guérin était totalement livré aux jésuites, je le savais. Je leur attribuai toutes les avances d'amitiés qu'il m'avait faites, je me persuadai que c'était par leur impulsion qu'il m'avait pressé de traiter avec Neaulme ; que par ledit Neaulme ils avaient eu les premières feuilles de mon ouvrage ; qu'ils avaient ensuite trouvé le moyen d'en arrêter l'impression chez Duchesne, et peut-être de s'emparer de mon manuscrit, pour y travailler à leur aise, jusqu'à ce que ma mort les laissât libres de le publier travesti à leur mode. Je ne voyais partout que jésuites, sans songer qu'à la veille d'être anéantis, et tout occupés de leur propre défense, ils avaient autre chose à faire que d'aller tracasser sur l'impression d'un livre où il ne s'agissait pas d'eux[1]... »

Dès le 8 novembre, Rousseau suivant son idée, mais n'osant encore l'exprimer ouvertement, mande à Duchesne :

« Il est clair, Monsieur, que mon livre est accroché, sans que je puisse imaginer à quoi, et il n'est pas moins clair que ce n'est jamais de vous que je saurai la vérité sur ce point. Ainsi ne vous exercez plus à me donner des défaites et des prétextes qui ne servent plus à rien. »

Les épreuves continuant à ne pas arriver, il se persuade que décidément le manuscrit est dans les mains des jésuites et il écrit ironiquement à son éditeur :

« Rien ne presse, Monsieur, pour l'impression de mon livre; depuis que je sais les raisons de votre retard, je vous excuse, même je vous plains. Quand *Leurs Révérences* en auront fait l'usage qu'elles souhaitent, vous pourrez procéder à l'impression, si elles y consentent; en attendant restez tranquille, aussi bien que moi[2]. »

1. *Confessions*. Partie II, livre XI. Après avoir si bien décrit sa maladie et s'être traité de visionnaire, Rousseau, en relisant ses *Confessions*, a mis une note pour revenir sur ses aveux et déclarer qu'il avait été réellement l'objet d'un affreux complot.
2. A Duchesne, 16 novembre 1761.

Naturellement Jean-Jacques croit devoir mettre aussitôt M. de Malesherbes au courant de la trahison et il lui écrit le 18 novembre :

« Vous apprendrez, Monsieur, avec surprise le sort de mon manuscrit tombé dans les mains des jésuites, par les soins du sieur Guérin. J'ignorais qu'il leur fût dévoué, et ce n'est qu'en l'apprenant que j'ai démêlé la conduite inconcevable du libraire, qui, depuis deux mois, m'amuse avec une prétendue impression qu'il ne fait point, et qu'il ne veut pas faire, puisqu'après m'avoir envoyé deux ou trois épreuves, il a défait ses formes sans tirer une seule bonne feuille.

« En pénétrant trop tard l'objet des soins généreux du sieur Guérin, je crus d'abord que les jésuites, possesseurs de mon manuscrit, se contenteraient d'en retarder l'impression, pour avoir le temps d'en faire quelque sorte de réfutation à leur mode avant qu'il parût ; ce qui ne m'alarmait pas beaucoup, car ce n'est pas avec ces armes-là qu'ils sont à craindre. Mais la certitude que j'ai, que l'édition commencée en apparence n'est que simulée, me fait comprendre qu'ils veulent absolument supprimer l'ouvrage, ou du moins, vu l'état de dépérissement où je suis, en différer la publication jusqu'après ma mort, afin que, tout à fait maîtres du manuscrit, ils puissent le tronquer et falsifier à leur fantaisie, sans que personne y ait inspection. Or, voilà, Monsieur, le malheur que je redoute le plus, aimant cent fois mieux que mon livre soit anéanti que mis dans un état à déshonorer ma mémoire.

« J'avais toujours espéré me mettre à couvert des manœuvres de ces messieurs en ne m'attaquant jamais à eux, en n'en parlant jamais dans mes livres ; il est très sûr que celui-ci même, dans lequel il n'y a pas un seul mot d'eux ni de leurs collèges, ne saurait leur nuire en aucune sorte; mais c'est pour le seul plaisir de me faire du mal qu'ils m'en font, et j'apprends à mes dépens, qu'à moins de leur être absolument vendu, l'on ne gagne rien à les ménager.

« Je ne sais, Monsieur, ce qu'il faut faire en cette occasion, et je suis dans un abattement qui me met hors d'état d'écrire ou d'agir. Je puis parer peut-être par une protestation publique à l'affront qu'un jour des sentiments jésuitiques soient mis sous mon nom; mais faut-il perdre absolument mon livre, et n'y aurait-il aucun moyen, après qu'ils ont eu tout le temps d'abuser de mon manuscrit, de le ravoir en rendant tout et en rompant le marché? Daignez, Monsieur, faire pour moi dans cette affaire ce que la justice et l'humanité vous inspireront. Comme je n'ai point d'autres intérêts que ceux de la vérité et de l'équité, je redeviens tranquille après les avoir remis dans vos mains.

« Je vous salue, Monsieur, avec un profond respect[1]. »

Malesherbes était à la campagne; stupéfait à la réception de cette lettre, il s'empresse de répondre à son correspondant de se tranquilliser, qu'il ne peut croire à pareille infidélité, mais qu'en tout cas il se charge de lui faire rendre le manuscrit dès son retour à Paris[2].

Cependant Duchesne n'a absolument rien compris à la lettre de Rousseau. Il se demande quelles peuvent bien être ces *Révérences* auxquelles il est fait allusion; il répond en sollicitant une explication et il profite de l'occasion pour envoyer quelques épreuves.

---

1. Montmorency, 18 novembre 1761. Bib. nat. Mss. f. Fr. n. acq. 1183. M. Brunetière a publié cette lettre dans la *Revue des Deux-Mondes*, février 1882.

2. 22 novembre 1761. Voir *Rousseau, ses amis et ses ennemis*.

Aussitôt tout change d'aspect, les fantômes disparaissent, le traître redevient honnête homme, Jean-Jacques reconnaît qu'il a agi sous l'empire d'une hallucination. Il s'excuse près de son libraire et lui offre même une compensation pécuniaire en châtiment de ses injustes soupçons.

« Ma précédente lettre, lui dit-il, n'est pas intelligible si vous n'avez aucun tort, et alors, c'est moi qui en ai beaucoup, quoique votre négligence ne soit pas irrépréhensible. Le temps éclaircira tout et détruira ou confirmera les soupçons que m'a donnés votre manière de procéder. Si le tort est de mon côté, comme je le souhaite, vous me verrez empressé à le réparer, de plus, je vous préviens qu'en pareil cas vous aurez une remise de cent écus sur votre dernier billet. Soyez sûr que cela tiendra et que je n'aurai rien fait de ma vie de meilleur cœur. Il convient de mettre à l'amende mon étourderie, surtout quand elle me rend injuste[1]. »

Duchesne, assez piqué, accepte les excuses et refuse l'argent.

Mais Rousseau a informé M. de Malesherbes de la trahison du libraire; il doit réparer le mal qu'il a causé, car il est de très bonne foi, cela est incontestable; donc le 20 novembre il écrit au directeur de la librairie :

« Ah! Monsieur, j'ai fait une abomination! j'en tremble, ou plutôt je l'espère, car il vaut cent fois mieux que je sois un fou, un étourdi digne de votre disgrâce, et qu'il

---

1. 20 novembre 1761.

reste un homme de bien de plus sur la terre. Rien n'est changé depuis avant-hier, mais tout prend une autre face à mes yeux et je ne vois plus que des indices très équivoques où je croyais voir les preuves les plus claires. Oh! qu'il est cruel pour un solitaire, malade et triste, d'avoir une imagination déréglée, et de ne rien apprendre de ce qui l'intéresse! S'il en est temps encore, je vous demande, Monsieur, le secret sur ma précédente lettre jusqu'à plus ample éclaircissement. Je viens de recevoir l'écrit que vous avez pris la peine de lire[1], mais dans le profond sentiment de mon étourderie je ne puis m'occuper que du soin de la réparer[2]. »

« Tranquillisez-vous, répond M. de Malesherbes, je n'ai fait aucun usage de votre lettre qui doive vous inquiéter[3]. »

Ainsi, le 20 novembre, les soupçons de Rousseau sont calmés, il en a reconnu l'inanité. Malheureusement son état physique ne s'améliore pas, il éprouve plutôt une recrudescence de ses maux, et cette aggravation correspond à un nouveau silence de l'éditeur.

Aussitôt la folie s'empare du malheureux écrivain, de nouveau il se croit trahi, et dès le 29 novembre, il prend M. de Malesherbes pour confident de son désespoir.

---

1. Jean-Jacques avait envoyé à M. de Malesherbes son *Essai sur l'origine des langues*, en le priant de le lire et de lui donner son avis. Voir à l'appendice la lettre de Rousseau (*inédite*), qui accompagnait son ouvrage.
2. Montmorency, 20 novembre 1761. Bib. nat. Mss. f. Fr. n. acq. 1183. Publiée par M. Brunetière dans la *Revue des Deux-Mondes*, février 1882.
3. 24 novembre 1761. *Rousseau, ses amis et ses ennemis.*

« Voyant, Monsieur, après ma première étourderie, que vous preniez la peine de m'écrire de votre main, j'avais résolu de vous épargner désormais l'importunité de cette affaire tant qu'il me resterait des doutes; mais il ne m'en reste plus et je ne puis me dispenser de vous dire qu'il est clair à mes yeux que le libraire m'amuse et ne procède point de bonne foi à l'impression. Depuis près de deux mois il fait faire la navette à cinq ou six épreuves qui passent et repassent perpétuellement devant mes yeux, et me tiennent plus occupé à corriger et recorriger de nouveau les mêmes fautes d'impression que je ne l'ai été à la composition du texte. Il ne m'a pas été possible jusqu'ici de parvenir à voir une seule bonne feuille et je suis même étonné qu'il ne se soit pas encore avisé de m'envoyer sous ce nom quelque épreuve un peu plus proprement tirée. Je suis persuadé, Monsieur, que d'un regard vous vérifierez ce que je ne puis conclure ici que d'une multitude d'indices légers en eux-mêmes, mais dont le concours fait pour moi démonstration et dont le résultat est que mon ouvrage est perdu; car, quoique j'ignore quelles mains le retiennent, je ne puis m'empêcher de le présumer, et quoique je connaisse votre autorité, et que je pressente toute l'indignation de votre justice, je sais aussi que *nescit Orcus reddere prædam*.

« Seul, sans correspondance, sans aucune connaissance de ce qui se passe, je prends la liberté de vous demander, Monsieur, quand vous serez à Paris et que vous aurez vu l'état des choses, vos instructions sur la manière dont je dois me conduire en cette occasion; mais je vous supplie de ne pas m'écrire de votre main, je suis trop plein de cette affaire pour ne pas vous entendre à demi-mot. Au reste, je ne doute point que le libraire ne soit sur ses gardes, averti par une lettre très folle et très mal digérée que je lui écrivis dans la force de mes alarmes et à laquelle il répondit deux jours après par trois nouvelles épreuves qui dissipèrent à l'instant tous mes soupçons. Je n'ai ni sang-froid ni prudence et n'en suis que plus à plaindre. Je tâche de ne faire injustice à personne, mais je ne la sais pas supporter. Soyez mon protecteur contre moi-même en m'honorant de vos avis; ma déférence me tiendra lieu de sagesse et vous prouvera mon respect[1]. »

Le lendemain, nouvelle lettre :

« Je vous demande pardon Monsieur, de mon éternelle importunité ; mais l'inquiétude sur le sort de mon livre me consume et me tue. On pardonne beaucoup de choses à un homme dans cet état. J'ai jeté sur le papier quelques propositions pour le sieur Duchesne que je soumets à votre examen[2]. Je n'imagine pas sur quel prétexte il pourrait se défendre de choisir entre ces propositions, et dans ce cas-là même je pense qu'elles auraient toujours servi à manifester ses véritables intentions. Je pense aussi que dans le cas du choix, il préférerait celle du terme préfix qu'il rejetterait aussi loin qu'il serait possible, uniquement pour gagner du temps, et s'assurer de moi du moins jusqu'à ce temps-là. C'est aussi, pour la même raison, celle pour laquelle j'aurais le plus de répugnance, à moins que ce terme ne fût aussi prochain qu'il doit raisonnablement l'être. D'abord il prétendait avoir fait son traité avec l'imprimeur pour que l'ouvrage parût à la mi-janvier. Dans une visite qu'il me fit quelque temps après, son associé (car lui n'est qu'un homme de paille) me fit entendre que ce serait pour le mois de février ; je ne doute pas qu'à présent il ne prenne le mois de mars, et ainsi chaque mois reculant d'un mois, il se trouvera toujours à la même distance. Enfin, de manière

---

1. *Inédite.* Montmorency, 29 novembre 1761. Bib. nat. Mss. f. Fr. n. a. 1183.
2. Voir à l'appendice les propositions de Jean-Jacques.

ou d'autre, il sera toujours plus avantageux pour moi de savoir à quoi m'en tenir que de rester plus longtemps dans l'état de perplexité et d'incertitude où je vis depuis deux mois et même depuis trois, que le manuscrit est entre ses mains.

En attendant, je travaille à tout événement à mettre en état mon brouillon, ce qui n'est pas une petite affaire, la copie étant mise dans un autre ordre et considérablement augmentée. J'espère avoir tout dit et que c'est ici la dernière importunité que vous recevrez de moi sur cette affaire. Malheureusement pour vous, Monsieur, je n'ai que celle-là et vous éprouvez trop avec moi la vérité du proverbe. Je le sens, j'en gémis, j'embrasse vos genoux et je me tais[1]. »

Désolé de l'état d'inquiétude extrême dans lequel se trouvait son ami, M. de Malesherbes s'empressa de rentrer à Paris pour aviser aux mesures à prendre. Duchesne, interrogé, répondit avec un tel air d'ingénuité, une telle candeur, que le directeur de la librairie fut pleinement convaincu de son innocence. En somme, le traité avait été signé à la fin d'août, il n'y avait que trois mois d'écoulés, et pour qui connaît les éditeurs, c'était un retard fort ordinaire.

Malesherbes écrit aussitôt à Rousseau le résultat de son entrevue, en lui marquant que le seul reproche qu'on peut adresser à Duchesne est un peu trop de lenteur et que quant à lui, il « n'a jamais vu de libraire à qui les auteurs pour qui ils impriment ne fassent ce reproche. » Cependant, pour donner satisfac-

---

1. *Inédite.* Montmorency, 30 novembre 1761; Bib. Nat. Mss. f. fr. n. a. 1183.

tion à son ombrageux correspondant, il lui promet de faire surveiller l'impression par un homme à lui qui exigera un certain nombre de feuilles par semaine[1].

Cette lettre très rassurante calme les terreurs de Jean-Jacques qui répond dès le 8 décembre :

« Je comprends, Monsieur, sur le détail dans lequel vous daignez entrer avec moi, combien mon étourderie et mon indiscrétion auraient dû vous paraître inexcusables et combien vous les avez couvertes d'indulgence, de bontés et de soins. Cependant, malgré ce qu'a pu vous dire le sieur Duchesne, mon inquiétude n'était peut-être pas aussi déraisonnable qu'elle le paraît. Si je n'avais que sa lenteur à lui reprocher, il ne serait là-dessus que dans le cas des autres libraires et moi dans le cas des autres auteurs. Mais la conduite qu'il tient et le mystère impénétrable dont il s'enveloppe avec moi ne sont point de l'usage acccoutumé. Quelque peu qu'avancent les libraires, ils font quelque chose, ou conviennent qu'il ne font rien; mais après trois mois d'empressement et deux mois de travail, j'en suis encore à savoir si celui-ci a réellement commencé. Après m'avoir tenu trois semaines entières sur deux épreuves allant et venant, je suis tout étonné, quand j'attends les bonnes feuilles, d'apprendre qu'il a défait les formes sous le plus frivole prétexte. On recommence sur nouveaux frais, on travaille à la fois sur deux volumes, l'entreprise promet de la rapidité, et le tout aboutit à cinq ou six feuilles dont les épreuves vont et viennent depuis un mois sans que rien s'achève; quand je demande de bonnes feuilles, on ne m'en envoie point, quand je demande au moins s'il y en a, on ne me répond point; j'en suis encore à savoir ce que sont devenues mes correc-

---

1. 7 décembre 1761. *Rousseau, ses amis et ses ennemis.*

tions, quel œil aura mon livre, s'il y en a déjà une seule feuille imprimée, et si le travail que je fais sur les épreuves n'est pas un travail perdu. Vous conviendrez, Monsieur, que tout cela n'est pas ordinaire, et qu'un autre dans le même cas, ne se fût peut-être pas inquiété moins que moi.

« Tout cela paraît contre l'intérêt du libraire, j'en conviens ; mais cette réflexion, loin de me rassurer, est ce qui m'alarme, en me faisant présumer qu'un intérêt plus grand ou un pouvoir auquel il ne peut résister, le retient. Ma crainte n'est pas que mon livre soit falsifié de mon vivant, je le reconnaîtrais, j'aurais recours à vous et vous me rendriez justice : mais que puis-je penser de cette impression feinte, et de ces délais affectés, sinon qu'on attend que mes maux aient achevé de me consumer pour substituer sous mon nom un autre livre au mien sans que personne le désavoue et sans que vous-même, Monsieur, soyez instruit de cette fausseté? Si je pouvais donner à l'étrange conduite du libraire quelque interprétation plus favorable, je le ferais ; mais pour moi je n'en vois point d'autre, à moins qu'il ne soit devenu fou. Les épreuves que je reçois ne sauraient me rassurer là-dessus, quand même je reverrais ainsi successivement tout le livre ; ce qui est sur les épreuves ne signifie rien pour moi tant que je ne puis pas venir à bout de voir les feuilles imprimées ; car qui peut m'assurer des changements qu'on y aura faits?

« Le traité avec Neaulme n'est pas pour imprimer leur édition, mais pour en faire sur leurs propres feuilles une autre parallèle à celle-là pour la Hollande et l'Angleterre ; je ne sais rien de ce traité que ce que m'en a dit M. Guérin et ce qu'ils m'ont marqué eux-mêmes ; mais les uns et les autres en ont donné la négociation pour cause du retard de l'impression, et depuis que selon eux ce traité est enfin conclu, l'impression n'en va pas mieux. Ma proposition était donc de me substituer au sieur Neaulme et de me charger de l'édition étrangère aux mêmes conditions. Au moyen de quoi Duchesne eût fait son édition tout à son aise, mais moi j'aurais été le maître de celle-là.

« J'estime que tout l'ouvrage peut avoir environ soixante feuilles. Ils promettaient trois feuilles par semaine et ils promettaient que l'ouvrage paraîtrait à la mi-janvier. La contradiction de ce double engagement me sauta aux yeux et me fit de la peine. Il y a deux mois de cela, il n'y a pas encore une seule feuille de faite et ils promettent maintenant l'ouvrage pour le mois de mars. Soit; mais l'ouvrage ne saurait être fait au mois de mars que dans l'intervalle il ne s'en fasse quelque chose. La seule chose que je demande et qui me paraît bien raisonnable à demander, c'est de voir les bonnes feuilles à mesure qu'on les tirera.

« Voici, Monsieur, la dernière importunité que vous recevrez de moi sur ce chapitre. J'avais déjà du penchant à voir mes craintes mal fondées, et la lettre que vous avez eu la bonté de m'écrire me rassure encore beaucoup. Après avoir pris les mesures qui m'ont semblé convenables, j'ai résolu de ne plus m'inquiéter de cette affaire et de n'en garder que le souvenir que je dois à vos bontés[1]. »

Ainsi, le 8 décembre, Rousseau encore une fois est tout à fait rassuré sur le sort de son livre.

Le 12, c'est-à-dire quatre jours après, et sans qu'aucun incident nouveau soit survenu, il est derechef complètement affolé : Guérin est un traître, Duchesne est un traître, tous deux s'unissent pour livrer l'*Émile* aux jésuites!

Il l'écrit à Moultou et lui raconte dans les moindres

---

1. *Inédite*. Montmorency; 8 décembre 1761. Bib. Nat. Mss. f. fr. n. a. 1183.

détails le complot abominable tramé contre son ouvrage[1].

Mais c'est Mme de Luxembourg qui l'a livré pieds et poings liés à ce misérable Duchesne; il faut au moins qu'elle connaisse ce triste personnage, qu'elle sache à quelles mains elle a confié les destinées de l'*Émile*.

Donc, le 13 décembre, Rousseau prend la plume, et écrit à la maréchale pour accuser formellement Duchesne de déloyauté et de forfaiture.

« Je ne voulais point, Madame la Maréchale, vous inquiéter de l'histoire de mon malheur, mais puisque le chevalier vous en a parlé et que vous voulez y chercher remède, je ne puis vous dissimuler que mon livre est perdu. Je ne doute nullement que les jésuites ne s'en soient emparés....
Ce qu'il y a de très sûr, c'est que le libraire se moque de moi avec l'impudence d'un coquin qui n'a pas peur, et qui se sent bien soutenu. Cette perte, la plus sensible que j'aie jamais faite, a mis le comble à mes maux et me coûtera la vie; mais je la crois irréparable, ce qui tombe dans ce gouffre-là n'en sort plus; ainsi je vous conjure de tout laisser là et de ne pas vous compromettre inutilement; toutefois, si vous voulez absolument parler au libraire, M. de Malesherbes est au fait et lui a parlé; il serait peut-être à propos qu'il vous vît auparavant[2]. »

En même temps, Jean-Jacques écrivait à M. de Malesherbes et renouvelait pour la troisième fois ses accusations :

1. 12 décembre 1761.
2. 13 décembre 1761.

« Je dois vous prévenir, Monsieur, que le secret que je vous avais demandé ne peut plus avoir lieu, l'affaire devenant de jour en jour plus claire, et c'est donner trop d'avantages aux méchants de se laisser égorger sans rien dire. D'ailleurs ce secret n'a pu regarder en aucun temps Mme la maréchale de Luxembourg, et quoique je n'aie point voulu l'inquiéter de cette affaire, elle a su que le livre ne s'imprimait point ; sa bonté pour moi l'engagera peut-être à vous en parler, et comme elle doit venir demain à Paris, je la préviens que l'état des choses vous est connu. Permettez-moi de joindre ici l'extrait d'une lettre de Rey que je viens de recevoir et par lequel vous reconnaîtrez, je m'assure, que je n'étais pas si visionnaire que vous l'avez pu penser[1]. Pardon, Monsieur, ayez pitié de ma misère, et ne vous rebutez pas, je vous conjure, de mes importunités[2]. »

Mme de Luxembourg, très alarmée, courut chez Duchesne, qui n'eut pas de peine à lui démontrer son innocence. Les retards provenaient surtout des nombreuses corrections de l'auteur, ce qui nécessitait sans cesse de nouvelles épreuves et retardait l'impression.

La maréchale, complètement édifiée et persuadée avec raison de l'entière bonne foi des libraires, répondit à Rousseau et s'efforça de le rassurer. De même M. de Malesherbes, avec la plus grande bonté et sans se décourager, essaya encore de calmer les appréhensions du philosophe en lui démontrant que les jésuites avaient pour le moment « bien d'autres gens à haïr[3] ».

---

1. Voir à l'appendice.
2. *Inédite.* Montmorency, 13 décembre 1761. Bib. Nat. Mss. f. fr. n. a. 1183.
3. Décembre 1761. M. Streckeisen-Moultou a placé cette lettre en té-

En même temps, il lui démontrait par les exemples les plus probants combien ses suppositions étaient fausses.

Jean-Jacques parut convaincu par les affirmations de ses amis; ses craintes disparurent et quand il reçut de Duchesne des plaintes amères sur les indignités dont il le supposait capable, il lui répondit :

« Vos reproches, Monsieur, ne sont pas injustes; j'en mérite de beaucoup plus durs; mes torts envers vous sont grands, et je n'en ai pas envers vous seul. Ne me haïssez pas cependant pour cela, je vous supplie; je vous promets que vous serez bien vengé[1]. »

Personne du reste ne se juge plus sévèrement que lui. Comprenant qu'il doit une réparation à Guérin et à Duchesne si gratuitement accusés, il fait franchement l'aveu de ses torts à tous ceux qu'il a pris pour confidents de ses soupçons.

Il écrit à Moultou :

« Il y a six semaines que je ne fais que des iniquités et n'imagine que des calomnies contre deux honnêtes libraires, dont l'un n'a de tort que quelques retards involontaires, et l'autre un zèle plein de générosité et de désintéressement, que j'ai payé, pour toute reconnaissance, d'une accusation de fourberie. Je ne sais quel aveuglement, quelle sombre humeur inspirée dans la solitude par un mal affreux, m'a fait inventer, pour en noircir ma vie et l'honneur d'autrui, ce tissu d'horreurs, dont le soupçon, changé dans mon esprit

---

vrier 1762. C'est une erreur. Elle a été écrite entre le 15 et le 20 décembre 1761.

1. 22 décembre 1761.

prévenu presque en certitude, n'a pas mieux été déguisé à d'autres qu'à vous. Je sens pourtant que la source de cette folie ne fut jamais dans mon cœur. Le délire de la douleur m'a fait perdre la raison avant la vie ; en faisant des actions de méchants, je n'étais qu'un insensé[1].

« Quant à M. Guérin, mes soupçons sur son compte sont encore plus impardonnables, puisqu'ils empoisonnaient des soins pleins de bienfaisance et d'amitié et tout à fait désintéressés. M. Guérin est un homme irréprochable, qui jouit de l'estime universelle et qui la mérite, et quand on a vécu cinquante ans homme de bien, on ne commence pas si tard à cesser de l'être. Je sens amèrement mes torts et la bassesse de mes soupçons, mais si quelque chose peut m'excuser, c'est mon triste état, c'est ma solitude, c'est le silence de mes amis, c'est la négligence de mon libraire, qui me laissant dans une ignorance profonde de tout ce qui se faisait, me livrait sans défense à l'inquiétude de mon imagination effarouchée par mille indices trompeurs, qui me paraissaient autant de preuves. Que mon injustice et mes torts soient donc, mon cher Moultou, ensevelis, par votre discrétion, dans un éternel silence, mon honneur y est plus intéressé que celui des offensés[2]. »

Mais à trois reprises différentes Rousseau a pris M. de Malesherbes à témoin de la fourberie des libraires, c'est près de lui surtout qu'il doit réparer le mal. Voici en quels termes il fait l'aveu de sa faute :

« Depuis plus de *six semaines*, ma conduite et mes lettres

---

1. 23 décembre 1761.
2. Cette lettre est placée dans la *Correspondance générale* à la date du 18 janvier 1761 ; c'est une erreur manifeste, elle est de décembre 1761 ou de janvier 1762.

ne sont qu'un tissu d'iniquités, de folies, d'impertinences. Je vous ai compromis, Monsieur, j'ai compromis Mme la Maréchale de la manière du monde la plus punissable. Vous avez tout enduré, tout fait pour calmer mon délire; et cet excès d'indulgence qui pouvait se prolonger est en effet ce qui l'a détruit. J'ouvre en frémissant les yeux sur moi et je me vois tout aussi misérable que je le suis devenu : on ne demande point pardon à mon âge, parce qu'on n'en mérite plus, mais, Monsieur, je ne prends aucun intérêt à celui qui vient d'usurper et déshonorer mon nom. Je l'abandonne à votre juste indignation, mais il est mort pour ne plus renaître : daignez rendre votre estime à celui qui vous écrit maintenant; il ne saurait s'en passer et ne méritera jamais de la perdre, je ne puis cependant me dispenser de vous dire que s'il était vrai que Duchesne m'ait proposé de ne m'envoyer les bonnes feuilles que volume à volume, alors mes alarmes et le bruit que j'en ai fait, ne seraient plus seulement les actes d'un fou, mais d'un vrai coquin.

« Il faut vous avouer aussi, Monsieur, que je n'ose écrire à Mme la Maréchale[1] et que je ne sais comment m'y prendre auprès d'elle, ignorant à quel point elle peut être irritée[2]. »

Malesherbes envoya à Mme de Luxembourg la lettre qu'il venait de recevoir de Rousseau et il y joignit le mot suivant :

« J'ai reçu, Madame la Maréchale, une nouvelle lettre du malheureux Jean-Jacques, dont je crois n'avoir point de meilleur usage à faire que de vous l'envoyer. Vous y verrez comme dans toute la suite de cette affaire le fond de son

---

1 Il lui écrivit cependant le 24 décembre quelques lignes assez embarrassées.
2. 23 décembre 1761.

âme, et ce mélange d'honnêteté, d'élévation, et en même temps de mélancolie et quelquefois de désespoir qui fait le tourment de sa vie, mais qui a produit ses ouvrages. Je lui ai fait la réponse la plus consolante que j'ai pu, je l'ai assuré en même temps que vous n'étiez point irritée, parce qu'on ne l'est jamais des écarts causés par une extrême sensibilité. Je me flatte que vous ne me désavouerez pas. Je lui ai mandé que je vous envoyais sa lettre[1]. »

La maréchale répondit aussitôt :

« Vous êtes plein de bonté et d'humanité, Monsieur, ce pauvre Rousseau en a grand besoin, mais il est aussi bien intéressant, il ne partage point sa reconnaissance, il mérite lui seul tout ce que vous faites pour lui ; ce n'est pas qu'il soit ingrat, car il compte, Monsieur, sur l'honneur de votre amitié, et personne n'en fait un cas plus précieux que moi. Soyez persuadé, je vous supplie, des sentiments du plus tendre attachement avec lequel j'ai l'honneur d'être, Monsieur, votre très humble et très obéissante servante[2].

Malesherbes s'empressa de rassurer Rousseau sur les conséquences de ses folies :

« Je ne me flatterais pas, Monsieur, que ma façon de penser sur vous fût assez intéressante pour vous l'expliquer, si la dernière lettre parvenue de vous ne me le faisait croire. Vous me paraissez occupé du jugement qu'ont pu porter de vos procédés ceux qui en ont été témoins, c'est-à-dire Mme la maréchale de Luxembourg et moi. J'ai vu Mme la maréchale depuis le mémoire que vous m'avez chargé de lui communiquer, et je vous assure qu'elle ne m'a parlé,

---

1. *Inédite.* Bib. Nat. Mss. f. fr. n. a. 1183.
2. *Inédite.* Bib. Nat. Mss. f. fr. n. a. 1183.

ni n'a agi comme quelqu'un qui serait irrité, ou qui vous saurait mauvais gré de l'avoir compromise.

« Pour moi, Monsieur, je vous dirai avec la franchise qui vous est due, que j'ai vu dans tous vos procédés une extrême sensibilité, un grand fond de mélancolie, et beaucoup de disposition à voir les objets du côté le plus noir, mais une disposition au moins égale à vous rendre à la justice et à la vérité, quand elle vous est présentée....

« Cette mélancolie sombre, qui fait le malheur de votre vie, est prodigieusement augmentée par la maladie et par la solitude, mais je crois qu'elle vous est naturelle et que la cause en est physique. Je crois même que vous ne devez pas être fâché qu'on le sache. Le genre de vie que vous avez embrassé est trop singulier, et vous êtes trop célèbre pour que le public ne s'en occupe pas. Vous n'ignorez pas que vous avez des ennemis, et il serait humiliant pour vous de n'en pas avoir. Vous ne pouvez pas douter que bien des gens n'imputent les partis extrêmes que vous avez pris à cette vanité qu'on a tant reprochée aux anciens philosophes. Pour moi, il me semble que je vous en estime davantage depuis que j'en ai vu le principe dans la constitution de vos organes, et dans cette bile noire qui vous consume. Étant assez malheureux pour voir souvent des horreurs où Démocrite n'aurait vu que du ridicule, il est tout simple que vous ayez fui dans les déserts, pour n'en plus être témoin.

« Enfin, Monsieur, j'aime la vertu. Je compatis à toutes les passions vraies, je crois même que je m'y intéresse plus à proportion de ce qu'elles sont plus vives, je n'ai d'aversion que pour l'injustice et pour la fausseté....

« Je ne vous fais cette déclaration de mes sentiments, qui d'ailleurs vous serait assez inutile, que pour que vous n'ayez aucun regret à m'avoir laissé voir depuis deux mois les différents mouvements dont vous avez été agité. Si cependant vous désiriez d'en éteindre le souvenir, je garde toutes vos lettres dans une liasse que je vous rendrai quand vous voudrez, et je tâcherai aussi de retirer celles que vous avez écrites à Duchesne, quand l'édition sera finie[1]. »

Rousseau n'accepta pas la proposition généreuse du directeur de la librairie et c'est ainsi que nous avons pu retrouver cette curieuse correspondance.

« Ne me renvoyez point mes lettres, Monsieur, je vous supplie, brûlez-les, parce qu'elles ne valent pas la peine d'être gardées, mais non pas par égard pour moi. Ne songez pas non plus, de grâce, à retirer celles qui sont entre les mains de Duchesne.

« S'il fallait effacer dans le monde les traces de toutes mes folies, il y aurait trop de lettres à retirer, et je ne remuerais pas le bout du doigt pour cela; à charge et à décharge, je ne crains point d'être vu tel que je suis. Je connais mes grands défauts, et je sens vivement tous mes vices. Avec tout cela, je mourrai plein d'espoir dans le Dieu suprême, et très persuadé que de tous les hommes que j'ai connus en ma vie, aucun ne fut meilleur que moi[2]. »

Si Rousseau connaissait ses grands défauts et sentait tous ses vices, il n'a jamais paru se douter de l'orgueil immense dont il était possédé. Ce cri d'orgueil : « aucun homme ne fut meilleur que moi », il l'a répété à plusieurs reprises et c'est le premier mot de ses *Confessions*.

A la suite de ces incidents, et touché des sentiments de M. de Malesherbes, Rousseau lui écrivit ces quatre lettres célèbres où il décrit ses goûts, ses penchants,

1. Bib. Nat. Mss. f. fr. n. a. 1183.
2. *Inédite*. Bib. Nat. Mss. f. fr. n. a. 1183.

son caractère et tout ce qui se passe dans son cœur. « Je gémissais, dit-il, en me sentant défaillir, de penser que je laissais dans l'esprit des honnêtes gens une opinion de moi si peu juste ; et, par l'esquisse tracée à la hâte dans ces quatre lettres, je tâchais de suppléer en quelque sorte aux mémoires que j'avais projetés[1]. »

A partir du mois de janvier 1762, l'impression de l'*Émile* marcha sans difficulté, mais Jean-Jacques n'en vit pas moins de temps à autre renaître ses soupçons. Il ne fut complètement rassuré et il ne rendit justice à ses libraires que quand l'ouvrage eut paru :

« Enfin, écrivait-il à Moultou le 30 mai 1762, mon livre paraît depuis quelques jours, et il est parfaitement prouvé par l'événement, que j'ai payé les soins officieux d'un honnête homme des soupçons les plus odieux. Je ne me consolerai jamais d'une ingratitude aussi noire, et je porte au fond de mon cœur, le poids d'un remords qui ne me quittera plus. »

Si nous avons longuement insisté sur les incidents qui ont précédé la publication de l'*Émile*, si nous avons donné toutes ces lettres qui sont des témoins irréfutables, c'est qu'à nos yeux cette période de la vie de Rousseau jette la lumière la plus éclatante sur la suite de son existence, c'est qu'elle démontre jusqu'à l'évidence le mal incurable dont l'infortuné philosophe a si cruellement souffert et qui l'a poursuivi jusqu'au tombeau.

On vient de voir avec quel talent merveilleux il dé-

---

[1] *Confessions*. Partie II, livre XI.

peint lui-même les phases successives par lesquelles il passe pour arriver jusqu'au paroxysme de ses accès. Ne dirait-on pas un dément qui, dans un intervalle lucide, fait avec sagacité la description de sa maladie!

On vient de voir cette ingéniosité à se créer des fantômes, cet art de donner un corps aux plus vagues soupçons, d'interpréter et de transformer tout ce qu'il voit, tout ce qu'il entend, tout ce qu'il pense.

Peut-on nier que ce ne soit la folie?

Certes Rousseau a été de bonne foi dans ses égarements. Et si l'on en pouvait douter, il n'y aurait qu'à voir ses remords quand on lui prouve son injustice vis-à-vis de Guérin et de Duchesne, son empressement à vouloir réparer le mal qu'il a causé.

Mais nous ne sommes qu'en 1761. La première atteinte grave de la maladie a eu lieu au moment de la brouille avec Mme d'Épinay, Grimm et Diderot; nous venons d'assister à la seconde et nous avons pu remarquer que les crises augmentaient d'intensité, bien qu'encore entrecoupées de lueurs de raison.

La vie du philosophe, qui jusqu'à présent a été relativement heureuse et paisible, va devenir orageuse; il va falloir quitter la France, errer à la recherche d'un asile, soutenir une lutte pénible et de tous les instants.

Rousseau était l'homme le moins fait pour supporter l'adversité. Sous l'influence de ses infortunes, son humeur noire augmente, les accès deviennent plus fréquents, plus violents, la maladie s'empare de lui tout entier.

Tous les amis de Jean-Jacques ont été successivement traités comme Guérin et Duchesne, mais ces libraires ont eu l'heureuse fortune de voir leur accusateur lui-même faire amende honorable et rendre justice à la loyauté de leur conduite.

Voltaire, Tronchin, Vernes, Hume, d'Alembert et tant d'autres vont être victimes des mêmes soupçons, des mêmes hallucinations, mais l'heure de la justice et de la réparation ne sonnera jamais pour eux.

CHAPITRE VII

1762

Sommaire : Le *Contrat social* et *l'Émile*. — Ils sont brûlés à Paris. Rousseau se réfugie à Yverdun.

Rousseau était toujours à Montmorency chez la maréchale de Luxembourg lorsque le *Contrat social* parut en Hollande.

Le *Contrat social* est la doctrine du pouvoir absolu de l'État ; les droits de l'individu y sont méconnus et foulés aux pieds, mais l'auteur y proclame l'égalité de tous les hommes et leur responsabilité devant la loi.

Rey insista à plusieurs reprises auprès de l'auteur pour qu'il obtint de M. de Malesherbes l'autorisation de laisser pénétrer l'ouvrage en France. Mais Jean-Jacques resta sourd à toutes les instances de son éditeur et se refusa à intervenir[1]. Le *Contrat social* ne fut pas autorisé[2].

---

1. 28 février 1762. — *Lettres inédites de Rousseau*, Bosscha, Amsterdam, 1878.
2. La lecture en fut sévèrement défendue ; on en confisqua plusieurs

« Il est décidé, mon cher Rey, écrit le philosophe le 29 mai 1762, que mon traité du *Contrat social* ne saurait être admis ni toléré en France, et les ordres les plus sévères sont donnés pour en empêcher l'entrée. Nous devons vous et moi nous soumettre à cette décision que nous n'étions pas obligés de prévoir d'avance, rien ne nous obligeant, nous républicains, à être instruits exactement des maximes d'un gouvernement royal, mais rien ne nous dispensant aussi de nous y conformer dans le ressort de l'État, sitôt qu'elles nous sont notifiées.

« Mais il ne s'ensuit pas de là que vous deviez ôter mon nom d'un livre que je m'honore d'avoir fait, qui ne contient rien que de très convenable aux sentiments d'un honnête homme et d'un bon citoyen, rien que je veuille désavouer, rien que je ne sois prêt à soutenir devant tel tribunal compétent que ce puisse être. Mais, quant à mes principes de doctrine à moi républicain, publiés dans une République, il n'y a en France, ni magistrat, ni tribunal, ni parlement, ni ministre, ni le Roi lui-même, qui soit même en droit de m'interroger là dessus et de m'en demander aucun compte. Si l'on trouve mon livre mauvais pour le pays, on peut en défendre l'entrée, si on trouve que j'ai tort, on peut me réfuter; voilà tout.

« Que votre amitié ne vous inspire donc aucune alarme pour ma personne. On connaît et l'on respecte trop ici le droit des gens pour le violer d'une manière odieuse envers un pauvre malade dont le paisible séjour en France n'est peut-être pas moins honorable au gouvernement qu'à lui....

« *Émile* et non pas *Émilie* paraît ici depuis quelques jours et me donne bien des embarras[1]. »

éditions en 1762, et de Ville, libraire de Lyon, fut arrêté et conduit à Pierre-Encise, parce qu'on en avait trouvé chez lui une édition commencée. (Peignot, *Dictionnaire des livres condamnés au feu.*)

1. *Lettres inédites*, Bosscha, Amsterdam 1878.

Depuis le commencement de l'année 1762, l'impression de l'*Émile* se poursuivait régulièrement; en mars, elle touchait à sa fin. Au dernier moment surgit une difficulté. Duchesne par prudence voulait que l'on indiquât sur le titre que l'ouvrage sortait des presses de Jean Neaulme à La Haye. C'était une simple précaution, uniquement dans le but de sauver les apparences, car le secret de l'impression à Paris, confié forcément à plusieurs personnes, avait été mal gardé.

Rousseau ne partageait point l'avis de son libraire : « J'avoue, lui disait-il, que je ne vois point sans répugnances ces mots de la Haye et de Jean Neaulme sur un livre imprimé à Paris, en sorte qu'un ouvrage d'un ami de la vérité commence par un mensonge[1]. » Duchesne insista de nouveau, expliquant à son correspondant que ce qu'il lui proposait se faisait journellement, que c'était passé en usage, et qu'ainsi, l'on se mettait à peu près à l'abri de désagréments toujours possibles; « au reste, ajoutait-il, nous n'avons ni approbation ni autorisation écrite du directeur de la librairie, et dans ces conditions, imprimer ouvertement à Paris serait une grave imprudence[2] ». Devant d'aussi bonnes raisons, le philosophe céda.

1. 26 mars 1762.
2. Duchesne avait d'abord espéré obtenir une *autorisation écrite*, et dans ce but l'ouvrage avait été soumis à un censeur. Dès les premiers cahiers, ce dernier demanda des changements. Rousseau s'y refusa, en déclarant que c'était inutile et que la lecture de la suite ferait connaître que l'ouvrage ne pourrait jamais être *permis* en France. Le censeur reçut l'ordre de discontinuer l'examen et l'on prévint le libraire qu'il n'aurait pas de *permission écrite*. M. de Malesherbes, en effet,

Il fut donc indiqué sur le titre que l'édition avait été imprimée à la Haye chez Jean Neaulme; l'ouvrage complet formait quatre volumes qui devaient paraître deux par deux. Rousseau s'attendait bien à ce que l'*Émile* ferait quelque bruit puisqu'il écrivait à ses éditeurs :

« Je pense qu'il importe beaucoup que l'intervalle entre la publication des deux premiers volumes et celle des deux derniers soit aussi court qu'il se pourra. Car, infailliblement, ces deux premiers volumes jetteront l'alarme dans un certain parti, et il ne faut pas lui donner le temps de prendre des mesures qui nous nuisent[1]. »

Il était vraisemblable, en effet, que si les deux premiers volumes faisaient scandale, on empêcherait les suivants de paraître.

Mais quant à sa sécurité personnelle, l'auteur la croyait complète, si complète que, comme on vient de le voir, il voulait à tout prix dire la vérité et avouer que l'édition s'était faite à Paris. Le pasteur Moultou, son correspondant habituel, se montrait cependant assez inquiet et le mettait sagement en garde contre une trop grande confiance.

« Ne craignez-vous point, lui disait-il, qu'on sévisse contre l'auteur, le libraire? Cette police est commode et sûre pour avoir raison, et vos lâches ennemis, après avoir inutilement tenté de vous faire boire dans la coupe du ridicule, ne remueront-ils pas ciel et terre pour vous faire boire dans

ne donnait jamais d'autorisation écrite pour les ouvrages imprimés à l'étranger, tant qu'ils n'avaient pas subi un *examen régulier*.
1. A Duchesne et Guy, 4 mars 1762.

celle de Socrate? Mon Dieu, que je tremble pour vous[1] ! Il y a d'ailleurs aujourd'hui en France deux partis qui, acharnés l'un contre l'autre, se réunissent par politique, dès qu'il s'agit des principes qu'ils admettent également et disputent à qui montrera plus de zèle[2]. Vous serez en butte à ces deux partis. Prenez donc bien vos sûretés et tranquillisez-moi sur mes craintes[3]. »

Rousseau, sans s'émouvoir de ces sombres prévisions, répondait que le public ne pouvait que gagner à la publication d'un écrit comme la *Profession de foi du vicaire savoyard*, à cette éloquente exposition d'une religion naturelle[4], que « d'ailleurs, en tout pays, il respectait la justice et les lois, » et que si en apparence il paraissait les éluder, au fond on ne pouvait être plus en règle qu'il ne l'était. « Il est vrai, ajoutait-il, que si l'on m'attaquait, je ne pourrais *sans bassesse* employer tous mes avantages pour me défendre. »

Cette confiance s'explique aisément. Il avait eu dans toute cette affaire non seulement l'appui de personnages puissants comme Mme de Luxembourg et M. de

---

1. 3 janvier 1762. — *Inédite*. Bibliothèque de Neufchâtel. Mss. — M. Streckeisen a supprimé ce paragraphe qui existe dans la lettre de Moultou, du 3 février.
2. Les jésuites et les jansénistes.
3. 3 février 1762. *Rousseau, ses amis et ses ennemis*.
4. Voici comment Diderot l'appréciait : « C'est précisément, parce que cette *Profession de foi* est une espèce de galimatias, que les têtes du peuple en sont tournées. La raison qui ne présente aucune étrangeté, n'étonne pas assez, et la populace veut être étonnée. Je vois Rousseau tourner tout autour d'une capucinière où il se fourrera quelqu'un de ces matins. Rien ne tient dans ses idées ; c'est un homme excessif qui est ballotté de l'athéisme au baptême des cloches. Qui sait qu'il s'arrêtera ? »

Malesherbes, mais il s'était conformé en tous points à leurs conseils; c'est eux qui l'avaient guidé et dirigé, c'est eux qui pour plus de commodité avaient insisté pour qu'on imprimât à Paris. Comment avec la complicité de protecteurs aussi haut placés, avec la complicité du directeur même de la librairie, l'auteur d'*Émile*, aurait-il pu ne pas se croire en sûreté[1]?

Jean-Jacques cependant aurait dû se dire que Mme de Luxembourg était un assez mauvais juge pour apprécier si l'ouvrage agréerait ou non à la Sorbonne, et que M. de Malesherbes, en sa qualité de philosophe, devait être très disposé à regarder avec indulgence les hardiesses de l'*Émile*. Il aurait dû se dire encore qu'on ne donne que ce que l'on possède, qu'à la vérité le directeur de la librairie pouvait bien fermer les yeux sur une impression clandestine, la favoriser même secrètement, mais que là s'arrêtait sa puissance, et que sa bonne volonté, ses conseils, son intervention même dans les négociations, ne mettaient en aucune façon l'auteur à l'abri des poursuites du parlement, si l'ouvrage était jugé répréhensible; que du reste il n'y avait aucune permission écrite et qu'officiellement tout au moins, M. de Malesherbes pouvait décliner toute responsabilité.

---

1. En 1765, Rousseau obtint un certificat constatant que l'impression faite en France avait eu lieu contre son avis, ce qui était vrai, mais qu'il l'ignorait absolument, ce qui était faux. Nous ne comprenons pas comment M. de Malesherbes, par qui le certificat est signé, a pu se laisser arracher une déclaration notoirement mensongère. (Voir à l'appendice.)

Un exemple encore récent prouvait à Rousseau combien la protection du directeur de la librairie était illusoire en pareille occurrence.

En 1758, quand Helvétius[1] publia le livre de l'*Esprit*, on désigna un censeur qui lut l'ouvrage, n'y comprit pas un mot et donna son approbation[2]. Le livre donc parut avec privilège, mais il causa scandale, et aussitôt le conseil du roi, révoquant les lettres de privilège, supprima l'édition. Helvétius, bien qu'il n'eût pas signé son œuvre, s'en reconnaissait l'auteur ; il courut les plus grands dangers et dut écrire des rétractations publiques.

Si Mme de Luxembourg et M. de Malesherbes, poussés par leur extrême désir d'être agréables au philosophe, agirent avec trop de légèreté[3], il faut reconnaître que Rousseau fut de son côté bien imprudent, bien inconsidéré, lui qui mieux que personne connaissait son ouvrage, et qui en avait avec tant de perspicacité pressenti les effets. Son aveuglement était tel, qu'au lieu de

---

1. Helvétius (Claude-Adrien) (1715-1771). Fermier-général à vingt-trois ans, il fit de sa grande fortune un très noble usage ; Saurin, Marivaux et beaucoup d'hommes de lettres malheureux reçurent de lui des pensions qui les mirent à l'abri du besoin. Sa bienfaisance était célèbre. Il avait épousé Mlle de Ligniville, d'une des plus anciennes maisons de Lorraine.

2. Ce censeur était M. Tercier, premier commis des affaires étrangères et membre de l'Académie des inscriptions et belles-lettres. fut admis à déclarer que son *approbation* était l'effet de *l'inadvertance* et qu'il renonçait désormais à l'exercice de la censure.

3. « Il est étonnant, dit Grimm, qu'aucun de ses nouveaux amis n'ait prévu l'effet que ferait la *Profession de foi du vicaire savoyard*, dans un moment où tant d'oisifs et de sots n'ont d'existence et d'occupations que celle que leur donne l'esprit de parti. » *Corresp. litt.*, juin 1762.)

se conformer à l'usage qui voulait qu'on fit toujours paraître sous le voile de l'anonyme les écrits qui pouvaient attirer des ennuis de la part d'un clergé intolérant et d'un gouvernement toujours en éveil, il tint à mettre hardiment son nom sur la première page de l'*Émile*. Il sera donc mal venu plus tard à se plaindre des persécutions suscitées contre le livre et contre l'auteur ; c'est lui-même qui volontairement les a provoquées, qui a couru au-devant d'elles. Son tort est d'avoir cru pouvoir écrire et signer impunément des pages qui auraient conduit tout autre écrivain à la Bastille.

Un singulier incident troubla cependant sa sérénité et lui inspira quelques craintes. Un jour, se trouvant en compagnie de Duclos, il lui lut la *Profession de foi du vicaire savoyard*.

« Quoi ! citoyen ! s'écria Duclos, cela fait partie d'un livre qu'on imprime à Paris ? — Oui, lui dis-je, et l'on devrait l'imprimer au Louvre par ordre du roi. — J'en conviens, me dit-il ; mais faites-moi le plaisir de ne dire à personne que vous m'avez lu ce morceau[1]. »

Deux mois après la publication du *Contrat social*, l'*Émile* paraissait.

Cet ouvrage a deux buts : 1° Réformer l'éducation. L'enfant n'a que de bons instincts, c'est l'éducation, fruit de la civilisation, qui le pervertit. 2° Établir une religion naturelle. L'auteur prend au christianisme sa morale, mais en repousse les dogmes ; il affirme sa

---

1. *Confessions*. Partie II, liv. XI.

croyance en Dieu, mais rejette la révélation et les miracles.

« Ce livre, quoique rempli de poisons mortels, lit-on dans le réquisitoire du parlement, est recherché avec le plus vif empressement. Chacun veut l'avoir avec soi, la nuit comme le jour, à la promenade comme dans son cabinet, à la campagne comme à la ville. »

Tout le monde en effet lisait l'*Émile*, et ces théories nouvelles produisaient un prodigieux effet. Rousseau s'attendrissait sur la situation des enfants en bas-âge qu'il était d'usage, même dans les plus grandes familles, de mettre en nourrice à la campagne. Voici comment il dépeignait leur triste sort.

« Depuis que les mères, méprisant leur premier devoir, n'ont plus voulu nourrir leurs enfants, il a fallu les confier à des femmes mercenaires qui n'ont cherché qu'à s'épargner de la peine. Il eût fallu veiller sans cesse sur un enfant en liberté; mais, quand il est bien lié, on le jette dans un coin sans s'embarrasser de ses cris; pourvu que le nourrisson ne se casse ni bras ni jambes, qu'importe qu'il périsse ou demeure infirme le reste de ses jours.... Ces douces mères, qui, débarrassées de leurs enfants, se livrent gaîment aux amusements de la ville, savent-elles quel traitement l'enfant au maillot reçoit dans son village? Au moindre tracas qui survient, on le suspend à un clou comme un paquet de hardes, et tandis que, sans se presser, la nourrice vaque aux soins du ménage, le malheureux reste ainsi crucifié. Tous ceux qu'on a trouvés dans cette situation avaient le visage violet; la poitrine fortement comprimée ne laissait pas circuler le sang, il remontait à la tête, et l'on croyait le patient fort tranquille parce qu'il n'avait pas la force de crier. J'ignore combien d'heures un enfant peut rester dans cet état sans perdre la vie, mais je doute que cela puisse aller fort loin.... Pauvres enfants de notre siècle! façonnés au dehors par les nourrices, et plus tard au dedans par les philosophes[1]! »

Si bien d'autres avant Rousseau demandèrent aux mères d'allaiter leurs enfants, si, avant lui, Tronchin, Buffon, ne cessèrent de le conseiller, ils avaient eu le tort de ne pas savoir se faire écouter. Jean-Jacques eut le grand art de réussir là où les autres avaient échoué. La mode s'empara de ses théories, il devint de bon ton de nourrir ses enfants, et l'on voyait apporter dans le monde de malheureux bébés que leurs tendres mères allaitaient en public.

On ne crut pas d'abord à un pareil engouement, et bien des gens s'imaginèrent que le réformateur prêcherait dans le désert.

« J'ai lu votre roman de l'éducation, écrivait la marquise de Créqui, je l'appelle ainsi parce qu'il me parait impossible de réaliser votre méthode, mais il y a beaucoup à apprendre, à méditer et à profiter. Il m'a donné des maux de nerfs insupportables : c'est le meilleur signe du monde pour votre ouvrage. Lorsque mes lectures ne me font point crisper le nez, c'est une preuve que tout est froid, mais lorsque je ne puis remuer ni pieds, ni pattes, que mes yeux clignotent et surtout que le bout de mon nez tire, alors c'est une preuve de style supérieur. Voilà donc l'état présent où je suis et que je ne vous reproche pas, parce que je prévoyais le danger et que je m'y suis exposée[2].... Je ne vous réponds pas du

1. *Emile.* Livre Ier.
2. Manuscrits de Neufchâtel.

succès, car vous demandez des réformes auxquelles nous n'avons garde de souscrire. Quoi, des personnes aussi savantes que nous, théologiennes, politiques, bel esprit, seront obligées de s'occuper de leurs devoirs respectifs? Oh, Monsieur! je vous en souhaite....[1] »

On peut s'étonner que personne n'ait relevé l'étrange contradiction qui faisait écrire sur l'éducation l'homme qui y paraissait le moins propre. N'était-il pas révoltant de voir le père qui avait déposé *gaillardement* ses cinq enfants à l'hôpital, flageller les parents qui ne s'occupaient pas assez de leurs enfants, qui les mettaient en nourrice, et leur reprocher avec des accents indignés cette coupable indifférence[2]! Et quand cet austère censeur poussait cette douloureuse exclamation : « Pauvres enfants de notre siècle! façonnés au dehors par les nourrices, et plus tard, au dedans par les philosophes! » comment ne lui jetait-on pas à la face qu'il valait encore mieux être façonné par les nourrices, voire même par les philosophes, qu'abandonné par un père dénaturé!

C'est qu'à cette époque, à part la maréchale de Luxembourg et trois ou quatre amis intimes, qui, on se le rappelle, se trouvèrent forcément mis dans le secret,

---

1. Streckeisen-Moultou.
2. Lamartine a écrit à ce sujet : « Or, pendant que Rousseau accomplissait ces exécutions presque infanticides, il écrivait, avec une affectation de sensibilité digne d'un Tartufe d'humanité, des malédictions fausses sur le crime des mères qui n'allaitent pas elles-mêmes leurs enfants! Le lait de l'hôpital et le vagabondage de l'enfant sans père et sans mère lui paraissaient-ils donc plus sains et plus purs que le sein maternel de Thérèse ? »

tout le monde ignorait encore l'indigne conduite du citoyen de Genève.

Jean-Jacques comprenait-il enfin l'énormité de sa faute? On pourrait le croire quand on lit dans l'*Émile* :

« Celui qui ne peut remplir les devoirs de père n'a pas le droit de le devenir. Il n'y a ni pauvreté, ni travaux, ni respect humain qui le dispensent de nourrir ses enfants et de les élever lui-même. Lecteurs, vous pouvez m'en croire ; je prédis à quiconque a des entrailles et néglige de si saints devoirs, qu'il versera longtemps sur sa faute des larmes amères et n'en sera jamais consolé[1]. »

Mais cette phrase, ces remords ne furent intelligibles que pour quelques initiés, le public n'en put saisir le véritable sens. Du reste ces tardifs regrets n'étaient pas sincères, ils ne figuraient là que pour les besoins de la cause et pour parer à une indiscrétion toujours à redouter. Dans les dernières années de sa vie le philosophe a non seulement approuvé sa conduite, mais il en a fait l'éloge et il a osé écrire : « Je savais que l'éducation pour mes enfants la moins périlleuse était celle des Enfants-Trouvés et je les y mis. *Je le ferais encore, avec bien moins de doute possible, si la chose était à faire,* et je sais bien que nul père n'est plus tendre que je ne l'aurais été pour eux pour peu que l'habitude eût aidé la nature[2]. » Puissent les enfants être toujours à l'abri de pères aussi tendres!

Dans la *Profession de foi du vicaire savoyard*, Rous-

1. *Émile*, livre Ier.
2. 9e promenade du rêveur solitaire (1777).

seau lance une protestation indignée contre la philosophie incrédule des encyclopédistes.

« Je suis enthousiasmé de tout ce qu'il écrit pour prouver qu'il y a un Dieu, disait M. de Monclar à Moultou, et je connais assez mon siècle pour savoir le meilleur gré à M. Rousseau de la profession ouverte de cette croyance et de la persévérance à enseigner qu'il y a un bien et un mal moral. Hélas! s'il avait voulu être athée, il aurait beaucoup plus de partisans[1]. »

Et cependant les théories religieuses et politiques de Jean-Jacques allaient lui attirer de la part du gouvernement et du clergé une véritable persécution. Si son ouvrage en effet parut religieux aux yeux des philosophes et par cela même souleva leurs colères, aux yeux des hommes religieux ce fut une œuvre impie et contre laquelle on ne pouvait trop sévir.

En France, le moment était mal choisi pour une publication de cette nature. On allait expulser les jésuites[2], et les jansénistes, pour donner une preuve de leur zèle et se montrer aussi bons chrétiens que leurs ennemis, redoublaient de sévérité contre les auteurs qui s'attaquaient à la religion[3].

---

1. 25 avril 1762. Streckeisen-Moultou.
2. Par arrêt du 6 août 1761, le parlement assigna les jésuites à comparaître devant lui dans le délai d'un an pour entendre juger leur constitution. Le 6 août 1762 la dissolution de la société fut prononcée.
3. Voltaire avait toujours prévu que les philosophes s'accommoderaient encore moins facilement des jansénistes que des jésuites :

« On reprochait aux jésuites, écrit-il à Damilaville, la persécution et une morale relâchée : les jansénistes persécuteront bien davantage, et auront des mœurs intraitables; il ne sera plus permis d'écrire, à peine

A peine l'*Émile* eut-il paru, qu'un orage terrible s'amoncela contre l'auteur. Grimm écrit dès le 1ᵉʳ juin :

« Nous avons depuis huit jours l'ouvrage de J.-J. Rousseau sur l'*Éducation*, en quatre volumes. Ce livre n'a pas tardé à faire grand bruit. On dit que le parlement va poursuivre l'auteur pour la profession de foi qu'il y a insérée. L'intolérance et la bigoterie ne manqueront pas une si belle occasion de tourmenter un écrivain célèbre et vraisemblablement M. Rousseau sera obligé de quitter la France[1]. »

Tronchin, bien placé par ses relations pour connaître l'opinion en haut lieu et pour prévoir les événements, mandait au pasteur Vernes :

« .... Rousseau n'est point ici ; il était encore au départ des lettres à Montmorency. Y restera-t-il ? c'est une autre question, car le parlement semble vouloir sévir contre l'ouvrage et contre l'auteur. Il est vrai qu'il a cassé toutes les vitres et qu'en donnant dans son troisième volume de l'éducation un code complet de déisme, il a fait une besogne dont nous ne lui saurons pas gré, *nec bibitur aconitum in fictilibus*, car son style le rend d'autant plus dangereux. Somme toute, il pourra se vanter d'avoir fait bien du mal et d'avoir poignardé l'humanité en l'embrassant. Je voudrais

---

le sera-t-il de penser. Les philosophes ne peuvent opposer la force à la force ; leurs armes sont le silence, la patience, l'amitié entre les frères. Plût à Dieu que je fusse avec vous à Paris, et que nous puissions parvenir à les réunir tous ! Plus on cherche à les écraser, plus ils doivent être unis ensemble. Je le répète, rien n'est plus honteux pour la nature humaine que de voir le fanatisme rassembler dans tous les temps sous ses drapeaux, faire marcher sous les mêmes lois, des sots et des furieux, tandis que le petit nombre des sages est toujours dispersé et désuni, sans protection, sans ralliement, exposé sans cesse aux traits des méchants et à la haine des imbéciles. » (A Damilaville, 16 avril 1764.)

1. *Corresp. litt.*, 1ᵉʳ juin 1762.

que ce malheureux homme mourût; que dis-je, j'aimerais bien mieux qu'il fût mort, car ces deux derniers ouvrages feront bien du mal....[1] »

Le docteur ne se trompait pas sur les dispositions du parlement, et Jean-Jacques, dans sa retraite de Montmorency, fut bientôt averti de ce qui se tramait contre lui. Mais, toujours rempli de la plus entière sécurité et se croyant entièrement à l'abri, il mande fièrement à Moultou :

« Le parlement de Paris, pour justifier son zèle contre les jésuites, veut, dit-on, persécuter aussi ceux qui ne pensent pas comme eux, et le seul homme en France, qui croie en Dieu, doit être la victime des défenseurs du christianisme. Depuis plusieurs jours, tous mes amis s'efforcent à l'envi de m'effrayer; on m'offre partout des retraites : mais comme on ne me donne pas, pour les accepter, des raisons bonnes pour moi, je demeure; car votre ami Jean-Jacques n'a point appris à se cacher. Je pense aussi qu'on grossit le mal à mes yeux pour tâcher de m'ébranler; car je ne saurais concevoir à quel titre, moi citoyen de Genève, je puis devoir compte au parlement de Paris d'un livre que j'ai fait imprimer en Hollande avec privilège des états généraux[2]. »

Rousseau savait bien que son affirmation était mensongère et il aurait dû se rappeler qu'il avait avoué six mois auparavant au même Moultou que l'édition se faisait à Paris.

Enfin, fort de sa conscience et de son bon droit, l'au-

Inédit.
2. 7 juin 1762.

teur d'*Émile* paraissait décidé à braver l'arrêt du parlement et à attendre héroïquement le martyre; à cette nouvelle ses amis de Genève perdent complètement la tête :

« Au nom de Dieu, écrit Moultou, au nom de Dieu, mon cher ami, sauvez-vous, épargnez-leur un crime qu'ils n'ont pas le droit de commettre, vous ne vous devez point à ce tribunal!.... »

Mais la plume tombe des mains du pasteur atterré, les craintes qu'il éprouve pour son ami lui donnent d'horribles vomissements et c'est Roustan qui continue la lettre commencée :

« Cher et grand Rousseau, pourquoi voulez-vous mourir? Pour déshonorer les hommes que vous avez instruits et défendus, pour donner l'exemple d'une magnanimité cruelle, qui déchirera les entrailles des gens de bien, vos amis; pourquoi attendre des arrêts de juges, dont vous-même ne croyez pas être le justiciable? Socrate, il est vrai, aima mieux mourir que s'enfuir, mais c'était à Athènes qu'il était né et qu'il devait compte de sa conduite; et vous, vous voulez vous faire immoler à Persépolis, condamné par des magistrats dont vous prévoyez l'injustice.... Au nom de Dieu, conservez aux gens de bien leur appui, aux malheureux leur consolateur, aux pauvres leur modèle, aux hommes libres leur admoniteur; vivez pour venger et pour rétablir les autels de la liberté et de la vertu, et ne mourez pas inutilement pour elles.... Barbare, c'est à nos dépens que vous voulez périr, vous nous mettez sous le couteau, en y restant exposé vous-même[1]. »

1. 14 juin 1762. — Streckeisen=Moultou.

En lisant ces lignes, on peut se rendre compte de l'état d'exaltation des amis de Rousseau. Mais leurs terreurs étaient superflues; au moment où ils le conjuraient de chercher son salut dans la fuite, il se trouvait déjà hors de France et en sûreté.

Ce que l'on prévoyait s'était produit : le parlement qui, le 8 juillet 1761, avait condamné plusieurs ouvrages des jésuites à être brûlés par la main du bourreau, crut devoir, par un juste système d'équilibre, accorder la même faveur à l'*Émile*. Il déclara que l'ouvrage ayant été imprimé dans le royaume, sans approbation ni permission, ce qui était notoire malgré les dénégations du philosophe, il tombait ainsi que l'auteur sous sa juridiction. Le jugement ne pouvait être douteux, Rousseau ayant vivement pris à partie la religion catholique et ayant eu surtout pour but de l'*attaquer et d'en détruire les dogmes intolérants et sanguinaires*[1].

Voici en quels termes s'exprime l'arrêt du parlement du 9 juin 1762 :

« Ce jour, les gens du Roi sont entrés, et M⁵ Omer Joly de Fleury, avocat dudit Seigneur Roi, portant la parole, ont dit : « Qu'ils déféraient à la cour un imprimé en quatre vo« lumes in-8°, intitulé *Émile, ou de l'Éducation*, par Jean« Jacques Rousseau, citoyen de Genève, dit imprimé à « la Haye en 1762. »

« Que cet ouvrage ne paraît composé que dans la vue de ramener tout à la religion naturelle..., que conséquemment à ce système..., il ose essayer de détruire la vérité de

---

1. Rousseau au pasteur de Montmollin, 14 août 1762.

l'Écriture Sainte et des Prophéties, la certitude des miracles énoncés dans les livres saints, l'infaillibilité de la révélation, l'autorité de l'Église.... Que tels sont les principes impies et détestables que se propose d'établir dans son ouvrage cet écrivain qui soumet la religion à l'examen...; qu'à ces impiétés, il ajoute des détails indécens, des explications qui blessent la bienséance et la pudeur, des propositions qui tendent à donner un caractère faux et odieux à l'autorité souveraine, à détruire le principe de l'obéissance qui lui est due, et à affaiblir le respect et l'amour des peuples pour leurs rois¹.... »

En conséquence, l'ouvrage fut lacéré et brûlé en la cour du Palais, au pied du grand escalier, par l'exécuteur de la haute justice. L'arrêt était du 9 juin, l'exécution eut lieu le 11. Un des plus singuliers arguments invoqués par le parlement, pour justifier sa sévérité, est l'audace de l'auteur, qui n'a pas craint de mettre son nom à la tête de l'ouvrage. Il était tellement passé dans les mœurs de publier les œuvres dangereuses sous le voile de l'anonyme que ce que Jean-Jacques considérait comme une preuve de loyauté lui fut reproché comme une provocation et une marque d'impudence².

On ne se contenta pas de brûler l'*Émile*, on prit des

---

1. Rousseau conserva un exemplaire de l'arrêt du parlement et il écrivit sur les marges ses critiques article par article. Cette pièce se trouve à la bibliothèque de Neufchâtel.
2. L'arrêt du parlement de Paris dit en effet : « Que l'auteur de ce livre n'ayant point craint de se nommer lui-même, ne saurait être trop promptement poursuivi, qu'il est important, puisqu'il s'est fait connaître, que la justice se mette à portée de faire un exemple, tant sur l'auteur que sur *ceux qu'on pourra découvrir avoir concouru soit à l'impression, soit à la distribution d'un pareil ouvrage, digne, comme eux, de toute sa sévérité.* »

mesures contre l'auteur ; l'arrêt du parlement ajoutait en effet :

« .. Que le nommé Jean-Jacques Rousseau, dénommé au frontispice du livre, sera pris et appréhendé au corps, et amené ès-prisons de la Conciergerie du Palais pour être ouï et interrogé sur les faits dudit livre et répondre aux conclusions que le procureur général entend prendre contre lui. »

Le 8 juin, Jean-Jacques discute encore avec calme sur l'utilité de son livre : « En parlant aux hommes pour leur vrai bien, écrit-il à la Popelinière, en rendant gloire à Dieu, en arrachant aux préjugés du vice l'autorité de la raison, je me suis mis en état en quittant la vie de rendre à l'auteur de mon être compte des talents qu'il m'avait confiés[1]. »

Dans la nuit du 8 au 9 juin, le prince de Conti fait prévenir la maréchale de Luxembourg, « que l'on est déterminé à procéder contre Rousseau à toute rigueur. »

« La fermentation, marque le prince, est extrême ; rien ne peut parer le coup ; la cour l'exige, le parlement le veut ; à sept heures du matin, il sera décrété de prise de corps, et l'on enverra sur-le-champ le saisir ; j'ai obtenu qu'on ne le poursuivra pas s'il s'éloigne ; mais s'il persiste à vouloir se laisser prendre, il sera pris. »

Vivement sollicité par ses amis, Jean-Jacques renonça à ses idées de résistance et prit la fuite. Il est évident que la maréchale de Luxembourg et M. de Malesherbes,

---

1. *Inédite.* Catalogue d'autographes.

fort effrayés d'une condamnation qu'ils n'avaient pas prévue, comprirent trop tard leur imprudence. Ils se virent outrageusement compromis, et, dans leur intérêt comme dans celui de leur protégé qui se trouvait exposé à une longue détention, ils firent tous leurs efforts pour couper court au scandale et aux conséquences qui en pouvaient résulter.

Le philosophe, s'il faut l'en croire, ne renonça à se défendre et ne se décida à quitter la France que par égard pour ses amis :

« Je vous jure, cher Moultou, devant ce Dieu qui lit dans mon cœur, que je n'ai rien fait en tout ceci contre les lois, que non seulement j'étais parfaitement en règle, mais que j'en avais les preuves les plus authentiques et qu'avant de partir, je me suis défait volontairement de ces preuves pour la tranquillité d'autrui[1]. »

Grimm dit, dans la *Correspondance littéraire* :

« On prétend que Rousseau a passé les derniers jours dans des convulsions de désespoir des suites de son ouvrage. Il se croyait à l'abri de toute atteinte, étant lié avec tant de personnes de la plus haute distinction. Je le connais assez pour être sûr qu'il sera toute sa vie inconsolable de ne plus être dans un pays dont il se plaisait à exagérer les maux et les abus. On dit qu'il a pris la route de Suisse ; il n'ira point à Genève, car une de ses inconséquences était d'élever sa patrie aux nues, en la détestant secrètement, et d'aimer passionnément Paris, en l'accablant d'imprécations. »

1. 15 juin 1762.

La sagacité de Grimm ne se trouva pas en défaut. Jean-Jacques, évitant avec soin la route de Genève, se rendit à Yverdun, dans le pays de Vaud[1], chez un de ses amis, M. Roguin, qui lui offrit l'hospitalité : « Enfin, s'écria-t-il en foulant le sol de la Suisse, j'ai mis le pied sur cette terre de justice et de liberté qu'il ne fallait jamais quitter[2] ! » Cet enthousiasme devait être de courte durée.

M. et Mme de Luxembourg, le prince de Conti, Mme de Boufflers, Malesherbes, prodiguèrent à l'exilé les marques d'une véritable affection. Rousseau en fut vivement touché, et sa correspondance ne laisse pas le moindre doute à cet égard. Plus tard, il conçut sur la sincérité et la loyauté de ses amis des doutes graves. A travers les réticences et les insinuations perfides des *Dialogues* et des *Confessions*, il indique clairement qu'il a été joué par Malesherbes et Mme de Luxembourg, qu'il a été leur victime et que c'est pour le perdre plus sûrement qu'ils l'ont poussé à laisser imprimer l'*Émile* à Paris.

Certes, et nous l'avons dit, on peut leur reprocher d'avoir été imprudents, d'avoir manqué de clairvoyance, mais, à côté de cette erreur bien excusable, que de soins, que d'affection, que de dévouement pour cet homme qui les en a récompensés en laissant peser sur leur mémoire les soupçons les plus outrageants!

Ce n'est pas seulement de son entourage intime

---

1. Le pays de Vaud se trouvait alors sous la domination des Bernois.
2. Au maréchal de Luxembourg, 16 juin 1762.

que Rousseau reçut des marques de sympathie. Malgré sa rupture avérée avec le parti philosophique, bien qu'il eût cessé avec éclat toutes relations personnelles avec Voltaire, Grimm, Diderot, etc., il était resté en bons termes avec d'Alembert. A la première nouvelle de la persécution qui frappait l'*Émile* et son auteur, d'Alembert s'empressa de lui adresser une lettre des plus honorables.

« Je comptais même faire mieux que de vous écrire, je me flattais d'avoir le plaisir de vous voir à Montmorency... lorsqu'il a plu à une troupe de fanatiques qui se font appeler *Pères de la patrie* dans les gazettes de vous persécuter pour avoir eu raison, et pour avoir donné aux hommes le plan d'une religion raisonnable. Ce malheur, auquel je prends, Monsieur, toute la part qu'une ancienne amitié et la plus grande estime doivent m'inspirer, ne me laisse de force que pour vous parler de vous-même et pour vous offrir, dans la situation où vous êtes, tout ce qui dépendra de moi pour l'adoucir. »

Il l'engageait en même temps à chercher un refuge dans les États du roi de Prusse.

« Je ne doute point qu'il n'accueillît comme il le doit un homme de votre réputation et de votre mérite; il en a trop lui-même pour ne pas sentir combien des hommes tels que vous sont rares, combien on doit être glorieux de les posséder et honteux de n'en pas sentir le prix. »

Mais il lui conseillait surtout de se rendre à Neufchâtel, où il trouverait un gouverneur, « Milord Maréchal, qui le recevrait et le traiterait comme les patriarches de l'Ancien Testament recevaient et traitaient la vertu persécutée. »

CHAPITRE VIII

1762

Sommaire : Rousseau est décrété à Genève. — L'*Émile* et le *Contrat social* y sont brûlés. — Effervescence dans la ville. — Jean-Jacques se plaint de l'indifférence de ses concitoyens. — Il est expulsé d'Yverdun. — Il se réfugie à Motiers.

N'est-il pas étrange qu'au lieu de prendre la route de Genève, Rousseau se soit rendu à Yverdun?

Il paraissait si naturel cependant qu'il cherchât un asile dans sa patrie quand la France le repoussait, que tout le monde l'y attendait ; le bruit courut même qu'il était arrivé et plusieurs personnes assurèrent l'avoir rencontré [1]. Lui-même prévoyait l'objection, car, à peine à Yverdun, il mandait à Moultou :

« Un autre me demanderait peut-être pourquoi je ne me retire pas à Genève ; mais, ou je connais mal mon ami Moultou, ou il ne me fera sûrement pas cette question ; il sentira

---

1. Correspondance de Moultou.

que ce n'est point dans la patrie qu'un malheureux proscrit doit se réfugier; qu'il n'y doit point porter son ignominie, ni lui faire partager ses affronts. Que ne puis-je dès cet instant y faire oublier ma mémoire! N'y donnez mon adresse à personne, n'y parlez plus de moi; ne m'y nommez plus. Que mon nom soit effacé de dessus la terre [1]. »

Et le pasteur, grisé par l'enthousiasme, lui répond

« Un proscrit, dites-vous, ne doit pas se réfugier dans sa patrie, mais la patrie t'a-t-elle proscrit, pour te donner ce nom? Des assassins, que tu fuis, t'ont-ils ôté ton droit de bourgeoisie? Montre-moi le décret de tes concitoyens qui t'a chassé de nos murs? Plus la sentence que le parlement de Paris va prononcer sera infamante, plus elle te sera glorieuse[2]. »

Les nobles sentiments si bien exprimés par Rousseau, ce respect profond de la patrie, cette crainte exagérée d'en fouler le sol, ne manqueraient pas d'une certaine grandeur s'ils ne servaient à dissimuler la vérité; il ne fallait pas une grande clairvoyance pour deviner les motifs qui éloignaient de Genève le philosophe. Il avait une connaissance trop exacte de la situation pour qu'il ne crût pas de la plus stricte prudence d'attendre les événements sur un terrain neutre et de voir avant tout quelle impression produiraient dans la cité de Calvin ses deux nouveaux ouvrages. C'est la raison fort prosaïque qui lui fit prendre la route d'Yverdun; il le dit lui-même dans ses *Confessions:*

1. 15 juin 1762.
2. 16 juin 1762. Streckeisen-Moultou.

« Mon premier mouvement fut de me retirer à Genève ; mais un instant de réflexion suffit pour me dissuader de faire cette sottise..... Je savais que le *Discours sur l'inégalité* avait excité contre moi, dans le Conseil, une haine d'autant plus dangereuse qu'il n'osait la manifester. Je savais qu'en dernier lieu, quand la *Nouvelle Héloïse* parut, il s'était pressé de la défendre à la sollicitation du docteur Tronchin..... Je savais que, malgré tous les beaux semblants, il régnait contre moi dans tous les cœurs genevois, une secrète jalousie, qui n'attendait que l'occasion de s'assouvir. Néanmoins l'amour de la patrie me rappelait dans la mienne ; et si j'avais pu me flatter d'y vivre en paix, je n'aurais pas balancé ; mais l'honneur ni la raison ne me permettant pas de m'y réfugier comme un fugitif, je pris le parti de m'en rapprocher seulement, et d'aller attendre en Suisse celui qu'on prendrait à Genève à mon égard[1]. »

Ces aveux sont précieux à retenir.

Son irritation contre ses concitoyens ou du moins contre la partie de ses concitoyens qu'il savait liée avec le philosophe de Ferney, n'avait fait que croître pendant ces dernières années. Dans les faits les plus simples il croyait voir des marques d'animosité contre lui.

« Vous qui dites que je suis si bien voulu dans Genève, écrivait-il à Moultou, répondez au fait que je vais vous exposer. Il n'y a pas une ville en Europe dont les libraires ne recherchent mes écrits avec le plus grand empressement. Genève est la seule où Rey n'a pu négocier des exemplaires du *Contrat social*. Pas un seul libraire n'a voulu s'en charger[2] ? »

1. *Confessions.* Partie II, liv. XI.
2. 30 mai 1762.

La prudente réserve des libraires de Genève s'explique très naturellement. La *Nouvelle Héloïse* déjà n'avait échappé qu'avec peine aux rigueurs de la loi ; on prévoyait que le *Contrat social* ferait un éclat plus grand encore, et les libraires ne se souciaient nullement de risquer leurs capitaux dans une affaire aussi aléatoire.

Jean-Jacques n'ignorait pas la situation, car pendant l'impression de ses ouvrages, il avait entretenu avec Moultou une correspondance de nature à singulièrement l'éclairer sur les dispositions du clergé genevois.

On n'a pas oublié les mésaventures arrivées aux pasteurs à la suite de l'article *Genève* de l'*Encyclopédie*; depuis cette époque, ils étaient devenus extrêmement scrupuleux et susceptibles sur tout ce qui touchait à la religion ; à aucun prix ils ne voulaient laisser soupçonner que la plus légère atteinte eût été portée à leur foi et l'on pouvait s'attendre à voir réprimer tout scandale avec une grande rigueur. Moultou, mieux que personne, se trouvait au courant de cet état des esprits, puisqu'il était pasteur lui-même.

Au fur et à mesure de l'impression de l'*Émile*, Rousseau envoyait à son ami les principaux passages en sollicitant ses avis; à la lecture de ces feuilles Moultou ressentait les plus vives alarmes. Personnellement, il eût volontiers pardonné au philosophe de prouver par le raisonnement ce que le christianisme enseigne par autorité, il lui eût même pardonné de repousser les miracles et la révélation[1] : « Si nos opinions ne sont pas tout à fait les mêmes, lui disait-il, elles ne sont pas non plus fort opposées. » Mais il savait bien que ses collègues ne les laisseraient pas passer impunément, et qu'elles soulèveraient une indignation générale.

N'osant cependant heurter Jean-Jacques de front, il imaginait pour le faire changer d'avis une distinction des plus plaisantes. Tout d'abord il s'empressait de reconnaître que ces théories hardies non seulement pouvaient avoir leur utilité, mais devaient être très bonnes en France pour arracher le peuple « au prêtre qui le tourmente ou le déprave, ou au philosophe qui le jetterait dans de nouvelles perplexités », mais qu'elles ne valaient rien pour Genève et pour la Suisse. Puis, cette concession faite aux dépens de la France, il essayait timidement de détourner Rousseau de la voie dans laquelle il était entré en lui faisant envisager tous les dangers auxquels il s'exposait et en le prévenant de l'émoi que ses théories religieuses ne pouvaient manquer de provoquer dans la Rome protestante. « Quels cris, quelles clameurs vous allez exciter à Genève! lui

---

1. Par une singulière coïncidence, Rousseau, qui niait les miracles, avait autrefois déclaré et signé avoir assisté à *un miracle*. Pendant son séjour chez Mme de Warens, près d'Annecy, le feu prit à la maison. Tous les voisins accoururent pour porter secours et l'évêque vint également. Le vent soufflait avec violence et menaçait d'embraser tout l'édifice : l'évêque se mit en prières et le vent s'apaisa aussitôt. On déclara qu'il y avait miracle, on rédigea le récit de l'événement et l'on pria les principaux témoins d'attester le fait par leur signature. Rousseau signa comme les autres. Cet incident fut raconté plus tard quand le philosophe fut devenu célèbre, et Voltaire s'est beaucoup moqué de l'inconséquence de celui qui attestait les miracles et les niait ensuite.

disait-il. Que vos amis auront de peine à vous défendre !
Comptez pourtant sur leur zèle, mais réussiront-ils ?
Je ne le crois pas. Notre peuple est très croyant, très
attaché à sa religion[1]. »

Le philosophe, il est vrai, ne niait pas positivement
la révélation, mais il trouvait autant de raisons pour
en douter que pour y croire.

« On ne vous tiendra pas compte de vos doutes modestes, lui écrivait Moultou, l'on dira : il n'est pas chrétien, il ne faut plus le croire, et vous, dont on respectait tant l'autorité, dont tous les écrits étaient des livres de lois pour notre patrie, vous ne serez plus qu'un incrédule auquel on ne croira plus, auquel on n'osera pas même croire. Je vois déjà le triomphe de vos ennemis, car vous en avez ici ; je les vois, s'efforçant de vous perdre dans l'esprit de vos concitoyens trop délicats sur la foi et par là encore un peu crédules[2]. »

Rousseau se trouvait donc bien averti, bien prévenu, il n'y eut aucune surprise, et, s'il alla de l'avant, c'est que cela lui plut ainsi.

Quand l'*Émile* et le *Contrat social* parurent à Genève, on s'arracha les exemplaires ; les uns louèrent ces ouvrages sans réserve, les autres les dénigrèrent avec acharnement.

« Le *Contrat social* est lu avec avidité, mande Moultou, vos ennemis même sont contraints d'avouer que c'est celui de tous vos livres où votre génie s'est déployé avec le plus

[1]. 3 février 1762.
[2]. 25 avril 1762.

de vigueur. Quelle force! quelle profondeur! Que vous êtes supérieur à Montesquieu même! Votre ouvrage doit effrayer tous les tyrans nés ou à naître; il fait fermenter la liberté dans tous les cœurs. Vous y protestez hautement contre l'esclavage où gémissent tous vos semblables et vous vous montrez seul vraiment libre au milieu de la servitude des nations.

« Que vous dirai-je d'*Émile?* Il ne fallait pas moins qu'un génie créateur pour former un homme nouveau au sein de nos ennemis et de nos vices. Oh! si tous les hommes étaient formés sur ce modèle[1]! »

Il ne pouvait cependant lui dissimuler que ses théories sur la religion avaient affligé tous ses amis, mais il ne l'en exhortait pas moins à revenir au milieu d'eux, l'assurant qu'on l'y aimait toujours. Jean-Jacques se montrait mieux avisé en restant à Yverdun.

Si ses attaques contre la révélation avaient consterné les pasteurs, ses exposés politiques avaient enthousiasmé la bourgeoisie. L'aristocratie, qui détenait le pouvoir et entendait le garder, comprit de suite le danger et elle n'hésita pas un instant à défendre la vente des deux ouvrages en attendant qu'ils fussent examinés par les scholarques. C'est alors seulement que l'on apprit ce qui s'était passé à Paris, la condamnation de l'*Émile*, l'exil de l'auteur.

Prévenu par le syndic Jallabert de l'orage qui se formait, Moultou fit tous ses efforts pour le conjurer. Il supplia les conseillers de suspendre leur jugement, de

---

1. 18 juin 1762. *Rousseau, ses amis et ses ennemis.*

faire comparaître le philosophe, d'épargner à ses amis une aussi cruelle humiliation, tout fut inutile. Jallabert s'efforça en vain de ramener ses collègues à des sentiments plus modérés. En réalité l'affaire était plus politique que religieuse, c'était le *Contrat social* que l'on voulait frapper; mais le Conseil sut fort habilement dissimuler ses mobiles secrets, et, profitant de l'émotion causée par l'*Émile*, se poser uniquement en défenseur de la religion outragée.

Après un rapport des scholarques et sur la réquisition du procureur général Tronchin, les deux écrits furent condamnés à être lacérés et brûlés devant la maison de Ville par l'exécuteur de la haute justice[1]. Ceci se passait le 19 juin, il y avait juste neuf jours que le parlement de Paris avait prononcé son arrêt. On ne se borna pas à la condamnation des livres, l'auteur lui-même fut décrété d'arrestation : « Au cas qu'il vînt dans la ville et dans les terres de la seigneurie, il devra être saisi et appréhendé pour être ensuite prononcé sur sa personne ce qu'il appartiendra[2]. »

---

1. La sentence s'exprimait ainsi :

« Ces livres sont impies, scandaleux, téméraires, pleins de blasphèmes et de calomnies contre la religion. Sous l'apparence des doutes, l'auteur y a rassemblé tout ce qui peut tendre à saper, ébranler et détruire les principaux fondements de la religion chrétienne révélée.... Ils attaquent tous les gouvernements.... Ces livres sont d'autant plus dangereux et répréhensibles, qu'ils sont écrits en français, du style le plus séducteur, qu'ils paraissent sous le nom et la qualification d'un citoyen de Genève, et que, selon l'intention de l'auteur, l'*Émile* doit servir de guide aux pères, aux mères, aux précepteurs. »

2. En marge de cette dernière séance du Conseil, on lit cette annotation : « Par arrêté du M. C. du 2 mars 1791, il a été dit que le Conseil ne

Moultou s'arrache à sa douleur, pour prévenir Jean-Jacques :

« Mon cher ami, j'ai l'âme navrée et je vous écris en frémissant. Votre patrie, non ce n'est pas elle, vous êtes trop cher à vos concitoyens; à Genève on a brûlé vos deux livres, on vous a décrété de prise de corps. O Rousseau ! que ta grande âme s'indigne sans s'abattre; tu seras toujours précieux à ceux qui aiment la liberté[1]. »

Le Citoyen ne s'attendait pas à une pareille rigueur : il fut consterné : « Quoi! décrété sans être ouï! Et où est le délit? Où sont les preuves? Genevois, si telle est votre liberté, je la trouve peu regrettable[2]. » Son premier mouvement fut de se rendre à Genève pour purger le décret, mais à la réflexion et sur les conseils de ses amis, il y renonça. Il se serait exposé à une humiliation et à un échec certains, car la passion religieuse soulevait contre lui une grande partie des habitants, même parmi ceux que ses théories politiques avaient le plus séduit. « Votre patrie se flétrirait sans doute si elle vous forçait à quitter ses murs, lui écrivait Moultou, mais dans l'aveuglement où nous sommes, je ne sais si un jugement odieux ne nous imprimerait pas cette tache éternelle[3]. »

---

pense pas que les décrets contre le sieur Rousseau portent atteinte à l'honneur de ce grand écrivain, et que ce qu'ils présentent de rigoureux contre lui se trouve nul et de nul effet, parce qu'il n'a jamais été ouï. — Et que cet arrêté sera inscrit en marge du registre où sont consignés ces décrets.   « S. DE ROCHEMONT. »

1. 19 juin 1762.
2. A Moultou, 22 juin 1762.
3. 22 juin 1762.

Cependant les partisans du philosophe, et il en avait d'acharnés dans la bourgeoisie, ne laissèrent pas passer sans murmurer le jugement qui frappait leur idole. Une quinzaine de citoyens se rendirent chez le procureur général et le premier syndic pour savoir si le décret de prise de corps avait été réellement rendu ; ils ne reçurent qu'une réponse évasive. La famille de Jean-Jacques demanda alors par requête communication de l'arrêt, mais elle ne fut pas plus heureuse[1].

A cette nouvelle, Rousseau s'indigne :

« Cette manière ténébreuse de procéder est effrayante ; elle est inouïe dans tous les tribunaux du monde, excepté celui des inquisiteurs d'État à Venise. Si jamais elle s'établissait à Genève, il vaudrait mieux être né Turc que Genevois[2]. »

Au fond du cœur le philosophe espérait bien que la rigueur dont il était victime soulèveraient l'indignation de ses partisans, que ceux-ci feraient des démarches menaçantes et que le Conseil serait forcé de revenir sur son jugement. Tant qu'il eut cet espoir, il parut s'incliner respectueusement devant la décision des magistrats :

---

1. Le Conseil décida de refuser leur demande :

« Du 25 juin 1762.

« En Conseil ordinaire, vu la présente requête, arrêté qu'il n'y a lieu d'accorder aux supplians les fins d'icelle.

« Lullin. »

(Extrait des registres du Conseil.)
2. 2 juillet 1762.

« Ne cherchez point à parler de moi, écrit-il à Moultou, mais dans l'occasion, dites à vos magistrats que je les respecterai toujours, même injustes, et à tous nos concitoyens, que je les aimerai toujours, même ingrats. Je sens dans mes malheurs que je n'ai pas l'âme haineuse, et c'est une consolation pour moi de me sentir bon aussi dans l'adversité[1]. »

Mais les jours s'écoulaient et la bourgeoisie ne bougeait pas; il n'était nullement question de faire réformer le décret. Quand Rousseau vit qu'une quinzaine de ses concitoyens au plus avaient osé affronter le Conseil et demander des explications, quand il les vit se contenter d'une réponse dédaigneuse et se retirer sans plus insister, il comprit qu'il s'était leurré d'un chimérique espoir et qu'au lieu des démarches violentes sur lesquelles il avait compté pour forcer la main du gouvernement, tout se bornerait à une vaine démonstration; il ne put dissimuler son découragement:

« Où le ressort public est usé, écrit-il, les abus sont sans remède. L'État et les mœurs ont péri chez nous; rien ne les peut faire renaître. Je crois qu'il nous reste quelques bons citoyens; mais leur génération s'éteint, et celle qui suit n'en fournira plus[2]. »

En même temps qu'il se disait abandonné des siens, il devenait moins respectueux pour les magistrats; oubliant qu'il avait promis de toujours les respecter même

1. 2 Juillet 1762.
2. A M. Pictet, 23 septembre 1762.

injustes, il se laissait aller contre eux à des menaces peu déguisées :

« Ils se sont dépêchés, avec une étourderie qui n'a point d'exemple, de me donner le dernier coup de pied, sans considérer que ce parti n'est bon qu'en cas que je reste écrasé, mais que si j'en reviens, ils auront contre eux la clameur publique, ma réputation qu'ils ne sauraient jamais m'ôter, et qu'ils auront aliéné à pure perte un homme dont la plume peut encore leur devenir inquiétante au moment qu'ils y penseront le moins[1]. »

Sans songer qu'il pouvait par ses récriminations et ses excitations amener la guerre civile dans sa patrie, il poussait ses amis à reconquérir leur liberté perdue, leurs droits foulés aux pieds : « Faites, agissez *en mon nom*, leur disait-il, et soyez sûrs d'être avoués tous. » Mais les bourgeois, se tenant pour satisfaits après une première démarche infructueuse, ne cherchèrent pas à renouveler les démonstrations publiques.

Rousseau garda toujours rancune à ses concitoyens de n'avoir pas plus énergiquement pris sa défense, et, dans ses *Confessions*, il ne cache pas la déception que lui fit éprouver leur indifférence. Le philosophe ne fut pas juste pour ses amis ; assurément ils répugnaient aux moyens violents qui auraient porté le trouble et le désordre dans la république, mais ils s'efforçaient par les voies pacifiques d'arriver au même résultat. Le terrain religieux si bien choisi par le Conseil

---

1. A M. Marcet, 10 août 1762.

les mettait dans un grand embarras. Les bourgeois de Genève en prêtant serment ne s'engageaient-ils pas à protéger la religion réformée contre toute atteinte? Ne les accuserait-on pas de manquer à ce serment s'ils soutenaient un homme qui passait pour n'être plus chrétien? Ne s'exposeraient-ils pas aux foudres du Consistoire? La réserve de la bourgeoisie s'explique donc fort aisément.

On espérait cependant que le temps ferait son œuvre, que l'effervescence soulevée par les écrits du citoyen s'apaiserait peu à peu et que l'on arriverait à lui rouvrir les portes de sa patrie. Moultou faisait les plus louables efforts, pour arriver à ce but, et cependant Jean-Jacques, dans ses accès de méchante humeur, ne lui épargnait pas les boutades; mais la passion du pasteur pour son ami dépassait toutes les bornes, et elle n'en reçut pas d'atteinte. Un autre fervent, M. Usteri, partageait cet enthousiasme. Depuis que Jean-Jacques était persécuté, Moultou et Usteri se tutoyaient et ils se donnaient des marques d'affection incroyables : « Ces gens-là me font mourir de rire, écrivait Mlle Curchod[1]; j'en demande pardon à Rousseau, mais je crois voir deux ivrognes qui pleurent de joie en s'embrassant parce qu'ils sont tous deux dans le même état[2]. »

Rousseau n'était donc pas si mal servi qu'il le disait. Les efforts de ses amis ne furent pas infructueux. Le syndic Jallabert, qui avait courageusement défendu

---

1. Plus tard Mme Necker.
2. A Mlle de Bondeli, 12 octobre 1762.

l'*Émile* et son auteur devant le Conseil, ne cachait plus ses espérances ; on était même arrivé à trouver un terme d'accommodement : Jean-Jacques devait paraître devant les quatre syndics « qui, après lui avoir témoigné le chagrin que leur avait fait sa manière de penser sur le christianisme, lui feraient promettre de ne jamais écrire contre la religion du pays », et ainsi tout serait pacifié.

Malheureusement, plus les amis de Jean-Jacques s'ingéniaient à trouver un terrain de conciliation, plus le philosophe, se drapant dans sa dignité, se montrait peu disposé à l'apaisement. Son ami, M. Marcet, lui reprochait la raideur et la passion qu'il apportait dans une affaire où il fallait que chacun y mît du sien : « Il n'est pas question, lui disait-il, de faire le Socrate, mais bien le citoyen ferme, qui ne cède à la nécessité que lorsque, manque de ressource, il se croit obligé d'en subir la loi[1]. »

Rousseau, furieux de cette remontrance, répondait fort aigrement :

« Il est certain qu'au premier moment j'ai été vivement ému des indignités qu'on m'a faites dans ma patrie ; mais, l'instant d'après, toute cette émotion s'est calmée, et j'ai vu qu'au fond, c'était m'agiter de rien ; car enfin, mon cher philosophe, dites-moi, de grâce, quel intérêt j'ai à tout cela, quel bien me fait ma qualité de citoyen de Genève ! quel profit, quel honneur m'en revient-il ?... Je trouverai partout

---

[1]. Genève, 3 août 1762. *Inédite*. Bibliothèque de Neufchâtel. Mss.

autant d'amis et plus de considération qu'à Genève et je ne trouverai nulle part tant d'ennemis ni si dangereux[1]. »

Et il terminait en déclarant qu'il n'était point d'humeur « à aller augmenter le nombre des sujets du poëte Voltaire, et qui pis est du jongleur Tronchin. » Les efforts de ses amis devenaient donc bien inutiles en présence d'une pareille détermination et mieux valait pour eux s'abstenir de démarches compromettantes.

La sombre humeur du citoyen s'explique, car de nouveaux soucis venaient de fondre sur lui. La persécution qui l'avait chassé de Paris et de Genève ne s'était pas arrêtée là.

« Les deux décrets, écrit-il, furent le signal du cri de malédiction qui s'éleva contre moi dans toute l'Europe avec une fureur qui n'eut jamais d'exemple. Toutes les gazettes, tous les journaux, toutes les brochures sonnèrent le plus terrible tocsin.... J'étais un impie, un athée, un forcené, un enragé, une bête féroce, un loup[2]. »

En effet, le Conseil de Berne, ému par la clameur que soulevaient partout l'*Émile* et le *Contrat social*, crut devoir imiter les sévérités dont Genève et Paris lui avaient donné l'exemple; les ouvrages furent brûlés par la main du bourreau et l'auteur reçut l'ordre de sortir sans délai des terres de la république[3]. Ce troi-

---

1. 20 août 1762.
2. *Confessions*. Partie II, liv. XII.
3. Le pays de Vaud, où se trouvait Yverdun, était soumis à la domination bernoise.

sième et douloureux exil fut comparé par un enthousiaste à la fuite de Jésus en Égypte ou à celle de Mahomet à Médine[1].

Rousseau ne savait où porter ses pas. Il se rappela tout à coup le conseil que d'Alembert lui avait donné quand il l'avait engagé à se réfugier dans les États du roi de Prusse et particulièrement à Neufchâtel. Il résolut de tenter l'expérience. Deux autres raisons le déterminèrent, d'abord la proximité du lieu, il n'y avait qu'une montagne à traverser et ce n'était qu'un trajet de quelques heures; puis une nièce de M. Roguin, Mme Boy de la Tour[2], lui offrit une maison dont son fils était propriétaire dans le Val-Travers, à Motiers, comté de Neufchâtel. Jean-Jacques accepta et partit.

Le comté de Neufchâtel formait un petit royaume séparé, sous le protectorat de la Prusse; il avait conservé une assez grande indépendance, et il se gouvernait selon ses us et coutumes. Le roi de Prusse y avait un représentant, lord Keith, maréchal d'Écosse, plus connu sous le nom de Milord Maréchal. Esprit distingué et bienveillant, partisan des idées philosophiques, exilé lui-même, Milord Maréchal devait recevoir Rousseau avec sympathie[3]. Toutefois, l'auteur du *Contrat social* n'était pas exempt de préoccupation. Ce roi, dans les États duquel il venait chercher un asile,

---

1. Deleyre à Rousseau, 16 juin 1763.
2. Mme Boy de la Tour était veuve; elle avait à Lyon une maison de commerce qu'elle dirigeait elle-même.
3. Milord Maréchal prit part au mouvement jacobite de 1715; il fut condamné à mort et forcé de s'exiler.

avait toujours été pour lui un objet de vive antipathie. Parmi les estampes qui ornaient son cabinet de Montmorency, tout le monde pouvait voir un portrait de Frédéric avec ce distique :

> La gloire, l'intérêt, voilà son Dieu, sa loi ;
> Il pense en philosophe et se conduit en roi.

« Ce vers, dit Jean-Jacques, qui sous toute autre plume eût fait un assez bel éloge, avait sous la mienne un sens qui n'était pas équivoque[1]. » Tout récemment encore, dans l'*Émile*, on pouvait lire un passage des plus mordants à l'adresse du roi[2].

Quelle allait être l'attitude de Frédéric ? Comment allait-il accueillir l'homme qui, après l'avoir si peu ménagé, en était réduit à implorer sa clémence : « Ce sera pour Frédéric, écrivait Grimm, en rappelant le passé, une raison de plus pour respecter le malheur de Jean-Jacques Rousseau et pour protéger un écrivain illustre en dépit des sots et de ses propres folies. »

C'est en effet ce qui arriva. Du reste, à peine à Motiers, le fugitif s'empressa d'écrire au roi, et sa lettre, sous une rudesse apparente, était digne du plus habile courtisan.

La réponse de Frédéric fut ce qu'elle devait être. Il écrivit à Milord Maréchal : « Il faut soulager un malheureux qu'on ne peut accuser que d'avoir des opinions singulières, *mais qu'il croit bonnes*. » Et il accorda l'asile demandé en recommandant la prudence

---

1. *Confessions*. Partie II, liv. XII.
2. Il était représenté sous le nom d'Adraste, roi des Dauniens.

vu le peu de tolérance des pasteurs de Neufchâtel[1].

Frédéric ne s'était pas contenté de donner un asile à Jean-Jacques, il chargea Milord Maréchal de lui remettre une somme assez considérable pour subvenir à ses besoins, et de lui faire construire un ermitage avec un jardin dans le plus joli site du comté, enfin de lui donner le vin, le blé, le bois, et tout ce dont il aurait besoin. Milord Maréchal, fort embarrassé, car il connaissait l'humeur ombrageuse du nouvel habitant, eut l'idée de faire intervenir Mme de Boufflers; il lui écrivit qu'il se trouvait chargé d'une négociation plus difficile à mener à bien que la paix entre la France et l'Angleterre, et, après la lui avoir exposée, il la supplia de s'en acquitter[2]. Mme de Boufflers, toujours bonne et dévouée, y consentit; inutile de dire qu'elle échoua. Le philosophe fit remercier Frédéric, mais déclara qu'il lui serait impossible de dormir dans une maison bâtie d'une main royale.

1. Le pays venait d'être profondément divisé par une querelle théologique singulière. Un pasteur, Ferdinand Olivier Petitpierre, ayant prêché la non-éternité des peines, souleva une véritable tempête qui dura plus de deux années et qui se termina par le départ du pasteur.
2. 22 septembre 1762.

CHAPITRE IX

1762

Sommaire : Causes de la rigueur du Conseil. — Rousseau accuse Voltaire de le persécuter. — Lettre du colonel Pictet. — Réponse de Voltaire.

Que se passait-il à Ferney pendant que l'*Émile* et le *Contrat social* étaient brûlés à Paris, à Genève, à Berne?

La nouvelle des persécutions exercées à Paris contre Rousseau arriva un matin pendant le déjeuner. Laissons la parole à un témoin oculaire :

« On était à déjeuner; M. de Végobre, assis près de Mme Denis, prenait paisiblement sa tasse de café. Les lettres de Paris, les papiers publics arrivent; M. de Voltaire ouvre et lit; sa physionomie s'altère et devient sombre; on l'interroge; il donne ses lettres à sa nièce et les papiers à M. de Végobre, en lui disant d'en faire tout haut la lecture. On y racontait tout au long l'histoire de la persécution qu'éprouvait alors le célèbre et malheureux auteur de la *Profession de foi du vicaire savoyard*, le décret de prise de corps, lancé contre lui, sa fuite ; M. de Voltaire n'y tint plus, il se mit à fondre en larmes, et de ce ton de voix, moitié solennel, moitié sépulcral, qui lui était propre, il s'écria à diverses reprises : « Qu'il vienne, qu'il vienne ! Je le recevrai à bras « ouverts, il sera ici plus maître que moi ; je le traiterai « comme mon propre fils.[1] »

Et il lui fit aussitôt écrire pour lui offrir l'hospitalité. Wagnière raconte la même anecdote et il ajoute même que le patriarche, ignorant la direction qu'avait prise Rousseau, fit faire sept copies de la lettre, dans l'espoir qu'un des exemplaires au moins lui parviendrait[2].

Cette insistance de Voltaire à proposer un asile à l'homme qui le détestait est attestée par tous les contemporains, et l'unanimité des témoignages ne permet pas de contester la véracité de ce récit.

Jean-Jacques ne répondit pas aux offres du patriarche ; mais plus tard il s'irritait lorsqu'on les lui rappelait. Quand Meister lui en parla en 1764, il répondit sèchement : « M. de Voltaire dit à tout le monde qu'il est fort lié avec J.-J. Rousseau, et qu'il lui a offert un asile chez lui, lorsqu'il fut obligé de quitter la France ;

---

1. Charles Pougens, *Lettres philosophiques*, Paris 1826.
2. Chabanon (*Tableau de quelques circonstances de ma vie*, p. 163) raconte qu'il a vu la lettre de Voltaire : « Quand *Émile* fut condamné par le parlement et Jean-Jacques décrété, dit-il, Voltaire, par une lettre pleine de grâce, offrit à Rousseau sa petite maison de l'*Hermitage*, située dans les bois. » Il parle même de la réponse insolente de Rousseau, mais sur ce point il se trompe et confond avec la lettre écrite par le philosophe en 1760. Le prince de Ligne fait allusion à la même aventure, il la place seulement un peu plus tard.

mais moi je vous dis que je n'ai aucune liaison avec M. de Voltaire et que je n'en veux point avoir¹. » Ainsi Jean-Jacques ne niait pas positivement, mais par une dénégation assez équivoque laissait l'interrogateur dans l'incertitude. Le patriarche au contraire affirmait à qui voulait l'entendre qu'il lui avait proposé un asile; il écrivait à d'Alembert :

« Vous voyez que ce pauvre homme est fou : pour peu qu'il eût eu un reste de sens commun, il serait venu au château de Tournay, que je lui offrais. C'est une terre entièrement libre ; il y eût bravé également et les prêtres ariens, et l'imbécile Omer, et tous les fanatiques; mais son orgueil ne lui a pas permis d'accepter les bienfaits d'un homme qu'il avait outragé². »

Si sa généreuse proposition n'eût pas été réelle, comment Voltaire aurait-il osé en parler ouvertement? Comment aurait-il osé s'exposer à un démenti bien prompt et bien facile? Comment Rousseau ne le lui aurait-il pas infligé? Pour nous, il n'est pas douteux qu'à plusieurs reprises, oubliant les injures passées, le patriarche proposa un asile à son ennemi et qu'il l'offrit sincèrement et sans arrière-pensée.

Mais, après ce premier mouvement, Voltaire lit les œuvres du philosophe de Genève et elles ne lui plaisent guère.

« J'ai eu son *Éducation*, écrit-il à Damilaville, c'est un fatras d'une sotte nourrice en quatre tomes avec une quaran-

1. Bibliothèque universelle de Genève (Genève, 1836).
2. 15 septembre 1762.

taine de pages contre le christianisme, des plus hardies qu'on ait jamais écrites ; et par une inconséquence digne de cette tête sans cervelle et de ce Diogène sans cœur, il dit autant d'injures aux philosophes qu'à Jésus-Christ ; mais les philosophes seront plus indulgents que les prêtres[1]. »

Le *Contrat social* n'est pas mieux traité :

« Le *Contrat social* ou insocial n'est remarquable que par quelques injures dites grossièrement aux rois par le citoyen du bourg de Genève et par quatre pages insipides contre la religion chrétienne[2]. »

Damilaville s'empresse de répondre :

« Rien n'est plus vrai que les réflexions de mon très illustre maître sur Rousseau ; mais cet homme est féroce et méchant, il semble que la haine soit la célébrité qu'il recherche et qu'il n'ait consacré ses talents qu'à se faire détester ; l'âcreté de son caractère se montre partout. C'est toujours un homme chagrin dont l'esprit est noir et le cœur plein de fiel qui écrit. On voit à travers ses sarcasmes qu'il est mécontent de lui-même et qu'il voudrait se justifier à ses propres yeux en disant des injures à tous les autres. Son *Contrat social* ou insocial, comme dit très bien mon maître, fait ici plus de bruit que de besogne. Il cause un trouble enragé sans produire aucun bien et sans en devoir produire suivant ce que paraît en penser mon très cher maître[3]. »

Quand la nouvelle des autodafés de Genève et de Berne arrive à Ferney, Voltaire ne peut s'empêcher de faire remarquer que Rousseau a bien cherché son sort

---

1. A Damilaville, 14 juin 1762.
2. A Damilaville, 25 juin 1762.
3. *Inédite*. — 29 juin 1762. Bibl. nat. Mss f. fr. 2778.

en frappant à droite et à gauche, ne ménageant ni amis ni ennemis et en s'aliénant tous les partis : « Je suis bien affligé, dit-il, quand je vois ce malheureux Rousseau outrager la philosophie dans le même temps qu'il arme contre lui la religion. Quelle fureur de vouloir décrier les seuls hommes sur la terre qui pouvaient l'excuser auprès du public et adoucir l'amertume du triste sort qu'il mérite[1]. »

Au fond, le patriarche ne se console pas de la défection du citoyen de Genève.

« Sans doute, écrit-il à d'Alembert, il faut se réjouir que Jean-Jacques ait osé dire ce que tous les honnêtes gens pensent, et ce qu'ils devraient dire tous les jours ; mais ce misérable n'en est que plus coupable d'avoir insulté ses amis, ses bienfaiteurs. Sa conduite fait honte à la philosophie. Ce petit monstre n'écrivit contre vous et contre les spectacles que pour plaire aux prédicants de Genève ; et voilà ces prédicants qui obtiennent qu'on brûle son livre et qu'on décrète l'auteur de prise de corps. Vous m'avouerez que le magot s'est conduit comme un fou[2]. »

Et il ne peut contenir cette exclamation douloureuse : « O comme nous aurions chéri ce fou, s'il n'avait pas été faux frère ! et qu'il a été grand sot d'injurier les seuls hommes qui pouvaient lui pardonner[3] ! »

En résumé, il n'y a jusqu'ici dans l'attitude de Voltaire que des plaisanteries, quelquefois un peu vives, mais

---

1. A Damilaville, 4 mars 1764.
2. 12 juillet 1762.
3. A Damilaville, 31 juillet 1762.

il n'y a pas de haine, on ne voit pas l'expression d'un vif ressentiment. Et cependant le patriarche a été formellement accusé d'avoir été la cause directe de la persécution exercée à Genève contre Rousseau.

Cette accusation est grave, elle est de nature à porter atteinte au caractère de Voltaire, et elle vaut la peine d'être discutée.

On a donné de la rigueur et de la précipitation avec laquelle Rousseau fut poursuivi à Genève d'abord, à Berne ensuite, des explications différentes. Les uns ont vu là la main du duc de Choiseul et ont prétendu qu'une pression violente fut exercée sur le Conseil par M. de Montpéroux, résident de France à Genève. Les autres, et Rousseau à leur tête, ont prétendu que cette persécution avait été tramée à Ferney et que Voltaire seul en était l'instigateur.

Nous ne croyons ni à l'une ni à l'autre de ces explications.

On s'est imaginé que le duc de Choiseul était directement intervenu pour venger une injure personnelle. Rousseau, après avoir fait sa connaissance chez la maréchale de Luxembourg et l'avoir fort apprécié, avait cru bon, dans le *Contrat social*, de marquer ce qu'il pensait « des précédents ministères et de celui qui commençait à les éclipser[1]. »

« Un défaut essentiel et inévitable, disait-il, qui mettra tou-

---

1. *Confessions.* Partie II, liv. XI.

jours le gouvernement monarchique au-dessous du républicain, est que dans celui-ci, la voix publique n'élève presque jamais aux premières places que des hommes éclairés qui les remplissent avec honneur, au lieu que ceux qui parviennent dans les monarchies ne sont, le plus souvent, que de petits brouillons, de petits fripons, de petits intrigants, à qui les petits talents qui font dans les cours parvenir aux grandes places, ne servent qu'à montrer au public leur ineptie dès qu'ils y sont arrivés. Aussi, quand par quelque heureux hasard, un de ces hommes faits pour gouverner vient à prendre le timon des affaires dans une monarchie presque abîmée par ces tas de jolis régisseurs, on est tout surpris des ressources qu'il trouve et cela fait époque dans un pays[1]. »

Dans l'esprit de l'auteur, ce passage était une délicate flatterie à l'adresse du ministre. La fatalité voulut que Choiseul, au lieu de se reconnaître dans le dernier portrait, se crût désigné dans le petit brouillon, le petit fripon, le petit intrigant. De là une haine implacable. Cette explication, c'est Rousseau qui la donne pour rendre vraisemblable la prétendue inimitié de Choiseul, inimitié à laquelle Jean-Jacques a toujours cru et qui n'a jamais existé que dans son imagination; nulle part on n'en a trouvé la confirmation.

C'est donc pour se venger du philosophe que Choiseul, après l'avoir fait chasser de Paris, a forcé la main des Conseils de Genève et de Berne et exigé d'eux les mêmes persécutions. Mais s'il en était ainsi, on trouverait quel-

---

1. Ire partie, chapitre vi.

ques indications dans la correspondance des affaires étrangères ; M. de Montpéroux aurait reçu des instructions précises, l'affaire aurait laissé quelque trace. Or ce n'est pas le cas. Les lettres adressées de Versailles au résident de France ne contiennent pas la moindre allusion aux fâcheuses aventures de Rousseau, et le résident n'est même pas avisé de ce qui s'est passé à Paris. Montpéroux, comme c'est son devoir, se borne à prévenir M. de Choiseul de ce qui a été décidé à Genève et des mesures prises par le Conseil[1].

Il est vrai que le Magnifique Conseil chargea M. Sellon, résident de la république de Genève à Paris, d'informer le duc de Choiseul du jugement prononcé contre Rousseau et de lui dire « que le Conseil a vu avec beaucoup de déplaisir, qu'un homme qui se dit citoyen de Genève, et qui, dans l'espace de quarante ans, n'y a séjourné que quelques semaines, a été assez téméraire pour oser composer des ouvrages si dangereux[2] » ; il est vrai que le 11 juillet M. Sellon félicitait le Magnifique Conseil, au nom du duc de Choiseul, de la condamnation prononcée contre Rousseau[3]. Mais qu'en faut-il conclure? Que la France l'avait exigée? Nous ne le croyons pas.

Genève, par des raisons toutes personnelles, ayant imité la ligne de conduite du parlement de Paris, crut

---

1. Affaires étrangères, Genève, 1762.
2. Extraits des registres du Conseil.
3. Chaque fois qu'à Genève on brûlait un ouvrage condamné en France, le Conseil recevait les félicitations de la France. C'est ce qui eut lieu en particulier au moment de l'exécution du *Dictionnaire philosophique*.

devoir en tirer vanité et s'en faire un titre auprès du gouvernement français. Il est bien évident qu'à Versailles on ne pouvait qu'approuver ces rigueurs. Mais de là à les imposer il y a loin.

Dans les *Confessions*, Rousseau fait allusion à l'influence de Choiseul, mais il s'arrête peu à cette idée et c'est Voltaire et Tronchin qu'il accuse de tous ses malheurs. Le reproche est-il mérité? Est-il vrai que, par un acharnement sans exemple et indigne d'un philosophe, Voltaire ait fait chasser de Genève son rival infortuné?

Certes, s'il faut en croire la correspondance de Rousseau, le doute n'est pas possible : « Il est vrai, écrit-il à Mme de Boufflers, que le crédit de M. de Voltaire à Genève a beaucoup contribué à cette violence et à cette précipitation. C'est à l'instigation de M. de Voltaire qu'on y a vengé contre moi la cause de Dieu[1]. » Le 21 juillet c'est à la maréchale de Luxembourg qu'il confie le nom de ses persécuteurs : « Du reste, c'est le polichinelle Voltaire et le compère Tronchin qui, tout doucement et derrière la toile, ont mis en jeu toutes les autres marionnettes de Genève et de Berne[2]. »

Philosophes et dévots, paraît-il, se sont raccommodés pour le poursuivre; mais les dévots lui font la guerre ouvertement, tandis que les philosophes, lisez Voltaire et Tronchin, gémissent tout haut sur son sort et s'acharnent sur lui en secret. Ainsi, il n'en faut pas dou-

---

1. Yverdun, 4 juillet 1762.
2. 21 juillet 1762.

ter, et tout Paris en est avisé, Rousseau est la victime de Voltaire et de Tronchin. « Leur activité fut sans exemple, dit-il, il ne tint pas à eux qu'on ne m'ôtat le feu et l'eau dans l'Europe entière, qu'il ne me restât pas une terre pour lit, pas une pierre pour chevet. »

Tronchin, à la vérité, ne dissimulait pas son opposition. Il était très religieux, il faisait partie de l'aristocratie, sa famille remplissait les plus hautes charges de l'État, ces raisons suffisaient pour qu'après l'*Émile* et le *Contrat social*, il se montrât hostile à Jean-Jacques. De plus, étant Genevois, il avait le droit, au même titre que tous les autres citoyens, d'apprécier ce qui convenait ou ne convenait pas à sa patrie. Les œuvres du philosophe lui parurent dangereuses pour Genève, de nature à perdre les mœurs et la religion des citoyens, il le dit et l'on ne pouvait l'en blâmer.

Jean-Jacques aurait dû être plus équitable. Il avait trouvé très naturel et très utile d'attaquer Voltaire pendant des années et de soulever contre lui l'animosité d'une grande partie des citoyens, sous prétexte qu'il corrompait Genève; aujourd'hui, par un juste retour des choses de ce monde, l'argument se retourne contre lui et c'est lui qui passe pour pervertir la cité sainte; des citoyens prudents le disent, et Jean-Jacques crie à la persécution? de quel droit?

N'était-ce pas un devoir pour Tronchin de protéger ses concitoyens? Du reste son opposition resta dans les bornes les plus modérées; il se contenta de soutenir une opinion qui était générale dans l'aristocratie et dans le clergé, et si Rousseau s'en prit particulièrement à lui, c'est qu'il prêta à son ancien ami, par suite de leur rupture, des motifs de haine qui assurément n'existaient pas.

L'accusation contre Voltaire a encore moins de raison d'être. C'est une fable enfantée par un esprit jaloux et malade. Rousseau aurait pu avec autant de vraisemblance le rendre responsable du décret du parlement de Paris; s'étant acharné contre Voltaire pendant des années, il s'imagina que le philosophe se vengeait de lui : comme il ne pouvait supporter l'idée de se retrouver à Genève tant que son ennemi serait à Ferney, il crut que la réciproque était vraie, et que si on l'expulsait de sa patrie, ce ne pouvait être qu'à l'instigation de l'homme qu'il détestait.

Était-ce vraisemblable? Voltaire pouvait-il redouter son voisinage? Ne lui avait-il pas à plusieurs reprises offert un asile chez lui? N'avait-il pas des armes assez puissantes pour ne craindre aucune attaque? N'habitait il pas hors du territoire de Genève? En admettant que le rôle prêté à Voltaire fût vrai, comment supposer que Moultou, qui vivait à Genève, n'en ait pas été instruit sur-le-champ? Il n'en dit pas un mot dans sa correspondance.

Cette accusation contre le patriarche est injuste et absurde. Certes il n'aimait pas Rousseau depuis les attaques persistantes et venimeuses qui avaient fini par troubler son repos et ses plaisirs, mais avoir comploté secrètement la perte de son ennemi, l'avoir frappé par derrière bassement et lâchement, c'est là un rôle odieux qu'on a prêté gratuitement à Voltaire et dont il n'était pas capable. L'eût-il voulu, il n'aurait certainement pas eu l'influence nécessaire pour arriver à ses fins. Le Conseil se trouvait-il à sa dévotion? Ne voyait-il pas lui-même périodiquement ses ouvrages brûlés par la main du bourreau, à la requête de ce même Conseil? S'il possédait tant de crédit, n'aurait-il pas sauvé des flammes quelques-unes de ses productions?

Mais la raison qui, à nos yeux, prouve peremptoirement sa complète innocence, c'est ce qui se passa par la suite. En 1762, le patriarche est l'ami de l'aristocratie, et il est détesté de la bourgeoisie qui soutient énergiquement Rousseau. Admettons qu'à cette époque le Conseil ait cédé à ses instances en poursuivant l'*Émile* : Voltaire aurait eu la responsabilité des dissensions intestines qui pendant plusieurs années troublèrent gravement la paix de la république.

Or, en 1764, au moment où la crise tournait à l'état aigu, le châtelain de Ferney se brouilla avec l'aristocratie et soutint la bourgeoisie de ses conseils et de sa plume. L'aristocratie ne lui pardonna jamais d'être passé à l'ennemi. Si le rôle de Voltaire en 1762 avait été celui que lui prête Rousseau, le Conseil ne lui aurait-il pas en 1764 amèrement reproché et son rôle passé et sa défection; ne lui aurait-il pas dit : « C'est vous qui avez fait poursuivre l'auteur de l'*Émile*, tous les maux qui en résultent sont votre œuvre, et vous nous abandonnez! »

Comment supposer qu'à ce moment le Conseil n'eût pas dévoilé à la bourgeoisie l'indigne conduite de son nouvel ami, comment n'eût-il pas livré des lettres compromettantes, confondu le traître et l'imposteur ! C'était là une vengeance facile, et le châtelain de Ferney ne s'y serait certainement pas exposé si sa conscience n'eût pas été en repos.

On n'a jamais voulu reconnaître les causes très simples, très naturelles, très humaines, de la rigueur exercée par le Magnifique Conseil contre Jean-Jacques. Elles sont faciles à établir. Les ouvrages du philosophe portaient en eux-mêmes leur propre condamnation, et il n'était besoin ni de l'influence de la France, ni de celle de Voltaire, pour les faire mettre au pilori. Le *Discours sur l'inégalité* avait déjà éveillé bien des susceptibilités ; quand la *Nouvelle Héloïse* parut, le livre fut défendu, il échappa avec peine à un châtiment plus sévère, et cependant ces deux ouvrages circulaient librement en France. Dans un pays aussi scrupuleux au point de vue religieux que la ville de Calvin, on ne pouvait tolérer contre la religion établie des attaques comme celles que contenait l'*Émile*. Mlle de Bondeli n'écrit-elle pas :

« Je suis trop fâchée contre Rousseau, non à cause du livre en lui-même, mais parce qu'il a poussé sa sottise au point de dire des choses qui le priveront partout, où il sera connu, d'un asile, même en Hollande. Pour Genève, il n'en est plus question, le livre y a été brûlé, et le clergé y excommunierait jusqu'à son cordonnier. On prétend que dans sa dernière maladie il s'est repenti amèrement de sa sottise, mais le livre était déjà publié[1]. »

Mais la question religieuse ne fut pas la seule en jeu. Le pouvoir à Genève se trouvait concentré entre les mains d'une aristocratie jalouse qui le détenait depuis de longues années et qui entendait le conserver : toucher à ses prérogatives lui semblait criminel, et l'on comprend aisément qu'elle se montrât impitoyable pour ceux qui voulaient y porter atteinte. Les théories politiques exposées par Jean-Jacques parurent aux magistrats d'autant plus dangereuses, qu'elles causèrent plus d'enthousiasme dans les rangs du peuple et de la bourgeoisie; ils comprirent quel adversaire ils allaient trouver sur leur route et ils firent tous leurs efforts pour le tenir à distance. Les lettres de Moultou ne laissent pas de doute sur ce sentiment.

« Le Conseil a défendu le *Contrat social*, écrit-il à Rousseau, il a fait examiner *Émile* dont tous les exemplaires sont sous le scellé; nos bourgeois n'en disent pas moins que ce *Contrat social* est l'arsenal de la liberté, et tandis qu'un petit nombre jette feu et flamme, la multitude triomphe[2]..... »

« ... La cause secrète de la rigueur de votre jugement a été, n'en doutez pas, le désir de vous éloigner de votre patrie; on vous y craint, vous êtes trop libre, et l'on a peur que nous ne voulions l'être autant que vous. On souhaiterait que vous ne fussiez pas notre concitoyen, et soyez sûr qu'on fera

1. Kœnitz, 29 juin 1762.
2. 22 juin 1762.

tout pour vous en ôter le titre.... C'est une chose aussi singulière qu'étonnante que la passion avec laquelle on vous a jugé; à l'exception de trois ou quatre hommes sages qui ont résisté au torrent, tout le reste a conclu unanimement à vous décréter; une dévotion mal entendue a offusqué la raison de la plupart, et ils n'ont pas vu qu'ils n'étaient que les instruments de la politique des autres[1]. »

La conduite du Conseil s'explique fort bien. Ne valait-il pas mieux fermer les portes à un citoyen turbulent dont les théories politiques et la présence pouvaient amener des mouvements populaires? Donc, tant au point de vue religieux qu'au point de vue politique, Jean-Jacques ne pouvait s'attendre à Genève qu'à une condamnation.

Il en était de même à Berne, où l'aristocratie n'entendait pas davantage laisser toucher à ses privilèges et compromettre son autorité. Aussi les ouvrages de Jean-Jacques y furent-ils brulés, l'auteur expulsé du territoire, et cependant, à Berne, ni la France ni Voltaire n'avaient d'action.

Rousseau, qui connaît toutes ces raisons, qui avoue qu'on était surexcité contre lui à Genève, qu'on le jalousait, qui ne pouvait avoir oublié les avertissements si nets, si précis, de Moultou, ce même Rousseau, le jour où l'événement se réalise, le jour où ses livres sont brûlés et lui décrété, veut absolument trouver un bouc émissaire; il fait hommage à Voltaire de la persécution

---

1. *Rousseau, ses amis et ses ennemis.*

qui le frappe, se pose comme sa victime, et lui impute l'infamie d'une délation et d'un acharnement sans exemple. Il l'écrit à tout l'univers et le répète tant et si bien qu'il parvient à le faire croire.

Un ami de Rousseau, le colonel Pictet, se chargea de résumer dans une lettre des plus vives les griefs du philosophe[1].

« Je crois voir dans trois causes, disait le colonel, la source de cette sentence infamante : l'une est l'engouement où l'on est de M. de Voltaire, la seconde qu'on aura cru faire sa cour à celle de Versailles, et on aura voulu en troisième lieu, réparer par une démarche éclatante le mal que M. d'Alembert peut nous avoir fait par l'article *Genève* du *Dictionnaire encyclopédique.*

« Le premier motif ne peut se justifier par aucun endroit, il n'est jamais permis de flétrir la réputation d'un auteur pour augmenter celle de son adversaire, et encore moins à un tribunal d'entrer dans des voies aussi odieuses ; en vérité, si cette sentence est émanée de Ferney, les moyens que les adhérents de M. de Voltaire emploient pour étayer sa réputation, me paraissent bien plus propres à la détruire qu'à y contribuer ; je comprends qu'il faut que cette faction ait prévalu dans le Conseil, car comment ne se serait-il pas aperçu de ce qu'il y a d'inconséquent dans sa sentence ! »

« Ce tribunal flétrit par un jugement infamant un citoyen de la république qui a, jusqu'à présent, bien mérité d'elle par ses démarches et par ses écrits ; on le condamne sur des matières sur lesquelles une explication plus ample eût peut être ôté toute équivoque, pendant que le même tribunal

---

1. Elle était adressée à M. Duvillard, libraire.

permet qu'on imprime, avec l'approbation publique, les ouvrages d'un homme qui insulte à Genève et à la religion qu'on y professe, qui infecte tout ce qui l'environne du poison de ses sentiments erronés, et qui a fait à Genève plus de déistes que Calvin n'y a fait de protestants. Et en faveur de qui le Conseil fait-il cette distinction? en faveur d'un étranger, auquel on a accordé une retraite dans un temps où toute l'Europe la lui refusait. J'avoue que cette sentence nous couvre de confusion, si l'esprit de parti l'a dictée, et qu'en ce cas elle fait plus de tort à Voltaire et à ses partisans qu'à Rousseau, contre lequel elle a été exécutée[1]. »

Cette lettre, paraît-il, n'était pas destinée à la publicité; l'auteur l'avait simplement adressée à son libraire en lui renvoyant un exemplaire d'*Émile*; mais le libraire la fit circuler.

Le Conseil, qui craignait une rébellion et voulait à tout prix l'étouffer, montra la plus grande rigueur. M. Pictet et son libraire furent mis en prison et ils passèrent en jugement. Malgré une touchante lettre d'excuses, dans laquelle il avouait et reconnaissait sa faute, Pictet fut condamné à être *grièvement* censuré, à demander pardon à Dieu et à la seigneurie et il fut suspendu pendant un an des droits honorifiques de la bourgeoisie, c'est-à-dire privé de son entrée dans le Deux-Cents[2] et dans le Conseil général[3]. « Vous voyez

---

1. 22 juin 1762. — Archives de Genève. Registres du Conseil de l'année 1762.
2. Le Conseil des Deux-Cents ou Grand Conseil représentait à Genève le pouvoir législatif.
3. Affaires étrangères, Corresp. de Montpéroux, 24 juillet 1762. —

qu'à Genève, comme par tout ailleurs, dit Mlle de Bondeli, le magistrat n'aime pas qu'on lui dise ses vérités[1]. » Il l'aimait d'autant moins que la lettre de Pictet avait soulevé une fermentation passagère et qu'on avait craint un instant pour la tranquillité de la république.

Gabriel Cramer, le célèbre imprimeur, fut indigné du procédé du colonel ; il voulut lui répondre, mais Voltaire fort sagement calma son ami :

« Mon cher Gab, lui écrivait-il, c'est moi qui vous conjure d'être sage. Votre lettre est d'une violence extrême ; quand on écrit de telles lettres, il faut se couper la gorge avec celui auquel on a écrit. Je sais, quand il le faut, réprimer le zèle. Supprimez votre lettre, je vous en conjure. Ce n'est pas vous qui êtes outragé, c'est moi. C'est à moi à répondre. L'honneur et la vérité m'y forcent. J'aimerais mieux perdre les Délices, que de souffrir qu'on dise qu'on m'a donné un asile et que l'Europe m'en refusait. Je défie d'ailleurs qu'on trouve dans les écrits que vous avez imprimés de moi, une ligne contre la religion, et il y en a cent en sa faveur.

« En un mot, il est d'une nécessité absolue que les honnêtes gens voient la lettre ci-jointe, que j'envoie au colonel Pictet et à M. le premier syndic. Travaillons à force, et moquons-nous du reste. Il est nécessaire que je vous voie, mon cher Gabriel[2] ! »

La plus cruelle offense que l'on pût faire à Voltaire,

Registre du Conseil de Genève. Le libraire Duvillard subit la même peine, mais ne fut suspendu de ses droits que pendant six mois.
1. 7 août 1762.
2. 1762. *Inédite.*

nous le savons, était de dire qu'il avait trouvé un asile sur le territoire de Genève. Cette assertion le mettait hors de lui. C'est elle qu'il relève avec le plus de colère et d'indignation dans sa réponse au colonel Pictet.

« Je supplie M. le colonel Pictet de vouloir bien faire mieux informer ; je ne suis point venu chercher un asile dans la république de Genève, je n'y ai pris une maison de campagne que pour ma santé ; tout le monde sait que j'allais aux bains d'Aix, que M. le professeur Tronchin me les déconseilla et entreprit ma guérison. Je ne suis ici que comme tant d'autres étrangers que la réputation et la science de M. le docteur Tronchin y attirent. J'ai acquis des terres dans le pays de Gex, parce que j'ai du bien dans les provinces voisines. Je pouvais suivre mon goût pour l'agriculture et pour la retraite dans d'autres terres en France, puisque le roi m'a toujours conservé la charge de gentilhomme ordinaire et m'a gratifié d'une pension depuis que je suis ici.

« Il ne tenait qu'à moi de retourner auprès du roi de Prusse qui m'a fait l'honneur de m'écrire plusieurs fois, mais je ne l'ai pas voulu et je ne l'ai pas dû. J'ai toujours vécu dans la retraite et je n'ai couché à Genève que deux fois depuis huit années. Je n'ai vu qu'une seule fois en ma vie le sieur Jean-Jacques Rousseau et je suis si éloigné d'être son ennemi que je lui fis offrir il y a quelques années une de mes maisons pour rétablir sa santé. Je n'ai point lu ses deux derniers livres, j'en parcourus un à la hâte ayant des occupations plus pressées qui demandent tout mon temps. Il est impossible qu'on ait pu prendre dans mon château de Ferney la résolution de condamner le sieur Rousseau, puisque j'habite depuis trois mois les Délices où j'ai été malade à la mort.

« J'ai été assez heureux pour rendre quelques services à des citoyens de Genève auprès du ministère de France; voilà toute ma faction. Je respecte tellement le Conseil de Genève que je n'ai parlé à aucun de ses membres du sieur Rousseau ni de ses livres, cela ne convient pas à un étranger. Je ne sais que révérer le Conseil et ses décisions et je ne m'informe jamais de ce qui se passe à Genève. Il est faux que j'aie jamais rien écrit contre la religion chrétienne, j'ai toujours recommandé la Religion et la Tolérance. Je suis très persuadé qu'un aussi honnête homme que M. Pictet, à la famille de qui je suis très attaché, sera fâché de m'avoir rendu si peu de justice.

« Je l'assure de mes respectueux sentiments[1]. »

En même temps qu'il écrivait à M. Pictet, le patriarche adressait aussi au Magnifique Conseil une solennelle protestation contre les accusations dont il était l'objet. Mais ses énergiques dénégations furent stériles : grâce aux récits propagés par Rousseau et ses partisans, on lui attribua dans le public tout l'odieux des poursuites et l'on assura que c'était à Ferney qu'elles avaient été décidées.

« L'arrêt du Sénat n'est que trop vrai, écrit Mlle de Bondeli, et j'en suis doublement affligée, d'abord quant à Rousseau, et encore quant à ceux qui l'ont provoqué, ce sont mes amis, j'ai honte et d'autant plus honte, que leur vrai motif n'est pas celui de la religion surprise, qui peut en quelques façons excuser les excès auxquels elle porte. Les premiers coups se sont portés à Genève par la cabale de Ferney, cette cabale a influé jusqu'à Berne; je crève de honte en pensant que l'auteur de la *Pucelle*, de *Candide*, et de l'*Epître à*

---

1. 1762. Inédite.

Uranie nous enseigna à persécuter un Rousseau, mais je n'aurai pas honte seule ; comme je suis informée de toute l'affaire et qu'on ne se doute pas que la véritable chaîne en puisse être connue, j'en ferai usage pour confusionner mon prochain[1]. »

Mlle de Bondeli tint sa promesse et fit si bien usage de ses renseignements *pour confusionner son prochain*, que trois mois après Mlle Curchod lui écrivait :

« Vous vous êtes fait ici des amis et des ennemis, vous avez écrit tous les détails de la conduite de Voltaire vis-à-vis de Rousseau, M. Moultou l'a su et l'a publié avec tout l'empressement imaginable. Partisan de Rousseau jusqu'à l'enthousiasme, il a usé son esprit et son corps à justifier ou à pallier les fautes du Citoyen[2]. »

Ainsi c'est par Mlle de Bondeli, qui habite Kœnitz, que Moultou, résidant à Genève, et vivant dans l'intimité des Conseils, apprend toutes les machinations de Voltaire. N'est-ce pas étrange et d'une rare invraisemblance ? ce qui n'empêche pas Moultou de regarder comme article de foi tous les détails qu'on lui donne et de les répandre à l'envi.

Mais ce n'est pas seulement à Genève que Voltaire passe pour un des principaux instigateurs des rigueurs exercées contre Rousseau ; à Paris la même opinion s'est accréditée. D'Alembert, assez mécontent des bruits qui circulent sur son ami, lui écrit pour l'en prévenir et le prémunir contre les tendances qu'il peut

1. Kœnitz, 7 juillet 1762. *Julie von Bondeli.*
2. Octobre 1762. — *Julie von Bondeli.*

avoir à se venger d'anciennes injures. Il lui dit très sensément :

« Les amis de Rousseau (non plus de Rousseau le poète, mais de Rousseau de Genève) répandent ici que vous le persécutez, que vous l'avez fait chasser de Berne, et que vous travaillez à le faire chasser de Neufchâtel. Je suis persuadé qu'il n'en est rien, et que malgré les torts que Rousseau peut avoir avec vous, vous ne voudriez pas l'écraser à terre. Je me souviens d'un beau vers de *Sémiramis* :

.... La pitié, dont la voix,
Alors qu'on est vengé, fait entendre ses lois.

« Souvenez-vous d'ailleurs que si Rousseau est persécuté, c'est pour avoir jeté des pierres, et d'assez bonnes pierres, à cette infâme que vous voudriez voir écrasée; et qui fait le refrain de toutes vos lettres, comme la destruction de Carthage était le refrain de tous les discours de Caton au sénat[1]. Rousseau ressemble à cet homme des fables d'Ésope, qui donnait des soufflets aux passants, et à qui on conseilla pour son malheur, d'aller souffleter aussi un sot accrédité qui se trouva sur son chemin, et qui lui fit payer les soufflets pour lui et pour les autres passants. Mais il ne faut pas que la philosophie, tout insultée qu'elle est par lui, puisse être accusée d'avoir contribué ou même d'insulter à son malheur[2]. »

Exaspéré de ces bruits, qui le harcèlent de tous côtés,

---

1. Voltaire écrivait à d'Alembert le 6 décembre 1757 : « Je fais comme Caton, je finis toujours ma harangue en disant : Deleatur Carthago.... Il ne faut que cinq ou six philosophes qui s'entendent pour renverser le colosse. Il ne s'agit pas d'empêcher nos laquais d'aller à la messe ou au prêche ; il s'agit d'arracher les pères de famille à la tyrannie des imposteurs et d'inspirer l'esprit de tolérance. »
2. 8 septembre 1762.

Voltaire répond à d'Alembert de *son château de Ferney*, par Genève, 15 septembre 1762 :

« Comment peut-on imaginer que j'aie persécuté Jean-Jacques? voilà une étrange idée; cela est absurde. Je me suis moqué de son *Emile*, qui est assurément un plat personnage; son livre m'a ennuyé; mais il y a cinquante pages que je veux faire relier en maroquin. En vérité, ai-je le nez tourné à la persécution? Croit-on que j'aie un grand crédit auprès des prêtres de Berne? Je vous assure que la prêtraille de Genève aurait fait tomber sur moi, si elle avait pu, la petite correction qu'on a faite à Jean-Jacques, et j'aurais pu dire :

> . . . . *Jam proximus ardet.*
> *Ucalegon* . . . .

si je n'avais pas des terres en France, avec un peu de protection. Quelques cuistres de calvinistes ont été fort ébahis et fort scandalisés que l'Illustre République me permît d'avoir une maison dans son territoire, dans le temps qu'on brûle et qu'on décrète de prise de corps Jean-Jacques le Citoyen; mais comme je suis fort insolent, j'en impose un peu, et cela contient les sots. »

Voltaire s'indigne d'autant plus des accusations dont il est l'objet que non seulement, s'il faut l'en croire, il n'a pas attaqué Rousseau, mais qu'encore il l'a défendu au point de se compromettre. L'affirmation peut paraître excessive, on n'en demandait pas tant au philosophe. Il faut lire en quels termes plaisants il fait l'aveu, pour l'édification publique, de sa conduite généreuse. C'est encore d'Alembert qui reçoit ses confidences.

« Savez-vous dans quel temps ce malheureux faisait ces belles manœuvres? C'était lorsque je prenais vivement son parti, au hasard même de passer pour mauvais chrétien : c'était en disant aux magistrats de Genève, quand par hasard je les voyais, qu'ils avaient fait une vilaine action en brûlant *Émile* et en décrétant Jean-Jacques; mais le babouin, m'ayant offensé, s'imaginait que je devais le haïr, et écrivait partout que je le persécutais dans le temps que je le servais et que j'étais persécuté moi-même[1]. »

Sans croire au touchant récit de Voltaire, on peut reconnaître qu'il avait conservé pour Rousseau, en dépit de ses mauvais procédés et de ses injures, une véritable faiblesse et qu'encore en 1762, Jean-Jacques, s'il l'eût voulu, aurait pu trouver à Ferney un asile assuré.

1. 9 janvier 1765.

CHAPITRE X

1762

Sommaire : Rousseau et les pasteurs de Genève. — Rousseau et M. de Montmollin. — Communion du philosophe.

La publication de l'*Émile* et du *Contrat social* créa au clergé de Genève une situation très délicate, car ses relations fréquentes avec Rousseau n'étaient un mystère pour personne. La foi des pasteurs ne devenait-elle pas singulièrement suspecte lorsqu'on voyait leur correspondant assidu, leur ami avéré, nier les miracles et la révélation ! Moultou, Roustan, Sarrazin, Vernes, Vern' etc. se trouvèrent placés dans la position la plus cruelle. S'ils soutenaient Rousseau, ils devenaient de mauvais pasteurs, on devait les chasser du temple ; s'ils l'attaquaient, ils manquaient à une vieille amitié et s'attiraient un dangereux ennemi. S'ils gardaient le silence, on pouvait à juste titre les soupçonner de partager les scandaleuses théories de leur ami.

Déjà l'apparition de la *Nouvelle Héloïse* avait éveillé leurs légitimes scrupules. Quelle ne fut pas leur consternation quand l'*Émile* parut! Jean-Jacques, en rentrant dans le giron de l'Église calviniste, n'avait-il pas affirmé le caractère miraculeux de l'Évangile, qu'il niait formellement aujourd'hui[1]!

Voyant à quel point la question religieuse avait soulevé d'inimitiés contre l'auteur du *Contrat social* et avait éloigné de lui ses meilleurs amis, Moultou le supplia d'écrire non pas une rétractation, mais une explication :

« Ne pourriez-vous pas, lui disait-il, dans une lettre que vous adresseriez à moi, si vous voulez (vous saurez bien le faire sans rendre ma foi suspecte), rendre compte des motifs qui vous ont porté à écrire aussi librement que vous l'avez fait? Là, vous montreriez que vos principes de religion ne diffèrent pas de ceux des vrais chrétiens..., que vous ne rejetez pas même la révélation qui peut être vraie, mais dont vous ne pouvez avoir toute la certitude que vous souhaiteriez, qu'il y a bien loin de ce doute à l'incrédulité absolue.... Mais sur quoi je voudrais insister surtout, et vous le feriez avec plaisir, c'est sur la supériorité de la religion de Genève sur toutes les autres religions[2].... »

---

1. Le formulaire de réintégration dans l'Église de Genève était fort simple. On demandait à l'aspirant s'il admettait comme vérité révélée et divine l'Ancien et le Nouveau Testament. Rousseau prétendit plus tard qu'il s'était borné à un doute respectueux sur la révélation contenue dans les Saintes Écritures. « Si vous vous étiez borné, écrivait avec raison le professeur Claparède, au doute respectueux touchant l'existence de la révélation, pensez-vous qu'en 1754 vous eussiez satisfait la commission du Consistoire chargée de vous réintégrer dans le sein de notre Église? »

2. 18 juin 1762. Streckeisen-Moultou.

Il l'engageait encore à développer un point d'une importance capitale, c'est qu'il n'avait en aucune façon voulu détruire la religion de son pays. En effet depuis 1754, Rousseau, en rentrant dans la foi de ses pères, a repris son titre et ses droits de bourgeois de Genève. Or, le serment des bourgeois, on l'a vu, contient une promesse formelle de *maintenir et de conserver la religion établie, qu'ils déclarent croire de tout leur cœur.* Ce serment, on l'accuse de l'avoir méconnu. C'est le grief le plus sérieux exploité contre lui, celui auquel il est le plus urgent de répondre.

Rousseau repoussa ces propositions avec indignation, et refusa toute explication, sans se soucier de l'extrême embarras dans lequel il plaçait ses amis.

Cependant, en souvenir d'anciennes et intimes relations, la compagnie des pasteurs resta tout d'abord dans une assez grande réserve, et bien qu'au point de vue religieux elle fût la première intéressée, elle eut le bon goût de se tenir à l'écart et de ne pas s'associer à la violente indignation du Conseil. Le résultat fut que, dans le public, les pasteurs se trouvèrent gravement compromis et que leur sympathie pour l'auteur d'*Émile* leur fut sévèrement reprochée.

Le bruit courait à Paris, à l'Académie française, et dans les cercles littéraires, que si les magistrats avaient condamné l'*Émile*, le clergé l'avait approuvé. La *Gazette de Bruxelles* enregistrait ces bruits et la *Gazette d'Utrecht* publiait ce perfide entrefilet :

« Grand et édifiant spectacle offert par la vénérable compagnie des pasteurs de Genève! Tandis que le gouvernement brûle les livres de Rousseau, le clergé les approuve et se trouve très heureux d'en être réduit à une religion naturelle qui ne prouve rien et ne demande pas grand chose[1]. »

Ce passage était évidemment de nature à compromettre le clergé genevois. Moultou n'hésita pas à l'attribuer à Voltaire et à d'Alembert, mais sans fournir la moindre preuve de leur culpabilité.

Il se peut cependant que Voltaire, qui en fait de mauvais tours était en compte réglé avec les pasteurs, ait choisi avec empressement cette occasion de les mettre dans l'embarras; il est également fort possible que d'Alembert se soit empressé d'aider le patriarche dans cette louable entreprise; depuis l'article *Genève*, il ne demandait qu'à être désagréable aux *pédants sociniens* qui l'avaient désavoué.

Si cet entrefilet était l'œuvre de Voltaire, Rousseau de son côté ne ménageait ni les pasteurs ni le châtelain de Ferney, et il s'efforçait de les compromettre. D'après Wagnière[2], voici une note que Jean-Jacques envoya à Paris et qui figure dans les Mémoires de Bachaumont à la date du 8 juillet[3] :

---

1. Moultou fait allusion à cet article dans sa lettre du 1er septembre 1762.
2. Secrétaire et ami de Voltaire.
3. Si l'on s'en rapporte à Moultou, en ce qui concerne Voltaire, il faut également s'en rapporter à Wagnière en ce qui concerne Rousseau. Les situations sont identiques.

« Il y a à Genève une fermentation considérable, occasionnée par la condamnation de l'*Émile* de Rousseau. Les ministres de l'Église réformée prétendent que les séculiers (le Conseil de Genève) ne l'ont condamné que par esprit de parti, à cause que Rousseau soutient dans le *Contrat social* les vrais sentiments de la *démocratie*, opposés à ceux de *l'aristocratie*, qu'on voudrait introduire. A l'égard de la doctrine théologique renfermée dans *Émile*, ils disent qu'on pourrait la soutenir en bien des points, que d'ailleurs on ne lui a pas laissé le temps de l'avouer, ou de la rétracter. Ils ajoutent que l'on souffre dans l'État un homme (M. de Voltaire) dont les écrits sont bien plus répréhensibles, et que les distinctions qu'on lui accorde sont une preuve de la dépravation des mœurs, et des progrès de l'irréligion qu'il a introduites dans la République, depuis son séjour sur son territoire. »

On ne pouvait plus habilement détourner sur Voltaire les colères qui s'agitaient contre Rousseau.

En présence de ces accusations réitérées, les pasteurs ne purent paraître plus longtemps indifférents à ce qui se passait, il leur fallut prendre un parti. Les uns abandonnèrent sans hésitation celui qui troublait leur quiétude religieuse. Un ou deux, dont Moultou, prirent audacieusement la défense du philosophe. Quelques-uns, comme Vernes, s'efforcèrent de concilier leurs devoirs de pasteurs avec les droits d'une ancienne amitié ; mais ils ne cachèrent pas à l'auteur d'*Émile* l'affliction qu'il leur causait.

« Je ne sais, lui écrivait le pasteur Vernes, si Moultou vous a dit, comme je l'en avais prié, la part que j'ai prise à tout ce qui vous est arrivé, et le tourment qu'a causé à l'amitié que je vous ai vouée pour la vie, les persécutions que vous avez essuyées. Oh! mon cher ami, si vous aviez eu assez de confiance en moi pour me prévenir sur ce que vous vouliez donner au public, je crois que les représentations que l'amitié m'aurait porté à vous faire vous auraient détourné de votre projet. Quand tout ce que vous avez dit sur le christianisme serait fondé, quel bien feriez-vous à la société en lui enlevant un de ses plus fermes appuis? Quelles angoisses vous avez mises en de bonnes âmes, en voyant des doutes proposés avec toute la force possible, par un homme dont on adore les talents et le génie! Oui, mon cher Rousseau, j'en ai vu de ces âmes alarmées par la lecture de votre *Émile*, et auxquelles j'ai eu bien de la peine à rendre la tranquillité que leur donne une foi vive, dont nous avons tant besoin dans cette vallée de larmes et de misères[1]....

« Il m'a été impossible de ne pas vous montrer le fond de mon cœur, vous aimez trop la candeur pour blâmer celle avec laquelle je vous parle. Que ne pouvez-vous lire dans le fond de ce cœur! Vous y verriez le tendre intérêt que je prends à mon ami, et combien il manque à mon bonheur de ne pas vous voir dans une patrie dont vous auriez fait les délices par votre commerce, comme vous en faites la gloire par vos talents supérieurs[2]. »

---

[1]. S'il faut en croire les contemporains, la lecture de l'*Émile* fit réellement beaucoup de mal à Genève. Charles Bonnet écrivait à Bentink : « Vous ne sauriez imaginer tout le mal que Rousseau a fait ici et combien il a renversé de petites têtes qui ne savent plus que croire. » Bentink lui répondait : « Je crois que tous ceux à qui le livre a fait du mal à Genève et qui, depuis qu'ils l'ont lu, ne savent plus que croire, avaient déjà le mal tout fait dans leur esprit et dans leur cœur, et que certainement ils n'avaient auparavant jamais su ce qu'ils devaient croire et pourquoi ils devaient le croire. » (Manuscrits de Bonnet. Bibliothèque de Genève.)

[2]. Juillet 1762, *Rousseau, ses amis et ses ennemis*.

Cette lettre fit perdre à Rousseau toute mesure :

« Après un long silence, mande-t-il à Moultou, je viens de recevoir de Vernes une lettre de bavardages et de cafardise, qui m'achève de dévoiler le pauvre homme. Je m'étais bien trompé sur son compte. Les directeurs l'ont chargé de me tirer, comme on dit, les vers du nez. Vous vous doutez bien qu'il n'aura pas de réponse[1]. »

Moultou eut beau dire : « Ne croyez pas de mauvaise intention à Vernes, certainement il n'en a aucune[2] », Jean-Jacques n'en conserva pas moins contre son ancien ami une implacable rancune.

Sur ces entrefaites un incident complètement inattendu vint encore compliquer la situation.

Rousseau était persuadé qu'il avait enfin trouvé à Motiers un asile et le repos, mais il y avait des pasteurs à Neufchâtel aussi bien qu'à Berne et à Genève, et, comme le disait fort bien d'Alembert, « le roi de Prusse, tout roi de Prusse qu'il est, n'est pas le maître à Neufchâtel comme à Berlin, et les vénérables pasteurs de ce pays-là n'entendent pas raillerie sur l'affaire de la religion[3] ».

Ce serait mal connaître le clergé de Neufchâtel que de s'imaginer qu'il laissa Rousseau en repos. Les mêmes raisons qui avaient été exploitées à Genève et à Berne se présentèrent à Neufchâtel; l'accueil généreux de Milord Maréchal souleva l'indignation des pasteurs.

---

1. 24 Juillet 1762.
2. 4 août 1762.
3. A Voltaire, 31 juillet 1762.

« Ils remplirent leur *Mercure* d'inepties et du plus plat cafardage[1] », écrit Jean-Jacques[2] ; ils firent tant et si bien, que le magistrat municipal défendit l'*Émile*, la classe des ministres le déféra ; le conseil d'État allait prendre des mesures contre la personne même de l'auteur, mais Milord Maréchal, qui n'était pas homme à s'embarrasser des clameurs des orthodoxes, intervint et déclara que les ordres du roi étaient qu'on laissât le philosophe tranquille ; il fallut s'incliner.

Le ministre chargé de la paroisse de Motiers était un certain M. de Montmollin. C'est : « Un homme assez gai dans la société, dit Jean-Jacques, qui ne manque pas d'esprit, qui fait quelquefois d'assez bons sermons et souvent de fort bons contes[3]. » Dès son arrivée dans la localité, Rousseau fut mis en rapports avec lui ; le pasteur chercha d'abord à entrer en discussion, mais il fut arrêté net par cette phrase péremptoire : « J'ai répété dans cent endroits de mes ouvrages que je ne disputerais point. J'ai dit ce que j'ai dit après y avoir longtemps pensé. »

Cette attitude superbe devait être de peu de durée. Fatigué de ces luttes, de ces pérégrinations incessantes, inquiet de l'avenir et craignant que la protection de Milord Maréchal ne fût pas toujours suffisamment efficace, désireux surtout de donner à ses partisans de

---

1. *Confessions*. Partie II, livre XII.
2. Ce que dit Rousseau est très exagéré. Certainement des critiques parurent dans le *Mercure*, mais elles ne dépassèrent pas les bornes permises.
3. Musée Neufchâtelois, 1872.

Genève un puissant appui et de ruiner les espérances de ses ennemis, Rousseau essaya de rentrer par un acte éclatant dans le giron de l'Église reformée. Quel triomphe si le clergé de Neufchâtel se montrait plus tolérant que celui de Genève!

Depuis son arrivée, il fréquentait assidûment les saintes assemblées avec une dévotion et un respect extérieurs, qui faisaient l'admiration du peuple[1]. Le temps de la communion approchait. Avant de se rendre à la sainte table, il se décida à écrire au pasteur de Montmollin une lettre respectueuse pour lui faire sa profession de foi. Il commençait par déclarer que son ouvrage n'avait eu d'autre but que d'attaquer et de détruire les dogmes intolérants et sanguinaires de l'Eglise romaine et qu'un réquisitoire calomnieux avait seul pu créer le préjugé qui existait contre son livre. « Je suis attaché de bonne foi à la religion réformée, cette religion véritable et sainte, disait-il, et je le serai jusqu'à mon dernier soupir. Je désire être toujours uni extérieurement à l'Église comme je le suis dans le fond de mon cœur[2]. » Il terminait en demandant à être admis à la communion[3].

M. de Montmollin, ravi de voir la brebis égarée rentrer d'elle même au bercail, accourut au devant d'elle.

---

1. Montmollin au pasteur Sarazin. (Fritz Berthoud.)
2. 24 août 1762.
3. La lettre était fermée d'un cachet de cire rouge, gravé de signes arabes ou turcs, dont Rousseau faisait fréquemment usage. (Fritz Berthoud.)

« J'étais bien éloigné, dit Rousseau, d'attendre de cette lettre l'effet qu'elle produisit : je la regardais comme une protestation nécessaire et qui aurait son usage en temps et lieu. Quelle fut ma surprise et ma joie de voir dès le lendemain, chez moi, M. de Montmollin me déclarer que non seulement il approuvait que j'approchasse de la sainte table, mais qu'il m'en priait, et qu'il m'en priait de l'aveu unanime de tout le Consistoire, pour l'édification de la paroisse dont j'avais l'approbation et l'estime[1]. »

L'étonnement de Rousseau ne s'explique pas. Il devait s'attendre à l'émotion que sa lettre produirait. Un homme qu'on poursuit partout pour ses théories antichrétiennes, qu'on regarde comme un déserteur de sa religion et qui vient tout à coup dire qu'il y a méprise et demander à communier, ne doit pas s'étonner de produire un certain effet. « Il communia le dimanche suivant avec une humilité et une dévotion qui édifia toute l'église, humilité profonde qui portait avec elle le caractère de la sincérité[2]. »

Voltaire ne put s'empêcher de rire de cette nouvelle contradiction.

« Nous envoyons au cher frère, écrit-il à Damilaville, la belle lettre de J.-J. Rousseau au cuistre de Motiers-Travers. On peut juger de la conduite noble et conséquente de ce Jean-Jacques. Ne trouvez-vous pas que voilà une belle fin? Je mourrai avec le chagrin d'avoir vu la philosophie trahie

---

1. A Mme de Boufflers, 30 octobre 1762.
2. Montmollin au pasteur Sarazin (*J.-J. Rousseau et M. de Montmollin*, par Fritz Berthoud. Fleurier, 1884).

par les philosophes et des hommes qui pouvaient éclairer le monde s'ils avaient été réunis. Mais, mon cher frère, malgré la trahison de Judas, les apôtres persévèrent[1]. »

Damilaville répond aussitôt :

« J'ai reçu la lettre de mon très illustre maître du 9 et la copie de celle de Jean-Jacques au pasteur de Motiers-Travers, qui y était jointe. Cette pièce, le comble de l'extravagance et de la bassesse, caractérise parfaitement le composé bizarre de cet insensé et prouve qu'il n'a besoin que de lui-même pour se couvrir du ridicule le plus complet. On est bien persuadé que rien n'est plus inconséquent que cette tête, mais on ne se serait jamais permis de la soupçonner de l'être autant[2]. »

La communion de Rousseau fut en général sévèrement jugée. Mme de Boufflers elle-même, malgré tout l'intérêt qu'elle portait à son ami, ne put lui dissimuler le mauvais effet produit par un acte qu'on considérait comme une pure hypocrisie, car les motifs en étaient par trop visibles. Le philosophe répondit qu'il ne comprenait pas ce qu'on lui reprochait et pourquoi on s'avisait tout à coup de lui faire un crime de pratiquer sa religion, dont il avait toujours suivi les préceptes même vivant en pays catholique.

Mais pourquoi n'avoir pas fait les choses simplement, pourquoi avoir mis le monde entier au courant d'un acte intime, pourquoi tant de fracas?

---

1. Voltaire à Damilaville, 9 septembre 1762; dans la Correspondance (édition Moland), cette lettre porte la date du 18 septembre; c'est une erreur, elle est du 9.

2. *Inédite*. Bibliothèque nationale. Mss.

C'est toujours la faute de Voltaire :

« Ah! pourquoi? Le voici. M. de Voltaire, me voyant opprimé par le Parlement de Paris, avec la générosité naturelle à lui et à son parti, saisit ce moment de me faire opprimer de même à Genève, et d'opposer une barrière insurmontable à mon retour dans ma patrie. Un des plus sûrs moyens qu'il employa pour cela, fut de me faire regarder comme déserteur de ma religion. Il travailla donc de toutes ses forces à soulever les ministres : il ne réussit pas avec ceux de Genève, qui le connaissent; mais il ameuta tellement ceux du pays de Vaud, que, malgré la protection et l'amitié de M. le bailli d'Yverdun et de plusieurs magistrats, il fallut sortir du canton de Berne. On tenta de faire la même chose en ce pays; mais les ordres de Milord Maréchal et la protection déclarée du roi l'arrêtèrent tout court[1]. »

Il fallait donc, par un acte retentissant, prouver la fausseté des soi-disant imputations de Voltaire, il fallait, par un acte public, montrer qu'on n'avait jamais quitté sa religion.

Ainsi Voltaire non seulement a agi sur les Conseils, mais encore sur les pasteurs. Cette influence n'est-elle pas bien étrange, de la part d'un homme en si mauvais termes avec le clergé? Il est vrai, dit Rousseau, que s'il a réussi à Berne, à Genève, il a échoué. C'est faux, puisqu'au moment où Jean-Jacques écrit, le clergé de Genève lui est aussi hostile qu'aucun autre.

Le philosophe, en voulant donner à sa conduite des

---

1. 30 octobre 1762.

motifs plausibles et avouables, se perd dans un tissu de contradictions. Désespérant d'en sortir, il finit par déclarer à Mme de Boufflers « qu'on le traitera d'hypocrite tant qu'on voudra, mais qu'il ne renoncera point à la religion de ses pères, à cette religion si raisonnable, si pure, si conforme à la simplicité de l'Évangile, où il est rentré de bonne foi depuis nombre d'années, et qu'il a depuis toujours hautement professée. Il n'y renoncera point au moment où elle fait toute la consolation de sa vie. »

C'était déplacer la question, mais ce n'était pas répondre. Personne ne lui demandait de quitter encore « la religion de ses pères » au moment où il venait d'y rentrer avec éclat pour la troisième fois. Bien loin de lui conseiller, comme il semble l'indiquer, une nouvelle apostasie, on lui reprochait au contraire l'abus des apostasies, ce qui n'est pas la même chose.

Cette communion retentissante remplit assurément le but que le philosophe poursuivait. Non seulement elle le mit à l'abri des tracasseries dans le Val de Travers, mais elle plaça dans le plus grand embarras les magistrats de Genève qui l'avaient condamné, lui et ses ouvrages. Qui oserait maintenant lui reprocher d'avoir attaqué la religion réformée, qui oserait l'accuser d'avoir trahi son serment de bourgeois, qui oserait lui fermer la porte de sa patrie? N'était-il pas calviniste croyant et pratiquant?

Ses partisans, qui s'étaient trouvés placés dans une situation si douloureuse, combattus entre le désir de soutenir leur ami et la crainte de manquer à leur serment, ne virent donc plus d'obstacle à la réalisation de leurs désirs. Cette communion levait tous les scrupules, on pouvait désormais sans se compromettre soutenir hardiment la cause d'un si bon chrétien! Aussi la lettre à M. de Montmollin souleva-t-elle dans la bourgeoisie le plus vif enthousiasme; plus de deux cents copies en furent répandues dans la ville.

« Ma lettre, écrit Rousseau, a fait à Genève un effet qui a mis les Voltairiens au désespoir, et qui a redoublé leur rage. Des foules de Genevois sont accourus à Motiers, m'embrassant avec des larmes de joie; et appelant hautement M. de Montmollin leur bienfaiteur et leur père. Il est même sûr que cette affaire aurait des suites, pour peu que je fusse d'humeur à m'y prêter[1]. »

Il se montrait du reste enchanté de la réussite de ses ingénieuses combinaisons :

« Il est vrai, disait-il, que bien des ministres sont mécontents. Voilà, pour ainsi dire, la *Profession de foi du vicaire* approuvée en tous ses points par un de leurs confrères; ils ne peuvent digérer cela. Les uns murmurent, les autres menacent d'écrire, d'autres écrivent en effet, tous veulent absolument des rétractations et des explications qu'ils n'auront jamais[2]. »

Cette communion fut en effet un coup de maître. Elle mit l'aristocratie et les pasteurs de Genève dans

---

1. 30 octobre 1762.
2. A Mme de Boufflers, 30 octobre 1762.

une position des plus délicates. En apparence elle devait tout concilier, en réalité elle ne fit que tout compliquer. Comment repousser un homme qu'un pasteur non seulement déclarait chrétien, mais encore admettait à la sainte Cène? L'ère des ménagements et des atermoiements était passé, il fallait nettement se prononcer. Ou M. de Montmollin avait eu tort et devait être blâmé, ou il fallait reconnaître que malgré l'*Émile* Jean-Jacques était resté chrétien.

En général, les pasteurs de Genève n'hésitèrent pas. On avait tant de fois répété qu'ils pactisaient avec Rousseau, qu'ils devaient à l'opinion publique une justification éclatante; ils taxèrent la conduite du ministre de Motiers de faiblesse déplorable et la blâmèrent hautement. Le pasteur Sarazin lui écrivit même en lui demandant les motifs de sa conduite[1].

M. de Montmollin[2], pour se justifier, répondit que Rousseau lui avait sans cesse protesté :

« Qu'il était dans le fond de son âme chrétien réformé, qu'il souhaitait d'en faire tous les actes, qu'il regardait comme tout ce qui pourrait lui arriver de plus consolant que de participer à la sainte table, qu'il désirait de tout son cœur de trouver Jésus pour son sauveur, lorsqu'il serait

1. Moultou, toujours enthousiaste, en était arrivé à écrire : « Je suis indigné contre le ministre qui a écrit à M. de Montmollin; nous avons des espèces d'hommes qui font pitié; ils ne savent pas de quel esprit ils sont animés. Je l'éprouve chaque jour; ce qui est bien certain c'est qu'eux ou moi ne sommes pas chrétiens; il me semble pourtant que je le suis. » (22 novembre 1762.)
2. Genève, 14 septembre 1762. — *Jean-Jacques Rousseau et M. de Montmollin*, par Fritz Berthoud. Fleurier 1884.

appelé à paraître devant le souverain juge. Et quant à son *Émile*, il me protesta encore qu'il n'avait point en vue la religion chrétienne réformée, mais qu'il a eu uniquement dans son plan ces trois objets principaux : premièrement, de combattre l'Église romaine ; secondement, de s'élever, non pas précisément directement, mais pourtant assez clairement, contre l'ouvrage infernal de l'*Esprit*, qui, suivant le principe détestable de son auteur, prétend que sentir et juger sont une seule et même chose, *ce qui est évidemment établir le matérialisme;* troisièmement, de foudroyer plusieurs de nos nouveaux philosophes qui, vains et présomptueux, sapent par les fondements et la religion naturelle et la religion révélée[1].... »

M. Sarazin s'empressa de répondre à son collègue que ses explications lui paraissaient satisfaisantes, mais il l'engagea cependant à obtenir une rétractation écrite des théories religieuses de l'*Émile*.

Montmollin demanda donc à son paroissien de lui adresser une seconde lettre plus précise et plus développée que la première, mais le philosophe se borna à renouveler ses premières affirmations et sa résolution de vivre et de mourir dans la communion de l'Église chrétienne réformée.

Peu satisfaits de voir que Rousseau persistait dans son mutisme, les ministres de Genève s'élevèrent en chaire contre ses ouvrages. Mais le scandale avait été trop grand pour que de simples sermons pussent l'effacer et disculper le clergé des doutes injurieux qui

1. Montmollin au pasteur Sarazin. — *Jean-Jacques Rousseau et M. de Montmollin*, par Fritz Berthoud, Fleurier 1884.

pesaient sur sa foi. La vénérable compagnie décida que le pasteur Jacob Vernet écrirait une brochure, monument durable des sentiments du clergé sur l'*Émile* et le *Contrat social*.

Jean-Jacques jusqu'à présent est resté assez calme vis-à-vis des pasteurs de Genève. Il sait qu'on le critique, que ses ouvrages ont été blâmés en chaire, il ne s'émeut pas, il écrit même à Moultou à propos des lettres anonymes qu'il reçoit : « Il est clair qu'on cherche à me brouiller avec notre clergé : très certainement *on ne réussira pas de mon côté*, mais il est bon d'être averti de l'autre[1]. »

Si ses dispositions sont conciliantes et modérées, c'est qu'il croit encore à ce moment au succès de sa communion.

Prévenu par Moultou de la réfutation que le clergé de Genève prépare, Rousseau se hate d'écrire ironiquement à Vernet qu'il ignore sans doute que le pasteur de Motiers l'a admis avec plaisir à la sainte table ; il ajoute non sans malice :

« Je me flatte, Monsieur, que vous voudrez bien ne pas désapprouver ce qu'a fait en cette occasion l'un de messieurs vos collègues, ni me traiter dans votre écrit comme séparé de l'Église réformée, à laquelle m'étant réuni sincèrement et de tout mon cœur, j'ai depuis ce temps demeuré constamment attaché, et le serai jusqu'à la fin de ma vie[2]. »

1. A Moultou, 1er septembre 1762.
2. 31 août 1762.

Vernet lui répondit fort poliment, avec beaucoup d'égards, mais sans aborder le sujet délicat de la communion de Motiers ; il lui promettait de le ménager autant que possible dans sa réponse et surtout de ne pas le confondre avec le contempteur de toutes les religions, mais il lui demandait une rétractation très nette des théories de l'*Émile*. Cette insistance exaspéra Jean-Jacques :

« M. Vernet m'a enfin répondu, écrit-il à Moultou, et je suis tombé des nues à la lecture de sa lettre. Il ne me demande qu'une rétractation authentique, aussi publique, prétend-il, que l'a été la doctrine qu'il veut que je rétracte. Nous sommes loin de compte assurément. Mon Dieu ! que les ministres se conduisent étourdiment dans cette affaire ! Ils avaient si beau jeu pour pousser toujours les prêtres en avant et se tirer de côté ! mais ils veulent absolument faire cause commune avec eux. Qu'ils fassent donc, ils me mettront fort à mon aise : *Tros Rutulusve fuat*; j'aurai moins à discerner où portent mes coups ; et je vous réponds que tout rogues qu'ils sont, je suis fort trompé s'ils ne les sentent. Quand on veut s'ériger en juges du christianisme, il faut le connaître mieux que ne font ces messieurs ; et je suis étonné qu'on ne se soit pas encore avisé de leur apprendre que leur tribunal n'est pas si suprême qu'un chrétien n'en puisse appeler[1]. »

Quelques jours plus tard il écrit encore :

« Ces messieurs, que je croyais raisonnables, sont cafards comme les autres, et, comme eux, soutiennent par la force

---

1. 8 octobre 1762.

une doctrine qu'ils ne croient pas. Je prévois que tôt ou tard, il faudra rompre : ce n'est pas la peine de renouer[1]. »

Moultou, effrayé de ces menaces, s'empressa de calmer son irascible correspondant et de le détourner de ses projets par un argument qu'il savait irrésistible : « Le parti de Voltaire rirait bien, lui dit-il, si vous attaquiez nos ministres, qui dans le fond vous aiment[2]. » Jean-Jacques garda le silence, mais il n'en conserva pas moins contre le clergé de Genève une rancune ineffaçable. Il aurait dû comprendre cependant l'embarras de ses anciens amis, et l'impossibilité pour eux de paraître approuver de véritables hérésies. Ce clergé qu'il avait porté aux nues, devint l'objet de sa haine et le but de ses sarcasmes les plus méprisants. La rupture allait suivre, irrévocable et définitive. Pouvait-il en accuser Voltaire ?

1. A Moultou, 21 octobre 1762.
2. 15 octobre 1762.

CHAPITRE XI

1763

Sommaire : *Lettre à Christophe de Beaumont*. — Rousseau refuse d'écrire au Consistoire de Genève. — Il abdique les droits de bourgeoisie. — *Représentants et négatifs*.

Malgré le peu de succès de la communion du philosophe, malgré l'aigreur qui s'établissait dans ses relations avec les pasteurs, ses amis ne se tenaient pas pour battus et cherchaient par tous les moyens à le faire rentrer à Genève. Jean-Jacques s'irritait même de cette insistance : « Ils disposent de moi comme de leurs vieux souliers, disait-il[1]. »

Un assez vif mécontentement se déclara dans la bourgeoisie quand on vit le clergé de Genève se montrer plus exigeant que M. de Montmollin. Pour marquer leur déplaisir, plus de quatre cents bourgeois s'abstinrent

---

1. Mss. de Neufchâtel.

de voter au moment des élections[1]. C'est alors qu'on imagina une combinaison qui permettait à Rousseau de revenir à Genève sans l'approbation du Consistoire. Profitant de l'inquiétude que causait aux syndics l'attitude de la bourgeoisie, De Luc leur soumit un projet qui fut accepté et dont il s'empressa de faire part à l'exilé :

« Il s'est trouvé, mon cher concitoyen, plus de quatre cents citoyens et bourgeois qui ont dénié leur suffrage pour la confirmation du procureur général. Je n'ignore pas que la violation de nos lois à votre égard en est le principal motif.

J'ai vu... MM. les syndics, que j'ai trouvés disposés à concourir à mes vues, pourvu que je leur remette les raisons de M. votre pasteur qui l'ont déterminé à vous administrer la sainte Cène.... Je leur remettrai la lettre de M. le professeur de Montmollin, dont je ne doute pas qu'ils ne soient satisfaits.... Si mon plan réussit, comme je l'espère, vous viendrez alors à Genève.... Dès que vous seriez arrivé nous irions ensemble chez M. le premier syndic, auquel vous diriez ce que vous jugerez à propos. Vous communieriez à Noël ; huit jours après vous donneriez votre suffrage au Conseil général pour l'élection de MM. les syndics, sans aucune formalité préliminaire. Par ce moyen vous seriez réhabilité et vos envieux auraient la bouche fermée.

Vous m'obligeriez, très cher ami, de me marquer en confidence le compliment que vous vous proposeriez de faire à M. le premier, qui vous aime[2]. »

---

1. Les principaux magistrats de Genève étaient nommés à l'élection par les citoyens et les bourgeois, sur des listes présentées par les Conseils.
2. *Inédite*. 23 novembre 1762. Bibliothèque de Neufchâtel. Mss.

De Luc ne fut pas récompensé de ses efforts, Rousseau lui répondit par une fin de non-recevoir des plus sèches :

« Il est, dites-vous, très cher ami, quatre cents citoyens et bourgeois qui ont paru mécontents de ce qui s'est passé. Il s'en est donc trouvé cinq ou six cents autres qui en ont été contents[1]. Que voulez-vous que j'aille faire parmi ces gens-là?... Vous me demandez le compliment que je ferai à M. le premier syndic. Je serais fort embarrassé de vous le dire. Je n'aurais assurément qu'un fort mauvais compliment à lui faire. Ce n'est pas la peine d'aller si loin pour cela[2]. »

Sans se décourager par ces rebuffades, les bourgeois poursuivaient toujours leur but, et dans leur exaltation ils en arrivèrent à préparer un véritable plan de guerre civile. Ils engageaient le philosophe à venir à Genève ou dans les environs, et à s'y cacher; le moment venu, il devait se présenter dans la ville entouré de ses partisans; on verrait bien si le Conseil oserait l'expulser et s'il ne serait pas forcé de révoquer un décret inique. Il est juste d'ajouter que ces projets séditieux furent de courte durée.

Peu après Moultou demanda à Rousseau, au nom de ses amis, d'écrire au Consistoire une lettre respectueuse où il affirmerait sa foi; on espérait ainsi lever toutes les difficultés qui s'opposaient encore à son retour. Cette fois le philosophe s'indigne; il ne veut plus

---

[1]. La bourgeoisie ne se composait que de treize à quatorze cents membres environ.
[2]. 1763.

entendre parler du clergé de Genève et il répond avec emportement :

« Je ne sais ce qui vous est arrivé, mais vous avez bien changé de langage. Il y a six mois que vous étiez indigné contre M. de Voltaire de ce qu'il me supposait capable du quart des bassesses que vous me conseillez maintenant. Vos conseils peuvent être bons, mais ils ne me conviennent pas. Je sais bien qu'après avoir donné le fouet aux enfants, très souvent à tort, on leur fait encore demander pardon; mais outre que cet usage m'a toujours paru extravagant, il ne va pas à ma barbe grise. Ce n'est pas à l'offensé à demander pardon des outrages qu'il a reçus, je m'en tiens là.... Vos ministres et moi sommes loin de compte. Ils ont cru, sur ma lettre à M. de Montmollin, avoir trouvé une occasion favorable de me faire ramper sous eux. Ils auront tout le temps de se désabuser. Puisqu'ils se sont ôté mon estime, ils s'accommoderont, s'il leur plaît, de mon mépris. Je leur ai donné des témoignages publics de cette estime, j'ai eu tort, et voilà le seul tort qu'il me reste à réparer[1]. »

Du reste, pour un homme tolérant est-il possible de vivre à Genève : « Il n'y a que les athées qui puissent vivre en paix dans ce pays-là, parce que toutes les professions de foi ne coûtent rien à qui n'en a dans le cœur aucune. » Témoin Voltaire!

Impatienté de tous ces atermoiements, Rousseau finit par envoyer à ses concitoyens un véritable ultimatum :

« Les affronts qui m'ont été faits ne peuvent être suffisamment réparés que par une invitation honnête et formelle

---

1. 17 février 1763.

de retourner à Genève. Si l'on peut se résoudre à une démarche si décente et si convenable, si due, il faudra qu'on soit bien difficile si l'on n'est pas content de la manière dont j'y répondrai. Alors on pourra s'inquiéter de ma foi et je serai toujours prêt à en rendre compte. Sans cela, ne parlons plus de cette affaire, car nul autre expédient ne peut me convenir[1]. »

Après avoir repoussé avec colère les demandes de ses amis qu'il regardait comme humiliantes et attentatoires à sa dignité, Jean-Jacques profita de la première occasion pour leur donner satisfaction et affirmer encore ses sentiments de chrétien : cette occasion lui fut fournie par l'archevêque de Paris, Christophe de Beaumont[2].

En arrivant à Motiers, le philosophe s'était bien promis de ne plus écrire une ligne puisque ses ouvrages méconnus lui attiraient tant de désagréments. Mais bientôt il apprit que l'archevêque de Paris, jaloux des lauriers d'Omer de Fleury[3], avait lancé contre l'*Émile* et le *Contrat social* une lettre fulminante[4], dont Voltaire écrivait :

1. Rousseau à M***, 1763.
2. Beaumont (Christophe de) (1703-1781), évêque de Bayonne en 1741, archevêque de Vienne en 1745, de Paris en 1746. Il est célèbre par sa lutte contre les jansénistes.
3. Omer Joly de Fleury, avocat général au parlement. Les philosophes qu'il poursuivait de ses réquisitoires l'avaient en exécration.
4. C'est le 20 août 1762, que Mgr de Beaumont dénonça l'*Émile*. Rousseau disait en parlant du mandement de l'archevêque de Paris : « On ne pouvait pas mieux faire une sottise, aussi ce n'est pas l'archevêque qui a composé le mandement, c'est un de ses vicaires que je connais. M. de Beaumont est trop bon pour avoir voulu m'offenser; mais quelque bon qu'il fût, il ne pouvait pas se dispenser de donner à son diocèse un pareil mandement après les procédés du parlement. » Bibliothèque universelle de Genève, nouvelle série, janvier-février 1836. Les

« Le factum de l'archevêque de Paris contre Jean-Jacques me paraît plus plat que l'éducation d'*Émile*; mais il n'approche pas du réquisitoire d'Omer. Quand un homme public p...e, il faut l'être comme Omer, ou ne point s'en mêler[1]. »

Répondre à l'imprudent prélat était bien tentant. Rousseau n'y résista pas[2]; oubliant ses promesses, il profita de ses loisirs de Motiers pour composer une lettre à Mgr de Beaumont :

« J'avais barbouillé une espèce de réponse à l'archevêque de Paris, mande-t-il à Moultou, et malheureusement, dans un moment d'impatience, je l'envoyai à Rey. En y mieux pensant, je l'ai voulu retirer : il n'était plus temps. J'en suis très fâché. L'écrit est froid et plat. J'en prévois l'effet d'avance, mais la sottise est faite : il est inutile de se tourmenter d'un mal sans remède[3]. »

Ces regrets étaient peu sincères[4]. En écrivant sa lettre, Rousseau savait bien ce qu'il faisait et il en attendait à Genève en particulier les meilleurs résultats.

députés de la Faculté de théologie de Paris censurèrent également l'*Émile*. La censure est datée du 20 août 1762; elle contient 58 propositions censurées.

1. A d'Alembert, 15 septembre 1762.
2. Rousseau répondit au prélat, parce que, disait-il, il l'estimait. Il est probable que Mgr de Beaumont se serait bien passé de cette marque d'estime. On lit cette phrase dans la réponse du philosophe : « On sait, j'en conviens, qu'il y a peu de prêtres qui croient en Dieu, mais encore n'est-il pas prouvé qu'il n'y en ait point du tout. »
3. Rousseau à Moultou, 26 février 63.
4. Il écrivit en effet à Rey, le 1ᵉʳ décembre 1762 : « Il y a deux mois que je me suis enfermé pour travailler à cet ouvrage, et comme je ne perds pas un moment, même aux dépens de ma santé, je compte être en état de vous l'envoyer vers les Rois ou au plus tard dans six semaines.... Il m'importe extrêmement que cet écrit paraisse le plus tôt qu'il se pourra, et je pense qu'il vous sera très aisé, si vous le voulez,

A la nouvelle d'un ouvrage de Rousseau, Voltaire témoigne une extrême impatience :

« La *Lettre à Christophe* me donne la pépie. Je ne dormirai point que je n'aie vu la *Lettre à Christophe* : avez-vous lu la *Lettre à Christophe?* pouvez-vous me faire avoir la *Lettre à Christophe?* où trouve-t-on la *Lettre à Christophe*[1]? »

Enfin il la possède ! C'est à d'Argental qu'il communique ses impressions. Mais s'il critique l'inconcevable vanité de l'auteur, il se trouve d'accord avec lui sur certains points et rend justice à son talent :

« Vous aurez incessamment la *Lettre de Jean-Jacques à Christophe*...; il persiste toujours à dire qu'il fallait lui élever des statues au lieu de le brûler...; il proteste à Christophe qu'il est chrétien; et en même temps, il couvre la religion chrétienne d'opprobres et de ridicules; il y a une douzaine de pages sublimes contre cette sainte religion. Peut-être ce qu'il dit est-il trop fort, car après tout, le christianisme n'a fait périr qu'environ cinquante millions de personnes de tout âge et de tout sexe, depuis environ quatorze cents ans, pour des querelles théologiques. J'oubliais de vous dire que Jean-Jacques, dans son épître, prouve à Omer qu'il est un sot, en quoi je suis entièrement de son avis[2]. »

Il écrivait encore de Rousseau :

« C'est Diogène, mais il s'exprime quelquefois en Platon.... Oh! si quelqu'un pouvait rendre aux hommes le

---

de le faire paraître avant Pâques et j'y compte. » *Lettres inédites publiées par Bosscha, Amsterdam 1878.*)

1. A Vernes, 2 avril 1763.
2. A d'Argental, 25 avril 1763.

service de leur montrer les mêmes vérités, dépouillées de tout ce qui les défigure et les avilit chez cet écrivain, que je le bénirais ! »

La *Lettre à Beaumont* fut en général considérée comme un chef-d'œuvre, mais elle scandalisa bien des lecteurs : « J'ai enfin lu la lettre de Rousseau, écrit Tronchin au pasteur Vernes. C'est une belle étoffe sur laquelle la lampe de l'orgueil a dégoutté. Les taches de cette huile ne s'effacent point. C'est grand dommage[1]. »

Mlle de Bondeli, en nous donnant son impression, cite un mot terrible de Haller :

« La lettre à l'archevêque m'a tour à tour indignée contre Jean-Jacques et fait rire et pleurer, au surplus j'ai rendu grâce au ciel de n'être pas un archevêque. Savez-vous que le grand Haller[2] a dit après avoir lu cette lettre que pour le coup il voyait clair et net que *Rousseau était un scélérat*[3]. »

Dès que Moultou apprit que Jean-Jacques répondait à l'archevêque, il comprit de suite le très heureux parti qu'on pouvait tirer de cet écrit :

---

1. 26 avril 1763.
2. Haller (Albert de), anatomiste, botaniste, poète allemand, savant presque universel, né à Berne en 1708, mort en 1777. Sa réputation était européenne ; il fut pendant toute sa vie accablé d'honneurs par ses compatriotes et il reçut de tous les souverains des marques de distinction. Quand Joseph II vint en Suisse, il affecta de ne pas se rendre chez Voltaire, mais il visita Haller avec éclat ; pour bien montrer la différence qu'il faisait entre ces deux hommes, dont l'un attaquait sans cesse la religion et l'autre la défendait avec passion. Haller en effet était fort religieux. Il remplit à Berne les magistratures les plus élevées. Ses principes de gouvernement étaient ceux de l'aristocratie absolue.
3. Julie von Bondeli à Usteri, Kœnitz, ce 19 juillet 1763

« J'espère, mande-t-il à son ami, que nous pourrons nous servir de cette *Lettre* pour terminer ici votre affaire ; car je ne doute pas que vous ne montriez à l'archevêque qu'en détruisant le catholicisme qui n'est pas votre religion, vous avez respecté les points fondamentaux du christianisme que vous professez. Si la pièce, comme je le soupçonne, est faite dans ce point de vue, il me semble qu'elle doit finir tout ici[1]. »

Moultou ne se trompait pas ; si Jean-Jacques ostensiblement réfutait le prélat, au fond il avait surtout à cœur de se disculper des accusations qui pesaient sur lui dans sa patrie, et il avait eu soin d'insérer dans sa *Lettre* une profession de foi qui devait, il le pensait du moins, effacer les derniers scrupules de ses concitoyens.

Lorsqu'il connaît l'ouvrage, Moultou ne peut contenir son enthousiasme :

« O mon cher, mon très cher concitoyen, quel livre ! Quelle âme ! quelle candeur ! quelle sublimité ! que nos philosophes auront à rougir quand on en fera le parallèle avec vous ! Laissez hurler les fanatiques et les tribunaux ; qu'ils brûlent vos livres, vous brûlez l'âme de vos lecteurs ! Que les Genevois tremblent en lisant votre livre, et s'ils ne s'amendent pas après l'avoir lu, abandonnez-les à leur sens dépravé, dévouez-les au mépris des siècles. Vous n'avez rien écrit d'aussi mâle, d'aussi salé, d'aussi raisonnable. Votre belle âme est empreinte dans chaque page de cet écrit. Vous y êtes bon et juste, serons-nous toujours injustes et méchants ! Homme de bien, que je languis de vous voir, de m'échauffer au feu de vos vertus[2] ! »

1. 19 mars 1763.
2. 23 mars 1762. Streckeisen-Moultou.

La *Lettre* fit la meilleure impression à Genève[1]. Elle vint donner un nouvel appui à ceux qui désiraient le retour du philosophe; ils soutinrent qu'après des professions de foi aussi éclatantes, on ne pouvait plus dire qu'il n'était pas chrétien, et qu'on devait oublier ce qu'il avait pu écrire dans ses œuvres précédentes. « De Luc est transporté, écrit Moultou, il m'a dit qu'il différait moins de vous que vous ne pensiez. Pour moi, je vous l'ai dit, il y a longtemps, *je pense comme vous*[2]. » Et dans son zèle il demande la permission de communiquer la *Lettre* au pasteur Vernet.

« Vernet est un fourbe, répond Jean-Jacques. Je n'approuve point qu'on lui fasse lire l'ouvrage, encore moins qu'on le lui prête. Il ne veut le voir que pour le faire décrier par les petits vipereaux qu'il élève à la brochette et par lesquels il répand contre moi son fade poison dans les *Mercures* de Neufchâtel[3]. »

Rousseau avait espéré que la *Lettre à Christophe* produirait un grand mouvement en sa faveur, que sa condamnation serait rapportée, qu'on le prierait de revenir dans sa patrie. Mais au lieu de la rentrée triomphale sur laquelle il comptait, tout se borna à des appréciations plus ou moins bienveillantes. Sa déception

---

1. La *Lettre à Beaumont* eût un tel succès que des libraires de Genève voulurent la faire imprimer, mais M. de Montpéroux, craignant qu'on ne répandît les exemplaires en France, pria le Conseil d'interdire l'impression, et l'on se conforma à ses désirs. (Affaires étrangères, 29 avril 1763, Montperoux à Choiseul.)
2. 30 mars 1763.
3. 28 avril 1763.

fut grande et il reprocha durement à ses concitoyens leur mollesse et leur inaction :

« Et ces imbéciles, bourgeois, écrivait-il, qui regardent tout cela du haut de leur gloire, comme si cela ne les intéressait point, et, au lieu de réclamer hautement contre la violation des lois, s'amusent à vouloir me faire dire mon catéchisme, et à se demander ce que je ferai tandis qu'ils demeurent les bras croisés, que me veulent-ils? Je ne saurais le comprendre. Je croyais que les Genevois étaient des hommes, et ce ne sont que des caillettes. Dans l'état où je suis, ennuyé de tout, et surtout de la vie, le repos et la paix sont les seuls biens que je puisse goûter encore. Voulez-vous que j'y renonce pour aller chercher des corrections, des leçons, des réprimandes et de nouveaux affronts, parmi des gens que je méprise? Oh! par ma foi, non[1]. »

Puisque les Genevois manquaient ainsi à leur devoir, et paraissaient si peu se soucier de le posséder, Rousseau prit le parti de renoncer avec éclat à son droit de bourgeoisie. « Ils sont si sots et si rogues, disait-il, que le bien même ne m'intéresserait désormais de leur part guères plus que le mal. On ne tient plus guères aux gens qu'on méprise[2]. » Moultou le suppliait de ne rien précipiter, dans l'espoir que sa *Lettre* produirait à la fin l'effet désiré; il lui offrait même d'aller le chercher à Motiers, et de le ramener à Genève pour le mettre à la tête de ses partisans.

Dans le même temps, où il s'efforçait de le détourner

1. 26 février 1763.
1. A Moultou, 21 mars 1763.

de ses projets et où il lui faisait espérer son retour prochain, il lui dépeignait ses compatriotes sous des couleurs si déplaisantes que sa description seule aurait dû suffire pour éloigner à jamais Rousseau des lieux qui l'avaient vu naître.

« Je ne connais point de peuple, lui écrivait-il, qui ait plus de passion pour l'argent et qui soit moins sensible à la gloire : ils n'ont jamais senti combien vous les honorez. Superstitieux ou vains, ils vous craignent ou vous blâment; ils n'ont pas assez de lumières pour apprécier votre conduite, ni assez de vertu, pour l'approuver. Un Hume même, qui du fond de l'Angleterre vous élève au-dessus de tout ce que l'Europe admire, et croit honorer Montesquieu en vous plaçant à côté de lui, ne les fait point revenir de leur stupide hébêtement[1], mais si vos compatriotes sont des sots, mon très cher concitoyen, s'ils ne vous rendent pas ce qu'ils vous doivent, ce n'est pas à dire que vous ne leur deviez beaucoup; la patrie n'est pas pour vous un mot vide de sens; honorez-la donc en ménageant des imbéciles dont vous devez avoir pitié, et pour en venir à des extrémités, attendez qu'ils aient poussé la méchanceté à son comble[2]. »

Ainsi, Rousseau et Moultou méprisaient à l'envi les Genevois. Comment, avec une opinion aussi fâcheuse de ses concitoyens, le philosophe faisait-il tant d'efforts pour rentrer au milieu d'eux?

Milord Maréchal, auquel il avait communiqué ses

---

1. *Inédite*. 19 mars 1763. M. Streckeisen-Moultou a cru devoir supprimer tout ce passage. Nous le rétablissons d'après les autographes de Neufchâtel.
2. 19 mars 1763. Streckeisen-Moultou.

projets et sa formelle intention de renoncer à sa patrie, lui donnait les plus sages conseils. Lui citant en exemple les années orageuses de sa propre existence, il l'exhortait au calme et le détournait d'une démarche inconsidérée.

« Plus j'y pense, lui disait-il (et mon amitié m'y fait penser souvent), plus je me confirme dans mon opinion que vous ne devez pas faire un pas qui pourrait offenser vos amis dans votre patrie. J'ai été proscrit de longues années de la mienne, et il y avait une récompense de deux milles livres sterling pour celui qui me prendrait. Si j'avais renoncé à la qualité d'écossais, je n'aurais pas été reçu dans le pays comme je le fus; je n'aurais plus été en droit de prétendre à l'amitié de mes compatriotes[1]. »

Dans les *Confessions*, Rousseau a clairement avoué les motifs qui le déterminèrent à abdiquer ses droits de bourgeoisie :

« Il est vrai, dit-il, que je m'étais attendu de la part de la bourgeoisie à des représentations légales et paisibles contre une infraction qui l'intéressait extrêmement. Il n'y en eut point. On cabalait, mais on gardait le silence, et on laissait clabauder les caillettes et les cafards ou soi-disant tels, que le Conseil mettait en avant pour me rendre odieux à la populace, et faire attribuer son incartade au zèle de la religion. Après avoir attendu vainement plus d'un an que quelqu'un réclamât contre une procédure illégale, je pris enfin mon parti, et me voyant abandonné de mes concitoyens, je me déterminai à renoncer à mon ingrate patrie,

---

1. 24 février 1763. Streckeisen-Moultou.

où je n'avais jamais vécu, dont je n'avais reçu ni bien ni service, et dont, pour prix de l'honneur que j'avais tâché de lui rendre, je me voyais si indignement traité d'un consentement unanime puisque ceux qui devaient parler n'avaient rien dit. »

Le 12 mai 1763, il envoya au syndic Favre son abdication :

« Monsieur,

« Revenu du long étonnement, où m'a jeté, de la part du Magnifique Conseil, le procédé que j'en devais le moins attendre, je prends enfin le parti que l'honneur et la raison me prescrivent, quelque cher qu'il coûte à mon cœur. Je vous déclare donc, Monsieur, et je vous prie de déclarer de ma part au Magnifique Conseil, que j'abdique à perpétuité mon droit de bourgeoisie et de cité, dans la ville et république de Genève. Ayant rempli de mon mieux les devoirs attachés à ce titre, sans jouir d'aucun de ses avantages, je ne crois point être en reste envers l'État en le quittant.

« J'ai tâché d'honorer le nom genevois : j'ai tendrement aimé mes compatriotes, je n'ai rien oublié pour me faire aimer d'eux : on ne saurait plus mal réussir. Je veux leur complaire jusque dans leur haine ; le dernier sacrifice qui me reste à leur faire est celui d'un nom qui me fut si cher. » Mais, Monsieur, ma patrie, en me devenant étrangère, ne peut me devenir indifférente, je lui reste attaché par un tendre souvenir et je n'oublie d'elle que ses outrages. Puisse-t-elle prospérer toujours et voir augmenter sa gloire, puisse-t-elle abonder en citoyens meilleurs et surtout plus heureux que moi.

« Recevez, Monsieur, je vous supplie, les assurances de mon profond respect. »

Le Conseil voulut un instant flétrir cette lettre comme peu respectueuse, mais, après délibération, on se borna à n'y faire aucune réponse et à l'enregistrer simplement[1].

En apprenant cette tapageuse renonciation, Voltaire s'écrie : « Rousseau se croit Charles-Quint qui abdique l'empire[2]! » Tronchin écrit de son côté au pasteur Vernet :

« Rousseau n'a plus de concitoyens. Son abdication a été le dernier soupir de son orgueil; du moins y a-t-elle mis le comble[3]. Cela s'appelle se débarrasser d'un des premiers sentiments de la nature. Qui fait le plus, peut faire le moins. A quoi tiendront tous les autres? qui expose ses enfants peut bien n'avoir point de patrie. Qu'est-ce qu'un homme qui n'est ni père ni citoyen? Et qui affiche pourtant la vertu la plus austère. Oh! mon bon ami, qu'est-ce que l'homme[4]? »

---

1. Le 16 mai 1763 : « Lecture est faite d'une lettre du sieur Jean-Jacques Rousseau, adressée à M. le premier syndic Favre, en date de Motiers-Travers, le 12 de ce mois, par laquelle il renonce à la bourgeoisie de cet État. » (Extrait des registres du Magnifique Conseil.) On ne fait aucune réflexion à ce sujet.

2. A Vernes, 24 mai 1763.

3. Haller écrivit aussi contre Rousseau une lettre des plus violentes : « Cet indigne M. de Haller, quelle insolente lettre il a écrite contre vous, mandait Moultou à son ami. Ce fanatique a l'audace de vous insulter; je tâcherai d'avoir une copie de cet infâme libelle et je vous conseille de l'en faire repentir. » (7 juin 1763.) (Streckeisen-Moultou.)
Et Rousseau de répondre : « C'est pour rire sans doute, que vous me proposez de faire repentir ce caffard de Haller; les méchants ne se repentent jamais de rien et les bons se repentent toujours de les avoir imités. Haller fait son métier en diffamant un opprimé, et moi je fais le mien en prenant patience. Qu'aurais-je à dire à cet homme-là? » (*Inédite.* 17 juin 1763. Extrait du journal *l'Ordre*, 22 avril 1851.)

4. *Inédite.* 18 mai 1763.

C'est la première fois que nous voyons reprocher à Rousseau l'abandon de ses enfants. Ce secret si bien gardé depuis quinze ans a donc été dévoilé? Par qui? Nous l'ignorons. Mais quelques initiés seuls sont encore au courant.

La démarche de Rousseau fut blâmée par la grande majorité de ses partisans, et ils trouvèrent en outre les termes de sa lettre injustes et excessifs. La bourgeoisie, en effet, croyait avoir rempli vis-à-vis du philosophe tous ses devoirs : elle avait protesté contre sa condamnation, elle souhaitait ardemment son retour et s'y employait de son mieux : que pouvait-elle faire de plus en respectant les lois?

Plusieurs de ses amis écrivirent à Rousseau pour lui reprocher sa conduite peu mesurée et indigne de celui qu'on se plaisait à appeler le *Citoyen*.

M. Marc Chappuis entre autres ne put lui dissimuler la désapprobation formelle qu'il donnait à sa démarche.

« Flétri publiquement dans ma patrie, répond le philosophe, sans que personne ait réclamé contre cette flétrissure, après dix mois d'attente, j'ai dû prendre le seul parti propre à conserver mon honneur si cruellement offensé.... Je ne comprends point comment vous m'osez demander ce que m'a fait la patrie. Un homme aussi éclairé que vous ignore-t-il que toute démarche publique faite par le magistrat, est censée faite par tout l'État, lorsqu'aucun de ceux qui ont droit de la désavouer, ne la désavoue? Quand le gouvernement parle et que tous les citoyens se taisent, apprenez que la patrie a parlé. Je ne dois pas seulement compte de moi aux Genevois, je le dois encore à moi-même, au public, dont j'ai le malheur d'être connu, et à la postérité, de qui je le serai peut-être. Si j'étais assez sot pour vouloir persuader au reste de l'Europe que les Genevois ont désapprouvé la procédure de leurs magistrats, ne s'y moquerait-on pas de moi? Ne savons-nous pas, me dirait-on, que la bourgeoisie a droit de faire des représentations dans toutes les occasions où elle croit les lois lésées et où elle improuve la conduite des magistrats? Qu'a-t-elle fait ici depuis près d'un an que vous avez attendu? Le silence de tous ne dément-il pas vos assertions? Montrez-nous les signes du désaveu que vous leur prêtez. Voilà, Monsieur, ce qu'on me dirait, et ce qu'on aurait raison de me dire.... Vous dites que si des citoyens se présentaient au Conseil pour demander pareille chose, vous ne seriez pas surpris qu'on les incarcérât. Ni moi non plus, je n'en serais pas surpris, parce que rien d'injuste ne doit surprendre de la part de quiconque a la force en main. Je vous avais confié mon honneur, ô Genevois, et j'étais tranquille; mais vous avez si mal gardé ce dépôt que vous me forcez de vous l'ôter[1]. »

Ces grands mots d'honneur et d'amour de la patrie cachaient une profonde perfidie. On a dit que cette lettre avait sonné, pour Genève, le tocsin de la sédition, rien n'est plus vrai. Elle offrait en effet le plus réel danger, et celui qui l'écrivait ne pouvait s'illusionner à cet égard. En indiquant à la bourgeoisie ce qu'il avait attendu d'elle, les protestations sur lesquelles il comp-

1. 26 mai 1763.

tait, la marche qu'elle aurait dû suivre, n'était-ce pas la pousser à agir et à suivre pas à pas la ligne de conduite qu'il lui traçait? C'est ce qui arriva.

La république vivait alors dans le calme le plus complet, l'accord régnait entre toutes les classes, on ne prévoyait rien qui pût troubler cette heureuse harmonie. Des fêtes prolongées venaient encore d'affirmer la concorde qui régnait entre tous.

« Ce fut en 1763, écrit Cornuaud, après les fêtes patriotiques et multipliées que le nouvel exercice militaire à la prussienne avait occasionnées depuis trois ans, innovation désirée par la bourgeoisie, et à laquelle le Conseil n'avait pu se dispenser de consentir; ce fut au sein de la plus éclatante prospérité, et au moment où il semblait que les Genevois de tous les ordres n'étaient qu'un cœur et qu'une âme, que l'on vit s'élever les premières étincelles d'un feu caché, nourri par quelques esprits inquiets et dont les écrits de J.-J. Rousseau firent bientôt un incendie général[1]. »

M. Chappuis, en recevant la réponse de Jean-Jacques, en comprit de suite le danger. C'était un bon citoyen, il vit son devoir et ne montra la lettre à personne. Cependant, quelques jours après, toute la ville la connaissait par des copies répandues à profusion, et la plus vive fermentation régnait dans la bourgeoisie. Qui donc avait divulgué cet écrit dangereux?

Rousseau lui-même. Craignant la discrétion de Chap-

---

1. *Inédit.* Mémoires de Cornuaud.

puis, il en avait envoyé une copie à Moultou. Moultou montra la lettre à De Luc et ce dernier, après l'avoir copiée, la publia partout[1].

Cette conduite était on ne peut plus blâmable, autant valait avouer que l'on voulait à tout prix bouleverser Genève. Aussi fut-elle soigneusement dissimulée, et Jean-Jacques laissa peser sur son correspondant tout l'odieux de la publication.

Ce n'est pas tout. Moultou eut l'impudence de se rendre chez M. Chappuis, de lui dire qu'il courait dans Genève des copies de la lettre, qu'il les croyait tronquées, et il demanda à voir le texte original, comme s'il ne le connaissait pas[2].

Cependant Chappuis, au désespoir, proclamait partout son innocence et jurait n'avoir point eu de part à la divulgation. Indigné du procédé de Jean-Jacques, car l'indiscrétion ne pouvait venir que de son coté, il lui écrivit pour lui faire part de la visite qu'il venait de recevoir et en même temps lui reprocher d'avoir donné copie de la lettre.

Dès que Moultou fut avisé de cette démarche, il recommanda à son ami la plus grande prudence : « Gardez-vous d'avouer, lui dit-il, que vous avez *envoyé une copie à Genève, éludez la question*, ne répondez pas aux reproches, mais marquez fortement que vous ne voulez

---

1. Ce n'est pas une supposition : Moultou n'écrit-il pas : « De Luc a eu tort de répandre la lettre à Chappuis, mais le mal n'est pas grand. » L'aveu est formel.
2. Moultou à Rousseau, 25 juin 1763.

être l'occasion d'aucun trouble dans votre pays. Il vaudrait mieux ne pas répondre, que de répondre autrement[1]. »

Rousseau comprit combien la maladroite intervention du pasteur le compromettait, et il ne le lui cacha pas.

« J'aurais bien quelque chose à vous représenter sur ce que vous avez dit à Chappuis que j'avais tronqué la copie de sa lettre; car, quoique cela ait été dit à bonne intention, il ne faut pas *déshonorer* ses amis pour les servir. Vous m'avouez, à la vérité, que cette copie n'est point tronquée; mais il croit, lui, qu'elle l'est : il le doit croire, puisque vous le lui avez dit, et il part de là pour me croire et me dire un homme capable de falsification. Il ne me paraît pas avoir si grand tort, quoiqu'il se trompe[1]. »

Jean-Jacques déplaçait volontairement la question, peu importait que la lettre ait été tronquée ou non; ce qui était grave, ce dont Chappuis se plaignait, ce dont le philosophe aurait dû se disculper s'il l'avait pu, c'était d'avoir communiqué sa lettre.

Il est juste de dire que Chappuis ne tarda pas à être récompensé. Après avoir laissé peser sur lui une véritable calomnie, Rousseau répandit le bruit qu'il avait été payé par Voltaire et Tronchin.

« On dit que les jongleurs ont acheté Marc Chappuis avec

---

1. Lettres des 25 et 29 juin 1763.
2. 7 juillet 1763.

votre emploi, mande-t-il à Gauffecourt[1]. Je les trouve bien prodigues dans leurs emplettes. Il est vrai que celle-là se fait à vos dépens, et c'est tout ce qui m'en fâche. Assurément, si je n'ai pas une belle statue, ce ne sera pas la faute des jongleurs; ils se tourmentent furieusement pour en élever le piédestal[2].

Voyons maintenant quelles avaient été les conséquences de cette lettre.

Les bourgeois, honteux des sarcasmes qui leur étaient adressés, s'empressèrent de se conformer aux avis de Rousseau. Au lendemain du jour où s'étaient terminées les fêtes patriotiques, au sortir « de ces plaisirs publics et innocents », quarante bourgeois, ayant M. De Luc à leur tête, portèrent aux syndics une représentation[3].

---

1. Gauffecourt était receveur des sels du Valais. Il fut en effet remplacé par Marc Chappuis.

2. 7 juillet 1763. Gauffecourt lui-même avait été l'objet des soupçons de Rousseau et formellement accusé de s'être laissé séduire par le châtelain de Ferney : « J'ignore les tracasseries de M. de Gauffecourt avec M. de Voltaire, écrivait Jean-Jacques à Lenieps, et ne me soucie pas de les savoir. M. de Gauffecourt quitte et oublie ses vrais amis pour courir après cet éclat qui brille et qui brûle. Pour moi, je l'aime toujours et je le plains, mais je le laisse faire. » (11 décembre 1760.)

3. Voici sur quoi se fondait la plainte de Rousseau et de ses partisans :
« Le jugement du M. C., fait sans formalités préliminaires, condamne deux ouvrages du sieur Jean-Jacques Rousseau, savoir : l'*Émile* et le *Contrat social*, comme téméraires, scandaleux, impies, tendant à détruire la religion et tous les gouvernements.

« Quant à ce qui regarde la religion, l'article 88 de nos édits ecclésiastiques au chapitre du Consistoire porte : s'il y a quelqu'un qui dogmatise contre la doctrine reçue, qu'il soit appelé pour conférer avec lui. S'il se range, qu'on le supporte sans scandale ni diffame, s'il est opiniâtre qu'on l'admoneste par plusieurs fois, etc. Cependant le sieur Rousseau n'a point été appelé au Consistoire, mais le M. C. a d'abord procédé contre lui; il devait être supporté sans scandale, mais il a été flétri de la manière la plus diffamante, ses deux livres ayant été lacérés et brûlés

Ils demandaient que le jugement prononcé contre Rousseau fût rapporté, le Magnifique Conseil l'ayant prononcé sans les formalités prescrites, et l'article 88 de l'édit ecclésiastique ayant été violé[1].

La réponse du Conseil fut prompte et négative[2]. Les demandes des bourgeois furent repoussées.

En apprenant cette démarche publique qui causa une très vive sensation, Voltaire écrit gaiement :

« Jean-Jacques, qui s'était débourgeoisé de Genève, a trouvé des bourgeois qui ont pris son parti, deux cents

---

par la main du bourreau. Pour ce qui concerne les gouvernements, les citoyens et bourgeois, bien loin d'avoir remarqué que les ouvrages du sieur Rousseau tendaient à détruire celui qu'ils chérissent, ont observé, au contraire, que le célèbre auteur ne laisse échapper aucune occasion d'en faire l'éloge. Mais quand le *Contrat social* attaquerait notre constitution, quand il aurait été imprimé sur notre territoire, la sentence portée contre le livre et son auteur ne serait pas moins illégale, puisque le sieur Rousseau n'a été ni ouï, ni appelé. »

1. L'édifice politique reposait à Genève sur la parfaite entente du pouvoir politique et du pouvoir religieux, aussi le Consistoire vint-il en aide au Conseil ; il déclara que le Magnifique Conseil n'avait donné aucune atteinte aux droits du Consistoire dans l'affaire du sieur Rousseau, et que le silence qu'il avait gardé dans cette occasion devait être regardé comme une preuve non équivoque de ses sentiments à cet égard. (Extrait des registres du Consistoire, p. 426.)

2. Les conseillers répondirent : « Que l'article des ordonnances ecclésiastiques est applicable à une personne qui parle contre l'État ou qui dogmatise contre la religion. Mais que c'est tout autre chose lorsqu'il s'agit d'un livre, que ce n'est point manquer à la règle que nul ne soit condamné sans l'entendre, que de condamner un livre après en avoir pris lecture, et l'avoir examiné suffisamment.... Que l'article 88 des ordonnances n'est applicable qu'à un homme qui dogmatise et non à un livre destructif de la religion chrétienne.... Que les ouvrages de Rousseau lui ont paru d'autant plus dangereux, qu'ils sont écrits en français dans le style le plus séducteur et destinés dans la pensée de l'auteur à servir de guide aux instituteurs de la jeunesse. »

personnes parmi lesquelles il y avait deux ou trois ministres, ont présenté pour lui requête à magistrat. « Nous
« savons bien qu'il n'est pas chrétien, disent-ils, mais nous
« voulons qu'il soit notre concitoyen. » Voilà donc la tolérance établie, Dieu soit béni ! C'est un exemple qu'on ne suivra
pas à Rome, en Espagne, en Autriche[1]. »

Moultou, d'abord enthousiasmé de la démarche de
la bourgeoisie, mandait à Rousseau : « Votre patrie s'est
lavée aux yeux de l'Europe, et la flétrissure qu'elle
avait voulu vous imprimer n'est plus ni sur vous ni
sur elle[2]. »

Tous les esprits sensés, cependant, reprochaient à
Jean-Jacques sa conduite ; ils l'accusaient d'avoir de
gaieté de cœur soulevé ses concitoyens, et sciemment
provoqué la guerre civile. C'est inutilement que Moultou
cherchait à le disculper[1]. « La lettre à M. Chappuis,
avouait-il au philosophe, vous a nui dans l'esprit de
beaucoup de gens ; j'ai eu beau montrer vos intentions,
on ne m'a pas écouté[3]. »

Effrayé des conséquences de ses démarches, et désireux de mettre un terme à ce qui allait devenir
« brouillerie et peut-être pis », Jean-Jacques écrivit à
ses amis qu'il faisait le serment : 1° de ne jamais accepter la restitution de la bourgeoisie ; 2° de ne jamais
rentrer à Genève. Par conséquent, tout ce qu'on pouvait
tenter pour forcer les magistrats à le rappeler était

---

1. Voltaire à la duchesse de Saxe-Gotha. Ferney, 30 juin 1763.
2. 25 juin 1763.
3. 25 juin 1763.

inutile, sans objet, et devait être abandonné. « Après avoir sacrifié mes droits les plus chers à mon honneur outragé, dit-il, j'ai sacrifié à la paix mes dernières espérances[1]. »

Quant aux bourgeois qui s'étaient compromis sur ses conseils, il ne trouva d'autre éloge à leur adresser que de qualifier leurs démarches de « tardives et de déplacées ». « Après s'être tu quand il fallait parler, dit-il, on parle quand il faut se taire, et que tout ce qu'on peut dire n'est plus bon à rien[2]. »

Rousseau a beau répéter que tout s'est fait contre son gré, trop tard, mal à propos, il ne peut nier ce qu'il a écrit, ce qu'il a fait répandre par ses amis. C'est lui qui a poussé la bourgeoisie, qui lui a jeté son inaction à la face et qui l'a fait sortir du calme dont elle ne voulait pas se départir.

Les esprits étaient si bien surexcités, qu'on disait ouvertement dans le peuple que Jean-Jacques n'avait qu'à se présenter, qu'on saurait bien *en finir avec le Consistoire*, que puisqu'il avait contenté celui de Neufchâtel, on ne comprenait pas ce que réclamait encore celui de Genève.

Les bourgeois, piqués au vif, brûlaient de montrer ce dont ils étaient capables. Rousseau avait dit que les lois étaient violées, que l'aristocratie voulait asservir le peuple, il fallait forcer le Conseil à rentrer dans la légalité. Les auteurs de la première représentation, bien

---

1. A Duclos, 30 juillet 1763.
2. A Gauffecourt, 7 juillet 1763.

loin de se décourager, cherchèrent à recruter des partisans. Le 8 août, une seconde représentation était portée au Conseil. Comme la première fois, la réponse fut négative.

Le 20 du même mois, les bourgeois, au nombre de six cents, présentèrent une déclaration dans laquelle, après s'être plaints des réponses non motivées du Conseil, ils protestaient qu'ils regardaient leurs représentations des 18 juin et 8 août comme *subsistantes dans toute leur force*, jusqu'à ce que le *Conseil général, seul juge compétent* de la cause en litige, *en eût décidé*.

Voltaire, qui de son donjon de Ferney ne perdait de vue rien de ce qui se passait à Genève, écrivait le lendemain à Damilaville[1] :

« Il est bon que mes frères sachent qu'hier six cents personnes vinrent, pour la troisième fois, protester en faveur de Jean-Jacques contre le Conseil de Genève qui a osé condamner le *Vicaire savoyard*. Ils disent qu'il est permis à tout citoyen d'écrire ce qu'il veut sur la religion; qu'on ne peut le condamner sans l'entendre; qu'il faut respecter les droits des hommes : et l'on prétend que cela pourrait bien finir par une prise d'armes. Je ne serais pas fâché de voir une guerre civile pour le *Vicaire savoyard;* je ne crois pas qu'il y en ait à Paris pour *Saül et David*[2]. »

Mais la question, on le voit, s'élargissait et se déplaçait; les bourgeois ne se contentaient plus de se plaindre de l'illégalité du jugement porté contre Rousseau, ils

1. 21 août 1765.
2. Drame de Voltaire, désavoué par l'auteur. L'histoire des juifs y était tournée en ridicule (1765).

attaquaient les privilèges du Conseil et réclamaient impérieusement la convocation d'un *Conseil général*[1] qui, suivant eux, était seul juge de leurs réclamations[2].

Le Conseil avait eu le tort, jusqu'à présent, de ne jamais motiver les réponses aux représentations. En présence de la déclaration du 20 août, il crut qu'il était temps d'agir et de se prévaloir du droit d'opposition qu'il tenait des articles 5 et 6 du règlement de la médiation de 1738. L'acte de médiation donnait en effet au gouvernement le droit négatif (c'est-à-dire de refus), en disant que rien ne pourrait être porté au Conseil des deux-cents qui n'ait été traité et approuvé en Petit Conseil. Les représentations de la bourgeoisie ayant été examinées, du moment que le Conseil n'approuvait pas qu'elles fussent portées aux deux-cents, elles tombaient d'elles-mêmes. Le 5 septembre, la réponse aux représentations parut. Elle déclarait que c'était au Conseil de juger si une loi était douteuse et devait être portée au *Conseil général*, et elle s'attachait à démontrer que le *droit négatif* était la sauvegarde de la constitution.

Devant cette prétention au droit de tout refuser, la

---

1. Le *Conseil général*, ou *Conseil souverain*, était la réunion de tous les citoyens et bourgeois ; on l'assemblait une fois l'an pour nommer les magistrats. Autrefois il avait réellement mérité son titre de *souverain*, mais depuis bien longtemps le Conseil des 25 et celui des 200 avaient absorbé le pouvoir, et les attributions du *Conseil général* se bornaient à peu près à choisir des magistrats et les membres des Conseils sur les listes qui lui étaient présentées par les *Conseils* eux-mêmes. Sa souveraineté était devenue purement illusoire.

2. « Puisque, disaient-ils, les articles sur lesquels ils se fondaient étaient susceptibles d'un sens différent, ils n'appartenait qu'à la puissance législative, c'est-à-dire au *Conseil général*, de prononcer. »

bourgeoisie se vit à la merci du gouvernement. Elle ne voulut voir que les conséquences extrêmes qui résultent du *droit négatif* et non son utilité pratique et légale[1]. Les citoyens, partisans de Rousseau, qui avaient porté les représentations, prirent le nom de *représentants*. On appela *négatifs* ceux qui restèrent attachés aux Conseils, et ce nom fut considéré par les représentants comme « une épithète odieuse, équivalente à celle de satellite du Conseil et de fauteur de la tyrannie. »

A partir de cette époque, la discorde régna à Genève, et si le calme matériel ne fut pas troublé, les esprits restèrent vivement surexcités.

La fin de l'année 1763 se termina cependant sans encombre, représentants et négatifs s'observant et restant chacun sur leur terrain.

---

[1]. Les objets particuliers des précédentes représentations furent oubliés; elles parurent futiles en présence de ce nouveau grief; on ne s'occupa plus que de la controverse sur le *droit négatif*. « C'en est fait, disait-on, de « la liberté, si le Conseil a le droit de rejeter toutes espèces de repré- « sentation »... la bourgeoisie ne vit plus que des fers... elle se créa un fantôme de despotisme que les pouvoirs bornés de l'administration, l'amovibilité des principales magistratures, le manque de subsides et de forces physiques dans les mains du gouvernement rendaient impossible. » (Cornuaud, Mémoires inédits).

CHAPITRE XII

1763—1764

Sommaire : Difficultés avec Voltaire et Tronchin. — Moultou et les Calas. — Voltaire veut se réconcilier avec Rousseau. — Rupture entre Rousseau et Moultou. — Voltaire, Rousseau et Lefranc de Pompignan. — Rousseau et les protestants de France. — Il refuse de prendre leur défense. — Voltaire devient l'apôtre de la tolérance.

Ainsi donc Rousseau a rompu tous les liens qui l'attachent à Genève, il ne veut plus entendre parler de ses concitoyens, il n'a plus de patrie.

Mais quel est le véritable auteur de cette désastreuse situation? Assurément ce n'est pas Jean-Jacques. Les auteurs, car il y en a deux, sont ces deux hommes qui depuis si longtemps se sont acharnés à la perte du malheureux philosophe, nous avons nommé Voltaire et Tronchin. Ce sont eux qui ont soulevé les Conseils, ce sont eux qui ont soulevé le clergé, ce sont eux qui ont fait échouer toutes les tentatives de conciliation.

Rousseau, abrité dans le village de Motiers, n'échappe même pas à leur persécution ; partout ils le poursuivent d'une haine que rien ne peut apaiser.

Motiers est devenu un lieu de pèlerinage ; on s'y rend comme dans un sanctuaire vénéré ; les fidèles y viennent en foule des quatre coins de l'Europe ; mais tous ces visiteurs ne sont pas des admirateurs forcenés et il est aisé de deviner que la plupart sont des espions à la solde de Tronchin et de Voltaire : « Il me vient journellement de Genève, écrit le philosophe à Moultou, des affluences d'espions, qui font ici de moi les perquisitions les plus exactes. Ils viennent ensuite se renommer à moi de vous et de l'autre ami avec une affectation qui m'avertit assez de me tenir sur la réserve[1]. »

De même qu'il vient beaucoup de visiteurs à Motiers, il y arrive aussi beaucoup de lettres ; mais les correspondants ne se confondent pas tous en dithyrambes d'éloges. Ils adressent quelquefois des critiques, souvent pire encore. Heureusement, Rousseau ne se laisse pas abuser par les noms supposés. Il reçoit une lettre signée baron de Corval : « Quoique datée et timbrée de Metz, elle sent son Voltaire à pleine gorge, dit-il, et je ne doute pas qu'elle ne soit de ce glorieux souverain de Genève, qui tout occupé de ses noirceurs, ne néglige pas pour cela les plaisanteries ; son génie universel suffit à tout[2]. »

1. 3 août 1762.
2. A Moultou, 3 août 1762.

Les lettres anonymes ne manquent pas non plus et c'est toujours Voltaire le coupable : « Il me pleut journellement des lettres anonymes, écrit Rousseau, dans lesquelles je reconnais presque partout les fades plaisanteries et le goût corrompu du poète. On a soin de les faire beaucoup voyager, afin de me mieux dépayser et de m'en rendre les ports plus onéreux[1]. »

Ainsi la prétendue persécution de Voltaire et de Tronchin est devenue un article de foi, une véritable monomanie.

Depuis que le procureur général Tronchin a requis contre lui, Rousseau englobe toute la famille dans une haine implacable; pour les rendre odieux à leurs concitoyens, il n'hésite pas à leur prêter les pires desseins contre la république elle-même.

« Je sais, écrit-il à De Luc, qu'une famille intrigante et rusée, s'étayant d'un grand crédit au dehors, sape à grands coups les fondements de la République, et que ses membres, jongleurs adroits et gens à deux envers, mènent le peuple par l'hypocrisie et les grands par l'irréligion. Mais vous et vos concitoyens devez considérer que c'est vous-même qui l'avez établie, qu'il est trop tard pour tenter de l'abattre, et qu'en supposant même un succès qui n'est pas à présumer, vous pourriez vous nuire encore plus qu'à elle, et vous détruire en l'abaissant. Croyez-moi, mes amis, laissez-la faire, elle touche à son terme, et je prédis que sa propre ambition la perdra sans que la bourgeoisie s'en mêle[2]. »

1. 1er septembre 1762.
2. 7 juillet 1763.

Ces perfides paroles étaient de nature à soulever contre les Tronchin les haines populaires les plus vives. Le docteur n'ignorait pas les dangereux propos de Rousseau et il en donnait au pasteur Vernes une raison singulière. Mais, avant de citer la lettre de Tronchin, il est bon de rappeler les faits auxquels elle se rapporte.

Nous avons vu que le secret de Jean-Jacques, relatif à ses enfants, après avoir été fidèlement gardé pendant de longues années, s'était trouvé ébruité; quelques personnes furent mises au courant de la vérité, mais les faits dataient de loin, on ne pouvait les vérifier, en général tout se bornait à des suppositions, la certitude manquait. Tronchin, grâce probablement à ses amis de Paris, était très exactement renseigné; il connaissait la vérité par des témoins sûrs, indiscutables, et c'est à la connaissance de ce secret qu'il attribuait la haine du philosophe.

« Vous souvient-il de la lettre de Diderot? écrivait le docteur au pasteur Vernes. Eh bien, je suis aussi sûr de ce que je vous ai dit, que vous l'êtes d'avoir vu cette lettre, et on sait bien que j'en suis sûr : *hinc furor, hinc lacrymæ.* Tous les témoins oculaires, et il y en a quatre, sont pleins de vie. Ces quatre témoins et la conscience, qui est le cinquième, font un contraste bien humiliant avec l'austérité de la morale qu'on affiche. C'est une torture continuelle, ce sont cinq bourreaux qui arrachent les ongles, et qui tenaillent sans cesse. Oh! que cet état est affreux! j'en ai la plus grande compassion, je vous jure. Plaignons, mon bon ami, ce malheureux, d'autant plus malheureux que le rôle qu'il a joué et qu'il joue est incompatible avec le souvenir de ses fautes. Je me rappelle que je vous disais un jour, que la chasteté est essentielle à la vertu. Vous me le disiez aussi. Plus je vis, plus je réfléchis, et plus je me le persuade. Que tout ceci pourtant reste entre nous, car nous ne voulons point la mort du pécheur. A Dieu ne plaise[1] ! »

Nous ne savons jusqu'à quel point le grief imaginé par le docteur était fondé. N'eût-il pas existé que la haine de Rousseau eût été la même; ce que le philosophe pardonnait le moins, c'était qu'on lui fît de l'opposition, et il suffisait de ne pas partager ses opinions pour passer immédiatement au rang de persécuteur.

Le châtelain de Ferney était abhorré plus encore que Tronchin, et cependant Jean-Jacques le ménageait fort en paroles : « C'est un homme né bon, disait-il, il a foncièrement le caractère le plus aimable, mais les gens avec lesquels il a vécu l'ont rendu méchant.... » Quand Thérèse parlait du patriarche, elle disait simplement « Voltaire »; aussitôt Jean-Jacques l'interrompait aigrement : « Mademoiselle, pourquoi ne dites-vous pas M. de Voltaire[2] ? »

Quand Meister le visita en 1764, Rousseau lui fit de son ennemi ce portrait quelque peu satirique :

« Les petits vers de Voltaire, ses épîtres, tout cela est

1. *Inédite.* 20 mai 1763.
2. *Julie von Bondeli.*

charmant : on pourrait brûler le reste. Il a dit lui-même à ses amis, qui lui reprochaient les mensonges dont il a rempli ses histoires : « Comment? moi, je n'écris pas pour « être vrai, j'écris pour être lu. » Voltaire jouit de la réputation la plus brillante; il a des biens en abondance, il a des amis, il a rassemblé autour de lui tous les plaisirs et tous les divertissements imaginables, et c'est cependant le plus malheureux de tous les hommes. Le plus petit auteur est capable de troubler sa félicité : s'il en parle avec mépris, ou s'il a quelque succès, Voltaire en sera désolé. La crainte de la mort le martyrise. J'ai toujours cru que les plaisirs n'étaient rien lorsque le cœur nous manque; mais je le sens bien plus vivement encore lorsque je pense à Voltaire. Si sa gaîté apparente est vraie, je ne sais pas ce que c'est que la gaîté; j'aime beaucoup mieux ma tristesse. Je ne sais cependant comment on peut se détacher de son commerce; ses billets sont si engageants qu'on ne peut presque plus se passer du plaisir d'en recevoir lorsqu'on l'a goûté une fois. C'est à son esprit intrigant que M. de Voltaire doit sa réputation, aussi bien qu'à son génie[1]. »

La modération du philosophe en parlant de celui qu'il faisait passer pour son persécuteur ne pouvait que le grandir aux yeux de la petite Église, et augmenter l'auréole de vertu dont il aimait à se parer.

Du reste, s'il se montrait modéré en paroles, il l'était moins dans ses correspondances. A tous il se plaignait de Voltaire, toujours il le désignait comme son persé-

---

1. Bibliothèque universelle de Genève, 1836.

cuteur, comme celui qui ne lui laissait pas un seul instant de repos, et dont la vie était uniquement occupée à le frapper sans trêve ni merci.

Il y a en particulier un certain dialogue entre le patriarche et un de ses ouvriers, qui est fort amusant à lire. L'ouvrier est du canton de Neufchâtel; il a raconté cet entretien au pasteur de Montmollin, et le pasteur à son tour en a fait part à Rousseau, qui, deux mois après, l'écrit à Mme de Boufflers. « Ainsi, dit-il prudemment, le tout peut n'être pas exactement vrai, mais les traits principaux sont fidèles. »

« M. DE V. — Est-il vrai que vous êtes du canton de Neufchâtel?

L'OUVRIER. — Oui, Monsieur.

M. DE V. — Êtes-vous de Neufchâtel même?

L'OUVRIER. — Non, Monsieur, je suis du village de Butte, dans la vallée de Travers.

M. DE V. — Butte, cela est-il loin de Motiers?

L'OUVRIER. — A une petite lieue.

M. DE V. — Vous avez dans votre pays un certain personnage de celui-ci, qui a bien fait des siennes.

L'OUVRIER. — Qui donc, Monsieur?

M. DE V. — Un certain J.-J. Rousseau; le connaissez-vous?

L'OUVRIER. — Oui, Monsieur, je l'ai vu un jour à Butte, dans le carrosse de M. de Montmollin, qui se promenait avec lui.

M. DE V. — Comment, ce pied-plat va en carrosse : le voilà donc bien fier?

L'OUVRIER. — Oh! Monsieur, il se promène aussi à pied.

Il court comme un chat maigre et grimpe sur toutes nos montagnes.

M. DE V. — Il pourrait bien grimper quelque jour sur une échelle. Il eût été pendu à Paris s'il ne se fût sauvé ; et il le sera ici, s'il y vient.

L'OUVRIER. — Pendu, Monsieur ! il a l'air d'un si bon homme. Eh ! mon Dieu, qu'a-t-il donc fait?

M. DE V. — Il fait des livres abominables. C'est un impie, un athée.

L'OUVRIER. — Vous me surprenez. Il va tous les dimanches à l'église.

M. DE V. — Ah ! l'hypocrite ! Et que dit-on de lui dans le pays? Y a-t-il quelqu'un qui veuille le voir?

L'OUVRIER. — Tout le monde, Monsieur, tout le monde l'aime. Il est recherché partout, et on dit que Mylord lui fait aussi bien des caresses.

M. DE V. — C'est que Mylord ne le connaît pas, ni vous non plus. Attendez seulement deux ou trois mois et vous connaîtrez l'homme. Les gens de Montmorency, où il demeurait, ont fait des feux de joie quand il s'est sauvé pour n'être pas pendu. C'est un homme sans foi, sans honneur, sans religion.

L'OUVRIER. — Sans religion, Monsieur ! mais on dit que vous n'en avez pas beaucoup vous-même.

M. DE V. — Qui? moi, grand Dieu ! et qui est-ce qui dit cela?

L'OUVRIER. — Tout le monde, Monsieur.

M. DE V. — Oh ! quelle horrible calomnie ! moi qui ai étudié chez les jésuites, moi qui ai parlé de Dieu, mieux que tous les théologiens !

L'OUVRIER. — Mais, Monsieur, on dit que vous avez fait bien des mauvais livres.

M. DE V. — On ment. Qu'on m'en montre un seul qui porte mon nom, comme ceux de ce croquant portent le sien, etc.[1] »

---

1. Rousseau à Mme de Boufflers, 30 octobre 1762.

Ainsi, auprès de tous ses amis, Rousseau continuait à rendre Voltaire responsable de la persécution qui le frappait. Le philosophe de Ferney n'ignorait pas ces déclamations violentes contre lui. « Le pauvre diable, mande-t-il à d'Alembert, est pétri d'orgueil, d'envie, d'inconséquences, de contradictions et de misères. Il imprime que je suis le plus violent et le plus adroit de ses persécuteurs. Il faudrait que je fusse aussi méchant qu'il est fou pour le persécuter. Il me prend donc pour maître Omer[1].... »

La personne qui accueillait le plus volontiers les plaintes de Rousseau était Mme de Luxembourg. Le patriarche, qui n'aimait pas à se brouiller avec les grands de la terre, supplia Mme du Deffand de plaider sa cause auprès de la maréchale. Après avoir rapidement rappelé l'historique de la querelle, il lui disait :

« Rousseau a sans doute bien senti qu'il m'avait offensé et il a cru que je m'en devais venger ; c'est en quoi il me connaît bien mal. Il écrit à Mme la duchesse de Luxembourg que je me suis déclaré son plus mortel ennemi; il imprime que je suis le plus violent et le plus adroit de ses persécuteurs. Moi persécuteur! c'est Jeannot Lapin qui est un foudre de guerre. Moi! j'aurais été le petit père Le Tellier! Quelle folie! Sérieusement parlant, je ne crois pas qu'on puisse faire à un homme une injure plus atroce que de l'appeler persécuteur! »

1. 16 juillet 1764.

L'apologie de Voltaire par Mme du Deffand n'eut pas tout le succès espéré.

« J'ai fait lire à Mme de Luxembourg ce que vous m'avez écrit pour elle, répondait l'aveugle, cela a été reçu *cosi*, *cosi*; vous êtes, dit-elle, le plus grand ennemi de Jean-Jacques, et elle se pique d'un grand amour pour lui[1]. »

Malgré leurs bruyants démêlés, malgré ses légitimes griefs, Voltaire gardait toujours au fond du cœur une singulière tendresse pour ce « fou de Jean-Jacques ». S'il n'eût tenu qu'à lui, la brouille n'aurait pas duré, une franche et solide amitié eût bientôt réuni les deux philosophes et effacé toutes les traces des dissentiments passés.

Ce n'est pas une fois, c'est à deux, à trois reprises différentes que le patriarche, sans souci de son amour-propre, du qu'en-dira-t-on, vint tendre la main à son ennemi et lui offrir la paix. Mais chaque fois ses avances furent repoussées avec mépris. Ainsi, en 1763, Voltaire tenta une réconciliation et c'est Moultou qui fut chargé de la négociation. Moultou était donc venu à Ferney? Moultou lui-même, et voici à quelle occasion.

Le pasteur avait une tête exaltée mais le cœur chaud et bienfaisant. Lorsque l'affaire des Calas vint scandaliser le monde, il prit avec zèle le parti de ces infortunés : quand il vit Voltaire se dévouer pour eux, et se mettre hautement à la tête du parti qui les soutenait, il com-

---

1. 17 juin 1764.

mença à changer un peu d'opinion sur ce philosophe qu'auparavant il détestait. Passionnés tous deux pour cette œuvre généreuse, ils se trouvèrent mis en rapports; Moultou à regret, animé de préventions instinctives, n'osant se livrer; Voltaire, au contraire, le cœur ouvert, plein d'élan, déployant d'autant plus de charme et de séduction qu'il connaissait l'intimité de Moultou et de Rousseau et qu'à tout prix il voulait séduire le pasteur. C'est un peu ce qui arriva. Moultou s'apprivoisa si bien que peu de temps après il reçut les confidences du patriarche; il fut chargé de transmettre à Motiers le regret qu'on éprouvait à Ferney de cette fâcheuse inimitié et le désir qu'on y caressait de nouer des relations plus cordiales.

C'est à la suite d'une de ces entrevues que le pasteur écrivit à Jean-Jacques :

« .... Je vous parlerai aussi beaucoup de Voltaire; il a une passion extrême de se réconcilier avec vous; je ne comprends rien à cela. Quelles sont ses vues? Est-il de bonne foi? Je vous jure que je m'y perds.... Je le vis deux fois, et il ne me parla point de vous, mais il y a trois jours qu'il me fit dire qu'il était malade, qu'il avait à me parler, qu'il ne pouvait venir chez moi : je crus qu'il s'agissait des Calas, il ne me parla que de vous. Je n'ai pas le temps de vous dire cette conversation, je vous la rendrai à Motiers, mais je vous jure que je n'y comprends rien, c'est un comédien bien habile, j'aurais juré qu'il vous aimait[1]. »

---

1. 19 mars 1763. Streckeisen-Moultou.

Jean-Jacques répond aussitôt :

« M. de Voltaire vous a paru m'aimer, parce qu'il sait que vous m'aimez; soyez persuadé qu'avec les gens de son parti, il tient un autre langage. Cet habile comédien, *dolis instructus et arte pelasgâ*, sait changer de ton, selon les gens à qui il a affaire. Quoi qu'il en soit, si jamais il arrive qu'il revienne sincèrement, j'ai déjà les bras ouverts; car de toutes les vertus chrétiennes l'oubli des injures est, je vous jure, celle qui me coûte le moins. Point d'avances, ce serait une lâcheté; mais comptez que je serai toujours prêt à répondre aux siennes d'une manière dont il sera content. Partez de là, si jamais il vous en reparle. Je sais que vous ne voulez pas me compromettre, et vous savez, je crois, que vous pourrez répondre de votre ami en toute chose honnête. Les manœuvres de M. de Voltaire, qui ont tant d'approbateurs à Genève, ne sont pas vues du même œil à Paris; elles y ont soulevé tout le monde et balancé le bon effet de la protection des Calas. Il est certain que ce qu'il peut faire de mieux pour sa gloire, est de se raccommoder avec moi[1]. »

Avec d'aussi bonnes dispositions de part et d'autre, on pouvait croire que la négociation ne souffrirait pas de difficultés. Puisque, de toutes les vertus chrétiennes, l'oubli des injures était celle que Jean-Jacques pratiquait le plus volontiers, on devait espérer qu'il ne garderait pas trop rancune de tous les mauvais procédés qu'il avait eus pour Voltaire, et cependant les premiers pourparlers n'eurent pas de suite.

Les visites de Moultou à Ferney eurent le don

---

1. 21 mars 1763.

de déplaire singulièrement au Citoyen; bien qu'elles fussent motivées par une cause des plus honorables, il ne put pardonner à son enthousiaste passionné une aussi cruelle infidélité et il la lui fit durement expier. Il eût dû cependant se montrer plus indulgent pour un homme dont il connaissait le dévouement et qui pour lui avait compromis sans hésiter famille, fortune, avenir. Depuis la publication de l'*Émile*, en effet, les rapports du pasteur avec ses collègues s'étaient sensiblement altérés; à force de dire et de répéter que Rousseau était chrétien, et que la meilleure preuve qu'on pût en donner c'est que lui Moultou ministre de la sainte Église, pensait comme Rousseau, il avait fini par se faire regarder comme un pestiféré. « J'étais tellement suspect et abhorré, dit-il, que M. Jallabert vint exprès chez moi pour me supplier de me taire et d'aller à la campagne pour quelques jours[1]. »

Il mandait à Jean-Jacques :

« Genève ne m'éblouit pas, Dieu m'est témoin que j'en suis si dégoûté depuis votre malheureuse affaire que si j'avais une patrie à choisir, ce ne serait pas pour Genève que je me déciderais. Vos concitoyens n'aiment que les cabales et les tripots et sont sans force et sans vigueur[2].... Si vous saviez tout ce qu'ils font contre moi; de quelles couleurs ils me peignent; comme ils me prêtent des discours que je n'ai

1. 27 juillet 1763. Streckeisen-Moultou.
2. 19 février 1763.

point tenus; comme ils cherchent à me rendre odieux en jetant des doutes sur ma religion que j'aime pourtant plus que ma vie, vous seriez saisi d'horreur sans en être surpris[1]. »

Et quand le malheureux Moultou, abreuvé de chagrins, écrit encore : « ce pays m'est devenu tout à fait insupportable, les seules gens avec qui je pourrais vivre m'estiment et m'abhorrent, il faut donc en changer, » Jean-Jacques, au lieu de prendre part à ses tristesses et de soutenir dans ses épreuves l'homme qui s'est dévoué et sacrifié pour lui, ne trouve à lui répondre que ces paroles brutales : « Vous songez à changer de pays, c'est fort bien fait à mon avis, mais il eût été mieux encore de commencer par changer de robe, puisque celle que vous portez ne peut plus que vous déshonorer[2]. »

C'en était trop. Abandonné de sa compagnie, de ses amis, maltraité par celui à qui il avait tout donné, Moultou se replia sur sa douleur, et cessa toute correspondance avec Jean-Jacques.

A ce propos, Tronchin écrivait à Vernes :

« L'eussiez-vous cru? Moultou et Rousseau sont brouillés.... Moultou lui a tout sacrifié et le barbare s'en rit. Moultou, comme vous le pensez bien, est outré, mais c'est encore un secret que je vous confie. N'en plaisantons pas, chacun a son tour dans ce monde[3]. »

1. 13 avril 1763.
2. Dans la Correspondance générale cette lettre est datée de Motiers, 15 octobre 1764; c'est une erreur, elle est d'octobre 1763. Moultou se réconcilia avec le philosophe un an plus tard.
3. *Inédite*. 1763.

Il ne suffisait pas que Rousseau éprouvât pour Voltaire la plus vive antipathie, des âmes charitables ne manquaient pas à l'occasion d'exciter l'un contre l'autre les deux philosophes.

En 1763, Jean Lefranc de Pompignan[1], évêque du Puy en Velay, publie l'*Instruction pastorale*, qui s'attaque à tous les philosophes, mais Voltaire et Rousseau sont plus particulièrement visés[2]. L'auteur s'ingénie à irriter le patriarche, en le traitant comme un adversaire sans conséquence alors qu'il regarde Jean-Jacques comme un homme de premier talent et bien plus dangereux. « Voltaire, dit à peu près l'évêque, n'est qu'un poète, il fait assurément de beaux vers, mais il n'a ni force dans les raisonnements, ni enchaînement dans les idées. Qu'il est loin de la profondeur de Jean-Jacques! » On peut deviner facilement l'agréable impression qu'éprouva le châtelain de Ferney à la lecture de ce parallèle.

L'évêque se montre encore plein de modération, vis-à-vis d'un homme aussi respectable que Rousseau et qui a si vite et si bien dit leur fait aux vrais philosophes : « Le fameux J.-J. Rousseau, écrit-il avec onction, mérite une exception particulière parmi les modernes ennemis du christianisme. Il connaît mieux que personne les prétendus philosophes de nos jours; et c'est

---

1. C'était le frère de Simon Lefranc de Pompignan, célèbre par ses démêlés avec Voltaire.
2. Rousseau pour son *Émile* et Voltaire à propos de son poème sur la *Religion naturelle*.

sans doute parce qu'il les a trop bien connus, qu'il ne veut avoir de commun avec eux, ni le nom qu'ils affectent, ni les principes qu'ils débitent. »

Jean-Jacques, de son côté, extrêmement flatté d'être glorifié aux dépens de son ennemi, se confond en éloges sur le prélat : « De tous mes antagonistes, le plus modéré, celui que je respecte le plus, c'est monsieur l'évêque du Puy; voilà du moins un homme qui parle sincèrement. Il expose presque toujours mes sentiments avec toute la fidélité possible; quoiqu'il ne m'ait pas compris partout, j'ai été véritablement édifié de sa charité et de sa bonne foi[1]. » Et il est tellement enthousiasmé de l'*Instruction pastorale*, qu'il écrit à Rey pour l'engager à imprimer cet écrit, l'assurant qu'il en trouvera facilement le débit[2].

Voltaire riposta par les *Lettres d'un Quaker* aux malices de M. de Pompignan.

Peu de temps auparavant le patriarche avait publié à propos des Calas son *Traité sur la Tolérance*. Ses efforts persévérants en faveur de cette famille injustement frappée lui conquirent beaucoup de sympathies : « Il s'est si bien conduit dans toute cette affaire, écrit Mlle de Bondeli, que depuis lors il s'est réconcilié avec tout Genève. »

On peut s'étonner que Rousseau ait laissé à Voltaire le soin de prendre la défense des protestants de France, dont le sort était si misérable. Comment lui,

1. Bibliothèque universelle de Genève, 1836.
2. 17 mars 1764. Bosscha, Amsterdam, 1878.

protestant, descendant d'émigrés, nouvellement rentré dans la religion de ses pères, ne s'est-il pas, avec le zèle d'un néophyte, posé comme le champion de ses coreligionnaires opprimés? C'était là un beau rôle, qui lui eût fait honneur! s'il le laissa à son ennemi, ce ne fut pas faute cependant de sollicitations. Dès 1761, un certain M. Ribotte, commis dans un magasin de Montauban, lui écrivait pour lui faire part de l'arrestation de M. Rochette, ministre de l'Église, et le prier d'écrire en faveur des protestants; mais il avait la maladresse de faire intervenir Voltaire, ce qui ne put que nuire à sa supplique :

« Vous qui avez fait un si beau projet d'une *paix perpétuelle* pour les royaumes, écrivait Ribotte, vous devriez en faire un pour les conciences : peut-être le ministère serait plus tolérant.... M. de Voltaire pourrait encore parler pour nous.... Je lis avec un plaisir infini vos ouvrages.... J'aime aussi infiniment ceux de M. de Voltaire.... J'ai eu l'honneur d'écrire à M. de Voltaire pour qu'il ait la bonté de s'intéresser pour nous[1].... »

Jean-Jacques resta sourd aux supplications de ces infortunés. Le pasteur Rochette fut exécuté, et trois gentilshommes verriers du comté de Foix subirent le même sort pour avoir simplement voulu le sauver.

En 1764, les protestants firent de nouveau appel à Rousseau, mais sans plus de succès.

1. *Bulletin de la Société de l'Histoire du protestantisme français*, tome IV, p. 544.

Le philosophe écrivit à M. de Pourtalès qui s'était fait l'interprète de leurs supplications[1] :

« Je n'avais pas attendu les exhortations des protestants de France pour réclamer contre les mauvais traitements qu'ils essuient; ma lettre à Mgr l'archevêque de Paris porte un témoignage assez éclatant du vif intérêt que je prends à leurs peines. Quel gré m'en ont-ils su? L'on dirait que cette lettre, qui a ramené tant de catholiques, n'a fait qu'achever d'aliéner les protestants, et combien d'entre eux ont osé m'en faire un nouveau crime! Comment voulez-vous, Monsieur, que je prenne avec succès leur défense, lorsque j'ai moi-même à me défendre de leurs outrages? Opprimé, persécuté, poursuivi chez eux de toutes parts comme un scélérat, je les ai vus tous réunis pour achever de m'accabler. Si je continuais à plaider leur cause, ne me demanderait-on pas de quoi je me mêle? Ne jugerait-on pas qu'apparemment je suis un de ces braves qu'on fait combattre à coups de bâtons?

« Vous avez bonne grâce à venir nous prêcher la tolérance,
« me dirait-on : tandis que vos gens se montrent plus intolé-
« rants que nous, votre propre histoire dément vos principes,
« et prouve que les réformés, doux, peut-être quand ils sont
« faibles, sont très violents sitôt qu'ils sont les plus forts.
« Les uns vous décrètent, les autres vous bannissent, les
« autres vous reçoivent en rechignant. Cependant, vous vou-
« lez que nous les traitions sur des maximes de douceur
« qu'ils n'ont pas eux-mêmes! Non, puisqu'ils persécutent, ils
« doivent être persécutés; c'est la loi de l'Évangile qui
« veut qu'on fasse à chacun comme il fait aux autres. Croyez-
« nous, ne vous mêlez plus de leurs affaires, car ce ne sont

1. Musée neufchâtelois, 1872.

« pas les vôtres ; ils ont grand soin de le déclarer tous les
« jours en vous reniant pour leur frère, en protestant que
« votre religion n'est pas la leur[1]. »

M. de Pourtalès lui répondit qu'il ne devait pas rendre tous les protestants responsables des mauvais procédés du clergé de Genève, et qu'il était peu chrétien de faire payer à beaucoup d'innocents la faute de quelques coupables. Rousseau eut alors recours à un nouvel argument, pour se débarrasser d'importunes sollicitations.

« .... Il y a encore, ce me semble, dit-il, quelque chose de dur et d'injuste de compter pour rien tout ce que j'ai fait.... Les protestants de France jouissent maintenant d'un repos auquel je puis avoir contribué, non par de vaines déclamations comme tant d'autres, mais par de bonnes raisons politiques bien exposées ; cependant voilà qu'ils me pressent d'écrire en leur faveur. C'est faire trop de cas de ce que je puis faire ou trop peu de ce que j'ai fait. Ils avouent qu'ils sont tranquilles, mais ils veulent être mieux que bien ; et c'est après que je les ai servis de toutes mes forces, qu'ils me reprochent de ne pas les servir au delà de mes forces. Ce reproche, Monsieur, me paraît peu reconnaissant de leur part et peu raisonnable de la vôtre[2]. »

Ces grands services que Rousseau prétendait avoir rendus aux protestants de France n'existaient que dans

---

1. 26 mai 1764. — *Bulletin de la Société de l'Histoire du protestantisme français*, tome III, p. 322.
2. 15 juillet 1764. — *Bulletin de la Société de l'Histoire du protestantisme français*.

son imagination; aussi bien en 1761 qu'en 1764, il avait refusé d'intervenir en leur faveur. Dans sa lettre à Beaumont, qu'il rappelle avec tant d'insistance, on trouve surtout un plaidoyer pour lui-même, et les persécutions dont souffraient ses coreligionnaires ne lui servent que d'arguments pour sa porpre apologie. La vérité, c'est qu'il ne savait comment décliner la supplique qu'on lui adressait et qu'il ne lui convenait en aucune façon de se constituer le champion d'une tolérance qu'il acceptait par sentiment, mais qu'il repoussait par principe; ses théories sur le gouvernement le rendaient partisan d'une religion d'État qui naturellement excluait la tolérance. Pour justifier son silence, le philosophe parlait du bien-être dont jouissaient les protestants et leur reprochait de vouloir être *mieux que bien*. Leur sort, quoique amélioré, n'était pas cependant fort enviable, et ce n'est qu'en 1787 que fut promulgué l'*Édit de Tolérance*.

Il y eut encore un autre motif qui empêcha Rousseau de prendre en mains la cause des opprimés, c'est que Voltaire s'en était fait dès 1762 le champion attitré, et cette raison seule suffisait pour que Jean-Jacques repoussât avec horreur toute intervention. Au lieu de rivaliser de zèle avec son ennemi sur cet admirable terrain et de lutter avec lui pour les droits de la conscience humaine outragée, il préféra s'adonner à des discussions byzantines et laisser à Voltaire l'honneur et la gloire d'habituer les esprits à la tolérance et de la leur faire enfin accepter.

C'est Voltaire en effet qui pendant près de vingt ans, sans repos ni trêve, se fit l'apôtre passionné de la tolérance, c'est lui qui prit la défense des opprimés, c'est lui qui fit réhabiliter Calas et Sirven. « Je ne cesserai de prêcher la tolérance sur les toits, écrivait-il au pasteur Derbaud, malgré les plaintes de vos prêtres et les clameurs des nôtres, tant qu'on ne cessera pas de persécuter. Les progrès de la raison sont lents, les racines des préjugés sont profondes. Je ne verrai pas sans doute le fruit de mes efforts, mais ce sont des semences qui peut-être germeront un jour[1]. »

S'il ne toucha pas en effet la terre promise, il la vit du moins, et son nom restera éternellement attaché à cette grande et noble cause qu'il a soutenue avec toute son âme, tout son ardeur, tout son talent.

1. 8 janvier 1764.

CHAPITRE XIII

1763—1764

Sommaire : Rousseau à Motiers. — Le duc de Wirtemberg et ses enfants. — Le comte Golowkin. — Thérèse Levasseur à Motiers. — Vie de Rousseau. — Il fabrique des lacets. — Il s'habille en Arménien. — Visite des De Luc, de d'Ivernois ; intimité avec MM. du Peyrou, de Pury, d'Escherny. — Les dîners chez le philosophe. — Promenades dans la montagne. — Mauvaise santé de Rousseau. — Son projet de quitter Motiers. — Départ de Mylord Maréchal.

Depuis qu'il résidait dans le comté de Neufchâtel, Jean-Jacques y menait une vie assez paisible que seuls ses démêlés avec le Consistoire et le Conseil de Genève étaient venus troubler. Il était honoré de la bienveillance particulière de Mylord Maréchal, il lui rendait fréquemment visite, et une très vive amitié s'établit bientôt entre eux.

L'auteur d'*Émile* supporta aisément le changement d'habitudes qui lui fut imposé, et si l'isolement lui parut pénible au début, il sut bientôt comment occuper les loisirs que lui laissait l'exil. Ses théories sur l'éducation avaient trouvé des partisans enthousiastes qui brûlaient de les appliquer, et il lui fallait naturellement répondre aux interrogations qu'on lui adressait de tous côtés.

Le duc de Wirtemberg s'établit à Lausanne pour être plus près de lui et pour mieux élever ses enfants d'après les principes du grand réformateur. Il lui écrivait très fréquemment de longues lettres et le consultait sur tous les soins à donner à un enfant en bas âge, sur les qualités à exiger de la nourrice, en un mot sur les détails les plus singuliers. Les réponses étaient reçues comme des oracles, et le père s'y conformait religieusement, dût l'enfant en périr.

« Le prince de Wirtemberg, frère du duc régnant, écrit Mlle de Bondeli, est à Lausanne avec Mme son épouse. Leur fille, âgée de cinq ans, court les appartements par le plus grand froid et même les jours d'assemblées dans un déshabillé spartiate ; comme elle a l'honneur d'être princesse, on n'ose se choquer de ce qu'on voit, mais on se récrie sur la santé, et le prince répond gravement : « J'aime mieux que « ma fille meure jeune que de vivre longtemps infirme. »

« *N. B.* Ce prince a pris le goût de la belle nature, parce que l'art a dérangé ses finances. M. Kirchberger m'en a parlé. Il a vu le marmot gros, grand pour son âge, vigoureux, agile et gai, n'ayant autour de la tête qu'un ruban pour remonter les cheveux, une simple robe d'indienne laissant les jambes, les bras et la poitrine nus, c'était au mois de décembre. Aussi *Émile* était-il tout bleu, mais sans embarrasser le moins du monde. Sa chambre était sans meuble, crainte d'accident ; une couche comme pour les doguins lui a servi de berceau et de lit ; la nature et le besoin de repos lui apprirent bientôt à s'y traîner sans le secours de personne ; sans le secours de personne il apprit aussi à marcher sur ses quatre pattes. »

Le duc de Wirtemberg ne fut pas le seul qui se laissât séduire par les théories de Rousseau :

« Le comte de Golowkin, établi à Monaz, raconte encore Julie de Bondeli, a fabriqué un petit *Émile* avec son épouse, fille de Mosheim. Dès son apparition visible, papa et maman ont rompu tout commerce avec le voisinage, sont les seules gardes, car aucun domestique ne l'approche, et le petit *Émile*, qui a une année, fait toutes ses petites affaires sur les genoux de sa maman, qui, garantie d'une couverte, ne fait que de le secouer ; plusieurs fois par jour on le plonge dans le bassin de la fontaine, puis on le rince sous les tuyaux, et les coliques s'ensuivent. Ces deux éducations-là valent à Rousseau l'honneur de passer pour fou et pour méchant[1]. »

Ce n'était pas seulement sur l'éducation des enfants au maillot et sur l'art d'être nourrice que Rousseau devait répondre à ses adeptes ; depuis qu'il avait écrit l'*Émile* et la *Nouvelle Héloïse*, il était devenu l'avocat consultant de toute l'Europe ; on lui soumettait les questions les plus bizarres. Les maris l'interrogeaient sur leurs devoirs d'époux et de père, on le chargeait d'apaiser les ménages désunis, un officier lui demandait s'il devait briser son épée, un jeune homme le questionnait

---

[1]. L'*Émile* avait inspiré aux contemporains un tel enthousiasme que bien des parents agissaient comme le duc de Wirtemberg et le comte Golowkin. Combien d'enfants sont morts pour avoir été plongés dès leur naissance dans une cuve d'eau froide, suivant les préceptes de Rousseau !

sur les familiarités qu'il pouvait se permettre avec sa maîtresse pour rester vertueux, les peuples lui demandaient des constitutions, etc., etc.; les femmes étaient naturellement les correspondantes les plus assidues du grand homme, et chaque jour il devait donner des consultations sur tous les sujets, même les plus invraisemblables. Rousseau se plaignait du travail que lui attirait cette renommée universelle, mais en réalité il en était on ne peut plus flatté.

Le philosophe en quittant précipitamment la France avait laissé Thérèse Levasseur aux soins de ses amis. Dès qu'il se crut assuré d'un gîte stable, dès qu'il crut avoir enfin trouvé un asile à l'abri des persécutions, il s'empressa de faire venir près de lui celle dont les soins domestiques lui étaient assurément plus précieux que la tendresse.

Mais ce n'était pas très correct dans cette Suisse encore si puritaine, de vivre ainsi publiquement avec sa maîtresse, et l'on pouvait craindre que ces populations religieuses et naïves n'aient pas pour les faiblesses du Citoyen la même indulgence que les grandes dames de Paris. Aussi eut-on recours à une histoire ingénieuse qui devait apaiser toutes les susceptibilités. On fit savoir dans le pays que Thérèse était la fille d'un homme de lettres indigent, qui en mourant l'avait recommandée à Rousseau, que c'était du reste une personne instruite et d'un vrai mérite, que Jean-Jacques, toujours bon et pitoyable, en avait fait sa gouvernante, qu'une amitié fraternelle était le seul lien qui les unit. Voilà ce qui se racontait, récit que Mlle de Bondeli reproduit avec candeur. De cette façon on évita tout scandale, et Jean-Jacques n'eut rien à changer à ses habitudes.

La comédie fut si bien jouée que personne ne se douta de la vérité; M. de Montmollin lui-même en fut la dupe au point de s'extasier sur la pureté des mœurs de son paroissien :

« Il est certain, disait-il, que je suis lié d'amitié avec M. Rousseau, que je l'aime et que je l'estime. Il a le cœur droit, l'esprit lumineux; ses mœurs sont sans reproche et il vit d'une manière très édifiante, faisant profession de notre sainte religion d'une manière exacte et exemplaire, s'acquittant scrupuleusement de toutes les parties du culte[1]. »

Jean-Jacques charmait tous ceux qui l'approchaient; on ne pouvait le voir sans l'aimer et sans se sentir entraîné vers lui.

« Sa conversation me plaît infiniment, dit encore M. de Montmollin; elle est amusante et utile, et il est d'ailleurs avec ses amis d'une si grande docilité et d'un commerce si aisé qu'on ne peut que s'attacher à lui, outre qu'il est d'un caractère qui l'honore chez ceux qui le connaissent particulièrement. Je le vois fréquemment[2]. »

Le pasteur Mouchon, qui vint avec deux de ses confrères rendre visite au philosophe, n'éprouva pas des

---

1. Montmollin à M. Le Maigret de Rouen, 30 décembre 1762. (*J.-J. Rousseau et M. de Montmollin*, par Fritz Berthoud.)
2. Montmollin à M. Le Maigret de Rouen, 30 décembre 1762.

impressions moins heureuses ; c'est à sa femme qu'il en fit confidence.

« Nous voici avec M. Rousseau; l'aimable homme! Tu n'as pas idée combien son commerce est charmant, quelle politesse bien entendue dans les manières, quel fond de sérénité chez lui et de gaieté dans sa conversation! Ne t'attendais-tu pas à un portrait tout différent? Ne te figurais-tu pas un homme bizarre, toujours grave, quelquefois brusque et grossier? Ah! de là à son vrai caractère quelle distance il y a! A une physionomie douce, il joint un regard plein de feu, des yeux d'une vivacité sans égale. Quand on traite une matière où il prend intérêt, ses yeux, sa bouche, ses muscles, ses mains, tout parle chez lui. On aurait bien tort de s'imaginer en lui un frondeur, un censeur perpétuel, point du tout, il rit avec ceux qui rient, il badine, il cause avec les enfants, il raille avec sa gouvernante, Mlle Levasseur, enfin, je tombais des nues en le voyant pour la première fois.... Sa sensibilité est si grande que je n'ai vu personne sentir avec plus d'énergie, recevoir des impressions plus pénétrantes[1].... »

Rousseau, nous le savons, s'était juré de ne plus écrire, et pendant quelque temps il tint parole. A ceux qui plaignaient son sort, il racontait une anecdote curieuse de sa jeunesse :

« Quand j'étais jeune, j'allais chez le vieux bonhomme de Fontenelle. « Ne faites jamais de livres, me dit-il, on en
« retire toujours plus de désagréments que d'agrément. —
« Mais, Monsieur, quand on croit avoir trouvé la vérité, on

---

1. *Inédite.* Mouchon à sa femme, 4 octobre 1762, bibliothèque de Genève, papiers de Mouchon.

« doit la communiquer aux hommes — Erreur, erreur,
« jeune homme! Si j'avais la vérité dans le creux de la main,
« je la fermerais pour qu'on ne la vît pas. » O bonhomme de
Fontenelle, que je me suis repenti de n'avoir pas suivi vos
avis[1]! »

Quand on louait devant lui ses écrits, il répondait
tristement :

« C'est une grande consolation pour moi dans mes dis-
grâces, d'apprendre qu'il y a des cœurs touchés de mes
sentiments. Mais au reste, je crains bien que mes ouvrages
n'aient le sort que tous les autres livres ont eu dans le
monde : ils y font plus de mal que de bien; ils nuisent à
ceux qui ne les entendent pas, ils sont inutiles à ceux qui
les entendent.... un livre efface l'autre, et l'effet de tous
ensemble se réduit enfin à rien. Ah! j'en reviens toujours
à ma maxime : les livres sont inutiles[2]. »

Mais ce n'était pas tout de ne plus écrire : par quelle
occupation remplacer le travail de tête? Jean-Jacques se
mit à faire des lacets. Tantôt il s'installait sur le pas
de sa porte et travaillait en causant avec les passants ;
tantôt il rendait visite aux voisines, dont quelques-unes
étaient assez aimables, mais il emportait toujours avec
lui le coussin qui servait à son travail, car il ne restait
jamais inactif.

« Qui qui vienne le voir, écrit Mlle de Bondeli, le trouve
occupé à faire des lacets aux fuseaux; il se flatte de faire bientôt des blondes, puis des dentelles : « J'ai pensé en homme,

---

1. *Julie von Bondeli.*
2. Bibliothèque universelle de Genève, 1836, *Souvenirs d'un voyageur.*

« disait-il, j'ai écrit en homme, on l'a trouvé mauvais, je vais
« me faire femme. »

Cette transformation de Jean-Jacques en faiseur de
lacets ne passa point inaperçue à Ferney :

« Jean-Jacques fait des lacets dans son village avec les
montagnards, mande Voltaire à d'Alembert, il faut espérer
qu'il ne se servira pas de ces lacets pour se pendre. C'est
un étrange original, et il est triste qu'il y ait de pareils fous
parmi les philosophes[1]. »

Il ne suffisait pas de fabriquer des lacets, il fallait
encore les utiliser. L'auteur d'*Émile* eut l'idée de les
faire servir à la propagation de ses idées et de les offrir
au moment de leur mariage aux filles de ses amis, à
la condition qu'elles nourriraient leurs enfants. C'est
ainsi que Mlle Isabelle d'Ivernois[2], fille du procureur

---

1. 18 janvier 1763.
2. « Le lacet de Mlle Isabelle, gardé précieusement dans la famille, mesure encore 1m,40, malgré les nombreuses coupures qui y ont été faites pour des amis et même pour des personnes royales, de la maison de Prusse, ci-devant souveraine de Neufchâtel. » (Brochure Petitpierre, p. 7 et 9. Fritz Berthoud.)

Mlle Isabelle devint Mme Guyenet : aussitôt après ses couches elle écrivit à Rousseau : « Comme ma chancellerie n'est pas encore en train, mon bon, mon respectable, pour tout dire enfin le papa de mon cœur, voudra bien permettre à son Isabelle de tracer sur un vieux papier deux mots avec un crayon, et cela pour le supplier de vouloir, pour le bien de ma santé, m'aider à consommer des collations qui m'arrivent de toutes parts et qui pourraient de nouveau enflammer un sang qui n'a besoin que de calmant. Que je vous apprenne encore, mon cher papa, nos usages ici l'accouchée doit envoyer de pareils dons à ses proches, et elle appelle cela sa rechigne. Daignez donc recevoir ma rechigne avec autant de plaisir que je vous l'offre, en attendant que je puisse vous exprimer de bouche les divers sentiments qui m'ont affectée pendant ces temps de crise ; mais ai-je besoin d'expressions avec vous ! Oh ! pardonnez, si je

général de Neufchâtel, en reçut un comme présent de noces. En le lui envoyant, Jean-Jacques lui rappela l'engagement qu'elle prenait en l'acceptant : « Songez, lui dit-il, que porter un lacet tissu par la main qui traça les devoirs des mères, c'est s'engager à les remplir. »

Mlle de Bondeli nous a laissé d'intéressants détails sur le genre de vie du philosophe. « Il aime les enfants, écrit-elle, et donne des leçons de clavecin à deux petites filles du lieu ; un jour on le trouva assis entre elles deux et gourmandé de la bonne façon au sujet de l'ouvrage qu'elles lui enseignaient. » Il y avait échange de bons procédés, Rousseau leur apprenait le clavecin et les petites filles lui montraient des ouvrages de femme.

« La plus grande partie du temps il a le dos courbé et la tête ____ée sur la poitrine, l'attitude de la méditation et de l'accablement ; aussitôt qu'il parle il lève la tête et fait voir une paire d'yeux indéfinissables. Son langage est comme son style, rapide, précis et élégant. Son ton de voix et son geste est toujours celui de l'enthousiasme, il crie ou se tait. Il aime les hommes avec transport, mais il ne peut vivre avec eux à cause du genre de ses indispositions. Son commerce est doux et poli, malgré cela un ton d'humeur qui afflige et n'insulte pas ; ce ton est le résultat de ses idées et de sa disposition mécanique. Le café lui dégage la tête et lui donne de la vie. Il fait souvent le sien lui-même à deux

---

crois pouvoir vous dire que nos amis s'entendent, et qu'est-ce qu'un faible angage pour décrire tout ce que sent pour vous votre Isabelle ! » (1765. Mss. de Neufchâtel. *Inédite*.)

heures du matin, pour ne pas inquiéter sa gouvernante[1]. »

Quand on lui parlait de l'avenir, il répondait avec mélancolie.

« Je faisais autrefois beaucoup de projets, je n'en fais plus aujourd'hui. J'ai payé à la société mon écot, fort mal sans doute, mais le mieux que je pouvais. Je savoure à présent le plaisir d'être ; je vis du jour à la journée, et je dis avec Horace : *Omnem crede diem tibi diluxisse supremum ;* je ne fais pas seulement le projet de mourir, cela viendra sans cela. En toute chose, ma maxime est de me laisser aller au sort. On ne se fait du mal que lorsqu'on lui résiste. Fait-on une chute, c'est lorsqu'on veut se retenir qu'on se fait bien mal. J'ai appris cette philosophie des enfants et je la pratique sans cesse. Quand je glisse au haut de la montagne, je me laisse choir tout doucement, et je me relève au bas de la descente sans m'être fait du mal[2]. »

A peine installé dans le Val-Travers, Rousseau adopta l'habit arménien. Déjà l'idée lui en était venue à Montmorency pendant les crises assez longues que lui occasionnait son infirmité ; le hasard lui avait fait faire la connaissance d'un tailleur arménien, il lui commanda un costume, mais il n'osa jamais le revêtir.

A Môtiers les railleurs étaient moins à craindre ; il consulta le pasteur, qui ne vit aucun inconvénient à ce déguisement et l'assura qu'il pouvait le porter au temple sans scandale. Jean-Jacques s'affubla donc d'une veste, d'un cafetan, d'un bonnet fourré, d'une ceinture

---

1. *Julie von Bondeli.*
2. Bibliothèque universelle de Genève, 1836

éclatante ; la première fois que Mylord Maréchal le vit dans cet équipage, il se borna à lui dire : *Salamaleki*.

La confection de son costume fut pour le philosophe une affaire capitale ; évidemment, outre la question de commodité, il y attachait beaucoup de coquetterie. Mme Boy de la Tour, qui habitait Lyon, fut chargée de la délicate mission de choisir les étoffes et les fourrures, et il est plaisant de voir avec quel soin minutieux le costume fut composé. Les lettres de Rousseau sont remplies de détails sur la façon dont il faut fourrer le bonnet, fourrer la robe, etc.

Le 20 octobre 1762, Mme de la Tour lui mande :

« Votre pelisse, mon bon et cher ami, est partie hier adressée à Pontarlier à M. Glaurian avec ordre de vous la faire d'abord parvenir ; les deux bonnets, la robe de camelots et son bonnet, une ceinture rayée celle de filoche ne s'est pas trouvée faite. J'espère que vous trouverez votre pelisse belle, bonne, chaude, légère, et qui durera éternellement, moyennant qu'elle soit préservée des teignes. Un des bonnets est assorti, l'autre est agneau de Tartarie, tout ce qu'il y a de plus beau et de plus doux[1].

Quelques jours après, elle lui écrit encore :

« J'ai commandé une ceinture, il ne s'en est trouvé de faites qu'en rose, vert ou bleu. Je l'ai demandée de la couleur de votre habit. Il se fait aussi des ceintures d'une étoffe rayée comme les mouchoirs de cols de femmes, dans des couleurs vives et claires. Il faut de camelot pour votre

---

1. Fritz Berthoud. *Rousseau dans le Val de Travers.*

robe quatre aunes et demie; je ne saurais vous choisir en soie que du gros de Naples ou taffetas, parce que vous voudriez de l'uni[1]. »

Enfin on se décide pour les robes de bouracan et des « ceintures de soie, tissues à rézeau comme les filets de pêcheurs[2]. »

Cependant le philosophe a des scrupules et craint que Mme de la Tour ne le taxe de coquetterie. Elle doit concevoir que les parures qu'il lui demande ne sont pas pour satisfaire son goût, mais comme il ne veut plus quitter l'habit qu'il a pris, ni chez Mylord, ni même à l'église, il faut accoutumer les yeux à ne pas le prendre pour un habit négligé, et, pour qu'on ne l'accuse pas de venir au temple en robe de chambre, il faut chercher à donner à son vêtement de la décence et même de la noblesse, surtout dans les premiers temps.

Rousseau n'était pas aussi indifférent qu'il voulait le paraître à tout ce qui pouvait contribuer à ses avantages extérieurs. Quand Duchesne édita ses œuvres en 1763, il désira y joindre un portrait. L'auteur demanda à être représenté avec ce costume arménien qui flattait sa manie pour l'originalité et ne nuisait pas, bien au contraire, à sa beauté plastique. Il faut voir avec quel soin il donne les indications pour que le graveur ne néglige aucun détail.

« Sur les éclaircissements que demande votre graveur, écrit-il à Duchesne, vous lui direz, s'il vous plaît, que je

---

2. Catalogue d'autographes.

porte en toute saison un bonnet garni d'une fourrure haute d'environ quatre ou cinq pouces, tantôt martre, tantôt petit-gris, agneau de Tartarie, etc. Quant à l'habillement, le dolman ou robe de dessous est toujours uni; le cafetan ou robe de dessus est uni de même en été, mais pour l'hiver, j'en ai un doublé et bordé de renard de Sibérie et le bonnet fourré de même[1].

Après plusieurs essais arrive le fameux portrait. Tout est bien, sauf un point important :

« .... Le bonnet ne ressemble point au mien; ma fourrure est moins ébouriffée; elle ne monte pas si haut, elle ne fait aucune pointe; elle laisse paraître le haut du bonnet et la houppe qui le termine[2].... »

Enfin on arrive à la perfection voulue, Rousseau est satisfait et aussitôt il demande six estampes de son portrait, encadrées en verre de Bohême[3], pour faire des cadeaux aux plus fervents de ses disciples. Mais les demandes sont si nombreuses, si pressantes, qu'il est même obligé de donner celui que possède Mlle Levasseur et qu'à plusieurs reprises il est forcé de renouveler sa provision[4].

1. 15 octobre 1763.
2. A Duchesne, 9 décembre 1763.
3. A Duchesne, 25 décembre 1763.
4. C'est d'après un original peint par Latour que Duchesne fit la gravure. C'est la seconde fois que Latour faisait le portrait du philosophe et le lui donnait. Le premier avait été offert au maréchal de Luxembourg. « Ce monument de votre amitié, de votre générosité, de vos rares talents, écrivait Rousseau à l'artiste, occupe une place digne de la main dont il est sorti. J'en destine au second une plus humble, mais dont le même sentiment a fait choix. Il ne me quittera point, Monsieur, ce

Le déguisement de Rousseau ne fut pas inutile au point de vue de ses succès auprès du beau sexe. Une dame, qui le vit à son arrivée à Motiers, lui trouva alors « la figure des plus communes, la physionomie triviale quoique avec un beau teint et de très beaux yeux noirs presque foudroyants, et le ton sérieux et timide. » Elle le revit à dîner chez Mylord Maréchal. Cette fois il portait le costume arménien. D'abord elle ne le reconnut pas. Mais laissons Mlle de Bondeli raconter elle-même ce curieux repas :

« La robe donna des grâces à sa figure, le turban à sa physionomie, ses yeux faisaient le double d'effet. « C'est Saint-Preux, c'est sûrement Saint-Preux lui-même, dit-elle. » A table il parla des fabriques d'indienne de la Comté et des horlogeries des montagnes qui laissaient les terres incultes; on lui répondit, que par contre cela apportait de l'argent au pays; à ce mot d'argent le diable fut aux marionnettes! « Vous aurez de l'or, vous vous roulerez sur l'or et vous créverez tous de faim! » Puis il gronda, cria et gesticula d'une étrange façon; l'inutilité de l'or et la simplicité des mœurs furent ses thèses; dans sa colère, il dit de si plaisantes choses sur les mœurs du temps et surtout sur celles des femmes, qu'ils riaient tous comme des fous, tout en convenant qu'il avait raison. Mme St.... quoique fort contente de lui, a cependant été heurtée par son habillement, elle penche pour cette dernière opinion, parce qu'il lui sied

admirable portrait, qui me rend en quelque façon l'original respectable. Il sera sous mes yeux chaque jour de ma vie, il parlera sans cesse à mon cœur, il sera transmis après moi dans ma famille, et ce qui me flatte le plus dans cette idée, est qu'on s'y souviendra toujours de notre amitié. » 14 octobre 1764. *Inédite.* **Catalog. d'autog.**)

(*sic*) admirablement bien, il n'en allégua d'autres raisons que la commodité. J'en suppose une quatrième qu'il ne pouvait dire à des femmes[1]. »

Rousseau recevait de ses enthousiastes de Genève des visites assez fréquentes qui apportaient une agréable diversion à sa solitude : les De Luc, Moultou, d'Ivernois[2] vinrent à plusieurs reprises passer quelques jours avec lui. Plus tard, méconnaissant comme toujours l'affection et le dévouement de ses amis, il a parlé de ces visites comme d'une charge odieuse qui lui était imposée :

« Les De Luc père et fils me choisirent successivement pour leur garde-malade : le père tomba malade en route ; le fils l'était en partant de Genève ; tous deux vinrent se rétablir chez moi[3]. »

D'Ivernois, qui fut pour Jean-Jacques l'ami le plus sûr et le plus dévoué, a encore été moins bien traité ; Rousseau, qui recourait sans cesse à ses bons offices fut, il est vrai, touché d'un zèle que rien ne pouvait lasser, et il lui écrivit de Motiers des lettres où débordaient la tendresse et la reconnaissance, mais il s'est bien vengé de cette faiblesse en laissant dans les *Confessions* cet agréable portrait de son ami :

« Ce M. d'Ivernois passait à Motiers deux fois l'an, tout exprès pour m'y venir voir, restait chez moi du matin au soir plusieurs jours de suite, se mettait de mes promenades,

---

1. *Julie von Bondeli*, 12 octobre 1762.
2. D'Ivernois, Français réfugié, exerçait un commerce à Genève ; il était parent du procureur général de Neufchâtel.
3. *Confessions*. Partie II, liv. XII.

m'apportait mille sortes de petits cadeaux, s'insinuait malgré moi dans ma confidence, se mêlait de toutes mes affaires, sans qu'il y eût entre lui et moi aucune communion d'idées, ni d'inclinations, ni de sentiments, ni de connaissances.... Quand je commençai d'herboriser, il me suivit dans mes courses de botanique, sans goût pour cet amusement, sans avoir rien à me dire ni moi à lui. Il eut même le courage de passer avec moi trois jours entiers tête-à-tête dans un cabaret à Goumoins, d'où j'avais cru le chasser à force de l'ennuyer et de lui faire sentir combien il m'ennuyait, et tout cela sans qu'il m'ait été possible jamais de rebuter son incroyable constance, ni d'en pénétrer le motif[1]. »

Outre les fidèles qui lui arrivaient de Genève et qui laissaient, on le voit, dans son esprit de si séduisants souvenirs, Jean-Jacques s'était créé à Motiers un petit cercle d'amis avec lesquels il passait des heures fort agréables; tantôt il les recevait dans sa petite résidence, tantôt il devenait leur hôte, tantôt ils parcouraient ensemble en herborisant les montagnes du voisinage. Au nombre de ceux avec lesquels il noua des relations intimes, il faut citer M. du Peyrou, homme d'un esprit élevé, fort instruit, du commerce le plus sûr et le plus aimable; il jouissait d'une grande fortune et la consacrait à soulager les malheureux. Son beau-père, M. de Pury, fut également très lié avec Rousseau. C'était un ancien militaire; il avait de l'esprit, de l'imagination, des mœurs austères et beaucoup de bonhomie.

---

1. *Confessions*. Partie II, liv. XII.

D'Escherny, qui fut peut-être le compagnon le plus assidu du philosophe dans ses courses montagnardes, était né à Neufchâtel, où sa famille s'était réfugiée à l'époque de la révocation de l'édit de Nantes. Homme distingué, à la fois philanthrope et philosophe, il avait connu à Paris tous les littérateurs de l'époque et sa conversation, des plus intéressantes, offrait une ressource précieuse.

Quant à la vie matérielle, Rousseau n'avait rien à désirer. Grâce aux cadeaux des enthousiastes, son ménage abondait « du nécessaire et du superflu[1] ». Cependant il ne se montrait pas satisfait :

« Les denrées sont chères, écrit-il, parce que le pays en produit peu…. Pour y avoir le pain mangeable il faut le faire chez soi, et c'est le parti que j'ai pris à l'aide de Mlle Levasseur; la viande y est mauvaise, non que le pays n'en produise de bonne, mais tout le bœuf va à Genève ou à Neufchâtel et l'on ne tue ici que de la vache. La rivière fournit d'excellente truite, mais si délicate qu'il faut la manger sortant de l'eau…. Point de volaille, peu de gibier, point de fruit, pas même de pommes, seulement des fraises bien parfumées en abondance. »

Voyons maintenant comment d'Escherny raconte ses joyeux repas avec Rousseau :

« Il doit m'être permis de dire un mot des excellents dîners que j'ai faits à Motiers-Travers, chez Jean-Jacques; tête-à-tête avec lui. Sa cuisine était simple, telle qu'il l'ai-

---

1. *Julie von Bondeli.*

mait, et je partageais bien son goût ; apprêtée supérieurement, et dans ce genre simple, il n'est pas possible de faire mieux que Mlle Levasseur ; c'étaient de succulents légumes, des gigots de moutons, nourris dans le vallon de thym et de serpolet, d'un fumet admirable, et parfaitement rôtis. L'Areuse nous fournissait des truites saumonées dont elle abonde, et, dans la saison, je n'ai mangé à aucune table de Paris des cailles et des bécasses comparables à celles qu'on nous apportait ; c'étaient des pelotons de graisse ! Nous ne buvions que des vins du pays, mais ceux de Cortaillod, dans les bonnes années, sont aussi bons que les meilleurs vins de Bourgogne.

« La conversation était vive, animée ; elle roulait sur toutes sortes de sujets ; rien de suivi, souvent des dissertations sur les plats qu'on nous servait et sur les qualités de chaque mets, dignes de figurer dans la gastronomie, ou d'être inscrits au rocher de Cancale. Mlle Levasseur paraissait de temps en temps, rompait le tête-à-tête ; Rousseau s'égayait à ses dépens, quelquefois aux miens, mais je lui rendais ; je faisais compliment à Mlle Levasseur sur son dîner ; ce qui m'étonne, c'est que, malgré mes invitations, jamais il n'a voulu permettre qu'elle se mît à table avec nous. Il était à son aise et fort gai.... Le soir, dans l'été, c'étaient des promenades dans les bois des environs. Dans les beaux clairs de lune, il se plaisait sur les bords de l'Areuse à chanter des duos ; nous avions toujours bon nombre d'auditeurs, surtout les jeunes filles du village qui ne manquaient pas de venir nous écouter[1]. »

Pendant la belle saison, ils faisaient de fréquentes excursions dans les environs pour herboriser, ils marchaient des jours entiers, et couchaient sur le sommet

---

1. Œuvres du comte d'Eschery, Paris 1814.

des montagnes. Rousseau, plein d'entrain, de verve, de gaieté, n'était plus le même homme. Personne n'aurait reconnu dans ce vigoureux montagnard le philosophe morose et soupçonneux de Motiers, l'Arménien faiseur de lacets qui, installé devant sa porte, jasait avec les commères du village. Une excursion à Brot, en particulier, a laissé dans la mémoire de d'Escherny des souvenirs très vivaces, qu'il a retracés avec un certain charme :

« Nous étions au mois de septembre. Après le déjeuner nous nous répandions dans la campagne à une ou deux lieues de distance et nous rentrions à Brot sur les cinq heures. Nos herbiers grossissaient.... Nous avions souvent occasion de rire des naïvetés et des simplicités de notre botaniste qui n'en était pas moins un prodige de science.... Nous dînions entre cinq et six heures, c'était notre seul repas et nous restions près de deux heures à table. Avant et après le dîner, comme on ne peut pas toujours causer, nous nous occupions de divers petits jeux, des jeux d'enfants; ils délassent, et ne sont pas ceux qui intéressent le moins; ils portent avec eux un caractère de candeur et d'innocence. Celui auquel nous revenions le plus souvent, qui le croirait? c'était le jeu de l'oie. »

Rousseau jouant à l'oie!

« ... Qui le croirait, cet homme, ce Jean-Jacques, si connu par sa misanthropie, ses brusques incartades, ses paradoxes, ses sophismes, ses explosions d'amour-propre, quand il se croyait blessé, où il ne parlait plus que de statues et d'autels qu'il s'élevait à lui-même, était avec nous, à Brot et dans toutes les courses, le plus simple, le plus doux et le plus modeste des hommes[1].

Tous ces détails sont exacts, même la gaieté de Rousseau. Lui-même le reconnaît dans une lettre écrite quelques années plus tard à Du Peyrou, où il lui dit : « Il me semble que nous n'étions point maussades à Brot ni les uns ni les autres[2]. »

Il est assez curieux que, dans les *Confessions*, Rousseau aie complétement passé sous silence tous ces souvenirs de son séjour à Motiers. Les avait-il sitôt oubliés, ou craignait-il de nuire à l'auréole de ses infortunes par le récit de quelques moments heureux? C'est bien là un trait de son caractère : il ne fallait pas que la postérité pût croire que la vie lui avait été si douce.

Cet homme qui chantait et qui mangeait si bien, qui parcourait les montagnes d'un pied léger avec quelques joyeux compagnons, était, s'il faut l'en croire, bien près de sa fin ; sans cesse il parle de « sa vie languissante et valétudinaire[3] », de ses souffrances continuelles qui le privent de tout exercice.

N'écrit-il pas au mois d'août 1763 :

« L'état de dépérissement où je suis ne peut durer, et, à moins d'un changement bien imprévu, je dois naturellement avant la fin de l'hiver trouver un repos que les hommes ne pourront plus troubler. »

---

1. Œuvres du comte d'Escherny.
2. Fritz Berthoud.
3. A Mme de la Tour, 7 mai 1763. Catalogue d'autographes.

Il mande également à Mlle de Bondeli :

« Je n'ose vous parler de mon état, il contristerait votre bon cœur. Je vous dirai seulement que je ne puis me procurer des nuits supportables qu'en fendant du bois tout le jour, malgré ma faiblesse, pour me maintenir dans une transpiration continuelle dont la moindre suspension me fait cruellement souffrir ».

Jean-Jacques n'était pas aussi malade qu'il le voulait bien dire. Certes, il passait quelquefois par des crises douloureuses, mais le reste du temps il se portait admirablement.

« Je ne l'ai jamais vu incommodé, dit d'Escherny ; il jouissait de la meilleure santé, il cheminait, gambadait... et mangeait de fort bon appétit. Voltaire à Ferney voulait toujours être mourant. Se dire malade est la maladie des grands hommes ; c'est la coquetterie du génie et des jolies femmes [1] ».

A l'appui de son assertion, il cite une anecdote assez curieuse ; ils venaient de passer une nuit sur la montagne :

« Le lendemain matin, comme on se demandait suivant l'usage : « Avez-vous bien dormi ? — Pour moi, dit « Rousseau, je ne dors jamais. » Le colonel de Pury l'arrête et d'un ton leste et militaire : « Par Dieu, Monsieur Rousseau, « vous m'étonnez, je vous ai entendu ronfler toute la nuit ; « c'est moi qui n'ai pas fermé l'œil. Ce diable de foin qui « ressue ! » Ainsi Rousseau, par une faiblesse humaine,

---

[1]. Œuvres du comte d'Escherny.

bien innocente, prétendait à une insomnie permanente, comme à un état habituel d'infirmité et de souffrance. »

Meister, qui le vit en 1764, a laissé sur ses entrevues avec lui ce curieux récit :

« Je m'attendais à voir en lui un homme accablé de fatigues et de souffrances, et je vis au contraire l'homme le plus enjoué, et en apparence le plus vigoureux. Il avait un habit gris à l'arménienne, et un bonnet de la même couleur garni de fourrure. Son teint est fort basané; ses yeux sont noirs; le blanc en est d'un éclat éblouissant;... quand son âme n'est pas agitée, son regard est tout à fait doux; mais quand elle s'enflamme toute son ardeur s'épanouit dans ses yeux : son regard devient aussi pénétrant que l'éclair; il parle avec cette rapidité harmonieuse, avec cette élégance, avec cette précision qu'on ne se lasse pas d'admirer dans ses ouvrages....

« Lorsque nous vînmes le prendre pour nous promener avec lui, comme il nous l'avait permis le matin, il nous dit avec cette politesse qui lui est propre : « Messieurs, je « compte vous épargner; je ne vous conduirai pas dans mes « promenades difficiles; je ne vous mènerai que par les « sentiers les plus aisés. » Notez que ces sentiers étaient sur des montagnes très rudes et des rochers fort escarpés[1].... »

Malgré la vie relativement fort agréable qu'il menait à Motiers, Jean-Jacques n'était pas satisfait; ses démêlés avec le Consistoire de Genève lui faisaient désirer ardemment de s'éloigner et de trouver un nouveau refuge où il n'eût plus à s'occuper de toutes ces tracasseries

---

1. Bibliothèque universelle de Genève, 1856.

religieuses; il craignait toujours qu'elles ne finissent par trouver un écho à Neufchâtel.

« J'ai pris en dégoût ce pays et ses arrogants ministres, écrit-il au prince de Wirtemberg. Je puis, s'il le faut, rester par devoir durant l'orage, mais quand il sera calmé, je veux m'en aller.... Je suis extrêmement tenté de changer de nom et de disparaître pour le reste de mes jours de dessus la face de la terre. Mais il y a dans ce projet quelque chose de craintif qui me répugne. D'ailleurs, il a bien ses difficultés aussi, sans compter qu'en changeant de nom, il faut changer d'habillement, et le mien m'est si commode, qu'il m'en coûtera beaucoup d'y renoncer[1]. »

Ce qui le déterminait encore à s'éloigner, c'est que Mylord Maréchal allait quitter Neufchâtel. Au lieu du calme et de la tranquillité qu'il y était venu chercher, il n'avait trouvé qu'une population inquiète, turbulente, agitée par la passion religieuse, et il prenait sa retraite. Quelle serait l'attitude des pasteurs une fois qu'ils ne seraient plus contenus par le gouverneur?

Sous l'empire de ces préoccupations, Rousseau écrivait à M. de Conzié, comte de Charmettes, qui l'engageait à le venir voir dans cette terre qui devait lui rappeler tant de souvenirs :

« Quand reverrai-je ces lieux paisibles où j'ai passé les seuls beaux jours qui m'aient été accordés? Quand irai-je couvrir de fleurs et de larmes la tombe de cette femme

---

1. 11 mars 1763. Streckeisen-Moultou.

incomparable dont vous avez fermé les yeux? Hélas! cher comte, dans ce moment même, j'ai plus besoin de vos consolations que jamais, je perds Mylord Maréchal, mon protecteur et mon ami et le plus digne des hommes; il est parti depuis quatre jours, quittant sans regret un peuple peu digne de le posséder[1]. »

Mylord Maréchal quitta son gouvernement en 1763, mais avant de partir et par une délicate attention, il donna à Rousseau des lettres de nationalité qui le mettaient à l'abri d'une expulsion.

1. *Inédite.* 5 mai 1763. Catalogue d'autographes.

CHAPITRE XIV

1763-1764

Sommaire : Le pasteur Roustan réfute Rousseau. — Vernes publie également une réfutation. — Les *Lettres de la campagne*. — Les *Lettres de la montagne*. — Indignation qu'elles causent à Genève. — Enthousiasme des partisans de Rousseau. — Troubles à Genève. — Menace de démission du Conseil. — Pacification apparente des deux partis.

Depuis la condamnation de l'*Émile*, les théologiens de Genève n'étaient pas restés indifférents; la communion de Motiers, la *Lettre à Beaumont* les avaient laissés incrédules; n'ayant pu obtenir de Rousseau la rétractation authentique et publique qu'ils exigeaient de lui, ils se décidèrent à combattre ouvertement les doctrines de leur ancien ami.

Roustan lui-même, intime ami du philosophe, écrivit une *Réponse à Rousseau sur le chapitre du Contrat social où il prétend que le christianisme est contraire à la politique.*

Loin de se froisser de cette réfutation, Rousseau l'approuva, car il écrivit à Rey le 26 décembre 1762 :

« J'ai vu cet ouvrage et il est très bon, quoique un peu impétueux pour la liberté. Comme celui qui l'a composé est plein de vertu, de talents, de mérite et très pauvre, je souhaite que son manuscrit lui vaille tout ce qu'il peut lui valoir, et je souhaiterais qu'il vous convînt de vous en charger sans vous mettre en peine de ce qu'il est contre moi, car il est à cet égard écrit très convenablement et l'auteur mérite de l'appui[1]. »

On comprendra le langage de Jean-Jacques quand on saura que Roustan l'avait réfuté avec la plus grande modération et en soutenant même beaucoup de ses idées[2].

Quand Rousseau eut abdiqué la bourgeoisie, l'indignation contre lui ne fit que croître dans le clergé de Genève.

Le pasteur Vernes préparait depuis assez longtemps un travail où il soutenait que Jean-Jacques n'était pas chrétien. L'ouvrage terminé, il recula d'abord devant une publication. Son collègue Jacob Vernet avait renoncé

---

1. *Lettres inédites*, Bosscha, Amsterdam, 1878.
2. L'auteur s'écriait entre autres choses : « O Rome, Rome, destinée dans tous les temps à être le fléau du monde ! Ce furent au moins tes vertus qui lui donnèrent autrefois des chaînes ; mais tes prêtres barbares ne l'ont asservi que par des forfaits, et je te vois cent fois plus éloignée aujourd'hui du christianisme que tu ne le fus sous tes aïeux idolâtres, parmi lesquels on comptait au moins des Fabrice et des Caton. » Tout l'ouvrage était sur ce ton, aussi fut-il sévèrement prohibé. Roustan publia encore en 1776 (Londres) un *Examen critique de la seconde partie de la Profession de foi du vicaire savoyard*.

à la réfutation qu'on lui avait demandée, trouvant la question suffisamment éclaircie. Suivrait-il son exemple? Très indécis, il consulta Tronchin, qui lui répondit :

« Je ne sais point si la démarche a été faite pour pouvoir plus hardiment plaider une mauvaise cause[1]. Le temps nous l'apprendra, mais ce que je sais bien, c'est qu'*Emile* a fait beaucoup de mal et que le professeur Vernet pense que MM. Dumont et Bitaubé[2] y ont assez répondu. Il pense qu'ils ont tout dit et qu'on ne peut par conséquent que répéter, il n'écrira donc point. C'est ce qu'il m'a dit vendredi dernier. Cela étant, voyez, mon bon ami, ce que le cœur vous dira. La cause que vous voulez défendre est bien belle, elle est bien digne de vous. Si Rousseau est chrétien, César est Catilinaire[3]. »

Vernes n'avait pas, paraît-il, la conscience très nette lui-même, car peu de jours après il recevait une nouvelle lettre dans laquelle le docteur lui faisait envisager les conséquences possibles d'une publication.

« Mon ami Bonnet[4], lui disait-il, craint que la correspondance que vous avez jadis eue avec Rousseau ne lui donne prise sur vous. Si là-dessus vous n'avez rien à craindre,

---

1. Tronchin veut parler de la renonciation que Rousseau venait de faire de ses droits de bourgeoisie.
2. A propos de la brochure de M. Bitaubé, Rousseau écrivait à Rey le 17 mars 1764 : « Je ne connais rien de si plat et de si mal raisonné que cet écrit ; il est toujours à côté de la question, et il fait le plaisant d'un air si gauche qu'il m'a fait plus de mal au cœur que de chagrin en le lisant. Soyez persuadé que si je voulais faire encore à quelqu'un l'honneur de lui répondre, je ne choisirais pas de pareils barbouillons. » (*Lettres inédites*, Bosscha, Amsterdam, 1878.)
3. 20 mai 1763.
4. Bonnet (Charles) (1720-1793), philosophe et naturaliste.

mon cher ami, lui aussi ne craint point que vous fassiez imprimer votre dialogue qu'il trouve bien fait et très bon. Mais il ne voudrait pas que le méchant, pour se venger, pût vous blesser avec votre propre épée. Voilà l'état de la question ; il n'y a que vous, mon cher ami, qui puissiez y répondre, parce qu'il n'y a que vous qui sachiez ce que vous avez écrit à Rousseau dans ces moments d'enthousiasme où la sagesse pouvait n'être pas sur ses gardes. *Aliquando enim bona dormitat sapientiæ lenociniis amicitiæ de fiduciæ sopitæ.* Si, sur ce point, vous êtes sans inquiétude, *macte animo fili.* L'ami Bonnet sort d'ici ; il craint certaine lettre imprudemment écrite sur le livre *de l'Esprit*, dont je n'ai aucune notion *ignoti me.... de metus.* Qu'est-ce que cette lettre ? *ne....* dont je vous parlais tout à l'heure, examinez-vous bien. Cet hom.......... n'en doutez pas[1]. »

Quand le livre *de l'Esprit* parut, il souleva un grand scandale[2] ; on prétendit qu'il établissait le matérialisme. Rousseau déclara qu'il allait écraser ces pernicieuses doctrines et il commença a écrire une réfutation ; mais quand il vit qu'Helvétius était poursuivi avec rigueur, il renonça à son travail[3]. Vernes, au courant de ses projets, avait eu l'imprudence de lui écrire pour

1. *Inédite.* Cette lettre est déchirée en plusieurs endroits.
2. Le canton de Berne ordonna la saisie de tous les exemplaires de l'*Esprit* d'Helvétius et de la *Pucelle* de Voltaire. L'officier de justice chargé de cette mission revint devant le Conseil et dit : « Magnifiques seigneurs, après toutes les recherches possibles, on n'a pu trouver dans toute la ville que fort peu d'*esprit* et pas une *pucelle.* » (Walpole.)
3. Jean-Jacques parla cependant du livre de l'*Esprit*, mais avec modération. « Je suis persuadé que ce que M. Vernes me pardonne le moins, écrivait-il, est d'avoir attaqué le livre d'Helvétius, quoique je l'aie fait avec toute la décence imaginable, en passant, sans le nommer, ni même le désigner, si ce n'est qu'en rendant honneur à son bon caractère. » (1er août 1763.)

prendre la défense de l'*Esprit* dont les théories lui paraissaient séduisantes. Cette lettre était une arme dangereuse entre les mains de Rousseau; Bonnet et Tronchin redoutaient avec raison qu'il n'en fît usage et ils en prévenaient charitablement le pasteur.

Ce dernier se crut probablement à l'abri de tout désagrément, car il fit imprimer sa brochure et la publia[1] :

« Je viens d'avoir une dispute assez vive avec Vernes à votre occasion, mande Moultou à Jean-Jacques; il vous réfute, mon ami, et prouve dans son livre que vous n'êtes pas chrétien; il voulait me communiquer son ouvrage, jugez comme j'ai reçu sa proposition[2]. »

Peu de jours après il lui envoie l'ouvrage lui-même :

« Voilà, mon très cher ami, le misérable livre de Vernes. Le titre est insolent et il y a autant de bêtise que de méchanceté dans le reste.... O mon cher Rousseau, que ne puis-je montrer votre lettre à Vernes, elle mettrait le remords dans son lâche cœur. Permettez-moi de la montrer au public. C'est un malheureux que, comme chrétien, vous devez démasquer.... Moi, à votre place, je *montrerais la lettre sur Helvétius*. Des coquins ne méritent rien. Quelle mauvaise foi dans ce Vernes[3] !

« Je ne sais ce que vous ferez; à mon avis, cet ouvrage ne

---

1. Il en publia même plusieurs dont voici les titres : *Lettres sur le Christianisme de J.-J. Rousseau*, in-8°, 1763. — *Dialogues sur le Christianisme de J.-J. Rousseau*, in-8°, 1763. — *Réponses à quelques lettres de J.-J. Rousseau*, in-8°, 1763.
2. 15 juillet 1763.
3. *Inédite*, 27 juillet 1763. Bibliothèque de Neufchâtel, Mss.

mérite que le silence, et Vernes triomphera si vous l'honorez d'une réfutation. Mais d'un autre côté, il a été encouragé à le faire par nos théologiens; son écrit a été revu par Vernet, Claparède, Bonnet.... En un mot, c'est presque l'ouvrage de tout ce monde-là.... Ils espèrent que si vous répondez, vous donnerez prise contre vous, et qu'en attaquant notre clergé, vous vous l'aliénerez encore davantage.... Ce qui vous étonnera bien, c'est que, par le conseil de ses amis, Vernes ou quelqu'un des siens fait partir aujourd'hui son livre pour M. l'archevêque de Paris. Des ministres de Genève le prennent pour juge de leur foi, bon Dieu quelle bêtise! je ne voudrais pas pour vingt louis qu'ils ne l'eussent pas faite[1]. »

Rousseau n'avait point pardonné au pasteur Vernes de l'avoir abandonné et de s'être retranché derrière sa foi pour ne pas approuver les dangereuses théories de l'*Émile*. Quelle ne fut pas sa colère quand il se vit publiquement rejeté du nombre des chrétiens! Cependant il eut assez d'empire sur lui-même pour suivre les avis de Moultou, et garder le silence. Mais il en conserva une amère rancune et si sa vengeance fut tardive, elle n'en fut que plus terrible[2].

---

1. *Rousseau ses amis et ses ennemis.*
2. A propos de cet ouvrage, Rousseau écrit dans sa *Déclaration relative à Vernes :* « Voilà comment la vanité, la vengeance, enflammèrent la sainte ardeur de M. Vernes, prédicateur, parce que c'est son métier de l'être, mais qui jusque-là n'avait point été dévoré du zèle de l'orthodoxie; voilà le sentiment secret qui lui dicta les *Lettres sur mon Christianisme*. Son orgueil irrité lui mit à la main les armes de son métier. Sans songer à la charité, qui défend d'accabler celui qui souffre; à la justice, qui, quand même j'aurais été coupable, devait me trouver trop puni; à la bienséance, qui veut qu'on respecte l'amitié, même après qu'elle est éteinte; voilà le biendisant, le galant, le plaisant M. Vernes,

Le pasteur Vernes fut félicité par le *Conseil* d'avoir écrit contre l'auteur de l'*Émile*. Dans la séance du 2 août 1763, on trouve cette mention :

« Le Conseil fait témoigner à Spectable Jacob Vernes sa satisfaction, et le fait remercier de l'ouvrage qu'il a publié sous le titre de *Christianisme du sieur J.-J. Rousseau.* »

Le gouvernement, en effet, ne pouvait qu'être très heureux de l'appui que les théologiens lui apportaient, car la situation ne s'améliorait pas depuis que Jean-Jacques avait porté le trouble dans sa patrie.

Les *Représentations*, la demande de convocation d'un *Conseil général*, avaient surexcité tous les esprits ; on parlait politique, on discutait la constitution de l'État, on la critiquait ; le gouvernement, assez inquiet de la tournure que prenaient les événements, crut nécessaire de défendre sa conduite et de démontrer qu'en condamnant les ouvrages de Rousseau il avait agi conformément aux lois. C'est le procureur général Tronchin, celui-là même qui avait requis contre l'*Émile*, qui fut chargé de ce soin ; il s'en acquitta dans une brochure anonyme intitulée *Lettres de la campagne*[1].

transformé tout à coup en apôtre, et lançant ses foudres théologiques sur son ancien ami malheureux. Est-il étonnant que la haine et l'envie emploient si volontiers cet expédient ? Il est si commode et si doux d'édifier tout le monde, en écrasant pieusement son homme ! Ce grand mot, *notre sainte religion*, dans un livre, est presque toujours une sentence de mort contre quelqu'un ; c'est le manteau sacré dont se couvrent des passions viles et basses qui n'osent se montrer nues. Toutes les fois que vous verrez un homme en attaquer un autre avec animosité sur la religion, dites hardiment : « L'agresseur est un fripon » ; vous ne vous tromperez de la vie. »

1. « Le procureur général Tronchin, écrit Mlle de Bondeli, est le

Bien loin de faire des concessions, l'avocat des Conseils avouait hautement le décret qui avait frappé Jean-Jacques et en soutenait la légalité. L'*Émile* était déclaré antichrétien, le *Contrat social* destructif de tout gouvernement. M. Tronchin faisait ensuite l'apologie du gouvernement de Genève; il démontrait que si les citoyens jouissaient de la liberté de faire des représentations, les Conseils pouvaient n'en tenir compte qu'autant qu'ils le jugeaient bon aux intérêts de la République, et que ce droit n'avait rien d'inquiétant dans un pays où le prudent équilibre des pouvoirs ne permettait pas d'en abuser [1].

Les *Lettres de la campagne* étaient l'œuvre d'un esprit éminent, et Rousseau lui-même dut reconnaître le mérite de son adversaire :

« Cet ouvrage, dit-il, écrit en faveur du Conseil avec un art infini, et par lequel le parti représentant, réduit au silence, fut pour un temps écrasé, cette pièce, monument durable des rares talents de son auteur, était du conseiller Tronchin, homme d'esprit, homme éclairé, très versé dans les lois et le gouvernement de la République [2]. »

---

yen de Genève qui a le plus d'esprit et le plus grand nez, partisan de Voltaire, parent de Tronchin Esculape, vous comprenez... comme citoyen il pouvait penser et dire ce qu'il voulait, comme procureur général il devait tout au moins se taire, parce que le procureur général est à Genève, de droit et de fonction, l'homme et l'avocat du peuple; d'après ce seul fait vous sentez ce que Rousseau doit en penser.... (11 février 1764.)

1. Il passait en revue tous les anciens gouvernements démocratiques, examinait les gouvernements modernes et prouvait la nécessité dans une république du *pouvoir négatif*.

Confessions. Partie II, liv. XII.

La publication de cet écrit atterra les représentants. Ils jetèrent immédiatement les yeux sur Rousseau comme sur le seul qui pût répondre avec quelque chance de succès. Mais le philosophe opposa à ses amis une fin de non-recevoir absolue, et les bourgeois découragés se résignèrent à écrire eux-mêmes une réfutation.

Jean-Jacques n'avait répondu par un refus que pour mieux déguiser ses secrètes intentions. Blessé au cœur par l'œuvre de Tronchin, il composa dans le plus grand mystère une réponse ayant pour titre *Lettres de la montagne*.

« Je fis et j'exécutai cette entreprise, dit-il, si secrètement que dans un rendez-vous que j'eus à Thonon avec les chefs des représentants, pour parler de leurs affaires, et où ils me montrèrent l'esquisse de leur réponse[1], je ne leur dis pas un mot de la mienne qui était déjà faite, craignant qu'il ne survînt quelque obstacle à l'impression, s'il en parvenait le moindre vent, soit aux magistrats, soit à mes ennemis particuliers[2]. »

Rousseau chercha d'abord à faire imprimer son ouvrage à Avignon, mais aucun libraire n'osa s'en charger. Il se décida alors à le confier à Rey, tout en le prévenant que cet écrit contenait l'apologie de la bour-

---

1. Rousseau, en effet, eut une entrevue à Thonon avec les chefs des représentants. Il alla coucher à Goumoins, le lendemain à Morges, et au moyen d'un bateau gagna Thonon où ses amis l'attendaient. Ils se séparèrent fort contents les uns des autres.
2. *Confessions*. Partie II, liv. XII.

geoisie de Genève et qu'il ne serait assurément agréable ni au petit Conseil ni aux ministres[1]. Ces considérations n'arrêtèrent pas le libraire.

Les *Lettres de la montagne* sont un véritable chef-d'œuvre, mais l'auteur a perdu tout sang-froid. La promesse de ne plus écrire, la promesse de ne jamais soulever de troubles dans sa patrie, tout est oublié. Il met ses passions à la place de ses principes, et pour venger une injure personnelle il écrit un pamphlet qui devait fatalement allumer la guerre civile dans sa patrie et exciter contre l'auteur lui-même des haines impitoyables.

Il ne se contente pas de traiter la question légale et d'examiner d'après quelles lois on l'a jugé : dans un style bref et concis, et avec une logique inflexible, il fait la satire la plus amère, la plus mordante, du gouvernement de Genève, des chefs de l'État, de la constitution ; le clergé est encore moins épargné, et ces pasteurs qui se sont si intimement liés avec Rousseau par haine de Voltaire sont plus maltraités par leur ancien ami qu'ils ne l'ont jamais été par le philosophe de Ferney. Rousseau passe en revue toutes les questions ; gouvernement, religion, institutions politiques, il touche à tout, mais pour le mettre en miettes.

Le ton de la vertu la plus austère régnait d'un bout à l'autre de l'ouvrage et le rendait d'autant plus dangereux.

L'argumentation de Rousseau est fort simple.

---

1. *Lettres inédites*. Bosscha, Amsterdam, 1878.

On dit qu'il a attaqué la religion de l'État et que par conséquent il a encouru la peine portée contre ceux qui l'attaquent.

Soit, dit-il, mais voyons d'abord quelle est cette religion de l'État.

« C'est la sainte réformation évangélique.... Mais qu'est-ce à Genève aujourd'hui que la sainte réformation évangélique? Le sauriez-vous, Monsieur, par hasard? En ce cas, je vous en félicite. Quant à moi, je l'ignore.... Quand les réformateurs se détachèrent de l'Église romaine, ils l'accusèrent d'erreur; et, pour corriger cette erreur dans sa source, ils donnèrent à l'Écriture un autre sens que celui que l'Église lui donnait. On leur demanda de quelle autorité ils s'écartaient ainsi de la doctrine reçue? Ils dirent que c'était de leur autorité propre, de celle de leur raison. Ils dirent que le sens de la Bible étant intelligible et clair à tous les hommes, en ce qui était du salut, chacun était juge compétent de la doctrine, et pouvait interpréter la Bible, qui en est la règle, selon son esprit particulier.... Tels sont les deux points fondamentaux de la réforme : reconnaître la Bible pour règle de sa croyance et n'admettre d'autre interprète du sens de la Bible que soi.

« Les réformés toléraient et devaient tolérer toutes les interprétations hors une, savoir celle qui ôte la liberté des interprétations.... Portez la moindre atteinte à ce principe et tout l'évangélisme croule à l'instant. Qu'on me prouve aujourd'hui qu'en matière de foi je suis obligé de me soumettre aux décisions de quelqu'un, dès demain je me fais catholique, et tout homme conséquent et vrai fera comme moi. Or, la libre interprétation de l'Écriture emporte non seulement le droit d'en expliquer les passages, chacun selon son sens particulier, mais celui de rester dans le doute sur ceux qn'on trouve douteux, et celui de ne pas comprendre ceux qu'on trouve incompréhensibles. Pourvu qu'on respecte toute la Bible et qu'on s'accorde sur les points capitaux, on vit selon la réformation évangélique. Le serment des Bourgeois de Genève n'emporte rien de plus que cela. »

Donc en restant dans le doute sur les miracles et la révélation, Rousseau n'a pas manqué à la religion de l'État.

Il est vrai que dans la pratique cette religion n'est pas restée ce qu'elle était au début ; elle a singulièrement dégénéré :

« De persécutés les Réformateurs devinrent bientôt persécuteurs.... A force de disputer contre le clergé catholique, le clergé protestant prit l'esprit disputeur et pointilleux. Il voulait tout décider, tout régler, prononcer sur tout ; chacun proposait modestement son sentiment pour loi suprême à tous les autres.... Calvin sans doute était un grand homme, mais enfin c'était un homme, et qui pis est, un théologien[1].... »

Calvin du reste n'inspire à Jean-Jacques qu'une médiocre admiration et il en parle dans des termes qui ne diffèrent pas sensiblement de ceux dont se servait Voltaire[2] :

---

1. Deuxième *Lettre de la montagne*.
2. Le patriarche de Ferney n'écrivait-il pas au pasteur Bertrand : « Jésus-Christ me paraît, comme à vous, doux et tolérant, mais ses sectateurs ont été dans tous les temps inhumains et barbares ; le parti le plus fort a toujours vexé le plus faible au nom de Jésus-Christ, et pour la gloire de Dieu. Lorsque nous vous persécutons, nous papistes, nous sommes conséquents à nos principes, parceque vous devez vous soumettre aux décisions de notre sainte mère l'Église. Hors de l'Église, point de salut. Vous êtes donc des rebelles audacieux. Lorsque vous persécutez, vous êtes inconséquents, puisque vous accordez à chaque charbonnier

« Quel homme fut jamais plus tranchant, plus impérieux, plus décisif, plus divinement infaillible à son gré que Calvin, pour qui la moindre opposition, la moindre objection qu'on osait lui faire, était toujours une œuvre de Satan, un crime digne du feu? Ce n'est pas au seul Servet qu'il en a coûté la vie pour avoir osé penser autrement que lui. »

Ainsi la religion évangélique a dégénéré, les principes mêmes de la *Réformation* sont altérés. Comment ose-t-on faire un crime à Rousseau de penser suivant les bases mêmes de la *Réformation* et de ramener le culte de Calvin à ses véritables principes! Bien loin de l'en blâmer, on devrait l'en remercier.

« Les Réformés de nos jours, du moins les ministres, ne connaissent ou n'aiment plus leur religion. S'ils l'avaient connue et aimée, à la publication de mon livre, ils auraient poussé de concert un cri de joie, ils se seraient tous unis avec moi, qui n'attaquais que leurs adversaires; mais ils aiment mieux abandonner leur propre cause que de soutenir la mienne : avec leur ton risiblement arrogant, avec leur rage de chicane et d'intolérance, ils ne savent plus ce qu'ils croient, ni ce qu'ils veulent, ni ce qu'ils disent[1]. »

---

le droit d'examen; ainsi vos réformateurs n'ont renversé l'autorité du pape que pour se mettre sur son trône. Aux décisions des conciles, vous avez fièrement substitué celles de vos synodes et Barneveldt a péri comme Jean Huss. Le synode de Dordrecht vaut-il mieux que celui de Trente? Qu'importe que l'on soit brûlé par les conseils de Léon X ou par les ordres de Calvin. Quel remède à tant de folies et de maux, qui désolent le meilleur des mondes? S'attacher à la morale, mépriser la théologie, laisser les disputes dans l'obscurité des écoles où l'orgueil les a enfantées, ne persécuter que les esprits turbulents qui troublent la société pour des mots. Amen! Amen! Le malade de Ferney, qui ne voudrait persécuter personne, que les brouillons, embrasse tendrement l'hérétique charitable et bienfaisant. (26 décembre 1763.)

1. Deuxième *Lettre de la montagne*.

On aurait pu objecter à Jean-Jacques qu'il avait peu d'années auparavant comblé d'éloges ces mêmes pasteurs. Il ne le niait pas, mais sa bonne foi avait été surprise; il croyait alors que les Réformés de Genève pratiquaient sincèrement leur religion. Quelle était son erreur!

« L'Église de Genève paraissait depuis longtemps s'écarter moins que les autres du véritable esprit du christianisme, et c'est sur cette trompeuse apparence que j'honorais ses pasteurs d'éloges dont je les croyais dignes; car mon intention n'était assurément pas d'abuser le public. Mais qui peut voir aujourd'hui ces mêmes ministres, jadis si coulants et devenus tout à coup si rigides, chicaner sur l'orthodoxie d'un laïque, et laisser la leur dans une si scandaleuse incertitude? On leur demande si Jésus-Christ est Dieu, ils n'osent répondre; on leur demande quels mystères ils admettent, ils n'osent répondre. Sur quoi donc répondront-ils?...

« Un philosophe jette sur eux un coup d'œil rapide, il les pénètre, il les voit ariens, sociniens : il le dit, et pense leur faire honneur; mais il ne voit pas qu'il expose leur intérêt temporel, la seule chose qui généralement décide ici-bas de la foi des hommes[1].

« Aussitôt alarmés, effrayés, ils s'assemblent, ils discutent, ils s'agitent, ils ne savent à quel saint se vouer; et après force consultations, délibérations, conférences, le tout aboutit à un amphigouri où l'on ne dit ni oui ni non, et auquel il est aussi peu possible de rien comprendre qu'aux deux plaidoyers de Rabelais.

---

1. Cette allusion à l'article *Genève* de d'Alembert était d'autant plus singulière de la part de Rousseau, que lui-même avait répondu à cet article *Genève* par la *Lettre sur les spectacles*.

« Ce sont en vérité de singulières gens que messieurs vos ministres !... leur seule manière d'établir leur foi est d'attaquer celle des autres; ils font comme les Jésuites, qui, dit-on, forçaient tout le monde à signer la Constitution, sans vouloir la signer eux-mêmes.... »

Si les pasteurs en sont à ce point d'ignorance ou d'incrédulité, qui donc pourra définir en quoi consiste à Genève la *sainte Réformation évangélique*? Si personne n'en sait rien, comment peut-on accuser Rousseau d'y avoir manqué?

On a reproché à l'auteur de nier les miracles et la révélation.

« Je n'ai point rejeté les miracles, dit-il, ni ne les rejette; si j'ai dit les raisons pour en douter, je n'ai point dissimulé les raisons d'y croire; il y a une grande différence entre nier une chose et ne pas l'affirmer, entre la rejeter et ne pas l'admettre. »

Il conclut donc que, n'ayant pas attaqué la sainte Réformation, il n'a pas manqué à son serment de bourgeois; qu'étant resté dans un doute respectueux sur les miracles et la révélation, on ne peut pas dire qu'il n'est plus chrétien.

Répondra-t-il aux brochures lancées contre lui par les pasteurs de Genève? mais :

« Comment les suivre (les pasteurs) dans ces multitudes de points sur lesquels ils m'ont attaqué? Comment rassembler tous leurs libelles, comment les lire? Qui peut aller trier tous ces lambeaux, toutes ces guenilles, chez les fripiers de Genève ou dans le fumier du *Mercure* de Neufchâtel ? Je me perds, je m'embourbe au milieu de tant de bêtises. »

Après avoir démontré qu'au point de vue religieux, il est irréprochable, Jean-Jacques affirme que les magistrats de Genève ont violé à son égard les lois de la République, et il défend sa thèse.

En vain ses partisans, et c'est de leur côté que sont « les mœurs, les vertus, la solide piété et le plus vrai patriotisme », en vain ses partisans ont demandé justice, ils n'ont pu l'obtenir.

Mais si les lois ont été violées et que les citoyens n'aient pu se faire rendre justice, c'est donc que la constitution de l'État est mauvaise?

Non, mais le parti au pouvoir, l'aristocratie, l'a depuis longtemps dénaturée. Vous vous croyez libres, dit Rousseau à ses concitoyens, en réalité vous êtes dans la servitude. Certes, en apparence, le peuple est souverain, c'est lui qui fait les lois, mais le corps chargé de l'exécution de ces lois en est l'interprète, il les fait parler comme il lui plaît, il peut les faire taire, au besoin les violer, il est au-dessus des lois.

Et alors, avec un art merveilleux, il explique aux Genevois la constitution de leur patrie, il leur montre comment l'aristocratie s'est formée, comment l'habitude du pouvoir lui en a donné le goût, comment elle a peu à peu écarté le peuple des affaires, comment elle en est arrivée, après une longue suite d'années, à posséder un pouvoir absolu et à ne laisser aux citoyens que l'illusion de la souveraineté. « Rien n'est plus libre que votre état légitime, leur dit-il, rien n'est plus servile que votre état actuel. Quatre heures par an souverains subordonnés, vous êtes sujets le reste de la vie et livrés sans réserve à la discrétion d'autrui. » Et il leur parle des liens et des entraves dont ils sont chargés comme la plus vile populace.

Mais, après avoir indiqué le mal, il montre le remède, et il énumère avec soin par quelle suite de démarches les citoyens pourraient, s'ils le voulaient, secouer le joug qui les opprime et reconquérir leur liberté. Il les conjure cependant de n'en rien faire et les exhorte à supporter leur servitude avec résignation.

Rousseau, en parlant de cet ouvrage, dit qu'il y règne « *une stoïque modération*[1] ». Les citations que l'on vient de lire peuvent en donner l'idée. « Cette réponse, dit Grimm, est un chef-d'œuvre d'éloquence, de sarcasme, de fiel, d'emportement, de déraison, de mauvaise foi, de folie et d'atrocité ; on n'a jamais fait de ses talents un tel abus. »

On se rend compte aisément du scandale qu'un pareil livre produisit à Genève et de la surexcitation qu'il provoqua dans les esprits. Beaucoup de citoyens prévirent dès lors la guerre civile qui en résulterait.

La violence de son langage éloigna de Rousseau les gens sages et modérés. Mlle de Bondeli, malgré son enthousiasme pour l'auteur, pour le livre même qu'elle

---

1. *Confessions.* Partie II, liv. XII.

appelle « son meilleur ouvrage », ne peut s'empêcher d'écrire :

« Les *Lettres de l'homme de la montagne* sont bien de Rousseau. Genève est en combustion; il attaque tout, surtout les ecclésiastiques et les orthodoxes de toutes les religions et de toutes les sectes. Mme Sandoz croit que, las de la vie et n'osant se tuer parce qu'il a combattu victorieusement le suicide, il veut s'y prendre d'une autre manière en courant au martyrologe. Grand bien lui fasse. Moi je n'aimerais pas à être martyre. Puis un fiel terrible, et cela me fâche plus que ses hérésies. Comment le défendre contre ses ennemis? Votre grand Haller ne se ménage point sur l'article de Rousseau, il fait clairement voir à quoi tient son guignon et le traitant même comme un chétif écrivain[1]. »

On fit courir dans Genève une lettre de l'abbé Mably[2] à Mme Saladin :

« Voilà toutes mes idées bouleversées sur le compte de Rousseau, écrivait l'abbé. Je le croyais honnête homme, je croyais que sa morale était sérieuse, qu'elle était dans son cœur, et non pas au bout de sa plume. S'il s'était borné à prétendre que son déisme est un bon christianisme, et qu'on a eu tort de brûler son livre et de décréter sa personne, on pourrait rire de ses paralogismes et de ses paradoxes, et on aurait dit qu'il est fâcheux que l'homme le plus éloquent de son siècle n'ait pas le sens commun. Mais cet homme finit par être une espèce de conjuré. Est-ce Éros-

1. *Julie von Bondelie*, 4 janvier 1765.
2. Mably (Gabriel Bonnot de) (1709-1785). Protégé par le cardinal de Tencin, il se destina d'abord à la diplomatie et joua un rôle assez important. Mais, en 1746, il se brouilla avec son protecteur et il se consacra entièrement aux lettres.

trate qui veut brûler le temple d'Éphèse? est-ce un Gracchus[1]...? »

Et l'abbé adressait au philosophe ces paroles pleines de vérité et de justesse :

« Je vous ai plaint dans vos malheurs comme j'ai plaint Socrate, mais permettez-moi de vous le dire, pour se venger de ses juges, Socrate ne tenta pas d'exciter une sédition à Athènes[2]. »

Si Jean-Jacques reçut des lettres de blâme, les approbations ne lui manquèrent pas non plus. La discussion sur les miracles qui scandalisa tout Genève fit la joie de Milord Maréchal.

« Je ne crois pas qu'on puisse répondre à votre livre, lui disait-il, mais ils enrageront bien; ôter les miracles, c'est ôter les pompons et le rouge à une jolie femme. J'ai connu des gens qui faisaient difficulté de croire des choses naturelles, mais pour les surnaturelles, ils les recevaient sans douter. Les miracles les amusent comme les joueurs de gobelets divertissent le peuple[3]. »

Quant à Moultou, qui s'était réconcilié avec Jean-Jacques, son enthousiasme grandissait à chaque nouvelle production.

« J'ai lu votre livre, ce sont les gémissements d'un héros, ils ont brisé mon âme. C'est à l'Europe à prononcer à présent; si elle vous absout, que répondront-ils? Homme

---

1. 11 janvier 1765.
2. 11 février 1765. *Rousseau, ses amis et ses ennemis.*
3. 5 décembre 1764. *Rousseau, ses amis et ses ennemis.*

illustre, vous êtes persécuté, mais n'avez-vous pas dû vous y attendre? tout novateur, Socrate même ne l'a-t-il pas été? vous avez plus de droit de l'être, Monsieur!... Genève même vous rejette, Genève un jour s'honorera de vous et nos descendants la verront pleurant sur votre mausolée et détournant les yeux d'un bûcher, offrir à l'instruction de l'univers cette inscription gravée à ses pieds : *Luget et monet*. Cette prophétie est aussi sûre que votre gloire, que ne puis-je rapprocher les temps[1]! »

Cependant, malgré son délire admiratif, Moultou lui-même ose exprimer un doute : « Dieu seul sait, dit-il à son ami, si vous effacerez un jour ce livre avec vos larmes ou si votre patrie vous devra des autels. » Terrible question que le pasteur n'ose résoudre.

Rousseau sentait très bien les dangers de son ouvrage, aussi prétendait-il ne l'avoir écrit que sous le coup d'une impérieuse nécessité, contraint et forcé, uniquement à la sollicitation pressante de ses concitoyens qu'il ne pouvait abandonner après les avoir mis dans l'embarras. Toutes ces raisons n'étaient qu'une mauvaise défaite; les représentants comptaient si peu sur sa réponse qu'eux-mêmes en avaient préparé une. Mais le philosophe, depuis 1762, avait conservé contre le Conseil et le clergé de Genève une animosité que rien n'avait apaisée; il s'était promis à plusieurs reprises de leur faire chèrement expier leur conduite à son égard, il avait simplement tenu parole.

1. 23 novembre 1764.

A ceux qui comme Gauffecourt lui reprochaient de s'être trop mis en cause et d'avoir écrit un plaidoyer par trop personnel, il répondait :

« Je voudrais encore plus que vous que le *moi* parût moins dans les *Lettres écrites de la montagne;* mais sans le moi, ces lettres n'auraient point existé. Quand on fit expirer le malheureux Calas sur la roue, il lui était difficile d'oublier qu'il était là[1]. »

Tous les hommes sensés déploraient les dangereux préceptes de ses *Lettres* et en redoutaient les conséquences. Rousseau au contraire se montrait plein de sécurité.

« Au reste, écrivait-il à Pictet, ne craignez rien de l'effet de mon livre; il ne fera du mal qu'à moi. Je connais mieux que vous la bourgeoisie de Genève; elle n'ira pas plus loin qu'il ne faut, je vous en réponds[2]. »

Voltaire partageait la même illusion lorsqu'il disait : Les *Lettres de la montagne* ne causeront point de guerre civile, les citoyens sont trop riches pour se battre[3].

Ces prévisions devaient recevoir des événements le plus éclatant démenti.

L'optimisme de Jean-Jacques était plus apparent que réel, et au fond de son cœur il ne se dissimulait pas ce qui allait advenir. En effet, il avait eu l'idée au

---

1. 12 janvier 1765.
2. 19 janvier 1765.
3. A la duchesse de Saxe-Gotha, 6 avril 1766.

moins singulière d'envoyer à M. de Montpéroux un exemplaire des *Lettres de la montagne*, accompagné de la lettre suivante :

« L'écrit, Monsieur, qui vous est présenté de ma part, contient mon apologie et celle de nombre d'honnêtes gens offensés dans leurs droits par l'infraction des miens. La place que vous remplissez, Monsieur, et vos anciennes bontés pour moi, m'engagent également à mettre sous vos yeux cet écrit. Il peut devenir une des pièces d'un procès au jugement duquel vous présiderez peut-être. D'ailleurs, aussi zélé sujet que bon patriote, vous aimerez me voir célébrer dans ces lettres le plus beau monument du règne de Louis XV[1], et rendre aux Français, malgré mes malheurs, toute la justice qui leur est due.

« Je vous supplie, Monsieur, d'agréer mon respect[2]. »

N'est-il pas curieux de voir Rousseau prédire dans cette lettre les conséquences qui allaient résulter de son dangereux pamphlet? En disant au résident que ce serait l'*une des pièces d'un procès auquel il présiderait peut-être*, le philosophe prévoyait donc très nettement que les *Lettres de la montagne* amèneraient forcément à Genève l'intervention de la France.

M. de Montpéroux, malgré son peu d'esprit, fit à Rousseau une réponse bien dure dans son laconisme. Au citoyen de Genève qui parlait si légèrement d'intervention étrangère, le résident de France rappela qu'en 1737 il s'en était fallu de peu que Genève, du con-

---

1. La médiation exercée par la France à Genève en 1738.
2. 9 décembre 1764.

sentement de ses habitants, ne devint terre de France.

« J'ai reçu, Monsieur, vos *Lettres de la montagne* que j'ai lues avec attention.

« Je connais un plus beau monument du règne du Roi que celui que vous prétendez célébrer et qu'il ne partage avec personne. Pour rendre plus personnel à Sa Majesté celui de la médiation, il fallait parler du mouvement que M. le comte de Lautrec arrêta. Les cocardes blanches étaient prêtes, les bouches s'ouvraient pour crier vive le Roi! Le ministre avait reçu des ordres bien précis.

« Dans tous vos livres vous avez traité très mal les Français qui vous comblaient de bonté. Je cherche dans le dernier où vous leur rendez justice, *malgré vos malheurs*. Eh! quelle part y ont-ils?

« J'ai l'honneur d'être, etc[1]. »

En écrivant au duc de Choiseul pour lui faire part de ces derniers événements, le résident se permettait cette réflexion très juste :

« L'ouvrage de M. Rousseau attaque la religion des ministres et la conduite des magistrats qu'il peint comme des tyrans. Il y a dix ans que dans son discours sur l'égalité des hommes, il les donnait en exemple à tous les magistrats chargés du gouvernement....

« Les magistrats ne sont tombés du haut degré de gloire où Rousseau les avait élevés que parce qu'ils ont condamné son *Émile* et le *Contrat social*[2]. »

L'effet des *Lettres de la montagne* ne tarda point à se produire, et ces « ennuyeuses rabâcheries gene-

---

1. *Inédite.* Neufchâtel. Mss. 28 décembre 1764.
2. *Inédite.* Ministère des Affaires étrangères, Genève, 20 décembre 1764.

voises¹ », comme l'auteur les appelle avec un dédain affecté, bouleversèrent la ville de Calvin.

Certes, Jean-Jacques disait à ses concitoyens : « Voilà ce que vous pouvez faire, voilà la marche à suivre pour vaincre une aristocratie insolente et tyrannique, mais au nom du ciel, je vous en conjure, ne bougez pas, tenez-vous tranquilles, acceptez votre triste sort avec résignation, supportez tout, quelle que soit l'extrémité à laquelle on vous réduise. » On comprend facilement que le résultat ne pouvait être douteux et que les conseils de résignation n'avaient aucune chance de prévaloir, puisqu'un esprit ingénieux mettait en même temps à la disposition de la bourgeoisie des moyens de lutter et de vaincre.

Depuis la publication de ces *Lettres*, toute la ville de Genève était en fermentation.

« Cet ouvrage, enfanté par la vengeance, écrit Cornuaud, eut bientôt rallumé l'incendie. Ce livre, qui est la honte du prétendu Socrate genevois, et qui ne montre en lui qu'un autre Coriolan, fut lu par la bourgeoisie, avec une avidité digne du fiel que son auteur avait distillé sur le gouvernement, et, dès lors, la faction populaire, épousant la haine de Rousseau contre l'administration, médita de vaincre la résistance du Conseil en se refusant à élire les magistrats². »

M. Servan, avocat général au parlement de Grenoble, se trouvait à Genève à cette époque et il envoyait à

---

1. Rousseau à Coindet, 30 décembre 1764.
2. *Inédite.* Souvenirs de Cornuaud.

d'Alembert d'intéressants détails sur l'état des esprits :

« Le dernier ouvrage de Rousseau, écrivait-il, a mis le feu aux quatre coins de la ville; les tranquilles Genevois sont tous devenus fous; tous s'imaginent avoir perdu leur liberté; ils la cherchent, ils s'inquiètent et ressemblent assez à celui qui demandait son chapeau qu'il avait sur la tête; nous autres Français qui marchons tête nue, leur chapeau nous crève les yeux; nous avons beau le leur dire, ils ne veulent pas entendre et cherchent toujours. Mais cette querelle politique serait une bagatelle, si la religion n'était venue l'envenimer. Rousseau a voulu ôter les miracles à Jésus-Christ, et le tout pour son bien, à ce qu'il dit, car ces miracles lui donnent tout l'air d'un mauvais charlatan, qui jouait aux foires de Galilée. Les autres charlatans de la clique ont jeté ici les hauts cris, et tous ces hommes, nourris de l'Évangile, ne vomissent que des invectives. Ils ont précisément imité le beau tour de gibecière qui consiste à manger des étoupes pour rendre des flammes et de la fumée; le pauvre Rousseau en est tout couvert à présent[1]. »

La bourgeoisie, surexcitée par les déclamations de Rousseau, songeait en effet aux mesures les plus violentes.

« Nous avons, dans ce moment-ci, mande Voltaire au marquis de Fraigne, une petite esquisse à Genève de ce qu'on nomme liberté, qui me fait aimer passionnément mes chaînes. La République est dans une combustion violente. Le peuple, qui se croit le souverain, veut culbuter le pauvre petit gouvernement, qui assurément mérite

---

1. *Inédite.* Bibl. nat. Mss. F. fr. 15230.

à peine ce nom. Cela fait, de Ferney un spectacle assez agréable. Ce qui le rend plus piquant, c'est de comparer la différente façon de penser des hommes, et les motifs qui les font agir; souvent ces motifs ne font pas honneur à l'humanité. Le peuple veut une démocratie décidée; le parti qui s'y oppose n'est point uni, parce que l'envie est le vice dominant de cette petite ruche, où l'on distille du fiel au lieu de miel. Cette querelle n'est pas prête à finir, la démocratie ne pouvant subsister, quand les fortunes sont trop inégales. Ainsi, je prédis que la ruche bourdonnera jusqu'à ce qu'on vienne manger le miel[1]. »

Du reste, Voltaire est plein de sagesse, ces troubles ne le regardent pas, il ne s'en mêlera en aucune façon, il ne bougera de Ferney qu'une fois que la paix sera rétablie. « Quand les abeilles se battent dans une ruche, il ne faut pas en approcher. Tout s'arrangera, et ce malheureux Rousseau restera l'exécration des bons citoyens[2]. »

Jean-Jacques, de sa retraite de Motiers, dirigeait tous les mouvements de la bourgeoisie. Par des émissaires et des lettres particulières, il entretenait le courage et le zèle de ses partisans. « Ces fanatiques, écrivait Montpéroux, ne veulent pas voir qu'ils servent sa vengeance en croyant travailler pour le maintien de la liberté[3]. »

Le premier dimanche de l'année 1765, eut lieu l'élection des magistrats. Tous les efforts des partisans de Rousseau tendirent à faire échouer le scrutin. Ils ne réussirent pas cependant dans leur dessein; les

1. 25 janvier 1765.
2. A Damilaville, 15 janvier 1765.
3. Affaires étrangères, 7 janvier 1765.

syndics furent élus, mais à une très faible majorité. En présence de cette opposition menaçante, et fatigué des reproches dont il était l'objet, le petit Conseil déclara qu'il allait se retirer.

La bourgeoisie fut effrayée des conséquences de cette démission; on assurait que le grand Conseil suivrait le petit Conseil dans la retraite; les rues étaient pleines de citoyens consternés; tout le monde voyait le danger, tout le monde voyait une nouvelle médiation prête à fondre sur la ville, personne ne savait comment s'en préserver : « Jamais dans une profonde paix la République ne fut plus près de sa ruine. »

Les bourgeois les plus pacifiques et les plus sensés s'efforcèrent de conjurer le danger, ils eurent des entrevues avec les magistrats et l'on arriva à un apaisement.

Prévenu de ce qui se passait, Rousseau se hâta de prendre les devants : « Plût à dieu, s'écrie-t-il, que j'eusse la joie de voir finir des divisions dont je suis la cause innocente[1]! » et il conseilla aussitôt à ses concitoyens de faire près du gouvernement une démarche de conciliation.

Les citoyens se rendirent donc, au nombre d'un millier, à la maison de ville; ils y renouvelèrent leurs représentations, mais donnèrent en même temps aux magistrats des assurances formelles de leur respect, de leur dévouement et de leur confiance.

1. A Gauffecourt, 12 janvier 1765.

C'est le 7 février qu'eut lieu cette imposante démarche.

« Il n'y a pas dans nos annales, écrit Moultou à Jean-Jacques, une journée aussi mémorable que celle de jeudi, c'est un chef-d'œuvre de politique et une chose sublime. Que votre nom va grand à la postérité !....

« O mon ami, avec quel attendrissement j'allai appuyer des représentations qui n'étaient qu'un hommage que mille citoyens rendaient à votre patriotisme. Vous avez eu la couronne des martyrs, la couronne civique vous était due et chaque cœur vous la donnait; joignez-y à présent celle des triomphateurs; onze cents citoyens l'ont posée jeudi sur votre tête[1]. »

Mais le Conseil, séduit par cette réunion apparente de tous les citoyens, crut que tout ferment de discorde avait disparu et il n'hésita plus, par une déclaration en date du 12 février, à flétrir les *Lettres de la montagne*, « ce livre enfanté par le délire de la haine[2] ». Il le déclara indigne d'être brûlé par la main du bourreau, assurant qu'on ne pouvait y répondre sans se déshonorer.

« Bon Dieu! où en sommes-nous? écrit Moultou consterné, mon sang bout dans mes veines, mon cœur se soulève, et je n'ai pas d'expression pour peindre ma douleur et mon désespoir. Voilà donc cette paix sur laquelle nous avions compté! Mais que faire! si nous répondions, les choses seraient poussées à l'extrême; dire peu serait ne rien dire,

---

1. 13 février 1765. Streckeisen-Moultou.
2. Cornuaud.

tout dire serait gâter tout. Il faut donc attendre. Qu'il en coûte! car comment êtes-vous traité[1]! »

En apprenant ces événements qui mettaient à néant toutes ses espérances, Rousseau éprouva la plus cruelle déception.

« Vous avez su sans doute, mande-t-il avec colère à Lenieps, la jonglerie de votre Conseil. Dix-neuf de ses membres se sont prétendus déshonorés dans mes écrits, ils ont en conséquence menacé de se démettre de leurs emplois, si les citoyens et bourgeois n'allaient, la corde au cou, crier miséricorde ; vos citoyens sont trop bêtes pour ne l'avoir pas fait. Ils sont comme Georges Dandin, qui remercie sa femme de l'honneur qu'elle lui a fait d'être cocu[2]. »

Il déclara aussitôt qu'il ne voulait plus avoir aucun rapport ni avec Genève, ni avec les Genevois.

« Pour moi, écrit-il à de Luc, le 24 février 1765, je prends le seul parti qui me reste, et je le prends irrévocablement. Puisqu'avec des intentions aussi pures, puisqu'avec tant d'amour pour la justice et pour la vérité, je n'ai fait que du mal sur la terre, je n'en veux plus faire, et je me retire au dedans de moi. Je ne veux plus entendre parler de Genève, ni de ce qui s'y passe. Ici finit notre correspondance. Je vous aimerai toute ma vie, mais je ne vous écrirai plus. »

Il conseillait en même temps à ses amis le calme et la résignation, mais, fidèle au système qu'il avait toujours suivi, il la leur présentait de telle façon que sa

1. 16 février 1765. Streckeisen-Moultou.
2. *Inédite*. Mss. de Neufchâtel.

lettre était plutôt de nature à les exaspérer et à les entraîner aux dernières violences.

« Vous êtes trop gens de bien pour pousser les choses à l'extrême, leur disait-il, et ne pas préférer la paix à la liberté. Un peuple cesse d'être libre, quand les lois ont perdu leur force ; mais la vertu ne perd jamais la sienne, et l'homme vertueux demeure libre toujours. Voilà désormais, Messieurs, votre ressource : elle est assez grande et assez belle pour vous consoler de tout ce que vous perdez comme citoyens[1]. »

Et il s'empressa de rendre les représentants responsables de ce qui arrivait, les accusant de lâcheté et faisant peser sur eux, qui n'avaient agi que sur ses instructions, les plus vils soupçons.

Le Conseil ne fut pas seul à condamner les *Lettres de la montagne*; les pasteurs, si maltraités dans cet ouvrage, publièrent un mandement dont voici le principal passage :

« Nous avons vu avec la plus vive douleur notre sainte Réformation représentée sous les couleurs les plus fausses, et la religion attaquée dans ses fondements avec une audace dont on a peu d'exemples. Nous ne répondrons que par un redoublement de zèle et de charité aux paroles d'un auteur pour qui rien n'est sacré dès qu'on le blesse dans ses convictions et qu'on discute ses principes. »

Quand il connut le mandement de la Compagnie,

---

1. A MM. de Luc, 24 février 1765.

Rousseau entra dans une terrible colère, et sous le coup de son irritation, il écrivit à du Peyrou :

« Mais que dites-vous, Monsieur, de l'étourderie de vos ministres qui, vu leurs mœurs, leur crasse ignorance, devraient trembler qu'on n'aperçût qu'ils existent et qui vont sottement payer pour les autres, dans une affaire qui ne les regarde pas ? Je suis persuadé qu'ils s'imaginent que je vais rester sur la défensive, et faire le pénitent et le suppliant : Le Conseil de Genève le croyait aussi, je l'ai désabusé, je me charge de les désabuser de même. Soyez-moi témoin, Monsieur, de mon amour pour la paix, et du plaisir avec lequel j'avais posé les armes : s'ils me forcent à les reprendre, je les reprendrai, car je ne veux pas me laisser battre à terre ; c'est un point tout résolu.

« Quelle prise ne me donnent-ils pas ? A trois ou quatre près, que j'honore et que j'excepte, que sont les autres ? Quels mémoires n'aurai-je pas sur leur compte ? Je suis tenté de faire ma paix avec tous les autres clergés, aux dépens du vôtre, d'en faire le bouc d'expiation pour les péchés d'Israël. L'invention est bonne, et son succès est certain. Ne serait-ce pas bien servir l'État d'abattre si bien leur morgue, de les avilir à tel point qu'ils ne pussent jamais plus ameuter les peuples ? J'espère ne pas me livrer à la vengeance ; mais si je les touche, comptez qu'ils seront morts[1]. »

Voltaire n'en a jamais dit autant !

L'effervescence se calma à Genève. On publia les *Lettres populaires* qui, écrites en faveur des Conseils, et avec modération, contribuèrent à rétablir la tranquillité. On y montrait combien les plaintes de la bourgeoisie étaient

---

1. 7 mars 1765.

peu fondées, combien ses craintes étaient puériles.

Mais les Conseils eurent le tort de recourir à l'influence de la France pour se soutenir et de se servir d'un moyen d'intimidation qui pouvait leur être durement reproché. Le duc de Praslin, qu'ils intéressèrent à leur cause, écrivait au résident de Genève : « Qu'il voyait tout le mal qu'un esprit adroit et méchant peut faire dans un État, où, sous prétexte de la liberté, il émeut les sentiments patriotiques de ses concitoyens pour satisfaire son ressentiment particulier, » et il assurait que le roi ne laisserait pas toucher à l'œuvre de la médiation de 1738.

Nous n'aurons pas à revenir sur les troubles de Genève puisque Rousseau ne s'y trouva plus mêlé; disons cependant que le calme fut de courte durée; la bourgeoisie ayant toujours à la main les *Lettres de la montagne* dont elle avait fait son Évangile, renouvela ses réclamations; en présence de la résistance des Conseils, des troubles éclatèrent, il fallut recourir à l'intervention des puissances garantes. La paix ne fut rétablie qu'en 1768 après le triomphe complet de la bourgeoisie.

CHAPITRE XV

1764

Sommaire : Voltaire et les *Lettres de la montagne*. — Le *Sermon des cinquante*. — Acte d'accusation contre les *Lettres de la montagne*. — Le *Sentiment des citoyens*. — Rousseau l'attribue au pasteur Vernes. — Protestations de Vernes.

Non content d'attaquer avec violence les pasteurs et les magistrats de Genève dans les *Lettres de la montagne*, Rousseau y prend Voltaire à partie et de la plus rude façon. Faisant d'abord allusion aux productions incessantes de la manufacture de Ferney, il montre avec quelle injuste partialité on les accueille et il établit un parallèle entre ses ouvrages et ceux du patriarche.

« Que n'imprime-t-on pas à Genève? s'écrie-t-il, que n'y tolère-t-on pas? des ouvrages qu'on a peine à lire sans indignation s'y débitent publiquement, tout le monde les lit, tout le monde les aime; les magistrats se taisent, les ministres sourient : l'air austère n'est plus de saison. Moi seul et mes livres avons mérité l'animadversion du Conseil. »

Puis, se rappelant que Voltaire s'est fait l'apôtre de la tolérance, il s'étonne de ne pas lui voir prendre la défense de l'*Émile* et du *Contrat social*. Le sujet se prêtait à la plus amère ironie et l'on va voir si Jean-Jacques sut en tirer parti.

« Ces Messieurs voient si souvent M. de Voltaire, dit-il, comment ne leur a-t-il point inspiré cet esprit de tolérance qu'il prêche sans cesse et dont il a quelquefois besoin. S'ils l'eussent un peu consulté dans cette affaire, il me paraît qu'il eût pu leur parler à peu près ainsi :

« Messieurs, ce ne sont point les raisonneurs qui font du
« mal, ce sont les cafards. La philosophie peut aller son
« train sans risque, le peuple ne l'entend pas ou la laisse
« dire, et lui rend tout le dédain qu'elle a pour lui. Raison-
« ner est de toutes les folies des hommes celle qui nuit
« le moins au genre humain ; et l'on voit même des gens
« sages entichés parfois de cette folie-là. Je ne raisonne
« pas, moi, cela est vrai, mais d'autres raisonnent : quel
« mal en arrive-t-il ? Voyez, tel, tel et tel ouvrage : n'y a-t-il
« pas des plaisanteries dans ces livres-là ? Moi-même enfin,
« si je ne raisonne pas, je fais raisonner mes lecteurs. Voyez
« mon chapitre des *Juifs ;* voyez le même chapitre plus
« développé dans le *Sermon des cinquante*, il y a là du
« raisonnement, ou l'équivalent, je pense. Vous convien-
« drez aussi qu'il y a peu de *détour* et quelque chose de
« plus que des *traits épars et indiscrets*.

« Nous avons arrangé que mon grand crédit à la cour et
« ma toute-puissance prétendue vous serviraient de pré-
« texte pour laisser courir en paix les jeux badins de mes
« vieux ans, cela est bon, mais ne brûlez pas pour cela des
« écrits plus graves, car alors cela serait trop choquant.

« J'ai tant prêché la tolérance ! Il ne faut pas toujours

« l'exiger des autres, et n'en jamais user avec eux. Ce pau-
« vre homme croit en Dieu, passons-lui cela, il ne fera pas
« secte : il est ennuyeux, tous les raisonneurs le sont. Nous
« ne mettrons pas celui-ci de nos soupers. Du reste, que
« nous importe? Si l'on brûlait tous les livres ennuyeux
« il faudrait faire un bûcher du pays. Croyez-moi, laissons
« raisonner ceux qui nous laissent plaisanter; ne brûlons
« ni gens ni livres, restons en paix, c'est mon avis. »
« Voilà, selon moi, ce qu'eût pu dire d'un meilleur ton
M. de Voltaire, et ce n'eût pas été là, ce me semble, le plus
mauvais conseil qu'il aurait donné. »

Les sarcasmes de Jean-Jacques, sa fine ironie, étaient
de bonne guerre, mais là où il dépassait le but, c'est
quand, emporté par la colère, il désignait sans hésitation Voltaire comme l'auteur d'un ouvrage dangereux
que le patriarche avait toujours désavoué avec indignation. Rousseau savait cependant mieux que personne
les difficultés inhérentes à la carrière d'homme de
lettres : sa dénonciation était plus qu'un méchant procédé, c'était une action mauvaise, indigne de lui.

Il connaissait bien l'auteur du *Sermon*, car, au moment
où le pamphlet parut, Moultou lui avait écrit :

« Je viens de lire un petit ouvrage qu'on m'a dit de Voltaire et qui est bien marqué à son coin, intitulé : *Sermon
des cinquante*. C'est une chose horrible; jamais on n'attaqua
le christianisme plus ouvertement, avec plus de mauvaise
foi, d'une manière plus dégoûtante. C'est une parodie de
l'Ancien et du Nouveau Testament[1]. »

1. 21 août 1762. Streckeisen-Moultou.

Voltaire naturellement renia l'ouvrage, il alla même plus loin, il désigna le roi de Prusse comme en étant l'auteur. Moultou, révolté, suppliait Jean-Jacques de prévenir Frédéric de cette perfide imputation[1].

S'il faut en croire Grimm, quand les *Lettres de la montagne* arrivèrent à Ferney, le patriarche, après une explosion de fureur, eut un accès de sensiblerie assez étrange. Dès qu'il eut lu l'apostrophe qui le regarde :

« Voilà son regard qui s'enflamme, ses yeux qui étincellent de fureur, tout son corps qui frémit, et lui qui s'écrie avec une voix terrible : Ah! le scélérat! ah! le monstre! il faut que je le fasse assommer.... Oui, j'enverrai le faire assommer dans les montagnes entre les genoux de sa gouvernante. — Calmez-vous, lui dit son interlocuteur, je sais que Rousseau se propose de vous faire une visite et qu'il viendra dans peu à Ferney. — Ah! qu'il y vienne, répond M. de Voltaire. — Mais comment le recevrez-vous? — Comment je le recevrai?... Je lui donnerai à souper, je le mettrai dans mon lit. Je lui dirai : « Voilà un bon « souper, ce lit est le meilleur de la maison; faites-moi le « plaisir d'accepter l'un et l'autre et d'être heureux chez « moi. »

« Ce trait m'a fait un sensible plaisir. Il peint M. de Voltaire mieux qu'il ne l'a jamais été; il fait en deux lignes l'histoire de toute sa vie[2]. »

Autant ce récit nous paraît véridique dans sa première partie, autant nous avouons ne pas croire à la

---

1. 10 septembre 1762.
2. Grimm, *Correspondance littéraire*, 1ᵉʳ janvier 1766.

seconde. Évidemnent Grimm n'a pas inventé l'aventure, il dit la tenir d'un témoin oculaire, et l'histoire a couru à cette époque. Mais, malgré la faiblesse persistante de Voltaire à l'égard de Jean-Jacques, il nous paraît impossible qu'il pût avoir des sentiments généreux vis-à-vis d'un homme qui se faisait délateur, sans souci des risques que cette dénonciation pouvait faire courir à son ennemi.

Voltaire est bien plus dans son rôle et dans la vraisemblance quand il dit à M. Bordes :

« Ah! Monsieur, vous voyez bien que Jean-Jacques ressemble à un philosophe comme un singe ressemble à l'homme ; il me paraît que ses livres et lui ont été reconnus sous le masque. On est revenu de ses sophismes, et sa personne est en horreur à tous les honnêtes gens qui ont approfondi son caractère. Quel philosophe qu'un brouillon et qu'un délateur !

« Abandonnons ce malheureux à son opprobre. Les philosophes ne le comptent point parmi leurs frères. »

Le patriarche, dans sa correspondance, revient sans cesse sur ce sujet; on voit à quel point il a ressenti l'outrage, combien il y a été sensible :

« Ce petit magot de Rousseau a écrit un gros livre contre le gouvernement et son livre enchante la moitié de la ville. Il dit, en termes formels, qu'il faut avoir perdu le bon sens pour croire les miracles de Jésus-Christ; malheureusement il m'a burré là très mal à propos. Il dit au Conseil que j'ai fait le *Sermon des cinquante*. Ah ! Jean-Jacques, cela n'est pas d'un philosophe : il est infâme d'être délateur, il est abominable de dénoncer son confrère et de calomnier aussi injustement !...

« Vous m'avez incendié, dit-il ; incendiez donc aussi « mon confrère : j'ai fait mal, mais il a fait pis. » Ce n'est pas ainsi, ce me semble, que Socrate parlait aux Athéniens. Je vois que le grand défaut de Jean-Jacques est d'être enragé contre le genre humain : il a là une bien vilaine passion[1]. »

Il l'accusait en même temps d'avoir, pour le compromettre plus sûrement, fait imprimer en Hollande chez Rey le *Sermon des cinquante*, et quelques autres brochures sous ce titre général : *Collection complète des œuvres de M. de Voltaire*.

Rey, en effet, avait bien imprimé ces brochures, mais rien ne prouve que ce fût à l'instigation de Rousseau. Voltaire réclama, et le libraire écrivit à Jean-Jacques cette lettre singulière :

« .... On dit que M. de Voltaire crie et braille comme un enragé au sujet de ces deux ouvrages, il m'écrit une lettre au sujet du second dont j'ai vendu quelques exemplaires ; j'en suis fâché, nous sommes exposés à de pareils inconvénients, je n'y ai réfléchi qu'après coup, ce qui me rendra plus circonspect par la suite, mais je ne comprends pas pourquoi il s'est adressé à moi, je lui ai répondu que ne sachant à qui m'adresser pour savoir qui a imprimé cet ouvrage je ne pouvais lui être d'aucune utilité. Cet homme est, je crois, le plus fourbe qu'il y ait sous la voûte des

---

1. A Damilaville, 4 janvier 1765.

cieux, il travaille sans cesse à des ouvrages répréhensibles, contre la religion et les mœurs, puis, quand on le chicane, il crie comme un beau diable et sacrifie tout pour se tirer d'affaires. Pendant son séjour à Berlin il m'adressa des satires contre feu M. de Maupertuis, qu'il me fit prier ensuite par le colonel Porta de ne pas publier, y allant, me disait-il, de la vie d'un homme ; je n'en ai fait aucun usage. Ce qu'il a fait avec moi, il peut l'avoir fait avec cent autres et tout le monde s'en plaint, l'admire et le mésestime. Je suis persuadé qu'il fera tout ce qui sera en son pouvoir pour nous nuire, ne fût-ce que pour se venger de ce que vous avez dit, sur son chapitre des *Juifs* et *Sermon des cinquante* qu'il donne à feu la Mettrie. Les grands de la terre le craignent et font pour lui des démarches qu'ils ne feraient pas pour d'autres, S. M. prussienne lui fait payer des pensions et n'a plus aucune liaison avec lui, M. de Praslin l'oblige aussi[1].... »

Quand le passage des *Lettres de la montagne* qui concernait Voltaire fut connu, tout le monde trembla pour Jean-Jacques. Il était bien certain qu'une pareille offense ne resterait pas impunie.

D'Alembert, effrayé, se préoccupa aussitôt de la riposte et il essaya de conjurer l'orage en exhortant son ami au calme et à la modération :

« Au nom de Dieu, mande-t-il à Voltaire, si vous lui répondez, ce qui n'est peut-être pas nécessaire (du moins c'est le parti que je prendrais à votre place), répondez-lui avec le sang-froid et la dignité qui vous conviennent. Il me semble que vous avez beau jeu, ne fût-ce qu'en opposant

---

1. *Inédite*. Rey à Rousseau. Bibliothèque de Neufchâtel, Mss.

aux horreurs qu'il dit aujourd'hui de sa patrie tous les éloges qu'il en a faits, il y a quatre ou cinq ans, dans la dédicace d'un de ses ouvrages[1], sans compter son petit procédé avec moi, à qui il a donné tort et raison, selon que ses intérêts l'exigeaient[2].... Ce n'est pas la première fois qu'il se contredit ; mais il souffre, il est malheureux, il faut bien lui passer quelque chose. Il faut dire de lui comme le Régent disait d'un homme qui prenait force lavements à la Bastille : il n'a que ce plaisir-là[3]. »

Ces sages conseils ne firent pas grand effet à Ferney.

Bientôt parut un acte d'accusation en forme contre les *Lettres de la montagne*. Il ne portait point de nom d'auteur ; Jean-Jacques était formellement convaincu d'incrédulité, d'impiété et de blasphème. Tous les passages délictueux contre la religion, les pasteurs, les magistrats, étaient soigneusement relevés avec renvois à la page[4].

1. *Discours sur l'inégalité*.
2. Paris, 17 janvier 1765.
3. 3 janvier 1765.
4. Voici quel était le relevé de ces griefs : « 1° On lit en marge : page 40, petite édition envoyée aux rues basses, il y a plus de 15 jours : L'Évangile traité de livre scandaleux, téméraire, impie, etc., blasphème affreux sous le nom d'un contradicteur qu'on ne réfute point ; 2° Les pasteurs de Genève ne savent plus ni ce qu'ils croient, ni ce qu'ils veulent, ni ce qu'ils disent (p. 51). On ne sait pas même ce qu'ils font semblant de croire (p. 54) ; 3° Invectives contre la Réformation (p. 66 et suiv.) ; 4° Lettre d'un ami contre les ministres de Genève, indignement rendue publique (p. 85) ; 5° Ridicule donné à tous les miracles de Jésus-Christ (depuis la p. 87 jusqu'à la p. 98), dans laquelle il est dit : Il y a des miracles dans l'Évangile qu'il n'est pas même possible de prendre au pied de la lettre, sans renoncer au bon sens ; 6° Nicolas fut, pour ainsi dire, brûlé par la main des ministres (p. 180) ; 7° La puissance exécutive n'est que la force, et là où règne la force, l'État est dissous (p. 125) ; 8° On a presque toujours vu dans le Conseil des Deux Cents peu de lu-

Les chefs d'accusation bien établis, l'auteur anonyme appelait sur Rousseau toute la rigueur des lois et il posait ces terribles conclusions :

« On dit que le Conseil aura trop de prudence et trop de fermeté pour s'amuser seulement à faire brûler un livre, à qui la brûlure ne fait nul mal, et qu'il punira avec toute la sévérité des lois, autant qu'il est en lui, un blasphémateur séditieux qui blasphème Jésus-Christ en se disant chrétien et qui veut bouleverser sa patrie en se disant citoyen.

« On dit que le Conseil engagera aisément le corps des pasteurs à faire la représentation la plus forte, malgré les petits ressentiments particuliers qui doivent se taire devant l'intérêt général, et qui seront sans doute sacrifiés à l'intérêt visible du corps des pasteurs.

« On dit que les meilleurs citoyens pourront élever leurs voix, et demander justice au Conseil.

« On dit que le Conseil, appuyé de ces bons citoyens et de tous les pasteurs, pourra déployer alors sa justice en pleine liberté, et que, s'il ne prend pas ce parti, il sera exposé à la dérision publique, et traîné dans les boues par la populace.

« On dit qu'il nommera sagement des commissaires qui ne rendront compte de l'ouvrage séditieux qu'après la nouvelle élection, ce qui servira sans doute à réunir toutes les

---

mières et encore moins de courage, et cela ne peut être autrement, vu la manière dont il est rempli (p. 259); 9° Les citoyens sont esclaves d'un pouvoir arbitraire, et livrés sans défense à la merci de vingt-cinq despotes (p. 260); 10° Vous êtes des marchands, des artisans, des bourgeois, toujours occupés de vos intérêts privés, de votre trafic, de votre gain (p. 340); 11° Le Conseil trame une conspiration (p. 343); 12° Le Conseil appelé oppresseur (p. 360); 13° Quand vous prendrez un mauvais parti, prenez-le tous ensemble; par cela seul il deviendra le meilleur (p. dernière), ce qui veut dire, si vous êtes tous d'accord pour poignarder le Conseil vous aurez raison. »

voix du Conseil, et à leur faire prononcer un jugement qui mette fin à l'audace d'un scélérat[1]. »

Le bruit courut que ce réquisitoire si bref, mais dont chaque phrase frappait comme un coup de hache, sortait de Ferney et qu'il était de l'écriture de Wagnière.

Nous n'avons aucune raison pour en douter.

Peu de temps après paraît encore sans nom d'auteur une brochure ayant pour titre *le Sentiment des citoyens*. C'est une réponse aux blasphèmes des *Lettres de la montagne*. L'auteur prend la défense de Jésus-Christ, de la religion et des ministres avec la plus louable et la plus vertueuse indignation. Rousseau y est accablé d'outrages.

« On a pitié d'un fou; mais quand la démence devient fureur, on le lie.... Nous avons plaint Jean-Jacques Rousseau, ci-devant citoyen de notre ville, tant qu'il s'est borné dans Paris au malheureux métier d'un bouffon qui recevait des nazardes à l'Opéra, et qu'on prostituait marchant à quatre pattes sur le théâtre de la Comédie[2]....

« Aujourd'hui la patience n'est-elle pas lassée quand il ose publier un nouveau libelle dans lequel il outrage avec fureur la religion chrétienne, la religion qu'il professe, tous les ministres du saint Évangile et tout le corps de l'État? La démence ne peut plus servir d'excuse quand elle fait commettre des crimes.

« Il aurait beau dire à présent : « Reconnaissez ma maladie « du cerveau à mes inconséquences et à mes contradic- « tions », il n'en demeurera pas moins vrai que cette folie

---

1. *Inédit.*
2. Allusion à la comédie des *Philosophes.*

l'a poussé jusqu'à insulter à Jésus-Christ, jusqu'à imprimer que « l'Évangile est un livre scandaleux, téméraire, impie, « dont la morale est d'apprendre aux enfants à renier leurs « mères et leurs frères, etc. » Je ne répéterai pas les autres paroles, elles font frémir...

« S'il a cru préparer dans son style obscur une excuse à ses blasphèmes, en les attribuant à un délateur imaginaire, il n'en peut avoir aucune pour la manière dont il parle des miracles de notre Sauveur. Il dit nettement sous son propre nom : « Il y a des miracles dans l'Évangile qu'il « n'est pas possible de prendre au pied de la lettre sans « renoncer au bon sens. » Il tourne en ridicule tous les prodiges que Jésus daigna opérer pour établir la religion....

« .... Après avoir insulté Jésus-Christ, il n'est pas surprenant qu'il outrage les ministres de son saint Évangile....

« .... Venons à ce qui nous regarde particulièrement, à notre ville, qu'il voudrait bouleverser parce qu'il y a été repris de justice. Pourquoi réveille-t-il nos anciennes querelles et nous parle-t-il de nos malheurs? Veut-il que nous nous égorgions parce qu'on a brûlé un mauvais livre à Paris et à Genève? Quand notre liberté et nos droits seront en danger nous les défendrons bien sans lui....

« Il suffit d'avertir que la ville qu'il veut troubler le désavoue avec horreur. S'il a cru que nous tirerions l'épée pour le roman d'*Émile*, il peut mettre cette idée dans le nombre de ses ridicules et de ses folies. Mais il faut lui apprendre que si on châtie légèrement un romancier impie, on punit capitalement un vil séditieux. »

Mais tous ces reproches, cet injurieux mépris, ne sont rien encore :

« Est-il permis à un homme né dans notre ville d'offenser à ce point nos pasteurs, dont la plupart sont nos parents et nos amis, et qui sont quelquefois nos consolateurs ? Considérons qui les traite ainsi : est-ce un savant qui dispute contre des savants ? Non, c'est l'auteur d'un opéra et de deux comédies sifflées[1]. Est-ce un homme de bien qui, trompé par un faux zèle, fait des reproches indiscrets à des hommes vertueux ? Nous avouons avec douleur et en rougissant que c'est un homme qui porte encore les marques funestes de ses débauches, et qui, déguisé en saltimbanque, traîne avec lui de village en village et de montagne en montagne, la malheureuse dont il fit mourir la mère et dont il a exposé les enfants à la porte d'un hôpital.... »

On peut aisément supposer la douleur et la rage qu'un pareil libelle inspira à Rousseau ; il ne se posséda plus quand il lut « cette feuille anonyme, qui semblait écrite, au lieu d'encre, avec l'eau du Phlégéton. »

Ces révélations sur ses mœurs, sur Thérèse, sur leurs enfants, portèrent au philosophe le coup le plus cruel. Ce furent de véritables révélations, car on ignorait dans le public qu'il eût eu des enfants, on ignorait le triste sort qu'il leur avait réservé. Dévoiler au monde l'indigne conduite de l'auteur d'*Émile*, de celui qui s'était posé comme le réformateur de l'humanité, de celui qui se disait l'homme vertueux par excellence,

---

[1]. En 1752 on joua aux Français l'*Amant de lui-même*, comédie en un acte de J.-J. Rousseau. « Au sortir de la représentation de cette pièce, qui n'eut point de succès, M. Rousseau entra dans le café voisin de la Comédie et dit tout haut, au milieu d'une foule de monde : « La pièce « nouvelle est tombée ; elle mérite sa chute ; elle m'a ennuyé ; elle est « de Rousseau de Genève et c'est moi qui suis ce Rousseau. » (Anecdotes dramatiques, 1775.)

irréprochable, impeccable, n'était-ce pas abattre l'autel d'un faux Dieu? Rousseau fut atterré.

Qui avait pu trahir ce secret si bien gardé? Qui avait pu révéler l'infamie qu'on cachait au monde depuis plus de quinze ans?

Le philosophe soupçonna aussitôt Mme d'Épinay, et il se promit de lui faire expier chèrement l'indiscrétion dont il la supposait coupable. Prenant Duclos pour confident de son amère douleur et de ses projets menaçants, il écrivait :

« .... Il vient de paraître à Genève un libelle effroyable, pour lequel la dame d'Épinay a fourni des mémoires à sa manière, lesquels me mettent déjà fort à mon aise vis-à-vis d'elle et de ce qui l'entoure. Dieu me préserve toutefois de l'imiter même en me défendant! Mais sans révéler les secrets qu'elle m'a confiés, il m'en reste assez de ceux que je ne tiens pas d'elle pour la faire connaître autant qu'il est nécessaire en ce qui se rapporte à moi. Elle ne me croit pas si bien instruit; mais, puisqu'elle m'y force, elle apprendra quelque jour combien j'ai été discret[1]. »

On s'est souvent demandé pour quel motif Rousseau s'est acharné dans les *Confessions* sur Mme d'Épinay, sa bienfaitrice. La raison en est simple. Il a cru qu'elle avait fourni les éléments des scandaleuses révélations du *Sentiment des Citoyens* et il a voulu se venger. De quelle valeur sont donc ses assertions et quel crédit peut-on leur accorder?

---

1. A Duclos, 13 janvier 1765.

Mais si les prétendues indiscrétions de Mme d'Épinay ont servi à écrire le *Sentiment des citoyens*, elle n'est pas l'auteur de cet injurieux écrit. Qui donc l'a composé ?

Les soupçons de Jean-Jacques se portent immédiatement sur le pasteur Vernes. On se rappelle qu'à leur ancienne intimité a succédé, de la part du philosophe tout au moins, une violente antipathie, pour ne pas dire plus. Il sait par ses amis que le pasteur ne ménage pas l'auteur des *Lettres de la montagne*[1].

« En jetant les yeux sur la brochure, dit-il, je reconnus à l'instant mon homme aux choses imprimées qu'il débitait seul de vive voix ; de plus, je vis un furieux que la rage faisait extravaguer ; et quoique j'aie à Genève des ennemis non moins ardents, je n'en ai point de si maladroits[2]. »

L'évidence une fois faite dans son esprit et sans plus ample informé, Jean-Jacques attribue officiellement à Vernes l'ouvrage en question. Mais, estimant qu'une pareille œuvre déshonore son auteur, il ne veut pour toute vengeance que la répandre dans le public ; il se borne donc à la faire imprimer par Duchesne avec une épître au libraire dans laquelle il désigne comme l'auteur « M. Vernes, ministre du saint Évangile et pasteur à Céligny ».

« Si toutefois je me trompe, disait Rousseau dans sa lettre au libraire, il ne faut qu'attendre pour s'en éclaircir ;

1. C'est du moins Rousseau qui le dit.
2. *Déclaration relative à M. Vernes.*

car, si M. Vernes en est l'auteur, il ne manquera pas de le reconnaître hautement selon le devoir d'un homme d'honneur et d'un bon chrétien ; s'il ne l'est pas, il la désavouera (la pièce) de même, et le public saura bientôt à quoi s'en tenir. »

Les premiers exemplaires sortis de la presse de Duchesne furent envoyés à Genève. Il en arriva même à quelques particuliers par la poste et sous enveloppe, avec ces seuls mots écrits par une main de femme : *Lisez, bonnes gens*[1].

A peine l'accusation fut-elle connue, que le pasteur protesta avec la plus grande énergie et se plaignit avec la franchise et la fierté de l'innocence d'être indignement calomnié. Rousseau, dans sa préface, demandait nettement un aveu ou un désaveu ; Vernes s'empressa de lui écrire que, non seulement il n'avait aucune part à cette infâme brochure, mais qu'il témoignait partout l'horreur qu'elle ne pouvait que faire à tout honnête homme.

« Quoique vous m'ayez dit des injures dans vos *Lettres écrites de la montagne*, ajoutait-il, parce que je vous ai dit sans aigreur et sans fiel que je ne pense pas comme vous sur le christianisme, je me garderai bien de m'avilir réellement par une vengeance aussi basse que celle dont des gens qui ne me connaissent pas sans doute ont pu me croire capable[2]. »

---

[1]. Mme de Verdelin, une des dévotes les plus ardentes de Rousseau, était l'auteur de ces envois.
[2]. 2 février 1765.

Le philosophe lui répondit immédiatement qu'il faisait supprimer l'édition de Paris. « Si je puis contribuer d'une autre manière à constater votre désaveu, ajoutait-il, vous n'avez qu'à ordonner. » Il écrivait en même temps à de Luc que le pasteur désavouait le libelle et que malgré la certitude où il croyait être que l'ouvrage était de lui, certains indices nouveaux venaient de le mettre sur une autre piste[1].

Mais Vernes ne fut que médiocrement satisfait de la réponse de Jean-Jacques :

« Quoi, lui riposta-t-il, vous n'avez point craint de me diffamer dans les pays étrangers, et s'il eût été possible aux yeux de mes concitoyens... et vous me dites après cela avec la froideur d'un homme qui aurait fait l'action la plus indifférente : « J'ai écrit à Paris pour qu'on y supprimât l'édition que « j'ai fait faire de cette pièce; si je puis contribuer en quel- « que autre manière à constater votre désaveu, vous n'avez « qu'à ordonner. » Vous parlez, sans doute, Monsieur, d'une seconde édition, car la première est épuisée. Et par rapport au désaveu, ce n'est pas le mien qu'il s'agit de constater, je l'ai rendu public... mon devoir est rempli; c'est à vous maintenant à voir quel est le vôtre; vous devriez regarder

---

1. Fidèle à sa promesse, il s'empressa de prévenir Guy et Duchesne d'arrêter la publication. (7 février 1765.) Guy lui répondit aussitôt : « Sur-le-champ j'ai supprimé le libelle de M. Vernes, que je n'avais fait mprimer en très petit nombre que parce que vous l'aviez absolument ordonné. (Paris, 26 janvier 1765.) — (*Inédite.* Mss. de Neufchâtel.) Mais, bien qu'on se fût conformé strictement à ses désirs en arrêtant l'édition, Jean-Jacques ne fut pas satisfait. « Que vous eussiez supprimé cet écrit avant qu'il parût, écrivit-il au libraire, à la bonne heure; mais qu'au milieu du débit vous l'ayez supprimé tout d'un coup, cela est très mal entendu. » (3 février 1765.) Il est vrai que deux jours après il lui confirma la défense de laisser sortir de chez lui un seul exemplaire.

comme une injure si je vous indiquais ce qu'en pareil cas ferait un honnête homme [1]. »

Rousseau refusa au pasteur toute réparation; bien plus, il lui déclara que malgré son désaveu, auquel du reste il s'était attendu, il persistait à le croire l'auteur du *Sentiment des citoyens*.

Mais alors, lui répliqua Vernes indigné, toute votre conduite n'était qu'un jeu odieux, vous ne me demandiez mon désaveu que pour le fouler aux pieds, c'est une nouvelle injure que vous vouliez m'adresser?

Jean-Jacques ne nia pas que telle eût été son intention, « heureux, dit-il, de convaincre le pasteur qu'il avait fait deux fois un acte vil [2]. »

« Rousseau avait pour règle, dit de Luc (et il l'énonça formellement alors), de ne jamais croire les hommes dans leur propre cause; en quoi il jugeait des autres par lui-même, comme je pourrai le prouver. Il persista donc à accuser l'ecclésiastique, qui fut obligé de faire imprimer leur correspondance, pour se justifier du moins aux yeux du public. »

Le philosophe, cependant, s'il faut l'en croire, ne souhaite qu'une chose, c'est la réhabilitation de Vernes :

« Je donnerais tout au monde pour le croire innocent, écrit-il, afin qu'il connût mon cœur et qu'il vît comment je répare mes torts. Mais, avant de le déclarer innocent, il faut que je le croie; et je crois si décidément le contraire que je n'imagine pas même comment il pourra me dépersuader. Qu'il prouve et je suis à ses pieds. Mais pour Dieu,

---

1. 24 février 1765.
2. *Déclaration relative à Vernes.*

s'il est coupable, conseillez-lui de se taire ; c'est pour lui le meilleur parti[1]. »

Mais Jean-Jacques se dit avant tout un homme juste et équitable ; il veut que Vernes puisse se défendre et dans ce but on soumettra le différend à un arbitre dont la décision est acceptée d'avance.

« Sentant bien qu'après tout, raconte Rousseau, si Vernes n'était pas coupable, je n'avais pas droit d'exiger qu'il me prouvât rien, je pris le parti d'écrire, dans un mémoire assez ample, les raisons de ma persuasion, et de les soumettre au jugement d'un arbitre que je choisis : le Conseil de Genève. Je déclarai à la fin du mémoire que si, après l'avoir examiné et fait les perquisitions qu'il jugerait nécessaires, et qu'il était bien à portée de faire avec succès, le Conseil prononçait que M. Vernes n'était pas l'auteur du libelle, dès l'instant je cesserais sincèrement de croire qu'il l'est, je partirais pour m'aller jeter à ses pieds, et lui demander pardon jusqu'à ce que je l'eusse obtenu. J'ose le dire, jamais mon zèle ardent pour l'équité, jamais la droiture, la générosité de mon âme, jamais ma confiance dans cet amour de la justice, inné dans tous les cœurs, ne se montrèrent plus pleinement, plus sensiblement, que dans ce sage et touchant mémoire, où je prenais sans hésiter mes plus implacables ennemis pour arbitres entre le calomniateur et moi[2]. »

Impossible de trouver des sentiments plus nobles, plus généreux, et si Vernes est réellement innocent, sa réhabilitation est assurée.

1. A d'Ivernois, 20 juillet 1765.
2. *Confessions*. Partie II, livre XII.

Malheureusement rien de tout cela n'eut lieu ; Rousseau écrivit bien ses arguments, accumulant preuves sur preuves pour démontrer l'infamie du pasteur, mais au lieu de prendre, comme il se l'était promis, *ses plus implacables ennemis pour arbitres entre le calomniateur et lui*, il garda soigneusement son mémoire dans ses papiers en recommandant de le publier après sa mort.

« Mon mémoire, dit-il, est entre les mains de M. du Peyrou. Si jamais il voit le jour, on y trouvera mes raisons, et l'on y connaîtra, je l'espère, l'âme de Jean-Jacques, que mes contemporains ont si peu voulu connaître[1]. »

On apprend à l'y connaître, en effet, mais non pas dans le sens que l'auteur suppose.

Grâce à cette combinaison ingénieuse qui enlevait à l'accusé tout moyen de défense, Vernes resta chargé d'un libelle scandaleux, surtout partant de la main d'un pasteur.

Comme le demandait Rousseau, son mémoire fut publié après sa mort, mais on eut du moins la bonne foi d'y joindre une déclaration authentique qui prouvait l'inconcevable erreur du philosophe et désignait nettement l'auteur du *Sentiment des citoyens*.

1. *Confessions*. Partie II, livre XII.

CHAPITRE XVI

1765

Sommaire : L'auteur du *Sentiment des citoyens*. — Dangereuse situation de Voltaire. — *Lettres d'un quaker*. — Le *Dictionnaire philosophique*. — Voltaire renonce aux Délices.

L'imputation de Rousseau fut d'autant plus fâcheuse pour M. Vernes que plus d'une personne à Genève crut également reconnaître son style. La religion était défendue avec une si vertueuse indignation qu'on ne supposa pas un simple laïque capable d'écrire avec autant d'onction.

« Le ton de cet écrit, dit de Luc, ressemblait tellement à celui d'un ecclésiastique, écrivain lui-même et ami de Rousseau, qu'on le lui attribua assez généralement[1].... »

Bien que personne à Genève ne connût avec certitude le véritable auteur, on n'était pas sans supposer que le

---

1. *Lettres sur l'histoire de la terre.*

libelle pouvait bien venir de Ferney[1], et on le dit à Rousseau, qui aussitôt accusa Vernes de diffamer Voltaire pour se disculper.

Comment pouvait-on s'y tromper?

« Quel est l'homme assez dépourvu de goût et de sens, écrit Jean-Jacques, pour attribuer de pareils écrits à M. de Voltaire, à la plume la plus élégante de son siècle? M. de Voltaire aurait-il employé six pages d'une pièce qui en contient huit à parler des ministres de Genève et à tracasser sur l'orthodoxie? m'aurait-il reproché d'avoir mêlé l'irréligion à mes romans? m'aurait-il accusé d'avoir voulu brouiller des pasteurs? aurait-il dit qu'il n'est pas permis d'étaler des poisons sans offrir l'antidote? aurait-il affecté de mettre les auteurs dramatiques si fort au-dessous des savants? aurait-il fait si grand'peur aux Genevois d'appeler les étrangers pour juger leurs différends? aurait-il écrit *quinze cent*, faire cent indéclinable étant une des fautes de langue particulières aux Genevois? M. de Voltaire sait que les libelles sont un moyen maladroit de nuire; il en connaît de plus sûrs que celui-là[2]. »

Et cependant Voltaire était bien l'auteur du *Sentiment des citoyens*.

---

[1]. « Tout ce que je puis vous dire, mon cher philosophe, écrivait Gabriel Cramer à Grimm, qui avait tout de suite deviné l'auteur, c'est que depuis que je me connais, je n'ai rien vu, rien lu, ni ouï parler de rien qui m'ait autant déplu, dégoûté, repoussé que l'infâme petit libelle dont vous vous plaignez. Il a été très peu répandu ici, il a révolté, et je crois que personne n'a eu le même soupçon que vous; j'ai été deux ou trois fois à Ferney depuis l'apparition de cette vilenie, je n'en ai pas ouï parler, et je n'ai rien dit; je n'en pense rien non plus, faites de même et renvoyez votre idée sur cela le plus loin que vous pourrez. » (Sayous, *Dix-huitième siècle à l'étranger*.)

[2]. *Déclaration relative à M. Vernes.*

Il n'y a pas le moindre doute. Wagnière l'a reconnu[1], et il a donné pour excuse à cette violence de polémique la dénonciation dont le patriarche avait été l'objet dans les *Lettres de la montagne*.

Ce qui nous étonne, c'est que Rousseau se soit ainsi mépris, c'est qu'il ait supposé que son attaque pouvait rester sans réponse, c'est qu'il n'ait pas immédiatement reconnu la main qui le frappait si durement.

Pendant que le malheureux pasteur se débattait contre les imputations de Rousseau, Voltaire, paisiblement installé à Ferney, contemplait son œuvre, et se réjouissait « des effets de cette pomme de discorde entre un déiste et un croyant[2] ».

Quels que fussent les torts réels, persistants de Rousseau, on ne peut approuver les violences de polémique de Voltaire. De ce qu'on a affaire à un délateur, il ne s'ensuit pas qu'on doive devenir délateur soi-même.

Ce qu'on peut dire à l'excuse du philosophe de Ferney, c'est que depuis dix ans Jean-Jacques s'est toujours trouvé sur sa route, c'est que depuis dix ans, sans motifs, sans raison, il n'a cessé de le provoquer en toutes circonstances. Enfin, pour venger des griefs imaginaires, il le dénonce aux tribunaux séculiers. Cette fois, c'en est trop.

A une attaque injustifiable le patriarche exaspéré, à bout de patience, répond avec ses armes; il a jusqu'ici tout pardonné, tout excusé, il ne pardonnera pas

1. *Mémoires.*
2. De Luc, lettres à Blumenbach.

la délation; désormais Jean-Jacques ne sera plus traité que comme un vulgaire Pompignan, comme un Fréron de bas étage.

Il faut bien se persuader que cette dénonciation de Rousseau était une chose grave. Le patriarche la ressentit d'autant plus vivement, qu'elle le frappait dans le moment le plus inopportun, à une époque où il se trouvait en proie à plus d'une préoccupation et où non seulement il savait le gouvernement de Genève fort mal disposé à son égard, mais où il croyait avoir tout à redouter de la part de la France.

Il était vraiment superflu d'appeler l'attention du Consistoire sur les ouvrages de Voltaire : depuis la condamnation de l'*Émile* et du *Contrat social*, tout ce qui sortait de Ferney ne passait-il pas régulièrement par la main du bourreau? Les bourgeois s'étant plaints de la sévérité exercée à l'égard de Jean-Jacques, alors que l'on tolérait certains écrits de Voltaire et qu'on les laissait librement circuler, le Conseil, pour donner satisfaction aux clabauderies des citoyens, fit brûler tout ce qui de près ou de loin pouvait passer pour une attaque contre la religion. Le bourreau devint le fonctionnaire le plus occupé de la République.

De tous ces autodafés, Voltaire, à l'en croire, n'avait cure, car ses ouvrages paraissaient sans nom d'auteur et il les désavouait avec la plus parfaite régularité. Du reste, abrité dans son château de Ferney, derrière ses ponts-levis et ses mâchicoulis, ne se trouvait-il pas hors de la juridiction de Genève? Qu'avait-il à redouter?

Sa sécurité cependant était plus apparente que réelle; on commençait à s'irriter à Genève de le voir plus que jamais inonder la République de brochures impies et scandaleuses; on se demandait si la patience du Conseil n'aurait pas de limites, et s'il ne sévirait pas enfin contre celui qui se riait des condamnations qui le frappaient.

Le philosophe n'ignorait pas le danger. Quand il publia les *Lettres d'un quaker*, en réponse à Lefranc de Pompignan, l'ouvrage fut dénoncé avant même d'avoir paru. L'auteur, dans une lettre tout intime, confie ses doléances à Cramer, son imprimeur, mais sa plaisante indignation montre bien les préoccupations qui l'obsédaient :

« Vous savez, Caro, que votre f.... Consistoire a dénoncé la lettre de l'autre quaker à votre Conseil. Il faut que ces gens-là soient enragés. Il m'est tombé entre les mains une de ces lettres. Il n'y a rien qui regarde ces polissons, ni qui puisse offenser directement le premier établissement de leur polissonnerie. Leur impertinente démarche ne mérite que des croquignoles. Cependant vous savez bien que l'esprit d'animosité et de vertige les anime. Ils se doutent que vous avez imprimé la lettre du quaker. Ils veulent la faire condamner pour vous exclure de l'auditoire. J'ai donné à M. Bertrand la seule lettre quakerienne qui me restât. Si vous n'en avez pas laissé courir de copie, je ne conçois pas comment ces animaux-là ont pu en attraper une. Attendez, je me souviens encore que j'en ai donné une à Constant qui peut-être l'aura donnée au professeur, qui l'aura donnée à un prêtre. Je serais fâché qu'il y eût un éclat, et d'autant plus fâché que je rends actuellement un service important au Conseil.

« Vous pourriez engager M. le syndic Cramer à diriger le Conseil dans cette affaire. Le parti le plus sage serait de répondre aux cuistres qu'on veillera sur l'écrit dénoncé, qu'on empêchera le débit, s'il y en a dans Genève, et de s'en tenir là[1]. »

La situation de Voltaire paraissait encore moins rassurante à Paris qu'à Genève. Depuis longtemps déjà la publication de chacun de ses ouvrages le faisait passer par des transes continuelles, mais il sentait l'orage grossir de jour en jour et le moment approchait où il ne pourrait plus l'éviter. C'est en vain qu'il désavouait ses écrits avec acharnement, on s'obstinait à l'en croire le père. C'est en vain qu'il chargeait tous ses amis de proclamer son innocence et de rendre gloire à la vérité.

« Je me trouve, écrivait-il à Damilaville, dans des circonstances épineuses où ces odieuses imputations peuvent me faire un tort irréparable et empoisonner le reste de ma vie. Je veux bien être confesseur, mais je ne veux pas être martyr.... C'est un triste métier que celui d'homme de lettres, mais il y a quelque chose de plus dangereux, c'est d'aimer la vérité[2]. »

Pendant l'année 1764, c'est-à-dire peu avant la dénonciation publique de Rousseau, paraît le *Dictionnaire phi-*

---

1. *Inédite.* Nous devons la communication de cette lettre à l'obligeance de M. Piot.
2. 21 juillet 1763.

losophique portatif, sans nom d'auteur; il est colporté et vendu clandestinement. Il n'en est pas moins lu, au contraire. L'auteur est bien vite reconnu :

« J'ai parcouru de l'œil, écrit Bonnet, ce *Dictionnaire philosophique*, le plus détestable de tous les livres du pestilentiel auteur. Il n'a lu l'*Écriture* que pour la mêler à son arsenic. Il s'efforce de la déguiser ou de la détruire; il redouble ses efforts à mesure qu'il vieillit; c'est qu'elle est pour sa conscience ce que l'arsenic est pour les intestins. »

Le scandale fut grand à Genève, et le *portatif* naturellement n'échappa pas aux flammes. Le résident de France en avisa le duc de Choiseul.

« Le *Dictionnaire philosophique* a fait tant de bruit ici, et la bourgeoisie a marqué tant d'indignation contre cet ouvrage, que le Conseil n'a pu se dispenser de le condamner hier, comme téméraire, impie, scandaleux, destructif de la révélation. En conséquence de ce jugement, le *Dictionnaire* fut lacéré et brûlé par l'exécuteur de la Haute-Justice, devant la porte de l'hôtel de ville[1]. »

Le duc de Choiseul répond aussitôt :

« Il serait à désirer que le Conseil de Genève usât plus souvent de la sévérité avec laquelle il a traité le *Dictionnaire philosophique*. S'il était plus attentif à réprimer la licence de la presse, il viendrait beaucoup moins de mauvais livres dans le royaume, et les auteurs français seraient moins

---

1. *Inédite*. Genève, 26 septembre 1764. Affaires étrangères.

tentés de se livrer à de pareils ouvrages, lorsqu'ils auraient perdu l'espoir de les publier impunément dans cette République[1]. »

Le *Dictionnaire* causa encore plus d'indignation en France qu'à Genève.

M. de Montpéroux, sans égard pour de bonnes et anciennes relations, eut la malencontreuse idée d'écrire à Choiseul que le philosophe de Ferney passait pour l'auteur de cet ouvrage. Il faut dire à l'excuse du diplomate qu'il s'était marié récemment et plus récemment encore avait été frappé d'une attaque d'apoplexie. C'est à ces deux événements que Voltaire attribua aussitôt le trouble d'esprit qui, sans aucun doute, avait saisi Montpéroux : comment un homme dans son bon sens aurait-il pu accuser le patriarche d'une œuvre aussi impie que le *Dictionnaire!* Il paraît même que ce trouble d'esprit fut suivi d'une perte de mémoire, car le résident, qui avait emprunté quelque argent au seigneur patriarche, négligea de rembourser sa dette.

Mais l'affirmation de Montpéroux eut les plus fâcheux résultats. Le roi en fut averti et il prononça cette phrase, bien menaçante pour l'hôte de Ferney : « Est-ce qu'on ne peut faire taire cet homme? »

Toutes les lettres de Paris présentaient la situation à Voltaire comme des plus dangereuses, et ses amis lui conseillaient de songer à sa sûreté. Il était question

1. *Inédite.* Affaires étrangères.

de l'arracher de Ferney et de l'enfermer à la Bastille pour le reste de ses jours.

« Le roi est trop juste et trop bon, écrivait le patriarche alarmé, pour me condamner sur des calomnies aussi frivoles, qui renaissent tous les jours, et pour vouloir accabler, sur une accusation aussi vague et aussi fausse, un vieillard chargé d'infirmités[1]. »

En même temps, il usait de tous les moyens pour tâcher de détourner l'orage. Il poussait même le zèle jusqu'à écrire à M. de Sartines, et il lui dénonçait le *portatif* comme un écrit des plus pernicieux.

Tous ses amis étaient mis en réquisition pour nier à l'envi qu'il en fût l'auteur :

« Ce recueil est de plusieurs mains, mande-t-il à d'Alembert, comme vous vous en serez aisément aperçu. Je ne sais par quelle fureur on s'obstine à m'en croire l'auteur. Le plus grand service que vous puissiez me rendre est de bien assurer, sur votre part du paradis, que je n'ai nulle part à cette œuvre d'enfer[2]. »

Un mois plus tard, ses inquiétudes n'étaient pas moins vives et il répondait à d'Alembert, qui s'étonnait d'une alarme aussi chaude :

« Vous me demandez pourquoi je m'inquiète tant sur un livre auquel je n'ai nulle part : c'est qu'on me l'attribue; c'est que, par ordre du roi, le procureur général prépare tecuellement un réquisitoire; c'est qu'à l'âge de soixante et onze ans, malade, et presque aveugle, je suis prêt à essuyer

1. A d'Argental, 20 octobre 1764.
2. A d'Alembert, 19 septembre 1764.

la persécution la plus violente; c'est qu'enfin je ne veux pas mourir martyr d'un livre que je n'ai pas fait[1]. »

Ces craintes, très réelles et parfaitement justifiées, n'empêchaient pas les éclairs de gaieté :

« Je serais bien fâché, écrivait-il à Richelieu, qu'on me soupçonnât d'avoir la moindre part au *Philosophique portatif*. M. le duc de Praslin, qui connaît parfaitement mon innocence, a assuré le roi que je n'étais point l'auteur de ce pieux ouvrage; ainsi n'allez pas, s'il vous plaît, me défendre comme Scaramouche défendait Arlequin, en avouant qu'il était un ivrogne, un gourmand, un débauché attaqué de maladies honteuses, et s'excusant envers Arlequin en lui disant que c'était des fleurs de rhétorique[2]. »

Les *Lettres de la montagne*, avec la dénonciation contre le *Sermon des cinquante*, parurent au moment où Voltaire plus que jamais tremblait pour son repos et sa sécurité.

On s'explique aisément la rage du patriarche quand il se vit attribuer publiquement cette dangereuse paternité! Ainsi, ce n'était pas assez pour lui d'être accablé d'ennuis, de préoccupations, de se demander chaque jour s'il ne devrait pas prendre la fuite, abandonner la douce retraite de Ferney, il fallait encore qu'un homme jaloux et méchant, un « petit magot bouffi d'orgueil », vînt le dénoncer comme l'auteur avéré d'un ouvrage qu'il avait toujours désavoué avec

1. 19 octobre 1764.
2. 27 février 1765.

d'autant plus d'horreur qu'il en était réellement l'auteur.

Voilà ce qu'il faut voir, voilà la situation qu'il faut connaître, pour bien comprendre la colère de Voltaire, son indignation, et la vengeance qu'il tira de son ennemi ; on s'explique ainsi ces pamphlets haineux, excessifs, impitoyables, mais que Rousseau, il faut l'avouer, s'était bien attirés par la persistance et l'inopportunité de ses attaques.

Le *Dictionnaire philosophique* fut, au mois de mars 1765, condamné à être brûlé par arrêt du Parlement, mais il eut un compagnon de bûcher bien inattendu : les *Lettres de la montagne* furent livrées aux flammes le même jour.

Ennuyé de toutes les tracasseries qu'il essuyait à Genève, Voltaire résolut de n'avoir plus rien de commun avec cette ville de prédicants sociniens. De cette façon on ne pourrait plus lui reprocher d'être l'hôte de la République, son obligé, et autres vérités qui avaient le don de l'exaspérer. Il avait acheté les Délices au conseiller Tronchin 80 000 livres, à condition de pouvoir les lui revendre pour 38 000 livres le jour où cela lui conviendrait. Il exigea l'exécution du contrat. Mais il s'empressa de se poser en victime de Rousseau, et il déclara que c'étaient les intrigues de ce « misérable fou » qui le forçaient à quitter une retraite charmante et qu'il adorait.

Nous avons vu les protestations indignées de Voltaire lorsqu'on lui attribue un de ses ouvrages, ses dénégations énergiques, cet appel constant à la vérité, qui ne sont que d'audacieux mensonges. C'était là, chez le philosophe, un système absolu, qu'il appliquait sans hésitation et indistinctement à toutes ses œuvres qui soulevaient quelque réclamation : « Vous savez, dit-il à d'Argental, que j'ai toujours trouvé ridicule qu'on mit mon nom à la tête d'un ouvrage ; cela n'est bon que pour un mandement d'évêque. »

« Il ne faut jamais rien donner sous son nom, écrivait-il à Helvétius. Je n'ai pas même fait la *Pucelle*. Me Joly de Fleury aura beau faire un réquisitoire, je lui dirai qu'il est un calomniateur, que c'est lui qui a fait la *Pucelle* qu'il veut méchamment mettre sur mon compte. »

« Dès qu'il y aura le moindre danger, mandait-il à d'Alembert, je vous demande en grâce de m'avertir, afin que je désavoue l'ouvrage dans tous les papiers publics avec ma candeur et mon innocence ordinaires. »

Partant de ce principe, les serments les plus sacrés, les affirmations les plus péremptoires, rien ne lui coûtait pour renier ses œuvres. *Candide*, la *Pucelle*, la *Tolérance*, le *Sermon des cinquante*, le *portatif*, et tant d'autres encore, il a tout répudié effrontément.

On s'est étonné de la conduite de Voltaire, on l'a jugée sévèrement, on a taxé le philosophe de pusillanimité, de lâcheté : nous ne croyons pas que le reproche soit mérité.

Il faut se reporter à l'époque, voir dans quelles conditions on se trouvait placé, de quel degré de liberté jouissaient les écrivains. Les écarts de plume et de pensée ne se produisaient pas impunément au dix-huitième siècle et l'on n'attaquait pas les opinions reçues, soit politiques, soit religieuses, sans recevoir un châtiment immédiat et sévère. Il y avait progrès, on ne vous brûlait plus comme au seizième siècle, mais les portes de la Bastille étaient toujours ouvertes pour les gens de lettres. Voltaire en particulier y avait fait plusieurs séjours, qui l'avaient guéri à jamais du désir d'y retourner.

Au point de vue politique, on se trouvait en présence d'un pouvoir tyrannique, jaloux de ses droits, puissamment armé par les lois, et qui ne permettait ni qu'on le discutât, ni qu'on touchât à sa considération et à son prestige. Au point de vue religieux, on avait à lutter contre un haut clergé d'autant plus intolérant et réprimant avec d'autant plus de rigueur toutes les attaques contre la religion, qu'il était lui-même plus corrompu et plus incrédule.

La question qui se posait était donc fort simple quand, à tort ou à raison, on voulait, comme Voltaire, attaquer la religion et l'État.

Si on le faisait ouvertement et sous son nom, autant valait élire domicile à la Bastille. Voltaire n'eût pas échappé à ce triste sort s'il n'avait eu la prudence de garder l'anonyme et de désavouer ses ouvrages.

A une époque où les œuvres de l'esprit étaient sans cesse brûlées et confisquées, où les auteurs pour des peccadilles étaient emprisonnés et persécutés, pouvait-on regarder comme une lâcheté de céder à la force brutale, d'user pour la combattre et continuer la lutte de toutes les ruses, de tous les stratagèmes? Du reste, s'il y avait lâcheté, elle était réciproque, et persécuter un écrivain sans défense nous paraît encore moins glorieux que de renier un livre jugé dangereux par ceux qu'il attaque et qui ont la force en main.

Tous les contemporains ont agi comme Voltaire. Montesquieu lui-même, quand il publia l'*Esprit des lois*, fit paraître l'ouvrage à Genève et était tout prêt à le désavouer. Jamais un livre qui pouvait éveiller les susceptibilités de la Sorbonne ou du Parlement ne paraissait avec un nom d'auteur. Le réquisitoire d'Omer de Fleury ne reprochait-il pas à Rousseau d'avoir audacieusement signé une œuvre aussi dangereuse que l'*Emile!* La pratique de l'anonyme en effet satisfaisait tout le monde, les philosophes d'abord qui évitaient ainsi les poursuites, le gouvernement lui-même que cela dispensait de rigueurs surannées et qui chaque jour, à mesure que les idées philosophiques se répandaient, paraissaient plus monstrueuses.

Là où Voltaire a mal agi, et il faut le dire hautement, c'est quand il a cherché à détourner les soupçons en les faisant peser sur d'autres, au risque des haines qu'il pouvait leur attirer, et des dangers auxquels il les exposait. Il oubliait que lui-même avait écrit : « On est aussi coupable de mettre sur le compte d'un auteur un ouvrage dangereux que de contrefaire son écriture[1]. »

1. A Damilaville, 21 juillet 1765.

Voilà la mauvaise action qu'on peut lui reprocher et avec beaucoup de raison. Mais quand il a répudié ses ouvrages, il n'a fait qu'user très légitimement de son droit de défense, et pour notre compte nous ne saurions lui en faire un crime.

CHAPITRE XVII

1765

Sommaire : Les *Lettres de la montagne* sont défendues à Paris. — Elles sont brûlées à Berne et à la Haye. — Rousseau ne peut trouver d'asile. — Projet d'établir une imprimerie à Motiers pour y imprimer les œuvres complètes de Rousseau. — La vénérable classe de Neufchâtel s'oppose à l'impression. — Les pasteurs veulent excommunier Rousseau. — Il est cité en Consistoire. — Il refuse de se présenter. — Frédéric le prend sous sa protection. — Montmollin prêche contre lui. — Lapidation de Motiers. — Fuite de Rousseau. — Son séjour à l'île de Saint-Pierre. — Il part pour Strasbourg.

Les *Lettres de la montagne* ne scandalisèrent pas seulement Genève. Dans tous les pays où l'on pratiquait la religion réformée, on parlait de brûler cette œuvre du démon. Sans vouloir se rendre compte qu'il ne pouvait en être autrement, et qu'un ouvrage qui attaquait si violemment la religion et les pasteurs était fatalement voué aux flammes dans les pays calvinistes, Jean-Jacques reprend sa thèse favorite; il rend aussitôt Voltaire responsable de cette nouvelle persécution, et il pousse des cris de victime contre son prétendu bourreau. Qu'eût-il donc dit, s'il eût connu l'auteur du *Sentiment des citoyens!*

« Je ne doute point, Monsieur, écrit-il à De Luc, qu'hier, jour des Deux-Cents, on n'ait brûlé mon livre à Genève; du moins toutes les mesures étaient prises pour cela. Rey me marque que l'*inquisiteur* a écrit en Hollande beaucoup de lettres, et que le ministre Chais, de Genève, s'est donné de grands mouvements.

« L'*inquisiteur* est l'homme le plus actif que la terre ait produit; il gouverne en quelque façon toute l'Europe.

Tu dois régner : ce monde est fait pour les méchants.

« Je suis très sûr qu'à moins que je ne lui survive, je serai persécuté jusqu'à la mort[1]. »

Enchanté d'avoir trouvé ce mot d'inquisiteur, il s'en servira désormais, et il ne prononcera plus le nom de Voltaire sans lui appliquer cette désobligeante épithète. Voltaire inquisiteur! quelle injure pouvait être plus pénible et plus offensante pour le défenseur de Calas et de Sirven!

Buffon, au courant des plaintes du philosophe de Motiers, lui écrit pour l'engager à la prudence et il lui conseille d'user de ménagements vis-à-vis d'un ennemi qu'il s'est peut-être attiré par sa faute. Ces sages exhortations indignent Jean-Jacques :

« J'avoue, dit-il, que je n'entends pas bien le conseil que

1. A M. de Luc, 7 février 1765.

me donne M. de Buffon, de ne pas me mettre à dos M. de
Voltaire; c'est comme si l'on conseillait à un passant,
attaqué dans un grand chemin, de ne pas se mettre à dos
le brigand qui l'assassine. Qu'ai-je fait pour m'attirer les
persécutions de M. de Voltaire? Et qu'ai-je à craindre de
pire de sa part? M. de Buffon veut-il que je fléchisse ce tigre
altéré de mon sang? Il sait bien que rien n'apaise ni ne flé-
chit jamais la fureur des tigres. Si je rampais devant Voltaire, il en triompherait sans doute, mais il ne m'en égor-
gerait pas moins. Des bassesses me déshonoreraient, et ne
me sauveraient pas. Monsieur, je sais souffrir; j'espère apprendre à mourir, et qui sait cela n'a jamais besoin d'être
lâche.[1] »

Ces gémissements ne sont pas sérieux. Il n'était pas
besoin de bassesses pour apaiser Voltaire; Jean-Jacques
n'avait qu'à ne pas harceler pendant des années celui
qui ne demandait qu'à être son ami.

Sa colère contre le patriarche grandissait tous les
jours; il énumérait avec complaisance tous les pays
dont le châtelain de Ferney lui fermait soi-disant les
portes :

« Il a fait jouer les pantins de Berne à l'aide de son âme
damnée le jésuite Bertrand : il joue à présent le même jeu
en Hollande. Toutes les puissances plient sous l'ami des
ministres tant politiques que presbytériens. A cela que puis-je
faire? Je ne doute presque pas du sort qui m'attend sur le
canton de Berne si j'y mets les pieds : cependant j'en aurai
le cœur net, et je veux voir jusqu'où, dans ce siècle aussi

---

1. A du Peyrou, Motiers, 31 janvier 1765.

doux qu'éclairé, la philosophie et l'humanité seront poussées. Quand l'inquisiteur Voltaire m'aura fait brûler, cela ne sera pas plaisant pour moi, je l'avoue; mais avouez aussi que, pour la chose, cela ne saurait l'être plus[1]. »

N'est-il pas bien étrange que Voltaire ayant écrit tant de lettres, à tant de personnes différentes, dans tant de pays divers, pour persécuter le Citoyen, il ne s'en soit jamais retrouvé une seule ?

Fut-il donc aussi le promoteur des rigueurs exercées à Paris contre les *Lettres de la montagne*? A en croire Rousseau le doute n'est pas possible. Les mesures avaient pourtant été prises avec le plus grand soin pour que l'écrit pût se répandre en France et surtout à Paris : « Vous avez pu voir, mandait l'auteur à Rey, qu'il est tourné de manière qu'il ne s'y trouve rien qui puisse déplaire à la France et aux catholiques[2]. » Et il recommandait bien à l'éditeur d'annoncer l'ouvrage comme une attaque contre les ministres de Genève, espérant obtenir ainsi une permission tacite. A la stupéfaction générale, les *Lettres de la montagne* non seulement furent interdites par M. de Sartines, mais encore livrées aux flammes. On ne comprit pas cette sévérité vis-à-vis d'un ouvrage qui ne pouvait être que très agréable au clergé catholique puisque les pasteurs protestants y étaient taxés d'ignorance, d'incrédulité et malmenés de la bonne façon. « Je crois, écri-

---

1. 31 janvier 1765. A du Peyrou.
2. 27 août 1764. *Lettres inédites*, par Bosscha, Amsterdam, 1878.

vait Duclos, que l'archevêque en solliciterait la publication s'il le connaissait [1]. »

En apprenant ces rigueurs, Jean-Jacques reconnaît aussitôt la main du patriarche : « M. de Voltaire, tout puissant auprès du duc de Praslin et de son frère, mande-t-il à Rey, est l'ennemi le plus implacable que j'aie, et que puisse avoir la bourgeoisie de Genève; ainsi tout est contre nous, hors le droit, la justice et la vérité. Et qu'est-ce que tout cela vis-à-vis de l'intrigue et du crédit[2]? »

Le scandale que les *Lettres de la montagne* avaient soulevé retentit jusqu'à Neufchâtel où les sarcasmes contre la religion réformée et les pasteurs de Genève excitèrent l'indignation générale.

Bientôt Rousseau apprit qu'on était sur le point de prendre des mesures non seulement contre son dernier ouvrage, mais encore contre une édition de ses écrits dont il projetait l'exécution.

Vers la fin de 1764, en effet, il avait conçu l'idée de publier une édition complète de ses œuvres; un libraire nommé Fauche se mit à la tête de l'entreprise et forma même une société dans ce but. Mais comme à Neufchâtel on pouvait craindre « la pédanterie » des ministres, on eut l'idée d'établir l'imprimerie près de Motiers. Jean-Jacques espérait que la vente de cette édition le mettrait pour le reste de ses jours à l'abri du besoin.

---

[1]. A Rousseau, 14 décembre 1764.
[2]. 19 novembre 1764. *Lettres inédites*, Bosscha, Amsterdam, 1878.

On sollicita l'agrément du gouvernement et l'on obtint une permission tacite, c'est-à-dire que le magistrat s'engagea à fermer les yeux. Mais bien des personnes sages et prudentes et le clergé en particulier ne purent dissimuler le déplaisir qu'une pareille publication leur causait[1].

On allait néanmoins se mettre à l'œuvre quand on apprit que la vénérable classe des pasteurs de Neufchâtel dénonçait au Conseil d'État les *Lettres de la montagne*, « l'ouvrage le plus pernicieux contre les principes fondamentaux de la religion chrétienne », et demandait en outre que l'autorisation accordée pour l'impression des œuvres complètes fût révoquée.

Le Conseil, assez embarrassé, fit un rapport au roi en sollicitant ses ordres : Frédéric l'autorisa à prendre les arrangements qu'il jugerait convenables, mais l'exhorta à éloigner tout ce qui pourrait devenir une nouvelle source de désordre ou de division. Le roi ajoutait :

« Nous ne doutons pas au reste que, comme vous êtes les premiers à rendre justice à la conduite réglée et aux bonnes mœurs du sieur Rousseau, vous ne soyez de vous-mêmes portés à le laisser jouir paisiblement de la protection des lois, dans l'asile qu'il s'est choisi, et où notre volonté est qu'il ne soit en rien inquiété. »

On pouvait craindre que la protection du roi ne fût plutôt nuisible qu'utile auprès de cette population suscep-

---

1. Sarazin au pasteur de Montmollin, 22 mai 1765. (Fritz Berthoud.)

tible, irritable et jalouse de ses privilèges. C'est en effet ce qui arriva.

Dès que les magistrats municipaux de Neufchâtel connurent la réponse de Frédéric, ils s'empressèrent, pour bien marquer leur indépendance vis-à-vis du gouvernement, de défendre les *Lettres de la montagne* en termes méprisants. Ils firent même faire des annonces publiques, et, par une singulière bévue, on proclamait que « ces lettres étaient prohibées, parce qu'elles attaquaient tout ce qu'il y a de plus répréhensible dans notre sainte religion ! »

Bauche et sa société, effrayés de ce qui se passait et craignant d'être arrêtés dans l'exécution de leur entreprise, renoncèrent à leur projet ; la société fut dissoute.

Les pasteurs ne restèrent pas non plus indifférents, et l'intervention du roi eût suffi pour ranimer leur zèle si cela eût été nécessaire. Rousseau avait pris ses précautions pour atténuer l'effet de son ouvrage ; il l'avait envoyé à M. de Montmollin, accompagné d'une lettre où il lui expliquait soigneusement qu'il n'agissait que sous le coup d'une impérieuse nécessité et que la querelle concernait uniquement le clergé de Genève.

« Plaignez-moi, Monsieur, lui disait-il, d'aimer tant la paix et d'avoir toujours la guerre. Je n'ai pu refuser à mes anciens compatriotes de prendre leur défense comme ils avaient pris la mienne. C'est ce que je ne pouvais faire sans repousser les outrages dont, par la plus noire ingratitude, les ministres de Genève ont eu la bassesse de m'accabler dans mes malheurs et qu'ils ont osé porter jusque dans la chaire sacrée, *où ils sont indignes de monter*[1]. Puisqu'ils aiment si fort la guerre, ils l'auront ; et, après mille agressions de leur part, voici mon premier acte d'hostilité dans lequel toutefois je défends une de leurs plus grandes prérogatives qu'ils se laissent lâchement enlever ; car, pour insulter à leur aise un malheureux, ils rampent volontiers sous la tyrannie. La querelle au reste est tout à fait personnelle entre eux et moi ; ou, si j'y fais entrer la religion protestante pour quelque chose, c'est comme son défenseur contre ceux qui veulent la renverser[2]. »

A la lecture de l'ouvrage, M. de Montmollin s'aperçut un peu tard de l'imprudence qu'il avait commise en rouvrant les portes de l'Église à ce dangereux paroissien et il comprit combien ses collègues de Genève avaient eu raison en le blâmant de sa précipitation. « Oui, Monsieur et très honoré frère, écrit le pasteur à son collègue Sarazin, je gémis avec quantité d'honnêtes gens des *Lettres de la montagne*, mon cœur en est affligé et ulcéré, tant pour ce qui regarde le fond des choses, que pour la manière indécente, hardie et téméraire avec laquelle l'auteur les traite et les expose[3]. » Pour parer à tout événement, Jean-Jacques avait insinué adroitement dans son libelle un éloge discret du pasteur, mais ces prudentes précautions ne détournèrent pas l'orage. Montmollin n'hésita pas et ne pouvait hésiter. On l'avait

---

1. Les mots en italique existent dans l'original de la lettre (Fritz Berthoud) ; ils ont été supprimés dans l'édition de la *Correspondance générale* de Rousseau.
2. 23 décembre 1764.
3. 15 janvier 1765. (Fritz Berthoud.)

déjà assez blâmé d'avoir admis à la sainte Cène l'homme qui avait écrit l'*Émile* : mais quel abîme entre l'*Émile* et les *Lettres de la montagne!*

Du reste le ministre de Motiers avait des supérieurs ecclésiastiques et il dut leur obéir. En dehors d'une solidarité fort naturelle entre collègues, tout ce que Rousseau avait dit du clergé genevois s'appliquait indifféremment aux autres clergés calvinistes : à quels soupçons injurieux les pasteurs de Neufchâtel ne se seraient-ils pas exposés s'ils avaient laissé passer en silence un véritable libelle qui couvrait d'outrages la religion réformée et ses ministres! La vénérable classe de Neufchâtel résolut de rejeter Rousseau du sein de l'Église réformée.

Très inquiet de la tournure que prenaient les événements, Jean-Jacques espéra calmer l'animosité des pasteurs en écrivant une déclaration conçue dans les termes les plus modérés :

« Par déférence pour M. le professeur de Montmollin, mon pasteur, et par respect pour la vénérable classe, j'offre, si on l'agrée, de m'engager, par un écrit signé de ma main, à ne jamais publier aucun nouvel ouvrage sur aucune matière de religion, même de n'en jamais traiter incidemment dans aucun nouvel ouvrage que je pourrais publier sur tout autre sujet, et de plus, je continuerai à témoigner par mes sentiments et par ma conduite, tout le prix que je mets au bonheur d'être uni à l'Église.

« Je prie M. le professeur de communiquer cette déclaration à la vénérable classe.

« Fait à Motiers le 10 mars 1765. »

L'offre du philosophe fut dédaigneusement repoussée. On lui répondit sèchement qu'il avait déjà fait des promesses semblables, et qu'il ne les avait pas tenues.

La vénérable classe, qui cherchait à prononcer contre lui l'excommunication, déclara que par la publication d'ouvrages dangereux et impies il avait causé le scandale de « toute la chrétienté » et qu'il en devait réparation; elle enjoignit à M. de Montmollin de le faire comparaître en Consistoire « et de lui faire entendre qu'on ne peut le reconnaître digne de la communion des fidèles tant qu'il ne manifestera pas à tous égards les sentiments d'un vrai chrétien, en déclarant solennellement qu'il croit en Jésus-Christ mort pour nos offenses et ressuscité pour notre justification; en témoignant de plus le regret qu'il a de tout ce qu'il peut avoir écrit contre une telle foi[1]... »

Rousseau fut donc cité devant le Consistoire de Motiers le vendredi 29 mars 1765, à onze heures du matin, dans la maison de cure. Tout d'abord il se félicita de comparaître devant cette assemblée composée de six paysans « plus ignorants encore que les ministres », et dont il allait si facilement mettre en poudre tous les arguments. Malheureusement il fallait parler, et parler en public; il ne s'en sentit pas le courage, il craignit de se troubler, et il prit prétexte de sa mauvaise santé pour se dérober à l'invitation des anciens.

A cette époque, son exaltation contre le clergé était

---

1. 13 mars 1765.

arrivée à un tel degré qu'il écrivait sur un cahier où il avait l'habitude de rédiger le brouillon de ses lettres :

« Que vos idiots de prêtres viennent seulement avec leur excommunication, je vous promets de la leur fourrer si bien dans la gorge qu'elle rabattra pour longtemps leur caquet. Ils devraient trembler qu'on apprenne.... qu'ils existent, car quelle prise ne donnent-ils pas de tous les côtés pour les... et pour la... A trois ou quatre près que j'excepte et que j'honore, y a-t-il, dans le monde... un clergé plus scandaleux et plus ignorant! Je ne suis pas un homme bien redoutable, mais je les ai vus assez pour les connaître... si je les touche, ils sont morts[1]. »

Les anciens du Consistoire de Motiers, préoccupés de la gravité des résolutions qu'on exigeait d'eux, se refusèrent à exclure Rousseau de la sainte Cène et ils demandèrent prudemment au Conseil d'État ce qu'ils avaient à faire. Le Conseil les loua de leur sagesse et les engagea à s'abstenir de toute ingérence dans une affaire qui ne les regardait pas, attendu qu'il ne s'agissait ni de désunions, ni de mauvaises mœurs, ni de scandales. Le Consistoire repoussa donc les demandes du clergé, et l'excommunication de Rousseau ne put être prononcée[2].

C'est toujours aux intrigues secrètes de Voltaire que Jean-Jacques attribue l'animosité de la vénérable classe : « du reste, écrit-il, les ministres sont fort les maîtres de m'excommunier, si cela les amuse; être

1. Manuscrits de Neufchâtel.
2. Musée Neuchâtelois, 1865.

excommunié de la façon de M. de Voltaire m'amusera fort aussi[1]. » N'est-il pas singulier que le nom de Voltaire revienne toujours sous la plume de Jean-Jacques! N'est-ce pas une véritable monomanie! Quelle influence Voltaire pouvait-il avoir à Neufchâtel? sur des pasteurs?

Mlle de Bondeli, en apprenant les nouveaux ennuis qui accablaient son ami, écrivait à Zimmermann :

« Il y a eu et il y a encore de terribles affaires dans ce pays à cause de Rousseau; pour un rien il allait être brûlé, puis après excommunié. C'était pour la gloire de Dieu et pour faire enrager Sa Majesté, que la classe voulait traiter ainsi un homme auquel il a donné sa protection; mais le roi, qui ne se soucie pas tant de la gloire de Dieu et de l'avancement de son règne par les bûchers, a fait notifier, dit-on, ses intentions, et alors la classe s'est contentée de demander à Rousseau une façon de rétractation, qu'il doit donner cette semaine à cause des fêtes et de l'édification chrétienne dont on a besoin dans ce temps-là[2]. »

Frédéric, très mécontent de la tournure que prenaient les événements et du peu de cas qu'on faisait de ses conseils, fit publier deux rescrits royaux, l'un du 30 mars, l'autre du 24 mai, ordonnant au Conseil d'État de pourvoir au repos et à la sécurité du philosophe. Le roi dit même à Mylord Maréchal : « Que ne vient-il ici si l'on continue à l'inquiéter où il est! » Cette parole parut à Rousseau le salut et dès lors il n'eut plus

1. 23 mars 1765, à M. Meuron.
2. 23 mars 1765.

qu'une idée, chercher une nouvelle retraite. Rester à Motiers, il n'y fallait plus songer en effet.

« Les ministres, écrit-il à Lenieps, sont autant de loups enragés qui lanceront sur moi leur ignorant et fanatique peuple, comme des piqueurs lancent leur meute après leur proie ; il ne sera pas étonnant que je sois déchiré, car ces pieux chrétiens ont beaucoup de zèle[1]. »

La situation de Jean-Jacques s'aggravait tous les jours. Les colères soulevées par les *Lettres de la montagne* agitaient encore tous les esprits lorsque parurent les impitoyables libelles de Voltaire ; ils pénétrèrent dans le Val de Travers et y causèrent une vive agitation. Ainsi, cette fille d'un homme de lettres malheureux, cette estimable gouvernante était... ce que disait le libelle ! Rousseau s'était joué des habitants ! Cet homme si vertueux vivait publiquement en concubinage, il avait exposé ses enfants ! L'effervescence devint telle que Mlle Levasseur était souvent insultée lorsqu'elle sortait dans le village ; Jean-Jacques lui-même n'échappait pas aux quolibets.

« Trois ans d'une conduite irréprochable sous leurs yeux mêmes, écrit-il, ne pouvaient garantir la pauvre Mlle Levasseur de l'effet d'un libelle venu d'un pays où ni moi ni elle n'avons vécu. Peu surpris que ces viles âmes ne se connaissent pas mieux en vertu qu'en mérite, et se plaisent à insulter aux malheureux, je prends enfin la ferme résolution de quitter ce pays, ou du moins ce village, et d'aller

---

1. 3 mars 1765.

chercher une habitation où l'on juge les gens sur leur conduite, et non sur les libelles de leurs ennemis[1]. »

Fatigué de toutes ces tracasseries, prévoyant qu'elles ne feraient qu'augmenter et que la situation ne serait bientôt plus tenable, Rousseau confiait à Mylord Maréchal ses douleurs et ses projets.

« J'espérais, Mylord, finir ici mes jours en paix; je sens que cela n'est pas possible. Quoique je vive en toute sûreté dans ce pays sous la protection du roi, je suis trop près de Genève et de Berne, qui ne me laisseront point en repos. Vous savez à quel usage ils jugent à propos d'employer la religion : ils en font un gros torchon de paille enduit de boue qu'ils me fourrent dans la bouche à toute force pour me mettre en pièces tout à leur aise, sans que je puisse crier. Il faut donc fuir malgré mes maux, malgré ma paresse; il faut chercher quelque endroit paisible où je puisse respirer. Mais où aller? Voilà, Mylord, sur quoi je vous consulte[2]. »

Mylord Maréchal, qui savait à quel point la passion religieuse était poussée à Neufchâtel, répondit que l'orage ne l'étonnait pas, qu'il le prévoyait et qu'il ne fallait pas espérer de calmer « une haine théologale » aussi invétérée. Comme le climat de Berlin paraissait à son ami trop rigoureux, il écrivit à Venise aux inquisiteurs d'État pour savoir si, le cas échéant, Jean-Jacques pouvait compter sur l'hospitalité de la République. La réponse fut négative.

On songea alors à Turin, mais l'asile sollicité fut éga-

1. A du Peyrou, Motiers, 14 février 1765.
2. 26 janvier 1765.

lement refusé; de même à Vienne, où le duc de Wirtemberg avait des relations.

« A Vienne les prêtres ont beaucoup de pouvoir, répondait le duc en annonçant à Jean-Jacques le peu de succès de ses démarches, et vous savez que les prêtres ne sont pas vos amis. Si le pape défunt vivait encore, je vous conseillerais de vous jeter entre ses bras, parce que, de tous les prêtres de nos jours, c'était peut-être le seul qui fût véritablement chrétien[1]. »

Mme de Verdelin engageait Rousseau à se rendre en Angleterre : « Vous y serez mieux à l'abri de Voltaire et de Genève, lui disait-elle. » Le philosophe objectait la dureté du climat; il aurait préféré habiter en France, et il fit demander si on lui permettrait d'y revenir. On lui répondit que le décret de prise de corps pesait toujours sur lui et qu'on refusait de le révoquer.

« De quelque côté que je me tourne, écrit-il à Mme de Verdelin, je ne vois que griffes pour me déchirer et que gueules ouvertes pour m'engloutir. J'espérais du moins plus d'humanité du côté de la France; mais j'avais tort; coupable du crime irrémissible d'être injustement opprimé, je n'en dois attendre que mon coup de grâce. Mon parti est pris, Madame, je laisserai tout faire, tout dire et je me tairai : ce n'est pourtant pas faute d'avoir à parler.... Repos, repos, chère idole de mon cœur, où te trouverai-je? Est-il possible que personne n'en veuille laisser jouir un homme qui ne troubla jamais celui de personne[2]! ».

1. 24 avril 1765.
2. 3 février 1765.

Le canton de Berne ne se montra pas plus hospitalier que la France, et Jean-Jacques fut invité à ne pas s'y présenter. Son ouvrage y fut dénoncé comme hérétique, corrupteur du peuple, et on le condamna en « termes insultants ». A Berne, encore plus qu'à Genève, l'aristocratie, qui détenait le pouvoir, sévissait avec vigueur contre tout ce qui pouvait ébranler son autorité.

« Je suis convaincu, disait Grimm, que si M. Rousseau avait écrit ce livre contre le canton de Berne, il aurait couru le risque de perdre la tête sur un échafaud, mais il savait bien que les vingt-cinq tyrans de Genève, si entreprenants et si redoutables dans ses lettres, étaient effectivement de pauvres gens sans crédit et sans pouvoir auxquels on pouvait se jouer sans crainte[1]. »

Obtenir un asile en Hollande, on ne pouvait l'espérer : les *Lettres de la montagne* venaient d'y être condamnées avec la dernière rigueur[2].

1. 7 mars 1765. Grimm à la duchesse de Saxe-Gotha.
2. La cour de Hollande prononça le 21 janvier l'arrêt suivant : « Considérant que dans le livre incriminé l'infaillibilité de l'Écriture Sainte est mise en doute, et que les miracles du Sauveur et de ses saints Apôtres y sont l'objet de moqueries profanes, impies, fades et licencieuses tendant à miner les fondements de la vraie religion ; considérant d'ailleurs que ce livre a pour but de justifier les maximes pernicieuses de l'*Émile ou de l'Éducation*, ouvrage défendu par ordonnance des états de Hollande comme étant un livre au plus haut degré, impie, scandaleux, outrageant et profane, et puisque le respect dû à la Majesté divine impose à la justice le devoir de donner ouvertement une marque éclatante de son indignation, et de signaler par un exemple son horreur contre quiconque écrit, imprime, vend et concourt à la distribution de livres aussi abominables, ordonne que ledit livre scandaleux et blasphématoire sera lacéré et brûlé sur l'échafaud par les mains du bourreau. » (Bosscha.)

Se voyant banni de tous côtés, Rousseau mandait tristement à Moultou : « Cher Moultou, voyez mon sort. Les plus grands scélérats trouvent un refuge, il n'y a que votre ami qui n'en trouve point[1]. »

Il accusait surtout Montmollin de le poursuivre avec acharnement. Ce pasteur, qu'il avait porté aux nues, dont il avait si longtemps loué la science et les hautes vertus, était devenu pour lui un objet d'horreur depuis qu'il l'avait cité en Consistoire. Il lui reprochait de céder à de vils mobiles d'argent, il prétendait que, furieux de n'avoir pu obtenir un intérêt dans la société formée pour l'impression de ses œuvres, il lui avait voué une haine acharnée.

C'est toujours la même situation qui se représente. Emporté par la passion, Rousseau frappe d'estoc et de taille, ne ménageant pas plus ses amis que ses ennemis, puis, quand il s'aperçoit des effets de ses libelles, quand il voit s... mis forcés de le blâmer et de s'éloigner de lui, il les accable d'injures, crie à la trahison et se dit victime de leur perversité.

Pouvait-on accuser M. de Montmollin de malveillance pour Rousseau? N'avait-il pas donné des preuves éclatantes de ses bonnes dispositions à son égard, ne lui avait-il pas ouvert les bras à une heure bien critique, ne s'était-il pas fort compromis pour lui? « Il devrait faire un cas infini de votre personne, écrivait Sarazin au pasteur, et se souvenir avec une vive recon-

1. 9 mars 1765.

naissance de la charité chrétienne que vous lui avez témoignée.... peut-être est-il surpris que vous préfériez le zèle pour la religion à la complaisance pour lui[1]... »

Mais qu'importent à Jean-Jacques les services rendus, les preuves d'amitié et de dévouement! Quand on se dit son ami on perd toute liberté, tout libre arbitre, il faut accepter toutes ses idées quelles qu'elles soient, et adopter toutes ses théories quoi qu'il puisse en advenir. De même que les pasteurs de Genève auraient dû s'incliner devant l'*Émile* et le *Contrat social*, et devenir les ministres de la religion naturelle, de même Montmollin aurait dû s'incliner devant les *Lettres de la montagne* et refuser de se conformer aux ordres de la vénérable classe de Neufchâtel.

La situation de M. de Montmollin était épineuse. Tous ceux qui lui avaient reproché trop de complaisance pour Rousseau en 1762, à l'époque de la communion du philosophe, l'attaquèrent naturellement avec violence lorsque les *Lettres de la montagne* parurent; d'autre part, il ne fut pas malmené moins violemment par les amis de Rousseau quand on le vit obéir à ses supérieurs et citer le philosophe devant le Consistoire.

« Il est bien difficile, écrivait-il avec calme à d'Ivernois, dans la position où je me suis trouvé et où je me trouve encore, de pouvoir faire selon les désirs des uns et des autres, il n'y a d'autre parti à prendre que de se con-

---

1. 24 avril 1765. (Fritz Berthoud.)

former scrupuleusement à son devoir. Si M. Rousseau s'était dispensé d'écrire les *Lettres de la montagne*, il se serait évité à lui et à bien d'autres des embarras et des inquiétudes¹. »

Les partisans de Jean-Jacques ne se contentèrent pas de reprocher à Montmollin sa conduite; en avril 1765 parut une lettre des plus vives contre le pasteur et le clergé de Neufchâtel. Cette lettre, dite de Goa², envenima beaucoup la situation. Le ministre de Motiers, irrité et offensé de la conduite « équivoque et sophistique » de Jean-Jacques, se départit de la réserve qu'il avait observée jusqu'alors :

« Je n'ai pas honte de dire, écrivait-il à Sarazin, que j'ai été la dupe de mon bon cœur, de ma tolérance et de ma charité chrétienne.... Les partisans de M. Rousseau nous accusent d'être les instruments de la vengeance de Genève et de M. de Voltaire, mais je ne crains pas d'affirmer qu'aucun ministre ait la moindre relation avec celui-ci; quand la passion fait défendre une mauvaise cause, il n'y a aucun prétexte que l'on n'avance³. »

Montmollin crut devoir répondre à la lettre de Goa et il publia dix lettres où l'auteur anonyme était traité de calomniateur et de menteur.

A partir de cette époque, le clergé de Neufchâtel, cela n'est pas douteux, fit tous ses efforts pour se débarras-

1. 16 avril 1765. (Fritz Berthoud.)
2. Elle porte la date du 14 avril 1765. Elle parut anonyme avec ce titre : *Première lettre à M. *** relative à M. J.-J. Rousseau*, imprimée à Goa, aux dépens du Saint-Office. Du Peyrou en était l'auteur.
3. 16 avril 1765. (Fritz Berthoud.)

ser d'un voisin aussi dangereux et aussi turbulent que l'auteur d'*Émile*. « Il serait à souhaiter, écrivait Sarazin, qu'il cherchât un domicile fort éloigné de vous et de nous; votre tranquillité et la nôtre s'en trouveraient bien[1]. »

Mais comment parvenir à éloigner Rousseau, protégé par les rescrits du roi? On exploita la passion religieuse. Désormais la lutte fut circonscrite entre l'autorité séculière et le clergé; chacun y mit son amour-propre; si le gouvernement avait la force et la puissance apparentes, les pasteurs possédaient des armes bien autrement terribles.

« Ce qu'il y a de pis, écrivait M. Servan à d'Alembert, c'est que le Consistoire de Neufchâtel a pris aussi la cause de l'Évangile en main, il a cité Rousseau, on parle de l'excommunier formellement, les villageois de Motiers-Travers sont terriblement prévenus, le sexe dévot surtout est effarouché au point que Rousseau écrivait dernièrement que pour avoir le sort d'Orphée, il n'avait qu'à sortir de sa maison; je crois que la finesse de tout ceci consiste à le chasser du pays et à le contraindre de se retirer à Berlin. Je ne sais comment le roi de Prusse s'accommodera d'un homme qui ne veut ni opéra, ni guerre, ni rois[2] ».

Montmollin, poussé par ses collègues de Neufchâtel, parla plusieurs fois en chaire contre les théories impies des *Lettres de la montagne*. A la suite de ces prédications, une assez vive excitation s'éleva contre le philo-

1. 22 mai 1765. (Fritz Berthoud.)
2. 11 avril 1765. — *Inédite*. Bibl. nat. Mss. f. fr. 15.230.

sophe et elle ne fit que croître pendant tout l'été. La protection avérée du roi ne protégea que médiocrement Rousseau. Cependant, pour bien montrer tout le crédit dont il jouissait, son intime ami le colonel de Pury, ennemi juré de Montmollin, fut fait conseiller d'État. « Si notre homme ne sent pas celui-là, écrivait Jean-Jacques, il faut qu'il soit ladre comme un vieux porc[1]. »

S'il faut en croire le Citoyen, il était en butte aux persécutions les plus acharnées, on le poursuivait dans la campagne comme un loup-garou, son cafetan et son bonnet fourré le désignaient à la haine des orthodoxes qui l'accompagnaient de leurs huées, souvent même de leurs cailloux. Plusieurs fois il entendit ces zélés chrétiens prononcer ces paroles : « Apportez-moi mon fusil que je lui tire dessus[2]. »

Nous croyons que Jean-Jacques a beaucoup exagéré les mauvais traitements des habitants de Motiers. Nous avons vu dans quel état d'esprit il s'était trouvé à la fin de 1761, pendant l'impression d'*Émile*. Depuis trois ans à peu près qu'il habitait la Suisse, son humeur s'était encore assombrie; enclin naturellement à l'hypocondrie, à la misanthropie, il se laissa aller sur cette pente sans résistance aucune. Les persécutions qu'il s'attira, par son imprudence il est vrai, mais qui ne l'en frappaient pas moins, finirent par achever ce que des prédispositions naturelles et la maladie avaient

1. A d'Ivernois, 20 juillet 1765.
2. *Confessions*. Partie II, livre XII.

commencé. Il ne vit plus autour de lui qu'espions, persécuteurs, traîtres acharnés à sa perte, il se crut la victime d'ennemis « ardents, adroits, intrigants, rusés, infatigables pour nuire, et manœuvrant toujours sous terre comme les taupes[1]. »

Son esprit était tellement troublé qu'il ne se rendait plus compte de la gravité de ses actes :

« Je vivais en Suisse en homme doux et paisible, écrivait-il à Malesherbes, fuyant le monde, ne me mêlant de rien, ne disputant jamais, ne parlant pas même de mes opinions. On m'en chasse par des persécutions, sans sujet, sans motif, sans prétexte, les plus violentes, les moins méritées qu'il soit possible d'imaginer, et qu'on a la barbarie de me reprocher encore, comme si je me les étais attirées par vanité[2] ».

Il oubliait ces terribles *Lettres de la montagne* et son intervention continuelle dans les affaires de Genève.

Les mesures prises contre les *Lettres de la montagne* et son auteur exaspérèrent ces fâcheuses dispositions. Il n'y aurait donc rien d'étonnant à ce que dans un pareil état d'esprit Rousseau ait singulièrement grossi les menaces auxquelles il se prétendait en butte. Mais quoiqu'il en soit ces menaces existèrent dans une certaine mesure et elles étaient dues à l'intervention du clergé.

Les orthodoxes, en effet, ne perdaient pas de vue

1. 6 février 1765.
2. Wootton, 10 mai 1766.

leurs projets. Le premier dimanche de septembre, M. de Montmollin prêche contre Rousseau. Dans la journée, le peuple surexcité en arrive aux voies de fait, on jette des pierres dans les fenêtres de l'habitation qu'occupe le citoyen. Les jours suivants, les outrages et les insultes continuent, mais, dans la nuit du 6 au 7 septembre, il est attaqué chez lui sans ménagement.

C'est lui-même qui raconte ces violences, et le rapport du châtelain Martinet[1] semble corroborer son récit :

« La nuit du 6 au 7 dudit septembre, il se commit de nouvelles violences contre la maison de M. Rousseau, nuit où il semblait être le plus en sûreté, puisqu'il y avait les gardes de foire des villages qui veillaient dans le village; on assaillit à coups de pierres les fenêtres de M. Rousseau; une de ces pierres, de la pesanteur d'environ trois à quatre livres, était proche de la fenêtre de M. Rousseau, et la galerie attenante à la maison en était remplie d'une manière à faire frémir, ainsi que je l'ai déclaré en tête des enquêtes que je fis le lendemain et qui ont déjà été vues en Conseil; éveillé comme je le fus par les cris que j'entendis à la rue, je courus sur-le-champ chez M. Rousseau, que je trouvai, de même que sa gouvernante, dans un état de frayeur inexprimable, et c'est aussi ce qui m'engagea, pour les mettre en sûreté, à mettre des gardes devant sa maison pendant le reste de la nuit[2] ».

Les uns ont cru à la réalité de cette attaque nocturne,

---

1. Martinet était conseiller d'État, capitaine et châtelain du Val de Travers.
2. Fritz Berthoud, *J.-J. Rousseau dans le Val de Travers*.

d'autres ont pensé qu'elle n'avait existé que dans l'imagination inquiète du philosophe.

Pour nous, sauf des exagérations de détail, le fait en lui-même n'est pas douteux, et il n'a en somme rien de bien étonnant de la part de populations campagnardes, animées par la passion religieuse et qui se complaisaient à des farces grossières.

En apprenant cet incident de la vie troublée du philosophe, Voltaire écrivit à Florian :

« Je ne sais si vous savez que Jean-Jacques Rousseau a été lapidé comme saint Étienne, par des prêtres et des petits garçons de Motiers-Travers. Il me semble qu'on en parlait déjà quand vous étiez dans l'enceinte de nos montagnes; mais le bruit de ce martyre n'était pas encore confirmé. Heureusement les pierres n'ont pas porté sur lui. Il s'est enfui comme les apôtres et a secoué la poussière de ses pieds. »

Un témoin oculaire a donné de la lapidation de Motiers une explication qui peut avoir quelque part de vérité :

« Ah! nous étions de vilains polissons dans le village pour tourmenter ainsi ce bon M. Rousseau! On le disait un peu timbré, il se croyait toujours poursuivi par ses ennemis, et, pour lui faire peur, les filles et les garçons se cachaient derrière les sapins et lui criaient : « Prenez garde, « monsieur Rousseau, demain ils viendront vous prendre. » Et c'était d'autant plus mal à nous, que ce bon M. Rousseau se dépouillait de tout pour les pauvres; il partageait son dîner avec les plus misérables, et bien souvent, ayant faim à la maison, c'est lui qui nous a nourris. Quant à l'affaire des pierres, c'est Thérèse qui nous les a fait porter sur la galerie, dans nos tabliers; c'est nous qui en avons jeté deux ou trois petites contre les vitres, et nous avons bien ri quand nous avons vu le lendemain monsieur le Châtelain qui mesurait les gros cailloux posés sur la galerie, croyant qu'ils avaient brisé les fenêtres, comme si des pierres grosses comme le poing pouvaient passer par des trous de noix. Et puis M. Rousseau avait l'air si épouvanté qu'on s'étouffait de rire.... Mais quand il est parti, quelques jours après, et que nous n'avons plus rien reçu à manger, on a eu pour longtemps à se repentir de nos sottises[1]. »

Aux yeux des contemporains, Thérèse a passé pour la principale instigatrice des ennuis suscités au philosophe. Cette malheureuse femme était depuis longtemps fort mal vue dans le pays à cause « de ses violences et de sa mauvaise langue[2]; » l'isolement et la solitude dans lesquels elle vivait l'ennuyaient profondément; sa situation était devenue encore plus difficile après les révélations du *Sentiment des citoyens*, et il ne serait pas étonnant qu'elle eût contribué à organiser une persécution qui devait les chasser [d'un endroit où la vie lui était insupportable. Dans tous les cas, bien loin de chercher à atténuer l'importance d'un fâcheux incident, elle contribua à l'exagérer; elle avait pris sur l'esprit du philosophe une influence considérable et elle s'en servit pour lui persuader

---

1. Ce récit était fait par Madelon Mesner, originaire de Motiers. Elle vivait encore en 1840.
2. Le comte d'Escherny, *Mélanges de littérature*, tome III.

que sa vie était menacée et qu'il fallait fuir à tout prix.

Rousseau abandonna Motiers et ses habitants inhospitaliers dès le 8 septembre, le lendemain même de l'attaque nocturne contre son domicile. C'est dans l'île de Saint-Pierre, située sur le lac de Bienne, qu'il se réfugia; il y reçut un accueil empressé, ce qui le détermina à s'y établir.

Son séjour ne devait pas s'y prolonger. Apprenant que le gouvernement de Berne songeait à prendre des mesures contre lui, il demanda à être considéré comme un prisonnier perpétuel et il donna sa parole de ne plus toucher une plume. Tout fut inutile, et on lui enjoignit de quitter l'île dans les vingt-quatre heures. Il partit pour Strasbourg, où nous le retrouverons bientôt.

L'allégresse fut grande dans tout le clergé calviniste, quand on apprit le départ de l'*Impie*[1]. Le 12 janvier 1766, M. Sarazin écrivait à M. de Montmollin :

« Il peut être que dans vos sermons vous ayez attaqué l'incrédulité et blâmé les incrédules; cela était indispensable et très sage. Le peuple, déjà indisposé contre Rousseau, a pu, à cette occasion, augmenter son indisposition et se porter aux insultes dont on s'est plaint. Il a eu tort en cela; mais en êtes-vous la cause et est-on responsable des suites fâcheuses parce qu'on défend la vérité? d'ailleurs on dit que c'est moins contre Rousseau que contre sa gouvernante que

---

1. Depuis les prédications de M. de Montmollin, Rousseau était désigné dans le pays sous le nom de l'*Impie* et Thérèse de l'*Infâme*.

le peuple était indisposé ; elle ne s'est jamais fait aimer de personne, loin de là ! Grâces à Dieu, pour vous et pour nous, M. Rousseau est loin d'ici. »

En apprenant les faits scandaleux qui venaient de se passer à Motiers, Frédéric fit publier le rescrit suivant :

« Il est étonnant que dans un siècle aussi éclairé que le nôtre, le fanatisme ose encore lever l'étendard jusque dans des pays soumis à notre domination. Nous ne doutons pas à la vérité que la classe, éclairée par de meilleurs principes, ne désapprouve le zèle inconsidéré et amer de l'ecclésiastique qui vient de souffler le feu de la discorde à Motiers et ne reprenne sévèrement en lui une conduite aussi contraire à l'esprit de charité et de paix dont il devrait donner l'exemple à ses paroissiens[1]....

En réponse au rescrit royal, la vénérable classe de Neufchâtel s'empressa de décerner à M. de Montmollin un certificat où elle glorifiait le zèle et l'exactitude qu'il déployait dans l'accomplissement de ses devoirs, et où elle lui marquait son entière satisfaction[2].

Non contents de ce démenti officiel infligé au roi, les pasteurs eurent l'audace de lui écrire pour se plaindre de l'ingérence du Conseil d'État de Neufchâtel dans des questions purement religieuses.

Mylord Maréchal, au courant de cette correspondance, en prévenait Rousseau :

1. 28 septembre 1765.
2. 5 novembre 1765.

« Je vous écrivis il y a quelques jours, je vous mandais que les Lamas avaient écrit une belle lettre au roi pour se justifier de leurs procédés par rapport à votre affaire ; ils ont été savonnés d'importance ; jamais les soi-disant vénérables Lamas n'ont eu une pareille leçon[1]. »

Frédéric, effectivement, répondit aux Lamas de façon à leur enlever toute envie de renouveler leurs plaintes :

« Le roi, sur le très humble mémoire de la compagnie des pasteurs de la souveraineté de Neufchâtel et Valangin, concernant les prétendues atteintes que le Conseil aurait données depuis quelque temps aux droits, dont elle, ainsi que ses membres, devaient jouir, ordonne d'y répondre que Sa Majesté, bien loin d'acquiescer à la très humble demande de ladite compagnie à ce sujet, ne pouvait s'empêcher d'être très mal satisfaite des procédés inquiets, turbulents et tendant à sédition, que lesdits pasteurs avaient tenus, relativement à un homme que Sa Majesté daignait honorer de sa protection.

« Fait à Potsdam, 26 février 1766. »

« *Apostille de la main du Roi.*

« Vous ne méritez pas qu'on vous protège, à moins que vous ne mettiez autant de douceur évangélique dans votre conduite qu'il y règne à présent d'esprit de vertige, d'inquiétude et de sédition.

« *Signé :* Frédéric. »

1. Mars 1766. Streckeisen-Moultou.

CHAPITRE XVIII

1765

Sommaire : Relations de Voltaire avec les représentants. — Voltaire et d'Ivernois. — Tentative de réconciliation avec Rousseau. — Voltaire et Du Peyrou. — Rousseau et les Corses. — *Le Sermon des cinquante*. — Le Théâtre à Genève. — Voltaire et les troubles de Genève.

Que s'était-il passé à Genève depuis que Rousseau avait déclaré qu'il n'y rentrerait jamais et qu'il se désintéressait des querelles intestines soulevées à son instigation? La bourgeoisie avait-elle abandonné la lutte et renoncé à ses revendications? Le calme était-il rentré dans la turbulente cité? En aucune façon.

La détermination du philosophe produisit peu d'effet. Les bourgeois, convaincus par les *Lettres de la montagne* qu'ils vivaient sous un règne tyrannique, que l'aristocratie les opprimait, que les lois étaient violées, se préoccupèrent peu de savoir si Rousseau restait ou non à leur tête et ils n'en persistèrent pas moins à demander justice. L'année 1765 se passa en conciliabules et en préparatifs pour une lutte qui menaçait d'être sérieuse et longue.

En abandonnant ses partisans, Jean-Jacques ne se doutait guère qu'il cédait la place à son éternel ennemi et que les bourgeois livrés à eux-mêmes allaient retrouver à Ferney le guide et l'appui dont ils ne savaient se passer.

La bourgeoisie, cependant, avait toujours cordialement détesté Voltaire, mais depuis 1763 un rapprochement s'était opéré à la suite d'un incident assez singulier et qu'il est bon de raconter.

Un certain Robert Covelle[1] fut cité devant le Consistoire[2], le 23 février 1763, à la requête de Catherine Ferboz, qui se plaignait, tardivement il est vrai, d'avoir été mise à mal.

« A comparu Robert Covelle, citoyen appelé sur ce qu'il a été accusé par Catherine Ferboz, native[2], d'être père de l'enfant dont elle a accouché à Vigy, savoir en décembre dernier et baptisé à Gy par le pasteur de la Porte. Sur quoi interrogé, il avoue d'avoir eu la compagnie charnelle de ladite Ferboz, mais qu'il était indécis s'il était père de l'enfant. Dont opiné l'avis a été de censurer grièvement ledit Covelle, qu'il demandera pardon à Dieu genoux en terre,

---

1. Bourgeois de Genève. Voltaire le dépeint ainsi dans la *Guerre de Genève* :

> Vous connaissez le beau Robert Covelle,
> Son large nez, son ardente prunelle,
> Son front altier, ses jarrets bien dispos,
> Et tout l'esprit qui brille en ses propos.
> Jamais Robert ne trouva de cruelle.

2. C'est-à-dire née à Genève d'habitants ne jouissant pas du droit de bourgeoisie.

et de lui défendre la sainte Cène absolument. Ce qui lui ayant été prononcé, il a dit qu'il demandait huit jours pour réfléchir s'il se mettrait à genoux. Le terme demandé lui est accordé, et comme il n'a pas fait de cour de justice au sujet de la paillardise avec ladite Ferboz, l'avis a été de le renvoyer à ce sujet au Magnifique Conseil[1]. »

A la suite de cette condamnation, Covelle se rendit à Ferney pour consulter le patriarche; il en reçut non seulement des avis mais un petit écrit rédigé sous forme de mémoire.

Le Magnifique Conseil condamna le délinquant à la prison; avant de subir sa peine il fut ramené devant le Consistoire pour demander pardon, genoux en terre. Il se refusa énergiquement à remplir cette formalité et en même temps il présenta le mémoire où se trouvaient exposées les raisons de son refus.

Peu de temps après, un écrit anonyme intitulé *la Génuflexion*, venait appuyer sa résistance, en malmenant assez vertement la vénérable compagnie.

Cet usage de la génuflexion était fort ancien, jamais personne n'avait songé à réclamer; du jour où Covelle eut protesté, il trouva aussitôt beaucoup de partisans qui ne demandaient qu'à modérer le zèle souvent excessif du clergé et désiraient s'affranchir d'un joug par trop pesant; mais personne ne lui vint plus en aide que le patriarche, qui ne se possédait pas d'aise du bon tour qu'il jouait à son vieil adversaire, le Consistoire.

1. Recueils d'extraits des registres du Consistoire de Genève.

Les brochures se succédaient sans interruption pour soutenir Covelle et sa cause. Du reste l'heureux amant de Mlle Ferboz résistait comme un roc, et comme on l'accueillait toujours à Ferney avec enthousiasme, il se croyait un personnage. Voltaire s'en amusait beaucoup, il ne l'appelait que « le fornicateur », si bien que les domestiques du château avaient cru que Covelle remplissait une charge de la République et qu'ils l'annonçaient toujours sous le nom de « M. le Fornicateur », à la grande joie des assistants et du maître de céans. Au plus fort de cette lutte contre la tyrannie du clergé, Voltaire trouva opportun de donner une fête pour honorer celui qui le premier avait osé lever l'étendard de la révolte : Covelle en fut le héros, on le reçut avec les honneurs réservés aux personnages les plus considérables, on ouvrit les portes du château à deux battants, on sonna le tocsin, on tira un feu d'artifice, etc.[1]

L'affaire de la génuflexion traîna en longueur et ne fut terminée qu'en 1769, par la suppression de cette cérémonie, mais les plaisanteries du patriarche eurent un autre résultat assez inattendu. En devenant un des familiers de Ferney, Covelle trouva que le châtelain avait du bon, et que c'était folie de la part des bourgeois d'attaquer un homme qui pouvait leur rendre de si grands services et par ses conseils et par sa plume. Voltaire, de son côté, avait maintes fois assuré M. le

---

1. Cornuaud. *Mémoires inédits*.

Fornicateur qu'il ne voulait que du bien à la bourgeoisie et qu'il regrettait qu'elle l'eût méconnu. Le beau Robert, auquel ses démêlés avec la vénérable compagnie avaient donné parmi les citoyens beaucoup de réputation et une véritable influence, raconta à ses amis tant et tant de bien du philosophe qu'il finit par en amener un assez grand nombre à Ferney et qu'une réconciliation s'opéra entre le patriarche et les bourgeois.

Lorsque les discussions de Genève s'aggravèrent, lorsque la situation devint de plus en plus tendue entre les deux partis, lorsqu'on comprit enfin qu'il faudrait inévitablement recourir aux puissances garantes, les bourgeois virent aussitôt de quelle utilité serait pour eux la protection d'un homme qu'on savait en relations avec Choiseul et les ministres et dont les hautes relations pouvaient donner un grand appui au parti qu'il favoriserait. Ils devinrent donc plus assidus que jamais à Ferney.

Voltaire, de son côté, était enchanté de jouer un rôle chez ses voisins, de paraître avoir du crédit à la cour de France, et, d'autre part, il était ravi qu'on sût à Versailles de quelle autorité il jouissait à Genève, puisqu'on le prenait pour arbitre dans les circonstances délicates. Il ne se déroba donc pas à l'honneur qu'on lui faisait et accepta de se mêler d'une querelle qui ne le regardait en rien.

Mais il y a une autre raison bien plus humaine qui entraîna Voltaire et le passionna, c'est que la cause directe de ces dissensions, leur auteur reconnu et avéré était Rousseau. Quel triomphe pour le châtelain de Ferney s'il parvenait à ramener la concorde parmi ceux que le citoyen avait désunis! L'auteur d'*Émile* l'a accusé de corrompre les mœurs de sa patrie : quelle plus belle vengeance que d'y arriver en pacificateur et d'éteindre l'incendie que Rousseau a allumé d'une main criminelle et impie! C'est là la vraie raison qui jeta Voltaire dans la lutte et lui fit prendre un intérêt passionné à l'apaisement des « criailleries » genevoises.

Mais son rôle sera tout pacifique; « tout ce que je désire, écrit-il à d'Argental, c'est que M. le duc de Praslin me regarde comme un petit anti-Jean-Jacques et comme un homme qui n'est pas venu apporter le glaive, mais la paix[1]. »

Le patriarche prit parti pour ses nouveaux amis les représentants, avec toute l'ardeur d'un néophyte, sans se préoccuper des haines qu'il allait soulever contre lui dans l'aristocratie.

Quelques chefs de la bourgeoisie cependant, ceux qui entretenaient avec Jean-Jacques les relations les plus intimes, comprirent tout ce qu'il y aurait de douloureux pour leur ami à voir ses partisans l'abandonner pour courir chez un rival détesté. D'Ivernois, Du Peyrou et quelques autres s'abstinrent donc de toutes relations avec Voltaire, malgré les invitations pressantes qu'ils reçurent de Ferney, et l'exemple qui leur fut

1. 14 décembre 1765.

donné par leurs camarades De Luc, Vieusseux, etc.

A la fin ils ne résistèrent pas à l'attraction, et d'Ivernois écrivit à Rousseau une lettre assez embarrassée pour lui expliquer que, malgré les services rendus par Voltaire à la bonne cause, il ne voulait pas se rendre chez lui :

« Voltaire ayant ou croyant avoir des sujets de plainte contre les jongleurs à l'occasion de la campagne qu'il tenait d'eux et qu'il leur a cédé pour se retirer à Ferney, et étant peut-être aussi animé du désir de jouer parmi nous un rôle aussi honorable que celui qu'il a joué dans l'affaire des Calas, nous a fait rechercher, et, tout bien considéré, trois ou quatre de nos amis ont cru devoir répondre à ses avances. Il leur a dit avoir écrit contre nous en France dans un temps où il ne connaissait pas nos droits. Il paraît les connaître actuellement et les avoir pris à cœur.

« Nous sommes certains qu'il écrit en notre faveur et que, loin de nous faire du mal, il nous fait du bien. C'est lui qui a introduit quelques-uns de nous auprès du nouveau résident, et nous pouvons apprendre bien des choses intéressantes par son canal : nos antagonistes le sentent vivement et ne négligent rien pour lui faire abandonner ce qu'ils appellent le *travers* qu'il a pris contre eux. Ils y vont chaque jour et il arrive à ceux des nôtres quelquefois de s'y rencontrer avec eux. « Je serai votre hôte, dit alors « Voltaire, je mettrai la nappe pour vous, et je serai bien « charmé si ma maison peut être le point central de la réu- « nion. » Il m'a fait demander deux fois, mais je ne veux point y aller, je préfère rester chez moi ; il a témoigné à plusieurs reprises grande envie de se rapatrier avec vous[1] ».

1. D'Ivernois à Rousseau, 25 décembre 1765. Bibliothèque de Neufchâtel. Mss.

Rousseau sut lire entre les lignes ; il comprit que d'Ivernois brûlait de se rendre à Ferney et il lui en octroya généreusement la permission.

« Je reçois, mon bon ami, votre lettre du 23. Je suis très fâché que vous n'ayez pas été voir M. de Voltaire. Avez-vous pu penser que cette démarche me ferait de la peine? Que vous connaissez mal mon cœur! Eh! plût à Dieu qu'une heureuse réconciliation entre vous, opérée par les soins de cet homme illustre, me faisant oublier tous ses torts, me livrât sans mélange à mon admiration pour lui ! Dans les temps où il m'a le plus cruellement traité, j'ai toujours eu beaucoup moins d'aversion pour lui que d'amour pour mon pays. Quel que soit l'homme qui vous rendra la paix et la liberté, il me sera toujours cher et respectable. Si c'est Voltaire, il pourra du reste me faire tout le mal qu'il voudra ; mes vœux constants, jusqu'à mon dernier soupir, seront pour son bonheur et pour sa gloire.

« Laissez menacer les jongleurs : *tel fiert qui ne tue pas.* Votre sort est presque entre les mains de M. de Voltaire ; s'il est pour vous, les jongleurs vous feront peu de mal. Je vous conseille et vous exhorte, après que vous l'aurez suffisamment sondé, de lui donner votre confiance. Il n'est pas croyable que, pouvant être l'admiration de l'univers, il veuille en devenir l'horreur ; il sent trop bien l'avantage de sa position pour ne pas la mettre à profit pour sa gloire. Je ne puis penser qu'il veuille, en vous trahissant, se couvrir d'infamie. En un mot, il est votre unique ressource : ne vous l'ôtez pas. S'il vous trahit, vous êtes perdu, je l'avoue, mais vous l'êtes également s'il ne se mêle pas de vous. Livrez-vous donc à lui rondement et franchement; gagnez son cœur par cette confiance ; prêtez-vous à tout accommodement raisonnable. Assurez les lois et la liberté; mais sacrifiez l'amour-

vous l'êtes également s'il ne se mêle pas de vous. Livrez-vous donc à lui rondement et franchement ; gagnez son cœur par cette confiance ; prêtez-vous à tout accommodement raisonnable. Assurez les lois et la liberté ; mais sacrifiez l'amour-propre à la paix. Surtout aucune mention de moi, pour ne pas aigrir ceux qui me haïssent ; et si M. de Voltaire vous sert comme il le dit, s'il entend sa gloire, comblez-le d'honneurs, et consacrez à Apollon pacificateur, *Phœbo pacatori*, la médaille que vous m'aviez destinée[1]. »

Cette lettre ne nous paraît pas exempte d'une amère ironie. Rousseau savait très bien qu'il prêtait à Voltaire une influence bien supérieure à celle que le patriarche possédait réellement : ces éloges dont il accablait son ennemi lui auraient déchiré le cœur en toute autre circonstance ; il ne les distribuait si libéralement que pour se mieux moquer de ces bourgeois « imbéciles » qui croyaient ne pouvoir se passer du « glorieux » châtelain de Ferney.

D'Ivernois se hâta de profiter de la permission accordée, et il se rendit à Ferney. C'est par lui-même que nous connaissons le récit de son entrevue, et il est trop curieux, trop instructif, pour que nous ne le donnions pas en entier :

« J'ai vaincu ma répugnance, écrit-il à Jean-Jacques, j'ai été enfin chez Voltaire, je lui ai fait part de la partie de votre lettre qu'il convenait qu'il sût pour bien apprendre à vous

---

1. Rousseau à d'Ivernois. Paris, 30 décembre 1765.

connaître, et pour le fortifier dans les intentions où il paraît être de vouloir nous être favorable. Quand je lui eus fait rapport du premier paragraphe et de ce qui termine le second, il porta ses mains sur sa tête, et dit d'un ton qui parut sortir d'un homme à sentiments : « *Vous m'accablez, Monsieur.* » — « Eh pourquoi, répondis-je ? » — « *Il faut*, répliqua-t-il, *faire revenir* ici M. Rousseau; faites-lui savoir qu'il court quel-
« ques chiffons de papier où il est question de lui : s'ils lui
« tombent sous la main, qu'il n'y fasse pas attention, ils
« étaient écrits avant que je connusse ses sentiments. » — Je répondis : « Si chacun connaissait comme moi la pureté des
« intentions de mon ami, et la droiture de son cœur, il aurait
« certainement moins d'ennemis et surtout dans sa patrie. (Je me servis de votre expression, *mais tel fiert qui ne tue pas*).
« Je suis attaché à M. Rousseau de la manière la plus forte, et
« je n'ai pu ni ne puis voir qu'avec peine les personnes qui
« ont cherché et qui cherchent peut-être encore à lui nuire.
« Souffrez, Monsieur, que je vous fasse quelques questions :
« N'avez-vous point coopéré aux injustices du gouvernement
« envers lui? N'avez-vous point écrit à quelqu'un à Paris ou
« ailleurs que, malgré la protection du roi de Prusse, vous
« trouveriez le moyen de le faire sortir du comté de Neuf-
« châtel? n'avez-vous pas correspondu à son sujet avec M. Bertrand de Berne, et enfin, Monsieur, n'avez-vous pas cherché à lui nuire par d'autres moyens? »

« A chaque question je voyais un homme saisi d'un tel étonnement qui ne caractérisait rien moins qu'un hypocrite. Voici ses réponses :

« Chacun parle des torts d'autrui, Monsieur, et personne
« n'avoue les siens. Vous savez le conte de la Poutre et du
« Fétu, il ne faut juger que par les faits, ils sont clairs. Je
« conserve la lettre que M. Rousseau m'écrivit en 1759, dans
« laquelle il me dit qu'il ne m'aime point, que je corromps
« sa patrie en donnant des spectacles dans mon château

« (qui n'est point dans sa patrie). « Est-ce là le prix de
« l'asile que Genève vous a donné? » me disait-il. Cette
« lettre outrageante et inattendue de la part d'un homme
« qui faisait des opéras, des comédies et des romans, était
« d'autant plus déplacée qu'assurément je n'ai pas besoin
« d'asile. Et quand j'ai bien voulu prendre une maison au-
« près de Genève pour ma santé, je l'ai payée assez cher,
« puisque j'en ai donné près de quatre-vingt mille francs à
« condition qu'on m'en rendrait trente-huit mille quand je
« voudrais la quitter. M. Rousseau a cru apparemment, ou
« on lui a fait accroire, qu'ayant été ainsi offensé par lui,
« j'avais dû me venger. Il y a eu de l'absurdité à dire que
« j'avais contribué à faire brûler son *Vicaire savoyard* et
« son *Contrat social*. Le *Vicaire savoyard* m'a toujours paru
« un excellent ouvrage et susceptible du sens le plus favo-
« rable. J'ai condamné hautement, je condamne et con-
« damnerai toujours ceux qui ont cru flétrir cet ouvrage en
« le faisant brûler. Il n'y a qu'un scélérat qui puisse dire
« que j'ai eu la moindre part à la condamnation de M. Rous-
« seau. J'aimerais autant qu'on dise que j'ai fait rouer Calas
« que de dire que j'ai persécuté un homme de lettres.
« M. Rousseau croyant ou feignant de croire que je lui
« voulais du mal n'a cessé de m'outrager. Il s'est fait mon
« délateur dans les *Lettres de la montagne* en m'accusant
« d'avoir fait le *Sermon des cinquante*, ouvrage publique-
« ment connu pour être de La Mettrie. Il est faux et ca-
« lomnieux que j'aie jamais écrit à Paris ou ailleurs contre
« M. Rousseau. Il est également faux que je me suis entre-
« tenu de lui avec M. Bertrand de Berne; ma correspon-
« dance avec lui n'a roulé que sur l'histoire naturelle et
« pour lui procurer la vente de son cabinet; j'offre de vous
« mettre sous les yeux toutes les lettres dudit monsieur,
« dans aucune desquelles je défie qu'on trouve le nom de
« M. Rousseau et je le défie, lui, d'articuler un seul fait où

« il ait à se plaindre de moi. Je ne me suis vengé qu'en
« plaisantant. M. Marc Chappuis est témoin que j'ai offert
« une maison à M. Rousseau. Écrivez-lui, Monsieur, que je
« la lui offre toujours, et que s'il veut, je me fais fort,
« auprès des médiateurs, de le faire rentrer dans tous ses
« droits à Genève. J'offre de vous donner cette déclaration
« signée de ma main, que vous pourrez rendre publique,
« si vous le trouvez à propos. Je ne rougis, ni de ce que
« j'écris, ni de ce que je pense, ni de ce que je fais. »

« Je le remerciai, et lui dis que je vous ferais part de cet
entretien. De Luc l'aîné était présent....

« J'oubliais de vous dire que Voltaire m'ajouta : « Je
« veux faire imprimer le *Vicaire savoyard* dans un recueil
« d'autres pièces que je me propose de donner au pu-
« blic[1].... »

Ce récit est rigoureusement exact. D'Ivernois est l'ami
de Rousseau, il n'aime pas Voltaire, pourquoi altére-
rait-il la vérité? Du reste, il y a dans les paroles du patriarche une sincérité qu'on ne peut méconnaître, et il
ne dit que la vérité quand il fait l'historique de ses
relations avec le citoyen de Genève.

La lettre du représentant contient un post-scriptum
qui montre encore mieux la bonne foi de Voltaire et le
désir qu'il a de se disculper.

« Les questions que je fis à Voltaire paraissent l'occuper,
mande d'Ivernois à Rousseau; voici l'extrait d'une lettre
qu'il écrivit avant-hier au secrétaire d'État Lullin, il en envoya copie à un monsieur avec ordre de me la communiquer. »

---

1. *Inédite.* 1ᵉʳ février 1766. Mss. de Neufchâtel. Des fragments de cette
lettre ont été cités par M. Desnoireterres.

En effet, le patriarche tenait tellement à prouver son innocence, qu'il venait d'écrire officiellement à M. Lullin en sollicitant son intervention :

« Parmi les sottises dont ce monde est rempli, c'est une sottise fort indifférente au public, qu'on ait dit que j'avais engagé le Conseil de Genève à condamner les livres du sieur Jean-Jacques Rousseau et à décréter sa personne, mais vous savez que c'est par cette calomnie qu'ont commencé vos divisions.... Il est donc absolument nécessaire que je détruise cette calomnie. Je déclare au Conseil et à tout Genève, que s'il y a un seul magistrat, un seul homme dans votre ville, à qui j'aie parlé, ou fait parler contre le sieur Rousseau, avant ou après sa sentence, je consens à être aussi infâme que les secrets auteurs de cette calomnie doivent l'être.... Je ne dois pas souffrir qu'on m'accuse d'une persécution, je hais et je méprise trop les persécuteurs pour m'abaisser à l'être, je ne suis point ami de M. Rousseau, je dis hautement ce que je pense sur le bien ou le mal de ses ouvrages, mais si j'avais fait le plus petit tort à sa personne, si j'avais servi à opprimer un homme de lettres, je me croirais trop coupable[1] ».

Qui pouvait mieux que M. Lullin savoir si oui ou non Voltaire avait trempé dans des machinations contre Rousseau? Si la réponse du secrétaire d'État était négative, Jean-Jacques devait être convaincu et rien ne s'opposerait plus à la réconciliation des deux philosophes.

La demande du patriarche aurait pu paraître assez

---

1. 30 janvier 1766.

singulière à M. Lullin, car elle se rapportait à des faits qui remontaient à plus de trois ans, si à la lettre officielle n'avait été jointe une lettre intime :

« Monsieur,

« Je suis obligé de vous informer de la calomnie que le sieur Rousseau a répandue dans Paris. Il a persuadé aux personnes les plus considérables du royaume que j'avais engagé le Conseil à le condamner et que la résolution en avait été prise chez moi, et que c'est la première cause des divisions de Genève. Cette imposture est aussi injurieuse pour le Conseil que pour moi-même. Il serait absurde qu'il eût consulté un étranger. Je n'ai certainement ni parlé ni fait parler sur cette aventure à aucun des membres de ce corps respectable. Cette imputation d'ailleurs est bien contraire à mon caractère.

« Je vous supplie, Monsieur, de lire ma lettre au Conseil; cette réponse suffira pour confondre une si infâme calomnie; elle dure depuis trop longtemps. Il y a des impostures qu'on doit mépriser, il y en a d'autres qu'il faut détruire : j'attends de vous cette justice. J'ai l'honneur d'être, etc.[1] »

Par une fâcheuse coïncidence, au moment même où d'Ivernois cherchait à réconcilier les deux philosophes, Rousseau venait de passer quelques jours à Paris, et il en avait profité pour se poser plus que jamais en victime des intrigues de Ferney. Le prétexte donné par Voltaire paraissait donc fort plausible, et Lullin pouvait croire qu'il avait surtout à cœur de se jus-

1. *Inédite.*

tifier aux yeux du public de Paris. En réalité le but que poursuivait le patriarche était beaucoup plus important que sa réhabilitation à Paris ou sa réconciliation avec Rousseau, mais ce but il devait le cacher avec soin aux Conseils. D'Ivernois lui avait naïvement avoué les raisons qui éloignaient encore de Ferney quelques chefs de la bourgeoisie; ne fallait-il pas à tout prix lever ces derniers scrupules? Si Voltaire arrivait à prouver son innocence vis-à-vis de Rousseau, il devenait sans conteste le chef avéré des représentants et il pouvait jouer le rôle politique qu'il ambitionnait.

Comme on l'accusait d'avoir agi à Berne tout autant qu'à Genève, si ce n'est plus, grâce à son âme damnée, le « jésuite » Bertrand, le patriarche, qui ne regardait pas aux démarches pour sa justification, écrivit à M. de Freudenreich, banneret de Berne, pour lui demander également d'attester son innocence. Il en reçut cette affirmation catégorique :

« Vous m'étonnez en m'apprenant qu'on ose vous soupçonner d'avoir contribué à faire sortir le sieur Rousseau des terres de L. L. E. E. Votre cœur généreux et bienfaisant doit vous mettre au-dessus de tout pareil soupçon, je ne conçois donc pas qu'on pousse l'effronterie jusqu'à vous attribuer des sollicitations vis-à-vis de moi et de M. le ministre Bertrand. J'ai conservé toutes les lettres que vous m'avez fait l'honneur de m'écrire, je viens de les relire, je n'y ai trouvé ni trace ni indication quelconque relative au sieur Rousseau ou à son bannissement. M. le ministre Bertrand m'a montré toutes vos lettres, il n'y est jamais fait mention de Rousseau, ni directement ni indirectement.

Bien plus, dans les conversations que j'ai eues avec M. Bertrand, il ne m'a jamais témoigné qu'il souhaitait le bannissement dudit M. Rousseau, bien loin de nous avoir sollicités soit par commission soit autrement. Voilà, Monsieur, ce que j'ai l'honneur de vous déclarer sur mon honneur. Je suis véritablement affligé qu'on vous tracasse par des imputations si peu vraisemblables, et si contraires à votre caractère, et qu'on trouble le précieux loisir dont on devrait vous laisser jouir en paix. C'est du fond de mon cœur que je souhaite que vos jours soient prolongés, et qu'ils ne vous offrent que ce qui peut rendre la vie heureuse et remplir tous vos souhaits.

« C'est avec ces sentiments et le plus respectueux dévouement que j'ai l'honneur d'être, etc.[1]. »

Cette réponse était plus que satisfaisante. Nous n'avons pu retrouver celle de Lullin, mais il est évident qu'elle se borna à des généralités, car le patriarche fut fortement déçu en la recevant; il écrivit aussitôt au secrétaire d'État avec une raideur qui décelait sa colère :

« Vous verrez, Monsieur, que je dois être plus content de la lettre de M. le baron de Freudenreich que de la vôtre. J'envoie à Paris la copie dont j'ai l'honneur de vous dépêcher la minute, je ne m'ingère point dans les affaires qui ne me regardent pas, mais je dois repousser les calomnies qui m'offensent et qui outragent vos seigneurs autant que moi-même. Si dans les premiers moments on m'avait aidé à détruire ces bruits dangereux qui ont irrité tant de citoyens, vous ne seriez pas où vous en êtes; on se conduisit alors très-mal

---

1. *Inédite*. Archives de Genève, n° 4890. 16 janvier 1766. Cette lettre a été citée en partie par M. Desnoiresterres.

et on me devait plus d'égards. Vous savez que je dis toujours ce que je pense[1]. »

Faut-il en conclure que M. Lullin reconnaissait l'intervention de Voltaire dans la persécution qui avait frappé Rousseau ? Assurément non. Si le patriarche n'avait pas été innocent, eût-il jamais osé, dans les circonstances actuelles, solliciter le certificat du magnifique Conseil, au risque de recevoir un démenti public qui l'aurait rendu la risée de tous les partis ? Mais il est évident que le Conseil ne fut pas dupe du prétexte de Voltaire, qu'il soupçonna les véritables motifs de sa démarche et qu'il ne voulut pas lui donner une arme qui ne pouvait qu'augmenter sa popularité parmi les représentants ; il n'avait pas à se louer de lui depuis la naissance des troubles et il profita de la première occasion pour lui être désagréable.

D'Ivernois, à la suite de son entrevue de Ferney, crut la réconciliation entre les deux philosophes non seulement possible, mais si prochaine qu'il manda à Jean-Jacques :

« Écrivez-moi, je vous prie, séparément, au sujet de Voltaire, et comprenez si par son moyen nous pouvions vous faire rentrer dans vos droits de citoyen quand même vous ne seriez pas dans l'intention d'en venir jouir, vous comprenez, dis-je, qu'on aurait beau jeu pour instruire l'Europe de l'injustice du gouvernement envers vous. »

On pense comment fut accueillie une pareille propo-

1. Archives de Genève, n° 4890.

sition. Il fallait que d'Ivernois fût bien naïf pour ne pas comprendre que son offre était un outrage sanglant pour son ami, que plus il montrait Voltaire sous un jour noble et généreux, plus il déchirait le cœur de Rousseau. La réponse du Citoyen le rappela à la réalité des choses et lui ôta pour l'avenir toute envie de servir d'intermédiaire à des réconciliations :

« Vous n'avez pas dû penser que je voulusse être redevable à M. de Voltaire de mon rétablissement. Qu'il vous serve utilement et qu'il continue au surplus ses plaisanteries sur mon compte, elles ne me feront pas plus de chagrin que de mal. J'aurais pu m'honorer de son amitié, s'il en eût été capable; je n'aurais pas voulu de sa protection : jugez si j'en veux après ce qui s'est passé. Son apologie est pitoyable, il ne me sait pas si bien instruit. Parlez-lui toujours de ma part en termes honnêtes, n'acceptez ni ne refusez rien. Le moins d'explication que vous aurez avec lui sur mon compte sera le mieux, à moins que vous n'aperceviez clairement qu'il revient de bonne foi; mais il a tous les torts, il faut qu'il fasse toutes les avances; et voilà ce qu'il ne fera jamais. Il veut pardonner et protéger, nous sommes fort éloignés de compte[1]. »

On était loin de compte en effet, et nous ne pensons pas que Voltaire fût disposé à venir solliciter humblement son pardon.

Du Peyrou ne résista pas mieux que d'Ivernois à l'irrésistible attraction exercée par Ferney, mais il

---

1. Rousseau à d'Ivernois, 25 février 1766.

n'eut pas le courage d'avouer sa trahison. Rousseau, cependant, en fut averti : « On m'écrit de Genève, mande-t-il à son ami, que vous êtes en relations avec M. de Voltaire, je suis persuadé qu'il n'en est rien; non que cela me fît aucune peine, mais parce que vous ne m'en avez rien dit[1].... » Il fallut faire l'aveu de relations, devenues rapidement fort intimes.

En effet, pendant les discussions qui s'étaient élevées entre Jean-Jacques et le pasteur de Motiers, Voltaire publiait les *Lettres sur les miracles*[2]; et il profita de l'occasion pour se divertir aux dépens de M. de Montmollin. Le philosophe entretenait à ce moment avec du Peyrou des rapports si amicaux, qu'il lui soumettait ses pamphlets et le chargeait de trouver un imprimeur :

« Quoiqu'il ne s'agisse pas dans cette dix-huitième lettre de l'éloquence de M. de Montmollin, cependant comme il est question des prêtres qui sont infiniment chers à M. du Peyrou, ainsi qu'à tous les honnêtes gens, on a cru lui faire plaisir de lui adresser cette petite homélie. Si d'ailleurs M. du Peyrou a de la bonne volonté pour ces messieurs et s'il veut s'amuser à faire imprimer secrètement trois ou quatre autres exemplaires d'un ouvrage utile, s'il connaît quelque imprimeur qui

---

1. 1ᵉʳ janvier 1766.
2. M. Claparède, pasteur de Genève et homme d'esprit, publia une défense des miracles de l'Ancien et du Nouveau Testament contre les attaques de Rousseau (*Remarques sur la troisième des Lettres écrites de la Montagne, ou Considérations sur les Miracles*. 1765 in-8°). Aussitôt Voltaire, sous le nom d'un jeune étudiant en théologie, proposa à M. Claparède quelques questions sur les miracles ; il y eut vingt lettres.

pût travailler secrètement et ne retenir aucun exemplaire pour lui, il serait supplié, en ce cas, de faire le marché : on paierait très exactement. On le prierait de vouloir bien faire porter toutes les feuilles chez lui en sûreté. On ferait ensuite présent de l'ouvrage à tous les gens qui auraient de la vocation. C'est à M. du Peyrou à voir s'il veut rendre ce service au genre humain. En ce cas, il n'aurait qu'à envoyer ses ordres à M. Misopriest, chez M. Souchay, négociant à Genève.

« M. Misopriest lui présente ses très humbles obéissances[1]. »

Un peu inquiet d'une intimité qui grandissait tous les jours et qui le compromettait gravement aux yeux de Rousseau, du Peyrou envoya à son ami la lettre qu'il venait de recevoir en lui demandant conseil :

« Je ne vois pas sans inquiétude votre commerce avec M. Misopriest, lui répond le philosophe; j'ai peur qu'il n'en résulte enfin quelque chagrin pour vous. Je ne vous conseille point de faire imprimer son manuscrit; quant à la *Lettre véritable*, ce peut être une plaisanterie sans conséquence. Cependant, je trouve qu'il est au-dessous de vous, de vous occuper de ce cuistre de Montmollin, et de sa vile séquelle. Oubliez que toute cette canaille existe; ces gens-là n'ont du sentiment qu'aux épaules, et l'on ne peut leur répondre qu'à coups de bâton. Quand vous aurez prouvé que tous ces gens-là sont des fripons, vous n'aurez dit que ce que tout le monde sait[2]. »

La persécution de Voltaire, au dire de Rousseau, prenait du reste toutes les formes; elle ne se bornait pas à lui

---

1. 28 décembre 1765. *Inédite*. Manuscrits de Neufchâtel.
2. 15 février 1766.

enlever successivement tous ses amis, dans les incidents les plus insignifiants, les plus imprévus, Jean-Jacques croyait toujours reconnaître la main de l'homme de Ferney. Une des vexations qu'il ressentit le plus vivement fut celle relative à la Corse, et cependant le patriarche y était complètement étranger.

Les Corses, sous la conduite de Paoli, venaient de secouer le joug de la République de Gênes. Rousseau, dans son *Contrat social*, avait parlé d'eux « comme d'un peuple neuf, le seul de l'Europe qui ne fût pas usé pour la législation » et il avait marqué la grande espérance qu'on devait avoir d'un tel peuple, « s'il avait le bonheur de trouver un sage instituteur. »

Il ne fut donc pas autrement surpris quand au mois de septembre 1764, il fut invité à faire un plan de législation pour la Corse. Cette demande lui était adressée par le fils d'une des plus grandes familles du pays, M. Buttafuoco, capitaine en France dans Royal Italien. Flatté d'une proposition aussi honorable, Rousseau accepta et demanda des renseignements sur le pays, les habitants, leur caractère, leurs mœurs, leurs usages, etc. Il offrit même de se rendre dans le pays, assurant que les prêtres y seraient contents de lui. « J'aime naturellement autant votre clergé que je hais le nôtre, disait-il. » Il se trouva ainsi en correspondance assez fréquente avec M. Buttafuoco et même avec Paoli[1].

1. Pascal Paoli, général corse, né en 1726. Il se mit à la tête de l'insurrection contre les Génois et conquit la plus grande partie de l'île. Lorsque Gênes céda la Corse à la France en 1768, Paoli fut battu par

Cependant le philosophe se met à l'œuvre et commence son plan de constitution; mais à peine a-t-il jeté ses premières idées sur le papier, qu'on l'avise de Paris qu'il est la victime d'une mystification, que les lettres qu'il a reçues sont fabriquées, bref qu'on se moque de lui. On lui désigne même celui qui se vante d'être l'auteur de la plaisanterie : c'est toujours Voltaire, l'éternel Voltaire.

Au premier moment Rousseau croit qu'en effet il a été joué, il abandonne plan, projets, etc., et à ceux qui le félicitent d'avoir été choisi par l'illustre Paoli, il répond que c'est une invention de ses ennemis[1].

D'Alembert, au courant des bruits qui circulaient dans Paris, s'empressa d'interroger le patriarche sur le crédit qu'il fallait leur accorder.

« Dites-moi un peu, je vous prie, si vous le savez, ce que c'est qu'une histoire qu'on fait courir d'une lettre des Corses à Jean-Jacques pour le prier d'être leur législateur. Vous avez écrit à quelqu'un que les Corses l'avaient seulement prié de mettre leurs lois en bon français : cela me paraît un persiflage ou de leur part, ou de la vôtre. C'est comme si *nos seigneurs* écrivaient à Paoli de mettre leurs arrêts en bon corse, ou aux sauvages du Canada de les mettre en bon iroquois. J'avoue que cette dernière traduction conviendrait assez aux réquisitoires d'Omer. Quoi qu'il en soit, dites-moi, je vous prie, ce que vous savez là-dessus de certain.... »

M. de Vaux, il se réfugia en Angleterre. Il vint en France en 1789, mais, s'étant brouillé avec la Convention, il dut retourner en Angleterre où il mourut en 1807.

1. 2 décembre 1764, à Duchesne.

« On assure qu'il a écrit, il y a peu de temps, à Duchesne, son libraire à Paris, pour lui dire que cette prétendue lettre des Corses est fausse, et que c'est un nouveau tour que lui jouent ses ennemis. On ajoute que c'est vous qui lui avez joué ce tour-là, mais sans en apporter la moindre preuve. Je sais que Jean-Jacques a des torts envers vous, et qu'il vous a écrit des folies au sujet des comédies que vous faisiez jouer auprès de Genève; mais je ne puis croire que vous cherchiez à le tourmenter dans sa solitude où il est déjà assez malheureux par sa santé, par sa pauvreté et surtout par son caractère. »

Voltaire n'avait pas cherché à tourmenter Jean-Jacques, mais il est certain qu'il avait cru tout le premier à une plaisanterie imaginée par quelque malveillant et il s'était borné à le dire : « La députation des Corses à Jean-Jacques est une fable absurde, répond-il à d'Alembert[1]. — Comment a-t-on pu imaginer que les Corses lui aient écrit, mande-t-il encore à M. Bordes[2]? »

La demande des Corses était cependant parfaitement réelle.

A la réflexion Rousseau se ravisa ; il comprit la difficulté d'avoir contrefait les lettres, d'avoir entretenu avec lui une correspondance suivie; il reprit donc son travail, mais sa rage contre son ennemi n'en fut pas atténuée :

« On répand donc, écrit-il à Lenieps, que c'est l'inquisiteur qui m'a écrit au nom des Corses, et que j'ai donné dans un piège si subtil. Ce qui me paraît ici tout à fait bon est que l'inquisiteur trouve plaisant de se faire passer pour faussaire,

1. 9 janvier 1765.
2. 4 mars 1765.

pourvu qu'il me fasse passer pour dupe. Je ris toujours de vos Parisiens, de ces esprits si subtils, de ces jolis faiseurs d'épigrammes, que leur Voltaire mène incessamment avec des contes de vieilles, qu'on ne ferait pas croire aux enfants. J'ose dire que ce Voltaire lui-même, avec tout son esprit, n'est qu'une bête, un méchant très maladroit. Il me poursuit, il m'écrase, il me persécute, et peut-être me fera-t-il périr à la fin : grande merveille, avec cent mille livres de rente, tant d'amis puissants à la cour, et tant de si basses cajoleries, contre un pauvre homme dans mon état! J'ose dire que si Voltaire, dans une situation pareille à la mienne, osait m'attaquer, et que je daignasse employer contre lui ses propres armes, il serait bientôt terrassé[1]. »

Une autre mésaventure eut encore le don de mettre Rousseau hors de lui et de lui prouver une fois de plus à quel point il était la victime du châtelain de Ferney.

Une certaine dame de B.... écrivit à Jean-Jacques pour lui demander quelques éclaircissements sur la religion. Ignorant sa résidence, elle eut l'idée, au moins fort étrange, d'envoyer la lettre à Voltaire, en le priant de la faire parvenir au destinataire. Le patriarche évidemment crut à une mystification, qui, il faut l'avouer, paraissait bien vraisemblable, il jeta la lettre au feu et envoya à Mme de B.... le *Sermon des cinquante*. Stupéfaite d'une pareille réponse, cette dame écrivit de nouveau à Rousseau, mais cette fois directement, pour lui raconter ce qui lui arrivait, et lui demander s'il était vraiment l'auteur de ce singulier envoi.

1. 8 février 1765.

Jean-Jacques vit dans cet incident une des preuves les plus évidentes de la persécution de Ferney; il confia ses doléances au prince de Wirtemberg, en le faisant juge de la malignité de son persécuteur. Le duc, sorte d'illuminé à la façon de Moultou, répondait :

« En vérité, Monsieur, vous me surprenez, vous m'affligez, et vous m'arrachez journellement des larmes. Comment se peut-il que tant d'injustices et de méchancetés se réunissent contre un seul homme, l'honneur de son siècle? Comment se peut-il enfin que la même main ait formé en même temps deux êtres si différents entre eux, dont l'un est l'image sacrée de la lumière et de la vertu, tandis que l'autre est un composé monstrueux de noirceur et de génie? Le procédé de M. de Voltaire à votre égard est l'action la plus perfide qui m'ait jamais saisi d'horreur, et quoique je ne connaisse pas le *Sermon des cinquante*, je m'en rapporte bien au choix qu'il aura fait pour vous noircir[1].... »

Pendant les incidents que nous venons de raconter, la situation politique à Genève s'était de plus en plus aggravée. A bout de ressources, le Conseil fit appel aux puissances garantes, et des plénipotentiaires furent envoyés pour rétablir la paix. Le représentant de la France était le chevalier de Beauteville.

Le premier soin de Voltaire, dès l'arrivée du plénipotentiaire français, fut de lui rappeler qu'en 1738, M. de Lautrec[2] avait exigé l'installation d'un théâtre

---

1. 16 mars 1764. Streckeisen-Moultou.
2. Plénipotentiaire français.

dans Genève pendant tout le temps de la médiation; il l'encouragea à ne pas faire moins que son prédécesseur. M. de Beauteville, cédant à ses instances, fit témoigner au Magnifique Conseil le désir, qui, dans les circonstances, équivalait à un ordre, de voir une troupe de comédie s'établir à Genève. Le Conseil s'inclina, malgré les vives réclamations du clergé, et Voltaire, ravi de prendre enfin sa revanche de toutes les vexations que le Consistoire lui avait infligées depuis dix ans, s'écrie dans la joie du triomphe :

« Le théâtre est dans Genève! En vain Jean-Jacques a-t-il joué dans cette affaire le rôle d'une cervelle mal timbrée; les plénipotentiaires lui ont donné le fouet d'une manière publique. Quant aux prédicants, ils n'osent lever la tête; lorsqu'on donne *Tartufe*, le peuple saisit avec transport les allusions qui les concernent[1].... »

Trois ans après, le 29 janvier 1768, vers huit heures du soir, on vit tout à coup par un temps calme le feu s'élancer par les fenêtres du théâtre que l'on avait construit en 1766. En peu d'instants la toiture entière s'embrasa. Le peuple accourut au feu comme d'habitude, portant des seilles ou seillots pleins d'eau. Mais quand du haut de la Treille on découvrit ce qui brûlait, les citoyens versèrent tranquillement leurs seaux le long des rampes en disant : « Ah! c'est le théâtre qui brûle! que ceux qui l'ont voulu l'étei-

---

1. 28 août 1766.

gnent! » Aucun secours n'ayant été donné, tout fut détruit.

Comme le bâtiment se trouvait dans une promenade, que personne n'y entrait et que les clefs étaient déposées dans un corps de garde voisin, on acquit bientôt la certitude que le feu avait été mis par malveillance.

Le résident de France se plaignit avec aigreur aux syndics de l'hostilité que l'on témoignait aux sujets du roi[1] et il exigea une enquête sévère. Comme toutes les enquêtes celle-ci n'apprit rien, et les coupables restèrent impunis. Le dernier mot sur cette affaire paraît avoir été dit par Lesage :

« Vous aurez ouï dire, écrit-il au duc de la Rochefoucauld, que notre salle de spectacle a brûlé; que les représentants en ont paru bien aise, et qu'en conséquence on les soupçonnait d'en être les auteurs. A présent on sait mieux ce qui en est, et toutes les personnes de sang-froid en accusent la négligence de quelques beautés, tendres ou intéressées, qui y donnaient de fréquents rendez-vous avec des lumières ou des chaufferettes[2]. »

Voltaire, nous l'avons vu, avait longtemps caressé l'espoir de jouer un rôle prépondérant dans les troubles de Genève, et d'éteindre « l'incendie allumé par Jean-Jacques ». Même après l'arrivée des seigneurs médiateurs, il voulut continuer ses tentatives de conciliation; on le voyait courant de l'aristocratie à la

1. Les comédiens étaient français.
2. *Inédite*. 11 février 1768. Bibliothèque de Genève. Corresp. de Lesage.

bourgeoisie, et réciproquement, un rameau d'olivier à la main; mais il lui arriva ce qui arrive toujours quand les esprits sont surexcités : ses bonnes intentions furent méconnues et les deux partis l'accusèrent de trahison. Mécontent du peu de succès de son intervention, le philosophe se renferma dans son château de Ferney et on ne le revit plus à Genève. Les troubles ne furent apaisés qu'en 1768; ils se terminèrent par le triomphe complet de la bourgeoisie[1].

---

1. On pourrait en conclure que Rousseau avait donné un fort bon conseil à ses concitoyens en les soulevant contre l'aristocratie. Il ne nous appartient pas d'apprécier si l'abaissement des Conseils fut ou non profitable à Genève.

CHAPITRE XIX

1766

Sommaire : Rousseau à Strasbourg. — David Hume. — Lettre d'Horace Walpole. — Rousseau en Angleterre. — Départ pour Wootton. — Premiers soupçons contre Hume.

Que devint Rousseau après sa fuite de Bienne ?

Il en partit le 29 octobre 1765 et il se rendit par Bâle à Strasbourg, où il arriva le 4 novembre. Son projet était toujours d'aller en Prusse, à Berlin, persuadé que Frédéric, non seulement lui accorderait l'hospitalité, mais encore le comblerait d'honneurs.

Voltaire ne partageait pas cet optimisme.

« Luc[1] méprise beaucoup Jean-Jacques, mandait-il à d'Alembert ; il lui a donné quelque protection à Neufchâtel ; non pas pour le favoriser, mais pour mortifier la canaille des prédicants ; ils l'ont lapidé comme saint Étienne, mais

---

1. Surnom que Voltaire donnait à Frédéric.

si le pauvre diable va à Berlin, il y sera traité comme un garçon de boutique de Genève qui a besoin d'asile, ou je suis fort trompé. Jean-Jacques est un fou qui a des demi-talents, avec cela on va droit à l'hôpital après avoir passé par les Petites-Maisons. Que vous réparez bien le tort que ce polisson a fait à la philosophie[1] ! »

Mme de Verdelin, la fidèle dévote de Rousseau, se rencontrait avec le patriarche pour désapprouver ce voyage à Berlin et en mal augurer. « Une très forte raison devrait suffire à vous en éloigner, écrivait-elle à son ami, c'est l'accueil indistinct qu'on y fait à tout homme de lettres : fripon ou honnête, tout est fêté, pourvu qu'il soit subjugué et qu'il loue le maître. » En même temps elle insistait pour qu'il acceptât les offres généreuses que l'historien anglais David Hume[2] lui faisait depuis plusieurs années et qu'il venait de renouveler à la première nouvelle du désastre de Motiers.

Rousseau et Hume avaient été mis en relations dès 1762 par la comtesse de Boufflers, qui, croyant, non sans raison, que le philosophe serait plus tranquille en Angleterre que partout ailleurs, lui avait vivement conseillé de s'y retirer. Hume, sollicité par elle, avait aussitôt adressé à Rousseau une lettre des plus honnêtes, où, en lui faisant ses offres de service, il l'assurait que

1. *Inédite*. A d'Alembert, 2 décembre 1765. Extrait du *Temps* du 31 juillet 1884.
2. Hume, auteur de l'*Histoire d'Angleterre*, né à Édimbourg en 1711, mort en 1776. Il a écrit des ouvrages philosophiques d'une grande hardiesse.

« depuis la mort de Montesquieu, il était de tous les hommes de lettres celui qu'il respectait le plus, tant par la force du génie que par l'élévation des sentiments. »

Jean-Jacques, charmé, lui répondit : « Je ne vous rendais que la moitié de ce qui vous était dû quand je n'avais pour vous que de l'admiration. Vos grandes vues, votre étonnante impartialité, votre génie, vous élèveraient trop au-dessus des hommes, si votre bon cœur ne vous en rapprochait[1]. »

Mylord Maréchal aimait Hume et l'estimait ; il en parlait sans cesse à Rousseau et tous deux caressaient l'espoir de finir leurs jours en Angleterre en compagnie de cet homme sage et vertueux : « Je ne puis renoncer à la douce espérance d'aller enfin passer le reste de ma vie en paix entre Georges Keith et David Hume, » mandait Rousseau à Mme de Latour le 17 juin 1763. Et Moultou, informé des projets du philosophe, lui disait : « Vous vivrez donc avec David Hume et le sage Keith ; il semble que la Providence, qui prévit vos malheurs, forma tout exprès ces deux hommes pour vous en consoler[2]. »

David remplissait à Paris les fonctions de secrétaire de lord Hertford, ambassadeur d'Angleterre : « La nature, dit lord Charlemont, n'a jamais formé un homme dont l'extérieur fût plus dissemblable de son caractère réel. Le plus habile physionomiste n'aurait

1. 19 février 1763.
2. Moultou à Rousseau, 13 août 1763.

pu démêler dans les traits insignifiants de sa figure la plus petite trace des facultés de son esprit. Il avait un visage gros et plat, avec une grande bouche, sans aucune expression, autre que celle de l'imbécillité. Ses yeux ternes et inanimés et son excessive corpulence donnaient plutôt l'idée d'un glouton d'alderman que d'un philosophe subtil....[1] »

Ajoutons qu'il parlait peu, que sa parole était lourde et embarrassée, qu'il n'avait ni chaleur, ni grâce, ni agrément dans l'esprit, et l'on supposera qu'il fut peu goûté dans les sociétés parisiennes, où personne ne paraissait moins fait pour plaire : tout au contraire, il y obtint le plus étourdissant succès. « Tous les encyclopédistes et les femmes tenant à leur secte, dit Voisenon, lui ont marqué le même empressement qu'on marqua il y a plusieurs années au rhinocéros qui vint à la foire. »

Ce ne fut pas seulement la secte encyclopédique qui lui fit accueil; bien qu'il soutînt les mêmes idées que les philosophes français, tous les salons de l'aristocratie se le disputèrent, il devint *la mode en personne*[2].

C'était du reste un homme excellent et l'on a toujours rendu justice à la bonté de son cœur. « De tous les philosophes de sa secte, dit Lord Charlemont, aucun, je crois, n'a réuni à ses dangereux principes plus de bienveillance réelle. Sa philanthropie était universelle et

---

1. *Memoirs of the political and private life James Earl of Charlemont*, by Francis Hardy. London, 1810.
2. Horace Walpole. « M. Hume est la mode personnifiée, disait encore Walpole, quoique son français soit presque aussi inintelligible que son anglais. » (20 septembre 1765.)

ardente, et il n'y avait aucun service qu'il ne fût prêt à rendre à ses semblables, excepté de les laisser faire leur salut à leur manière. Il avait une âme sensible, aimante et charitable à l'excès[1]. »

Pendant son séjour à Strasbourg, Rousseau avait écrit une lettre lamentable sur sa situation et ses infortunes. Hume en eut connaissance et il fut saisi tout à la fois de pitié et d'indignation en pensant « qu'un homme de lettres d'un mérite si éminent était réduit, en dépit de la simplicité de sa manière de vivre, à une telle indigence[2]. » Il lui écrivit aussitôt pour renouveler ses offres, se faisant fort de lui procurer en Angleterre un asile honorable. Depuis 1763, les sentiments de Rousseau pour Hume ne s'étaient nullement modifiés, il n'est donc pas étonnant qu'il se soit décidé à accepter les propositions du philosophe anglais.

« Vos bontés, Monsieur, lui répondit-il, me pénètrent autant qu'elles m'honorent. La plus digne réponse que je puisse faire à vos offres est de les accepter, et je les accepte. Je partirai dans cinq ou six jours pour aller me jeter entre vos bras : c'est le conseil de Milord Maréchal, mon protecteur, mon ami, mon père; c'est celui de Mme de Boufflers, dont la bienveillance éclairée me guide autant qu'elle me console; enfin j'ose dire c'est celui de mon cœur, qui se plaît à devoir beaucoup au plus illustre de mes contemporains, dont la bonté surpasse la gloire[3]. »

---

1. *Memoirs of the political and private life of James Earl of Charlemont*, by Francis Hardy. London, 1810.
2. *Hume's life and correspondence.*
3. 4 décembre 1765.

A la sollicitation de Mme de Verdelin, le duc d'Aumont fit obtenir à Rousseau un passeport pour traverser la France, avec l'autorisation de s'arrêter à Paris. Ce passeport était indispensable, car le décret de prise de corps lancé en 1762 n'avait pas été révoqué[1].

Après avoir reçu à Strasbourg l'accueil le plus flatteur, Jean-Jacques en part le 9 décembre et il arrive à Paris le 16 ; il descend chez Mme Duchesne, veuve de son libraire[2], mais il n'y reste que quelques jours ; cédant aux instances du prince de Conti, il accepte l'hospitalité à l'hôtel Saint-Simon, dans l'enceinte du Temple[3]. Cette enceinte privilégiée était en dehors de la juridiction du Parlement ; elle offrait un asile inviolable et l'on s'y trouvait à l'abri des lettres de cachet.

Avant de quitter Strasbourg, Rousseau écrivait au libraire Guy : « Je vous prie en grâce *de ne pas annoncer mon arrivée, et de ne parler de moi à qui que ce soit. Si vous me décelez, je serai accablé de curieux*[4]. » Il prévenait en même temps les quelques amis qu'il voulait voir que son intention formelle était de garder le plus parfait incognito, et il ajoutait même : « Si je pouvais le garder le reste de la vie, je serais le plus heureux des mortels[5]. » Cependant, le lendemain même de son arri-

---

1. Le gouvernement voulut d'abord donner à Rousseau un passeport sous un nom supposé, mais les amis du philosophe refusèrent, sachant bien qu'il ne s'en accommoderait pas.
2. Duchesne était mort en 1765 ; Guy, son associé, continuait son commerce.
3. Le prince de Conti était grand prieur du Temple.
4. 7 décembre 1765.
5. 4 novembre 1765 à M. de Luze. (*Inédite.*)

vée, on le voit au Luxembourg revêtu de son habit arménien. Étrange idée pour un homme qui ne cherche que l'isolement! La singularité du costume attire naturellement les curieux, Jean-Jacques est reconnu, et une énorme affluence lui fait cortège.

Les jours suivants, il sortit à la même heure et dans le même accoutrement. La foule l'attendait et le suivait pendant toute sa promenade.

Il était traité au Temple avec une magnificence extraordinaire; il y tenait une véritable cour, et tout ce que Paris comptait d'illustrations sollicitait une audience pour le contempler. Le prince de Conti lui envoyait même sa musique chaque matin : « Je suis ici comme Sancho dans l'île de Barataria, disait-il, en représentation toute la journée. J'ai du monde de tous états, depuis l'instant où je me lève, jusqu'à celui où je me couche, et je suis forcé de m'habiller en public. *Je n'ai jamais tant souffert;* mais heureusement cela va finir[1]. »

David Hume confirme l'extraordinaire engouement dont Jean-Jacques fut l'objet :

« Il est impossible, écrit-il à Blair, d'exprimer ou d'imaginer l'enthousiasme de la nation pour lui; tout le monde et particulièrement les grandes dames, me font des agaceries pour avoir accès auprès de lui. Si j'ouvrais une souscription en sa faveur, je recevrais en quinze jours cinquante mille livres sterling. J'avoue que mes relations avec lui ajoutent

---

1. A du Peyrou, 1ᵉʳ janvier 1766.

maintenant à mon importance. On parle plus de sa gouvernante La Vasseur que de la princesse du Maroc ou de la comtesse d'Egmont, en raison de sa fidélité et de son attachement envers lui. Même son chien[1], qui ne vaut pas mieux qu'un chien de berger écossais, a un nom et une réputation dans le monde.

« Rousseau est de petite taille et serait plutôt laid s'il n'avait pas la physionomie la plus fine du monde.... Je suis assuré qu'à de certains moments il croit qu'il a des communications immédiates avec la divinité.... Je trouve qu'en beaucoup de points il ressemble à Socrate. Mais le philosophe de Genève me paraît seulement avoir plus de génie que le philosophe d'Athènes. »

La grande sensation que causa la présence de Rousseau, l'affectation avec laquelle il se montra en public malgré son décret de prise de corps, affectation qui ressemblait à une provocation, choquèrent le ministère. On lui fit dire de quitter Paris s'il ne voulait être arrêté. « On a consulté les gens en place, dit Mlle de Bondeli, qui tous ont dit que Rousseau ne pouvait rester à Paris sans danger. Quelle honte pour notre intolérance religieuse et politique[2]! »

David n'attendait que le bon plaisir du philosophe. Les dispositions malveillantes du gouvernement hâtèrent leur départ; ils quittèrent la France dans les premiers jours de janvier 1766. Dès qu'il mit le pied sur le sol de l'Angleterre, Rousseau sauta au cou de son illustre

---

1. Il s'appelait Sultan.
2. Kœnitz. 18 décembre 1765.

ami, il l'embrassa sans dire un mot et couvrit sa figure de baisers et de larmes[1].

Au moment où Jean-Jacques allait chercher en Angleterre une nouvelle patrie, Walpole, qui résidait à Paris, disait à lady Hervey :

« Je désire que M. Hume n'ait pas trop à se repentir de s'être associé avec Rousseau, qui est toujours en contradiction et en querelle avec le monde entier, uniquement pour conquérir son admiration. Les moyens qu'il emploie et son but me semblent bien au-dessous d'un tel génie : si je possédais ses talents, je dédaignerais les suffrages de tout ce qui ne serait pas à ma hauteur et je rougirais de devoir une part quelconque de ma réputation à des affectations et à des singularités; mais les grands talents ressemblent à de hautes tours, bâties sur de hautes montagnes plus exposées ainsi à toutes les tempêtes et plus susceptibles de s'écrouler.

« Charles Townsend est emporté par le vent de tous les points de la boussole, Rousseau persiste à prétendre qu'il vente du nord et du sud à la fois, et Voltaire démolit la Bible pour lui substituer le fatalisme : ainsi sont compatibles les plus grandes intelligences avec les plus grandes absurdités[2]. »

Walpole, nous le savons, n'aimait ni Rousseau, ni les philosophes. Il venait de voir Jean-Jacques de près, et

---

[1]. En rendant compte à Mme de Boufflers de leur voyage, Hume donne de curieux détails sur la santé du philosophe : « Il se croit très malade, écrit-il. C'est un des hommes les plus robustes que j'aie jamais vus. Il a passé dix heures la nuit dernière sur le pont, avec un temps affreux, sans prendre aucun mal, pendant que les matelots étaient gelés à mort. » (19 janvier 1766. — *Hume's life and correspondence.*)

[2]. 2 janvier 1766. Traduction du comte de Baillon.

son bon sens s'était révolté en présence de toute cette mise en scène, destinée à éblouir un peuple d'adorateurs.

« Je me suis totalement lavé les mains de leurs *savants* et de leurs *philosophes*, écrivait-il à Chute ; je ne vous envie même pas Rousseau qui s'est affublé de toute la charlatanerie du comte de Saint-Germain pour se rendre original et faire parler de lui. J'admire son talent, mais ni lui ni aucun autre *génie*, que j'aie connu, n'ont jamais eu assez de bon sens pour contrebalancer l'impertinence de leurs prétentions. Ils détestent les prêtres, mais ils tiennent absolument à avoir un autel à leurs pieds. Voilà pourquoi il est beaucoup plus agréable de les lire que de les connaître[1]. »

Le culte rendu à Jean-Jacques pendant son séjour à Paris, l'affectation et la singularité du philosophe, ses récriminations et ses doléances sur les persécutions qu'il essuyait, exaspérèrent Walpole ; il apprit en même temps « une foule d'anecdotes qui répondaient parfaitement à l'idée qu'il avait conçue de lui[2] ». « Je suis désolé, disait-il, qu'avec tant de talent il soit devenu un pareil saltimbanque[3]. »

Vers la fin de décembre, se trouvant un soir chez Mme Geoffrin, le spirituel Anglais se mit à plaisanter sur les contradictions de Jean-Jacques et la manie qui le possédait de se croire entouré de persécuteurs. La satire amusa la compagnie.

1. 7 janvier 1766. Traduction du comte de Baillon.
2. Walpole à Gray, 25 janvier 1766.
3. Walpole à Chute, 7 janvier 1766.

« En rentrant chez moi, raconte Walpole, j'en fis une lettre et je la montrai le lendemain à Helvétius et au duc de Nivernais; ils s'en divertirent de si bon cœur qu'après avoir relevé quelques fautes de langage, qui ne pouvaient manquer de s'y trouver, ils m'encouragèrent à la laisser voir. Vous savez que je suis fort disposé à me moquer des charlatans politiques ou littéraires, quelque talent qu'ils puissent avoir, et j'y consentis. On s'en est arraché les copies et *me voici à la mode*. Mon règne finira avec la semaine et j'en attends la fin fort tranquillement[1]. »

La plaisanterie de Walpole était sous la forme d'une lettre de Frédéric.

« Mon cher Jean-Jacques, écrivait le monarque, vous avez renoncé à Genève, votre patrie; vous vous êtes fait chasser de la Suisse, pays tant vanté par vos écrits; la France vous a décrété; venez chez moi : j'admire vos talents, je m'amuse de vos rêveries, qui (soit dit en passant) vous occupent trop et trop longtemps. Il faut à la fin être sage et heureux; vous avez assez fait parler de vous par vos singularités peu convenables à un véritable grand homme, démontrez à vos ennemis que vous pouvez avoir quelquefois le sens commun : cela les fâchera sans vous faire tort. Je vous veux du bien et je vous en ferai si vous le trouvez bon; mais si vous vous obstinez à rejeter mon secours, attendez-vous que je ne le dirai à personne. Si vous persistez à vous creuser l'esprit pour trouver de nouveaux malheurs, choisissez-les tels que vous vou'rez; je suis roi, je puis vous en procurer au gré de vos souhaits, et ce qui sûrement ne vous arrivera pas vis-à-vis de vos ennemis,

---

1. Walpole à Conway, Paris, 12 janvier 1766. Traduction du comte de Baillon.

je cesserai de vous persécuter, quand vous cesserez de mettre votre gloire à l'être ».

« Votre bon ami,
FRÉDÉRIC. »

La prétendue lettre du roi se répandit comme une trainée de poudre, et fit un bruit énorme « dans une ville où l'on se jette en gloussant sur tout événement, comme un poulailler sur un grain de raisin[1]. » Les dévotes de Rousseau crièrent « comme si on leur arrachait l'âme. » Mme de Boufflers « qui espérait toujours s'envoler au temple de la Renommée, en s'accrochant à la robe arménienne de Rousseau[1] », déchira Walpole de tout son cœur « sur le ton du sentiment et avec les accents de l'humanité souffrante[2]. » Le prince de Conti témoigna beaucoup d'irritation : « On n'en a pas moins couru après moi comme après un prince africain ou un serin savant », ajoute Walpole enchanté de son succès.

A part les intimes qui étaient dans le secret, on ignora en général l'auteur de la lettre; beaucoup de personnes la prirent au sérieux et la crurent réellement de Frédéric. D'autres, au contraire, s'imaginèrent que c'était une nouvelle et mordante satire de Ferney.

Rousseau ne connut qu'après son arrivée en Angleterre la plaisanterie dont il était victime, il en fut profondément affecté. On le raillait sur sa manie de la

1. Walpole à Chute, Paris, 7 janvier 1766.
2. Walpole à Gray, 25 janvier 1766.

persécution et cette idée lui tenait d'autant plus au cœur qu'elle était plus chimérique; aussi, au lieu de prendre la lettre pour une moquerie en somme assez anodine, il eut la bonté de s'en affliger. On a dit qu'il se laissa tromper, qu'il la crut réellement l'œuvre de Frédéric, et l'on a même cité la réponse douloureusement indignée qu'il adressa au roi. La réponse est apocryphe; Jean-Jacques ne se méprit pas un instant et n'eut pas le ridicule d'attribuer cette lettre impertinente à un monarque qui venait de le combler des marques de sa protection, mais c'est encore son irréconciliable ennemi qu'il accusa, et c'est sur Voltaire que se portèrent immédiatement ses soupçons.

Rousseau était parti pour l'Angleterre plein de confiance et d'abandon dans son nouvel ami. Les premiers temps de son séjour ne démentirent pas ces heureuses espérances. A peine arrivé, il est l'objet d'une très vive curiosité; mais en même temps on l'entoure d'attentions de toutes sortes. Hume, qui lui sert d'introducteur dans la société anglaise, se multiplie pour tenir ses promesses. Il le présente à tous ses amis et il fait des efforts inouïs pour lui ménager partout une chaleureuse réception. Le philosophe visite les Chambres, où il est reçu avec honneur; il va au théâtre dans la loge de Garrick; le roi et la reine assistent à la représentation pour voir l'illustre exilé, et ne le quittent pas des yeux pendant toute la soirée[1].

[1]. Hume à son frère, 2 février 1766. — Rousseau déclara à Hume, lorsqu'il vint le chercher à son domicile, pour le mener à cette repré-

Jean-Jacques, dans sa correspondance, ne tarit pas en éloges sur « les tendres soins » de David, et sur l'accueil distingué qu'il lui procure. « Je n'imagine pas, dit-il, comment, sans lui, j'aurais pu faire pour me tirer d'affaire[1].... C'est un digne homme et un bon ami à qui j'ai de grandes obligations. Le connaître seulement par son beau génie, c'est ne le connaître que par la moitié de son mérite[2]. »

Le philosophe, du reste, est enchanté, non seulement de Hume, mais encore de la nation anglaise.

« On ne peut avoir de repos ici par l'affluence du monde dont on est accablé. Cependant je ne rends aucune visite et l'on ne s'en fâche pas. Les manières anglaises sont fort de mon goût; ils savent marquer de l'estime sans flagorneries; ce sont les antipodes du babillage de Neufchâtel. Mon séjour ici fait plus de sensation que je n'aurais pu croire. M. le prince héréditaire, beau-frère du roi, m'est venu voir, mais incognito[3]. »

Les impressions de Hume n'étaient pas moins favorables. On l'avait prévenu à Paris de l'insociabilité de son nouvel ami, on l'avait mis en garde contre son humeur chagrine et soupçonneuse, bref, tous ceux qui connaissaient Jean-Jacques n'avaient pas caché à David qu'il

sentation où le roi et la reine l'attendaient, qu'il ne bougerait pas, « car, dit-il, que ferais-je de Sultan ? » Hume lui conseilla de l'attacher, ce qui fut fait, mais Sultan s'étant mis à hurler, le philosophe refusa encore de s'éloigner; on eut toutes les peines du monde à le décider.

1. A Mme de Boufflers, 6 février 1766.
2. A Rey, 3 mars 1766. Bosscha, Amsternam, 1878.
3. A du Peyrou, 27 janvier 1766.

commettait une imprudence et qu'il la regretterait amèrement. « Monsieur, lui avait dit le baron d'Holbach, vous allez réchauffer une vipère dans votre sein ; je vous en avertis, vous en sentirez la morsure. » Mais le philosophe anglais crut à de la passion chez le baron et ne tint compte de son avis.

A peine en Angleterre, il écrit à tous ses amis pour leur faire part des côtés charmants qu'il découvre chaque jour dans le caractère de Rousseau : « Mon pupille est arrivé en bonne santé, mande-t-il à Mme de Boufflers, il est très aimable ; toujours poli ; souvent gai ; ordinairement sociable. Il ne se connaît pas lui-même, quand il se croit fait pour la solitude. Son cœur est excellent et plein de chaleur[1]. » Il dit encore à la marquise de Barbantane : « Je vous déclare que je ne connus jamais un homme plus aimable et plus vertueux. Il est doux, modeste, aimant, désintéressé, doué d'une sensibilité exquise. Je passerais ma vie dans sa société, sans qu'il s'élevât aucun nuage entre nous. Il a dans ses manières une simplicité remarquable ; c'est un véritable enfant dans le commerce ordinaire[2]. »

Après six semaines d'intimité, il écrit à Blair :

« Les philosophes de Paris m'ont dit que je ne pourrais le conduire jusqu'à Calais sans une querelle, mais moi je crois que je pourrai vivre avec lui toute ma vie dans une amitié et une estime mutuelles. Je regrette qu'on ne puisse en faire l'expérience. Je crois qu'une des grandes raisons

1. 9 janvier 1766.
2. *Private Correspondence*, 11 février 1766.

de notre accord, c'est que ni lui ni moi ne sommes enclins à la dispute, ce qui n'est pas le cas pour les philosophes en question. Ils ne l'aiment pas non plus parce qu'ils trouvent qu'il est imprégné de religion, et il est remarquable que le philosophe de notre époque qui a été le plus persécuté est de beaucoup le plus dévot[1]. »

Les croyances religieuses de Rousseau étaient de nature à déplaire à Hume. Ce fait seul prouve la bonté du philosophe anglais, puisque, en dépit de la différence de leurs opinions, il accueillit le Citoyen comme s'il eût partagé son incrédulité. Lord Charlemont raconte que lorsqu'ils arrivèrent en Angleterre, il félicita David du bonheur dont il allait jouir dans la société d'un homme avec lequel il avait tant de rapports : « Vous vous trompez fort, lui répondit le philosophe, Rousseau n'est pas ce que vous croyez. Il a du goût pour la Bible et ce n'est pas moins qu'un chrétien à sa manière[2]. »

Dans son affectueuse sollicitude, Hume songeait à tout. Préoccupé des ressources assez précaires de son ami, il eut l'idée, pour assurer son avenir, de demander une pension au roi d'Angleterre; il interrogea Rousseau, qui ne mit qu'une seule condition à son acceptation. c'est que Mylord Maréchal l'approuverait. Mylord consulté déclara qu'il n'y avait pas à hésiter[3]. Fort de cette approbation, Hume commença les plus actives démar-

1. Manuscrits de la Société royale d'Édimbourg : *Hume's life and correspondence*.
2. *Mémoirs of the political and private life of James Earl Charlemont*, by Francis Hardy. London, 1810.
3. Mars 1766.

ches et fit intervenir les hautes relations qu'il possédait à la cour; nous verrons bientôt quel fut le résultat de cette négociation.

Après avoir éprouvé une très vive curiosité pour le philosophe genevois, après lui avoir témoigné de grands égards, après avoir longuement parlé de lui dans toutes les gazettes avec les éloges les plus pompeux, la nation anglaise se calma peu à peu et s'occupa de sujets plus nouveaux. « On dit que Jean-Jacques ne fait pas un grand effet en Angleterre, mande Mme du Deffand. On y est un peu plus occupé de l'affaire des colonies que de lui, de ses ouvrages, de sa servante et de son habit d'Arménien[1]. »

Walpole écrit de son côté :

« On me dit que Rousseau ne réussit guère en Angleterre, où les singularités ne sont un objet de curiosité pour personne. Il faut pourtant qu'il reste là ou qu'il dépouille ses prétentions : quitter un pays où il peut vivre à son aise et sans persécution, ce serait avouer que la tranquillité n'est pas ce qu'il cherche. S'il veut encore des persécutions, qui le plaindra? je crois que les bigots eux-mêmes le planteraient là tout seul, sans plus s'en inquiéter[2]. »

Il y avait donc une décroissance sensible dans la curiosité du public et dans son enthousiasme.

Le revirement qui se produisait dans le peuple anglais n'avait rien de très étonnant. Après un premier mouvement exagéré d'enthousiasme et de curiosité, on était

---

1. Mme du Deffand à Voltaire, 28 février 1766.
2. Walpole à W. Cole. Paris, 28 février 1766.

revenu à une appréciation plus exacte. L'excès même de la louange provoqua la critique ; on se rappela que l'illustre exilé avait dit beaucoup de mal dans ses ouvrages de ce peuple anglais auquel il demandait aujourd'hui l'hospitalité, et quelques articles moins élogieux parurent dans les journaux.

Aussitôt Rousseau commence à se fatiguer d'être à Londres, il aspire au repos et à l'isolement. Hume lui trouve une résidence agréable à Chiswick, près de la capitale ; le philosophe y attendra paisiblement, à l'abri des importuns, que Thérèse l'ait rejoint.

L'arrivée prochaine de cette femme mettait un assez grand obstacle à l'établissement définitif de Jean-Jacques ; il exigeait en effet que celle qui en Suisse faisait la cuisine et servait les repas, mangeât désormais avec lui à la table de ses hôtes. Cette condition paraissait inacceptable, et les enthousiastes mêmes se refusaient à admettre dans leur intimité, à leur propre table, cette Thérèse dont le rôle était si peu équivoque. C'est qu'en Angleterre, on ne paraissait nullement *disposé à suspendre toutes les lois sociales en faveur de Rousseau*[1]. Thérèse, toute maîtresse d'un grand homme qu'elle était, n'en restait pas moins sa maîtresse, et elle ne devait nullement compter de la part du peuple anglais sur une réception chaleureuse. Si les grandes dames de Paris, comme Mme de Luxembourg, poussaient l'engouement jusqu'à l'embrasser en public, toute la société de

---

1. *Hume's life and correspondence.*

Londres lui tourna le dos, et quand on demandait une audience à Rousseau, on évitait la Levasseur avec grand soin. Le philosophe, dont le sens moral était complètement faussé par les témoignages de considération qu'il avait vu rendre en France à sa compagne, fut profondément froissé du peu d'accueil qu'elle reçut en Angleterre, et il chercha à s'éloigner de Londres le plus rapidement possible[1].

Après bien des recherches infructueuses, car son pupille se montrait fort exigeant, David finit par découvrir à Wootten, dans le Derbyshire, une délicieuse résidence qu'on mit gracieusement à la disposition du citoyen de Genève. Le propriétaire, M. Davenport, ne l'habitait pas, mais il y entretenait un assez nombreux personnel. Il fut convenu que, pour mettre la susceptibilité du philosophe à l'abri, M. Davenport accepterait une pension annuelle de trente livres sterling.

Ce ne fut pas sans inquiétude que Hume vit son ami se retirer à la campagne. Il redoutait l'effet de la solitude sur sa nature triste et mélancolique : « Je ne serais pas étonné, disait-il, qu'il ne fût pas heureux et qu'il quittât bientôt la retraite que je lui ai trouvée. » On voit du reste à cette époque que ses idées se sont modifiées et qu'à l'enthousiasme des premiers jours a succédé une appréciation plus saine du caractère de Rousseau.

« Cet homme, mande-t-il à Blair, le plus singulier de tous

---

1. 1799. *Original letters of J.-J. Rousseau.*

les êtres humains, m'a enfin quitté et j'ai peu d'espoir de jouir de nouveau de sa société dans l'avenir, bien qu'il m'ait dit qu'il ferait chaque année à pied, pour me voir, la route de Londres ou d'Édimbourg.... Il était absolument décidé à se précipiter dans la solitude, en dépit de toutes mes remontrances ; je prévois qu'il y sera malheureux comme il l'a toujours été dans toutes les situations ; il y sera entièrement sans occupation, sans société et presque sans amusement d'aucun genre[1]. »

La veille du départ pour Wootton, M. Davenport raconte qu'il a trouvé par hasard une voiture de retour et que, moyennant un prix modéré, le philosophe sera transporté dans sa nouvelle résidence. C'était un moyen ingénieux de ménager sa bourse sans le froisser. Mais Rousseau se doute de la ruse ; il accable Hume des plus violents reproches, se plaint d'être traité comme un enfant et assure qu'il ne supportera pas qu'on se moque ainsi de lui. Après une scène des plus vives, il tombe dans un silence morne : tout à coup il se lève, va s'asseoir sur les genoux de Hume stupéfait, l'embrasse avec la plus grande chaleur et lui dit en couvrant sa figure de larmes[1] : « Me pardonnerez-vous jamais, mon cher ami? Après toutes les preuves d'affection que j'ai reçues de vous, je vous récompense par un indigne traitement. Mais j'ai cependant un cœur digne de votre amitié. Je vous aime, je vous estime. » David, attendri, le serre vingt fois dans ses bras. « Aucun événement de ma vie ne m'a plus affecté, raconte-t-il[2]. »

1. 25 mars 1766.
2. Hume à Blair, 25 mars 1766. *Hume's life and correspondence.*

Cette scène servira plus tard de thème à Rousseau pour accuser son bienfaiteur de l'avoir indignement trahi.

Enfin le philosophe et Thérèse arrivent à Wootton.

M. Davenport comble ses hôtes des attentions les plus délicates, de prévenances excessives. Jean-Jacques est ravi. Tout lui plaît, la résidence est charmante; enfin il a trouvé le repos, l'isolement, le bonheur.

Son premier mouvement est de remercier celui qui par ses soins empressés lui a procuré cet asile enchanteur.

« Vous voyez déjà, mon cher patron, écrit-il à Hume, par la date de ma lettre, que je suis arrivé au lieu de ma destination; mais vous ne pouvez voir tous les charmes que j'y trouve; il faudrait connaître le lieu et lire dans mon cœur. Vous y devez lire au moins les sentiments qui vous regardent, et que vous avez si bien mérités. Si je vis dans cet agréable asile aussi heureux que je l'espère, une des douceurs de ma vie sera de penser que je vous le dois. Faire un homme heureux, c'est mériter de l'être. Puissiez-vous trouver en vous-même le prix de tout ce que vous avez fait pour moi! Aimez-moi pour le bien que vous m'avez fait. Je sens tout le prix de votre sincère amitié; je la désire ardemment; j'y veux répondre par toute la mienne, et je sens dans mon cœur de quoi vous convaincre un jour qu'elle n'est pas non plus sans quelque prix[1]. »

Le bonheur de Rousseau est complet; il le dit lui-même, *il a dépouillé le vieil homme*. Le passé n'est plus

---

1. Wootton, 22 mars 1766.

qu'un vilain rêve, il n'en reste rien, tout est oublié. A lui l'avenir, l'avenir heureux et calme dans cette douce et paisible retraite. Coindet reçoit ses effusions de bonheur :

« .... Me voilà comme régénéré par un nouveau baptême, ayant été bien mouillé en passant la mer. J'ai dépouillé le vieil homme, et, hors quelques amis parmi lesquels je vous compte, j'oublie tout ce qui se rapporte à cette terre étrangère qui s'appelle le continent. Les auteurs, les décrets, les livres, cette âcre fumée de gloire qui fait pleurer, tout cela sont des folies de l'autre monde auxquelles je ne prends plus de part et que je me vais hâter d'oublier. Je ne puis jouir encore des charmes de la campagne, ce pays étant enseveli sous la neige; mais, en attendant, je me repose de mes longues courses, je prends haleine, je jouis de moi, et me rends le témoignage que, pendant quinze ans que j'ai eu le malheur d'exercer le triste métier d'homme de lettres, je n'ai contracté aucun des vices de cet état; l'envie, la jalousie, l'esprit d'intrigue et de charlatanerie, n'ont pas un instant approché de mon cœur. Je ne me sens pas même aigri par les persécutions, par les infortunes, et je quitte la carrière aussi sain de cœur que j'y suis entré[1]. »

Hélas! le pauvre Rousseau se connaissait bien peu lui-même. C'est le 29 mars qu'il écrit à son ami Coindet, qu'il lui dépeint l'heureux état de son cœur, le bonheur si longtemps poursuivi, auquel il touche enfin, et deux jours après, l'infortuné, en proie à un accès de véritable démence, se croit trahi par celui-là même qu'il considé-

1. 29 mars 1766

rait quelques jours auparavant comme son bienfaiteur. Il ne voit plus autour de lui qu'embûches, sourdes machinations, ennemis conjurés pour le perdre.

C'est qu'à Wootton Rousseau est seul, et que l'isolement a toujours été la pire chose pour cette imagination soupçonneuse, inquiète, d'une sensibilité maladive. Il a suffi d'un fait de bien minime importance pour le bouleverser et lui rendre toutes ses hallucinations.

On se rappelle la prétendue lettre du roi de Prusse, œuvre du facétieux Walpole. Un journal anglais, le *Saint-James chronicle*, publie la lettre et la donne comme venant véritablement de Frédéric. Aussitôt Jean-Jacques s'exaspère et envoie au journal un énergique démenti. On l'entoure d'embûches pour l'empêcher de faire entendre la voix de la vérité, « cependant il convient que le public apprenne qu'il y a des traîtres secrets qui, sous le masque d'une amitié perfide, travaillent sans relâche à le déshonorer[1]! »

Quel peut être ce traître secret? Qui peut avoir fait publier cette prétendue lettre de Frédéric? Hélas! Rousseau n'en peut douter, c'est Hume lui-même. Les papiers publics qui auparavant traitaient le philosophe avec honneur, en parlent maintenant avec ironie et désavantageusement[2]. Ce changement doit être l'œuvre de Hume. Le fils de Tronchin est à Londres, Hume

---

1. A milord X..., 7 avril 1766.
2. Plusieurs libelles furent en effet publiés à Londres pendant le séjour de Rousseau en Angleterre : la *Lettre d'un Anglais*, la *Lettre d'un Quaker*, etc., etc.

le connaît, que dis-je? ils habitent dans la même maison. La trahison ne devient-elle pas évidente? Les lettres que Rousseau reçoit ont un aspect bizarre; l'enveloppe est quelquefois déchirée, on dirait qu'elles ont été décachetées et remises en état par une main malhabile; quel peut être l'auteur de cette misérable indiscrétion, si ce n'est Hume[1]?

Tout concorde, on le voit, pour prouver la fourberie du philosophe anglais et son indigne trahison. « Plusieurs autres faits me rendent tout suspect de sa part, jusqu'à son zèle, écrit Jean-Jacques. Je ne puis voir encore quelles sont ses intentions, mais je ne puis m'empêcher de les croire sinistres[2]. »

Une fois lancé dans cette voie déplorable, une fois repris par son incurable manie, Rousseau ne s'arrête plus. Mais maintenant, la maladie a fait d'effrayants progrès: les tristes scènes de Motiers ont laissé dans cette tête déjà si malade d'ineffaçables traces, ce n'est plus une simple crise que traverse le malheureux Jean-Jacques, c'est la folie même qui s'empare de lui. L'accès, en effet, bien loin de se calmer, ne fait que s'accentuer : « Je regarde votre public, écrit-il à M. Rose, comme un tas d'enfants menés par un singe en masque et qui viennent me couvrir de boue : d'abord je m'en fâche et bientôt j'en ris, surtout quand le singe est démasqué[3]. »

---

1. Il est à remarquer que, pendant son séjour à Motiers, Rousseau s'était déjà plaint de recevoir ses lettres décachetées.
2. A d'Ivernois, 31 mars 1766.
3. Streckeisen-Moultou. Pièces inédites sur J.-J. Rousseau. A M. Rose, 16 avril 1766.

Il allait pouvoir rire tout à son aise, car le singe était sur le point d'être démasqué.

Dès les premiers jours d'avril, Mme de Boufflers et Mylord Maréchal sont avisés de la trahison de David. C'est eux qui ont conseillé à Jean-Jacques de se jeter dans les bras de ce fourbe, n'est-il pas naturel de les prévenir les premiers? « C'est à regret, Madame, écrit-il à la comtesse, que je vais affliger votre bon cœur, mais il faut absolument que vous connaissiez ce David Hume à qui vous m'avez livré, comptant me procurer un sort tranquille. »

Suit la longue énumération de tous les griefs relevés contre David, depuis l'arrivée en Angleterre. Rousseau, étourdi par la vie de Londres, n'a pas d'abord attaché d'importance à une foule de petits incidents, mais depuis qu'il vit dans la solitude à Wootton, il a « rassemblé de nouveaux faits, combiné et conclu, « en attendant qu'il meure. » « J'ai toutes mes facultés dans un bouleversement qui ne me permet pas de vous parler d'autre chose, dit-il en terminant. Madame, ne vous rebutez pas par mes misères, et daignez m'aimer encore quoique le plus malheureux des hommes[1]. »

Mylord Maréchal, prévenu également de toutes les fourberies de David, cherche à apaiser Rousseau, à ramener un peu de bon sens dans cette tête si mal équilibrée et à lui démontrer l'inanité de ses soupçons. Il lui explique que le jeune Tronchin a étudié en Écosse

1. 9 avril 1766.

chez un ami intime de David, et que ce jeune homme passant quelques temps à Londres il était tout naturel qu'il logeât dans la maison de Hume plutôt que de rester abandonné et isolé[1].

Et comme le fils de Tronchin partait pour Berlin, mylord Maréchal insiste avec bonté pour faire comprendre à Rousseau comment, sans trahison aucune, lui-même va se trouver obligé à certaines complaisances. « J'ai reçu une lettre de Genève d'une dame bien respectée de mes amies, milady Stanhope; elle croit devoir la vie au docteur Tronchin, et me recommande le fils, qu'elle regarde, dit-elle, comme le sien; me voilà dans la nécessité de faire des politesses au fils du jongleur. David Hume, je crois, a été dans le même cas[2]. »

Venant à l'article des lettres, il lui dit très sagement : « Il ne me paraît pas croyable qu'il ait ouvert vos lettres, il n'est naturellement pas tracassier[3]... » et il lui explique que souvent les lettres sont ouvertes à la poste.

« Je suis dans le plus grand étonnement de ce que vous me dites de David, ajoute-t-il.... Vous avez essuyé tant de persécutions de ces animaux à deux pieds et sans plumes, et qui ne sont pas si fidèles que les barbets ou les

---

1. 26 avril 1766. Cette explication était erronée. Hume ne connaissait pas Tronchin, ne s'était jamais trouvé en relations avec lui, et si le fils du docteur logeait dans la même maison que lui, c'était le fait d'un pur hasard.
2. 25 mai 1766. *Rousseau, ses amis et ses ennemis.*
3. 3 juillet 1766. *Rousseau, ses amis et ses ennemis.*

Turcs, que je ne m'étonne pas que vous soyez sur vos gardes avec quelqu'un que vous ne connaissez pas de longue main. Je me flatte que ces soupçons se dissiperont[1]. »

Loin de se dissiper, ils ne firent que s'accentuer. La solitude aidant, Jean-Jacques en arriva au plus violent degré d'exaspération, mais David ignorait tout encore et ne se doutait pas de l'état de son ami.

Une remarque essentielle à faire, c'est que Rousseau est de bonne foi; il croit ce qu'il dit, il est convaincu que Hume est un traître, il en souffre, il en est désolé, mais une fois cette idée dans la tête, pas de puissance humaine qui puisse l'en faire sortir. C'est avec le désespoir dans l'âme qu'il écrit à M. de Malesherbes :

« De penser qu'un homme avec qui je n'eus jamais aucun démêlé, un homme de mérite, estimable par ses talens, estimé par son caractère, me tend les bras dans ma détresse et m'étouffe quand je m'y suis jeté : voilà, Monsieur, une idée qui m'atterre. Voltaire, d'Alembert, Tronchin, n'ont jamais un instant affecté mon âme, mais quand je vivrais mille ans, je sens que jusqu'à ma dernière heure jamais David Hume ne cessera de m'être présent[2]. »

Rousseau assure qu'il reste calme au milieu de toutes ces trahisons : « Je suis le premier à rire de toutes leurs folies, dit-il, il n'y a que la noirceur de celui qui sous main fait aller tout cela qui me trouble

---

1. 26 avril 1766, *Rousseau, ses amis et ses ennemis.*
2. Wootton, 10 mai 1766.

encore : cet homme a passé mes idées ; je n'en imaginais pas de faits comme lui[1]. »

Désormais, Hume compte au nombre des persécuteurs.

1. A du Peyrou, 14 juin 1766.

CHAPITRE XX

1766

Sommaire : *Lettre au docteur Pansophe.* — Rousseau l'attribue à Voltaire. — Voltaire désigne successivement l'abbé Coyer et M. Bordes comme les auteurs. — Le roi d'Angleterre accorde une pension à Rousseau. — Le philosophe la refuse. — Rupture avec Hume, avec Mme de Boufflers et Mylord Maréchal.

Un nouvel incident allait contribuer encore à augmenter l'état de folie du malheureux Rousseau. Au mois de mai paraissait dans les journaux de Londres un pamphlet anonyme ayant pour titre *Lettre au docteur Pansophe*. Ce libelle, où l'on désignait Jean-Jacques sous le nom de docteur Pansophe, était écrit avec l'esprit le plus mordant et une verve incroyable. On y relevait finement les inconséquences et les contradictions du philosophe et elles étaient l'objet d'impitoyables railleries. L'auteur anonyme lui reprochait amèrement d'exiger tant de religion chez les autres et d'en avoir si peu lui-même; il l'exhortait à plus de modestie :

« Pourquoi, lui disait-il, répéter continuellement, avec une arrogance sans exemple, que vous bravez vos *sots lecteurs* et le *sot public?* Le public n'est pas sot : il brave à son tour la démence qui vit et médit à ses dépens. Pourquoi, ô docteur Pansophe, dites-vous bonnement *qu'un État sensé aurait élevé des statues à l'auteur d' « Émile »*? C'est que l'auteur d'*Émile* est comme un enfant, qui, après avoir soufflé des boules de savon, ou fait des ronds en crachant dans un puits, se regarde comme un être très important. Pourquoi mon ami Jean-Jacques vante-t-il à tout propos sa vertu, son mérite et ses talents? C'est que l'orgueil de l'homme peut devenir aussi fort que la bosse des chameaux de l'Idumée, ou que la peau des onagres du désert. »

Mais toutes ces moqueries n'étaient rien auprès des sarcasmes que l'auteur adressait à Rousseau sur ses rapports avec le peuple anglais :

« Docteur Pansophe, on m'a dit que vous vouliez aller en Angleterre. C'est le pays des belles femmes et des bons philosophes. Ces belles femmes et ces bons philosophes seront peut-être curieux de vous voir, et vous vous ferez voir. Les gazetiers tiendront un registre exact de tous vos faits et gestes, et parleront du grand Jean-Jacques comme de l'éléphant du roi et du zèbre de la reine : car les Anglais s'amusent des productions rares de toutes espèces, quoiqu'il soit rare qu'ils estiment. On vous montrera au doigt à la comédie, si vous y allez, et on dira : « Le voilà cet « éminent génie qui nous reproche de n'avoir pas un *bon* « *naturel,* et qui dit que les sujets de Sa Majesté ne sont pas « libres? C'est là ce prophète du lac de Genève, qui a « prédit au verset 45e de son apocalypse nos malheurs et « notre ruine parce que nous sommes riches. » On vous examinera avec surprise depuis les pieds jusqu'à la tête, en réfléchissant sur la folie humaine.

« Les Anglaises, qui sont, vous dis-je, très belles, riront lorsqu'on leur dira que vous voulez que les femmes ne soient que des femmes, des femelles d'animaux ; qu'elles s'occupent uniquement du soin de faire la cuisine pour leurs maris, de raccommoder leurs chemises et leur donner, dans le sein d'une vertueuse ignorance, du plaisir et des enfants.... Voilà, mon ami Jean-Jacques, ce que j'ai lu dans le grand livre du destin ; mais vous en serez quitte pour mépriser souverainement les Anglais, comme vous avez méprisé les Français, et votre mauvaise humeur les fera rire. Il y aurait cependant un parti à prendre pour soutenir votre crédit et vous faire peut-être, à la longue, élever des statues : ce serait de fonder une église de votre religion, que personne ne comprend ; mais ce n'est pas là une affaire... Après avoir prêché et exhorté vos disciples, dans votre style apocalyptique, vous les mèneriez brouter l'herbe dans Hyde-Park, ou manger du gland dans la forêt de Windsor, en leur recommandant toutefois de ne pas se battre comme les autres sauvages, pour une pomme ou une racine, parce que la police *corrompue* des Européens ne vous permet pas de suivre votre système dans toute son étendue.... »

Cette lettre, « auprès de laquelle le libelle de Vernes n'était que du miel[1] », et où on le couvrait de ridicule aux yeux de la nation chez laquelle il vivait, fit perdre au malheureux philosophe le peu de sang-froid qui lui restait. Il crut reconnaître immédiatement la main qui le flagellait si cruellement :

---

1. Rousseau à du Peyrou, 10 mai 1766.

« Voltaire, mande-t-il à d'Ivernois, a fait imprimer et traduire ici par ses amis une lettre à moi adressée où l'arrogance et la brutalité sont portées à leur comble et où il s'applique, avec une noirceur infernale, à m'attirer la haine de la nation. Heureusement la sienne est si maladroite, il a trouvé le secret d'ôter si bien tout crédit à ce qu'il peut dire, que cet écrit ne sert qu'à augmenter le mépris que l'on a ici pour lui. La sotte hauteur que ce pauvre homme affecte est un ridicule qui va toujours en augmentant. Il croit faire le prince, et ne fait en effet que le crocheteur. Il est si bête qu'il ne fait qu'apprendre à tout le monde combien il se tourmente de moi[1]. »

Rousseau, par extraordinaire, avait deviné juste. La *Lettre à Pansophe* était bien l'œuvre de Voltaire. On peut se demander quelle était la raison qui poussait le châtelain de Ferney à attaquer de nouveau Jean-Jacques et à déployer un si singulier acharnement contre un ennemi malheureux.

Ce qu'il faut dire pour faire comprendre la conduite du patriarche, c'est que les malheurs n'avaient rendu Rousseau ni plus sage ni plus circonspect, que bien loin de désarmer vis-à-vis d'un homme dont il savait les coups si redoutables, il s'obstinait à le harceler de toutes manières. Non content de l'avoir dénoncé dans les *Lettres de la montagne*, pendant son court séjour à Paris, il s'empressa de le présenter comme son persécuteur le plus acharné; c'était lui, racontait-il, qui l'avait fait chasser de Genève, de Berne, de Neufchâtel,

---

1. 31 mai 1766

de l'île Saint-Pierre, c'était lui qui avait excité les Conseils de Genève, et, par ses intrigues souterraines, soulevé les pasteurs de tous les pays. Ces fâcheuses imputations, ouvertement affirmées, firent le bonheur de tous ceux qui détestaient Voltaire, et ils les répandirent à l'envi. En Angleterre, il en fut de même; Rousseau déclara à qui voulait l'entendre qu'il était la victime du philosophe de Ferney et que cet homme barbare le persécutait sans motif, sans raison, uniquement par jalousie.

Indigné de ces attaques persistantes, de ces calomnies qui ne tendaient à rien moins qu'à le déshonorer aux yeux de ses contemporains, profondément irrité de voir qu'il n'obtiendrait jamais la paix, qu'il serait sans cesse en butte aux provocations d'un esprit faux et maladif, Voltaire ne vit pas de raisons de cesser la lutte puisque son adversaire cherchait toujours à rouvrir la querelle : « Jean-Jacques est le plus méchant fou qui ait jamais existé, écrit-il; un singe qui mord ceux qui lui donnent à manger est plus raisonnable et plus humain que lui[1]. »

Conformément à ses habitudes, le patriarche n'avait pas signé la *Lettre à Pansophe* et il en renia la paternité avec une énergie qui eut le don de convaincre les plus incrédules. Il alla même plus loin, il désigna l'abbé Coyer comme l'auteur avec une imperturbable assurance, et il eut même l'impudence de lui écrire pour l'engager à rendre gloire à la vérité.

---

1. A Damilaville, 3 novembre 1766.

Mais l'abbé Coyer[1] se défend comme un diable, il proteste de toutes ses forces, il écrit lettres sur lettres, il fait tant et si bien, que la conviction de Voltaire est ébranlée et qu'il se demande s'il n'a pas fait fausse route. La lettre ne serait-elle pas de Bordes de Lyon[2], qui était en Angleterre à l'époque où la brochure a paru? Décidément c'est bien lui qui est l'auteur de la lettre, on ne peut s'y tromper, le patriarche le mande à tous ses correspondants, et le malheureux Bordes, malgré ses dénégations, reste chargé de la paternité de ce libelle.

Rousseau en douta si peu plus tard qu'il crut avoir fait injustice à Voltaire et que, dans les *Confessions*, il raconte que ce Bordes, « avec lequel il avait été lié autrefois, saisit le temps de ses malheurs pour composer contre lui d'affreux libelles et qu'il fit un voyage à Londres exprès pour lui nuire ».

La *Lettre à Pansophe*, on le devine aisément, ne contribua pas à ramener le calme dans l'esprit de Rousseau. Son humeur chagrine et sombre ne fit que s'en accroître, plus que jamais il se vit entouré de persécuteurs. Ses soupçons contre Hume s'étaient bien vite

---

1. Coyer (Gabriel-François) (1707-1782) fut chargé de l'éducation du prince de Turenne, duc de Bouillon. Il a écrit plusieurs ouvrages sans grande valeur. Une année il vint à Ferney, s'y installa, et l'on eut toutes les peines du monde à l'en faire partir. « Don Quichotte prenait les auberges pour des châteaux, dit le patriarche, et l'abbé Coyer prend les châteaux pour des auberges. »
2. Bordes (Charles), né à Lyon, mort en 1781. Il publia en 1752 un discours sur les avantages des sciences et des arts en réponse à celui de J.-J. Rousseau.

changés en certitude et il ne ménageait plus, dans ses lettres, celui que peu de temps auparavant il se plaisait à appeler son bienfaiteur.

Cependant, il n'y avait pas encore de rupture. Hume résidait à Londres et ignorait les propos de Jean-Jacques. Il profitait même de son séjour dans la capitale pour s'efforcer d'obtenir la pension qu'il avait sollicitée dès l'arrivée du philosophe en Angleterre. Walpole lui-même usa de tout son crédit pour que cette faveur fût accordée, et c'est en grande partie à son insistance auprès de son cousin Conway[1], secrétaire d'État, qu'on obtint un résultat favorable. Le roi, qui craignait les réclamations du clergé, ne mit qu'une condition, c'est qu'on garderait le secret.

Le général Conway écrivit à Rousseau pour l'informer que le roi lui accordait une pension de deux mille francs.

Mais les circonstances n'étaient plus les mêmes : Jean-Jacques souhaitait cette pension tant qu'il supposait que celui qui la sollicitait lui était attaché par les liens de l'amitié, mais comment devenir volontairement l'obligé de celui dont on est trahi? Ne serait-ce pas se rendre le plus vil de tous les hommes[2]? Donc il se résigne, non sans regrets, à repousser le présent royal, et, sans s'expliquer clairement, il répond à Conway qu'au moins pour le présent, il ne peut accepter. « Loin

---

1. Suard a laissé dans ses notes sur l'Angleterre ces deux lignes sur le général Conway : « Honnête homme, peu d'esprit, peu instruit, d'un caractère froid mais susceptible de chaleur. »
2. A David Hume, 10 juillet 1766.

de me refuser aux bienfaits du roi par l'orgueil qu'on m'impute, lui dit-il, je le mettrais à m'en glorifier.... mais lorsque je les recevrai, je veux pouvoir me livrer tout entier aux sentiments qu'ils m'inspirent, et n'avoir le cœur plein que des bontés de Sa Majesté et des vôtres.... Daignez donc, Monsieur, me les conserver pour des temps plus heureux[1]. »

Prévenu par le général de ce refus, Hume est naturellement stupéfait et il se hâte d'écrire à M. Davenport pour lui demander ce que signifie l'incartade de son hôte. « Il est presque impossible, répond M. Davenport, de concevoir à quel point la sensibilité de Rousseau est extrême et singulière; j'en conclus que lorsqu'il est coupable d'une erreur, ses nerfs sont plus en faute que son cœur.... autant que j'en puis juger, sa maladie est la jalousie, il vous croit lié avec quelques *savants hommes* qu'il appelle malheureusement ses ennemis[2]. » Hume cependant n'attache aucune importance à cette supposition qui lui parait chimérique, et il écrit à Jean-Jacques pour lui demander le motif qui a pu le faire changer d'idée aussi brusquement; croyant que le secret exigé par le roi est la principale cause de cet inconcevable refus, il s'engage, d'accord avec Conway, à faire supprimer la condition.

Voici comment Jean-Jacques répond aux affectueuses propositions de son ami :

1. 22 mai 1766.
2. Manuscrits de la Société royale d'Édimbourg : *Hume's life and correspondence.*

« Je croyais que mon silence, interprété par votre conscience, en disait assez ; puisqu'il entre dans vos vues de ne pas l'entendre, je parlerai.

« Je vous connais, Monsieur, et vous ne l'ignorez pas. Sans liaisons antérieures, sans querelles, sans démêlés, sans nous connaître autrement que par la réputation littéraire, vous vous empressez à m'offrir dans mes malheurs vos amis et vos soins. Touché de votre générosité, je me jette entre vos bras : vous m'amenez en Angleterre en apparence pour m'y procurer un asile, et en effet pour m'y déshonorer ; vous vous appliquez à cette noble œuvre avec un zèle digne de votre cœur, et avec un art digne de vos talents. Il n'en fallait pas tant pour réussir : vous vivez dans le grand monde et moi dans la retraite : le public aime à être trompé, et vous êtes fait pour le tromper.

« Je laisse un libre cours aux manœuvres de vos amis et aux vôtres, et je vous abandonne avec peu de regret ma réputation durant ma vie, bien sûr qu'un jour on nous rendra justice à tous deux. Quant aux bons offices en matière d'intérêt, avec lesquels vous vous masquez, je vous en remercie et vous en dispense[1]. »

La réponse de Hume à cet étrange factum est celle d'un honnête homme, outragé et indigné. C'est le cri du cœur ; on ne peut méconnaître l'accent de la sincérité :

« Vous dites que je sais moi-même que j'ai été faux envers vous. Eh bien, je dis hautement, et je le dirai au monde entier, que je sais le contraire, que je sais que mon amitié pour vous a été sans limites et infatigable, et que, quoique

---

1. 23 juin 1766.

les circonstances de cette amitié aient été généralement remarquées en France et en Angleterre, la plus petite partie seulement de ma conduite est parvenue à la connaissance du public. Je vous demande de me produire l'homme qui affirmera le contraire; et par-dessus tout, je demande qu'il mentionne quelque particularité en laquelle je vous aie manqué. Vous me le devez à moi, vous le devez à vous-même, vous le devez à la vérité, à l'honneur et à la justice, et à tout ce qui est compté sacré parmi les hommes. Comme un homme innocent, je ne veux pas dire comme votre ami, je ne veux pas dire comme votre bienfaiteur, mais je répète comme un homme innocent, je réclame le privilège de prouver mon innocence et de réfuter quelque scandaleux mensonge qui peut avoir été inventé contre moi[1]. »

Hume se croit calomnié et demande à confondre le calomniateur. Hélas! le calomniateur, c'est Rousseau lui-même! Cependant le traître veut une explication, il l'aura. « Mais le premier soin de ceux qui trament des noirceurs est de se mettre à couvert des preuves juridiques; il ne ferait pas bon leur intenter un procès[2]. » Jean-Jacques n'a pas, grâce à l'habileté de Hume, de preuves juridiques à donner, mais « la conviction intérieure admet un autre genre de preuves qui règlent les sentiments d'un honnête homme », et, se livrant « sans réserve et sans crainte à son caractère ouvert, ennemi de tout artifice », le philosophe commence la longue énumération de ses griefs. En voici un rapide résumé :

1. 26 juin 1766.
2. Rousseau à Hume.

Depuis que Rousseau est en Angleterre, quelqu'un travaille en secret à l'y déshonorer. Les journaux répandent sur lui et Mlle Levasseur mensonges sur mensonges. On a imprimé comme authentique la fausse lettre du roi de Prusse « fabriquée par d'Alembert ». En moins de six semaines tous les papiers publics qui d'abord ne parlaient de lui qu'avec honneur n'en ont plus parlé qu'avec mépris. La cour et le public ont de même rapidement changé sur son compte. Il a été présenté par Hume à Becket et de Hondt, libraires; il a eu l'imprudence de leur confier le manuscrit des lettres de du Peyrou, or ces lettres devraient être imprimées depuis longtemps et ne le sont pas[1]. La *lettre à Pansophe* a été insérée dans les feuilles publiques avec un singulier empressement. Quel peut être l'artisan secret de toutes ces infamies, si ce n'est David Hume!

Ce n'est pas tout. Les preuves les plus précises de la trahison abondent, et voici deux faits qui ne peuvent plus laisser le moindre doute. Lorsque Rousseau et Hume quittèrent Paris, ils s'arrêtèrent à Senlis[2] pour y coucher; ils occupèrent la même chambre[3], et pen-

1. Ces lettres étaient relatives aux affaires de Neufchâtel et aux tracas que les pasteurs avaient suscités à Rousseau; soi-disant écrites au jour le jour et sous le coup des événements, en réalité elles avaient été composées assez longtemps après et pour les besoins de la cause.
2. Rousseau dit que c'est à Roye.
3. M. de Luze, ami de Jean-Jacques, les accompagnait. Rousseau, d'après son récit, couchait dans une même chambre avec Hume. Que devint-il quand M. de Luze prétendit avoir toujours couché en tiers dans la même chambre que ses compagnons de route et n'avoir pas entendu le premier mot des exclamations de Hume? Ce défaut de mémoire de Rousseau ou de M. de Luze motiva de la part du philosophe une longue correspondance.

dant la nuit, comme Jean-Jacques ne dormait pas, il entendit David Hume s'écrier plusieurs fois à pleine voix : « Je tiens Jean-Jacques Rousseau[1]. » « Ce que je ne pus alors interpréter que favorablement, raconte Rousseau, cependant il y avait dans le ton je ne sais quoi d'effrayant et de sinistre que je n'oublierai jamais. »

La seconde preuve de la trahison n'est pas moins irréfutable. Un soir, à Londres, le philosophe écrit à Mme de Chenonceaux ; Hume offre son cachet pour fermer la lettre : il est accepté ; la lettre close, on la remet au domestique. Hume sort un instant après le domestique et Jean-Jacques se doute aussitôt que sa lettre a été décachetée et lue.

« Au souper qui suivit cette scène, raconte Rousseau, Hume fixait alternativement sur Mlle Levasseur et sur moi des regards qui m'effrayèrent, et qu'un honnête homme n'est guère assez malheureux pour avoir reçus de la nature. Quand elle fut montée pour s'aller coucher dans le chenil qu'on lui avait destiné, nous restâmes quelque temps sans rien dire : il me fixa de nouveau du même air ; je voulus essayer de le fixer à mon tour, il me fut impossible de soutenir son affreux regard. Je sentis mon âme se troubler, j'étais dans une émotion horrible. Enfin le remords de mal juger d'un si grand homme sur des apparences prévalut ; je me précipitai dans ses bras tout en larmes, en m'écriant : « Non, David Hume n'est pas un traître, cela n'est pas possible ; et, s'il n'était pas le meilleur des hommes, il faudrait

---

1. « Ce n'est pourtant pas mon habitude, disait Hume, de rêver en français. »

qu'il en fût le plus noir. » A cela mon homme, au lieu de s'attendrir avec moi ou de se mettre en colère, au lieu de me demander des explications, reste tranquille, répond à mes transports par quelques caresses froides, en me frappant de petits coups sur le dos, et en s'écriant plusieurs fois : « Mon cher monsieur ! Quoi donc, mon cher monsieur[1] ? » J'avoue que cette manière de recevoir mon épanchement me frappa plus que tout le reste[2]. »

Devant un tel ensemble de faits, est-il possible de mettre un instant en doute la trahison du philosophe anglais ?

Ainsi donc, voilà les preuves de l'infamie de Hume ! Et il s'est trouvé des auteurs pour les prendre au sérieux, les discuter, en vouloir prouver le bien-fondé, démontrer que Rousseau avait raison !

Pour nous, nous trouvons cet acte d'accusation tellement puéril, tellement absurde, tellement fou, que nous ne croyons même pas devoir le discuter. On ne lutte pas contre des moulins à vent.

Après dix-huit pages de griefs dont nous venons de résumer les plus marquants, après avoir, paraît-il, convaincu Hume de mauvaise foi et de duplicité, après avoir joint à ses outrages la raillerie et l'insulte, Rousseau termine ainsi :

1. Cette scène a été décrite par Hume d'une façon bien différente (voir page 472). Le récit du philosophe anglais est le seul digne de foi ; il l'a écrit au moment même où la scène a eu lieu et à une époque où il ne pouvait se douter que Rousseau, peu de temps après, altérerait complètement les faits ; il n'avait donc aucune raison de ne pas dire la vérité.
2. A Mme de Boufflers, 9 avril. Rousseau a également raconté cette scène dans sa lettre à Hume, mais nous trouvons son récit à Mme de Boufflers plus saisissant, c'est ce qui nous l'a fait choisir.

« En achevant cette lettre, je suis surpris de la force que j'ai eue de l'écrire. Si l'on mourait de douleur, j'en serais mort à chaque ligne. Tout est également incompréhensible dans ce qui se passe. Une conduite pareille à la vôtre n'est pas dans la nature; elle est contradictoire, et cependant elle m'est démontrée. Abîme des deux côtés! Je péris dans l'un ou dans l'autre. Je suis le plus malheureux des humains si vous êtes coupable; j'en suis le plus vil si vous êtes innocent. Vous me faites désirer d'être cet objet méprisable. Oui, l'état où je me verrais, prosterné, foulé sous vos pieds, criant miséricorde et faisant tout pour l'obtenir, publiant à haute voix mon indignité et rendant à vos vertus le plus éclatant hommage, serait pour mon cœur un état d'épanouissement et de joie, après l'état d'étouffement et de mort où vous l'avez mis.

Il ne me reste qu'un mot à vous dire. Si vous êtes coupable, ne m'écrivez plus; cela serait inutile, et sûrement vous ne me tromperez pas. Si vous êtes innocent, daignez vous justifier. Je connais mon devoir, je l'aime et l'aimerai toujours, quelque rude qu'il puisse être. Il n'y a point d'abjection, dont un cœur qui n'est pas né pour elle ne puisse revenir. Encore un coup, si vous êtes innocent, daignez vous justifier, si vous ne l'êtes pas, adieu pour jamais[1]. »

Nous avons déjà vu Rousseau exprimer au pasteur Vernes les mêmes sentiments. Vernes a eu la naïveté de croire à la bonne foi de ces protestations et nous savons comment il en a été payé.

Révolté d'une ingratitude aussi noire, Hume dédaigna de se justifier, mais il ne put maîtriser son indignation. Ainsi donc telle était la récompense de son dévouement,

---

1. 10 juillet 1766.

de son affection sans bornes ; d'Holbach ne l'avait donc pas trompé quand il lui prédisait qu'il se repentirait amèrement de son aveugle confiance, quand il l'avertissait qu'avant peu il serait rejeté et repoussé comme tant d'autres avant lui. La déception fut d'autant plus vive que l'illusion avait été plus complète.

Emporté par un premier mouvement très légitime, très naturel, David voulut faire connaître aussitôt à ses amis de Paris l'indigne traitement dont il était victime. Se doutant bien que Rousseau, dans sa correspondance, ne le ménagerait pas, et il se trompait d'autant moins que depuis plus de trois mois Jean-Jacques laissait peser sur lui d'odieuses accusations, il voulut se défendre et il écrivit aussitôt au baron d'Holbach pour lui raconter sa mésaventure. La lettre débutait ainsi : « Vous aviez bien raison, Monsieur, Rousseau est un monstre ! » « Ah ! dit le baron froidement, il le connaît enfin[1]. »

Le soir même, il y avait grand souper chez Mme Necker. Plusieurs convives avaient déjà vu d'Holbach, il ne fut question toute la soirée que de la lettre de Hume et de l'inconcevable et irrésistible manie qui poussait Rousseau à maltraiter tous ses bienfaiteurs. Grâce à cet incident, tout Paris connaissait le lendemain la grande querelle des deux philosophes[2].

---

1. Mémoires de Marmontel.
2. Essais de Mémoires sur M. Suard. Mme Suard, qui raconte cette anecdote, la place six semaines après le départ de Rousseau pour l'Angleterre. C'est une erreur manifeste ; d'Holbach n'a reçu la lettre de Hume

David ne s'était pas contenté d'écrire à d'Holbach, il avait prévenu d'Alembert en le priant de répandre l'aventure et surtout d'en aviser Voltaire : « J'oubliais vraiment de vous parler d'une grande nouvelle, écrit aussitôt d'Alembert au patriarche, c'est la brouillerie de Jean-Jacques et de M. Hume. Je me doutais bien qu'ils ne seraient pas longtemps amis : le caractère féroce de Jean-Jacques ne le permettait pas; mais je ne m'attendais pas à la noirceur dont M. Hume l'accuse[1]. »

Le philosophe anglais envoya naturellement à Mme de Boufflers la copie du factum de Jean-Jacques. Elle lui répondit avec tristesse :

« La lettre de Rousseau est atroce, c'est le dernier excès de l'extravagance la plus complète, et c'est l'impossibilité d'effacer une pareille faute qui fera le tourment de sa vie. Ne croyez pas pourtant qu'il soit coupable d'artifice ni de mensonge; qu'il soit un imposteur ni un scélérat. *Sa colère n'est pas fondée, mais elle est réelle*, je n'en doute pas[2]. »

Cette appréciation nous paraît d'une parfaite justesse, et personne, à notre sens, n'a mieux jugé Rousseau que Mme de Boufflers. Elle sut garder dans cette querelle, où deux hommes qu'elle aimait étaient en jeu, une grande impartialité, et elle leur donna à tous deux des conseils empreints d'un rare bon sens. Elle ne dissimula pas à

---

qu'en juillet, c'est-à-dire *six mois* après l'arrivée de Jean-Jacques en Angleterre.
1. 16 juillet 1766.
2. 22 juillet 1766.

Jean-Jacques l'indignation que lui causait sa conduite, mais elle sut la lui montrer en termes aussi élevés que mesurés :

« M. Hume m'a envoyé, Monsieur, la lettre outrageante que vous lui avez écrite. Je n'en vis jamais de semblable. Tous vos amis sont dans la consternation et réduits au silence. Eh, que peut-on dire pour vous, Monsieur, après une lettre si peu digne de votre plume qu'il vous est impossible de vous en justifier, quelque offensé que vous puissiez vous croire! Mais quelles sont donc ces injures dont vous vous plaignez? Quel est le fondement de ces horribles reproches que vous vous permettez? Ajoutez-vous foi si facilement aux trahisons? Votre esprit par ses lumières, votre cœur par sa droiture, ne doivent-ils pas vous garantir des soupçons odieux que vous avez conçus? Vous vous y livrez contre toute raison, vous qui eussiez dû vous refuser à l'évidence même et démentir jusqu'au témoignage même de vos sens. M. Hume, un lâche! un traître! grand Dieu! Mais quelle apparence qu'il eût vécu cinquante ans passés, aimé, respecté au milieu de ses compatriotes, sans en être connu? Attendait-il votre arrivée pour lever le masque, pour ternir une vie glorieuse, plus qu'à moitié passée? Et pour quel intérêt?...

« .... Ce serait donc seulement le plaisir de faire le mal, et de se déshonorer gratuitement qui lui aurait inspiré les noirceurs dont vous l'accusez? Qui connut jamais de pareils scélérats, de pareils insensés? Mme la maréchale de Luxembourg et moi nous attendons impatiemment vos explications sur cette incompréhensible conduite. De grâce, Monsieur, ne les différez pas, que nous sachions au moins comment vous excuser, si on ne peut vous disculper entièrement....[1] »

---

[1] 27 juillet 1766. *Rousseau, ses amis et ses ennemis.*

La situation pour les dévotes de Rousseau était fort critique. Elles avaient toujours soutenu fidèlement leur idole, elles l'avaient toujours défendu avec acharnement. Mme d'Épinay, Grimm, Diderot, Voltaire, d'Holbach passaient pour avoir eu tous les torts dans leurs querelles avec le citoyen de Genève ; moins ils s'étaient plaints, plus on les avait violemment accusés :

« On ne pouvait prendre la même tournure à l'égard de David Hume. La joie qu'on avait ressentie de sa liaison avec Jean-Jacques était trop récente. On s'était tant applaudi des éloges réciproques dont ils s'accablaient l'un l'autre ! on s'était tant promis de tirer de la durée de leur amitié un argument terrible contre les anciens amis de M. Rousseau ! D'ailleurs la droiture et la bonhomie de M. Hume étaient trop bien établies en France ; les partisans de M. Rousseau avaient eux-mêmes tant vanté la chaleur avec laquelle son nouveau bienfaiteur avait travaillé pour lui procurer un sort heureux en Angleterre[1] ! »

Toutes les dévotes souffrirent pendant plusieurs jours de migraines effroyables, et restèrent de fort méchante humeur ; ne sachant comment excuser Rousseau, elles n'eurent d'autre ressource que de fermer leurs portes en attendant qu'il leur eût lui-même fourni des arguments décisifs en sa faveur. La réponse que reçut la comtesse de Boufflers ne fut pas de nature à la tirer d'embarras ; le philosophe, blessé de ses reproches, lui répondit sur un ton qui mit fin à leurs relations :

---

1. *Corresp. litt.*, Grimm. Octobre 1766.

« Peut-être auriez-vous pu, Madame, prendre pour vous
un peu des leçons que vous me donnez, n'être pas si facile
à croire que je croyais si facilement aux trahisons, et vous
dire pour moi une partie des choses que vous vouliez que je
me disse pour M. Hume....

« Vous vouliez que je consultasse les amis que j'ai en
France : Quoi, Madame! quand un homme vient entre quatre
yeux m'enfoncer, à coups redoublés, un poignard dans le
sein, il faut, avant d'oser lui dire qu'il me frappe, que j'aille
demander à d'autres s'il m'a frappé!

« Je vous suis obligé, Madame, des soins que vous voulez
prendre pour ma défense, mais je ne les accepte pas :
M. Hume a si bien jeté le masque, qu'à présent sa conduite
parle et dit tout à qui ne veut pas s'aveugler; mais quand
cela ne serait pas, je ne veux point qu'on me justifie, parce
que je n'ai pas besoin de justification, et je ne veux pas qu'on
m'excuse, parce que cela est au-dessous de moi; je souhaiterais seulement que, dans l'abîme de malheurs où je
suis plongé, les personnes que j'honore m'écrivissent des
lettres moins accablantes, afin que j'eusse au moins la consolation de conserver pour elles tous les sentiments qu'elles
m'ont inspirés[1]. »

Si Mme de Boufflers désapprouva Rousseau, elle fut
désolée de la précipitation avec laquelle Hume avait agi :
« J'ose croire, lui écrivait-elle, que si vous eussiez été
près de moi lorsque cette cruelle offense vous a été faite,
elle vous eût inspiré plus de compassion que de colère[2]. » Et elle lui témoignait son blâme avec autant de
délicatesse que d'élévation de pensées :

1. Le 30 août 1766.
2. 20 juillet 1766.

« Votre douceur, votre bonté, l'indulgence que vous avez naturellement, font attendre et désirer de vous des efforts de modération qui passent le pouvoir des hommes ordinaires. Pourquoi se hâter de divulguer les premiers mouvements d'un cœur grièvement blessé que la raison n'a pu encore dompter? Pourquoi vous dérober la plus noble vengeance qu'on puisse prendre d'un ennemi, d'un ingrat, ou plutôt d'un malheureux que les passions et son humeur atrabilaire égarent (souffrez cet adoucissement) : celle de l'accabler de votre supériorité, de l'éblouir par l'éclat de cette vertu même qu'il veut méconnaître[1]? »

Bien loin de répondre avec aigreur à cette affectueuse réprimande, David remercia Mme de Boufflers : « Quoique vous me blâmiez avec quelque véhémence, lui dit-il, vous le faites d'une manière si amicale et si raisonnable que je baise le bâton qui me frappe, et que je vous adresse mes sincères remerciements pour vos reproches[2]. »

Les lettres de Mme de Boufflers firent sensation; on en parla dans les coteries parisiennes, mais on n'en avait pas le texte. Mme du Deffand s'adressa à Walpole pour l'obtenir, en ayant soin d'agrémenter sa prose de réflexions plus méchantes encore que malicieuses.

« Où prenez-vous que je ne condamne pas extrêmement Jean-Jacques? Je l'ai toujours si méprisé, que ce dernier trait ne m'a point surprise; c'est un coquin, c'est un fou. Mais je n'estime guère le paysan[3]. Sa réserve sur l'idole[4] ne

---

1. 22 juillet 1766. — 2. 12 août 1766.
3. Hume, qu'on appelait le paysan du Danube.
4. Mme de Boufflers, appelée l'*idole du Temple*.

me surprend pas, on lui aura imposé silence. On veut mettre une grande discrétion et une grande modération dans cette affaire. Le parti dont il résultera le plus de célébrité est celui qu'on prendra. Le paysan est un plus grand personnage que l'Arménien. L'Arménien sera abandonné, mais le paysan a eu le tort de ne pas écrire d'abord. On a été mécontente, on veut le lui faire sentir. Je voudrais que vous pussiez tirer de lui la confidence de la lettre que l'idole lui a écrite. C'est, ce dit-on, un chef-d'œuvre...[1]. »

Les amis de Rousseau lui firent remarquer combien ses accusations étaient contradictoires, combien il paraissait peu vraisemblable qu'un homme, après s'être employé si activement pour lui, pût le trahir, mais le philosophe s'embarrasse peu des objections, il a réponse à tout : « Il est vrai, écrit-il à du Peyrou, que ces bienfaits et ces trahisons semblent s'accorder fort mal ensemble; tout cela s'accorde pourtant fort bien. Son plan était de me servir publiquement avec la plus grande ostentation, et de me diffamer en secret avec la plus grande adresse : ce dernier objet a été parfaitement rempli[2]. »

Mlle de Bondeli, malgré son enthousiasme pour l'auteur d'*Émile*, n'ose le disculper complètement.

« Votre jugement sur la querelle, écrit-elle à Zimmermann, est à peu près le mien. Je penche plus du côté de Rousseau par deux raisons : la première, que Hume ne dit pas un mot sur l'accusation des lettres interceptées ou

1. 5 août 1766.
2. 12 août 1766.

ouvertes, et il aurait pu dire au moins que cette accusation ne méritait pas une réponse, mais il fallait le dire; l'autre raison est que ce sont deux terribles amours-propres, qui se donnent en spectacle. Rousseau crie bobo dès qu'on l'approche, il s'aime avec une tendresse singulière, mais il y a à tout cela un caractère de candeur et de bonne foi qui le rend seulement ridicule; l'autre a en échange un amour-propre bien nourri, qui porte sur lui-même un caractère de réflexion et sur les autres de mépris, cela se sent, cela ne se démontre pas; les criailleries de Rousseau me font rire, le ton flegmatique de Hume m'indispose. Du reste, il est aisé de voir que Rousseau voulait être aimé et qu'il n'a été que protégé, qu'il voulait qu'on ménageât sa sensibilité et qu'on n'a voulu ménager que sa bourse. Il en est de cela comme dans la romance de Tarquin et de Lucrèce, et le défaut de s'entendre fit le malheur de tous deux.

« On imprime force choses en faveur de Rousseau, et Fréron se met à quatre pour prouver les menteries qu'on débite contre lui; c'est-à-dire qu'il prouve que les menteries sont des menteries; ce Don Quichotisme tient à sa haine contre Voltaire. A Londres on a fait une estampe qui montre Rousseau velu et nu comme un sauvage. Hume en fermier anglais l'attire avec un picotin d'avoine, Walpole lui met des cornes et une queue, Tronchin un emplâtre sur le dos, et Voltaire lui bat les jambes comme font les polissons avec un mouchoir noué et mouillé[1]. »

Mlle de Bondeli a tort quand elle reproche à Hume de n'avoir pas réfuté « l'accusation des lettres interceptées. » Il y a des accusations qu'un homme honnête ne peut que mépriser. Ce n'était pas Hume que Rousseau

---

1. Julie de Bondeli à Zimmermann. Berne, 29 novembre 1766.

aurait dû soupçonner d'ouvrir ou d'escamoter les lettres; c'était la poste d'abord, qui bien souvent se rendait coupable de pareils méfaits, c'était ensuite et surtout la triste créature dont il avait fait sa compagne; fatiguée de l'isolement auquel on la soumettait, désireuse de quitter un pays qu'elle détestait, desireuse aussi de garder tout son empire sur le malheureux Rousseau, elle ne négligeait aucun moyen pour le terroriser et lui faire croire à des persécutions imaginaires. Il est plus que vraisemblable qu'elle fut l'auteur des indiscrétions commises.

L'équipée de Jean-Jacques ne le brouilla pas seulement avec Mme de Boufflers, elle mit un terme également à ses relations avec Mylord Maréchal.

Lord Keith aimait beaucoup Rousseau, mais il fut désolé de sa conduite.

« La malheureuse querelle de notre ami contre M. Hume, écrit-il à du Peyrou, me donne tous les jours plus de peine; tout le monde en parle. Je ne puis justifier son procédé. Tout ce que je puis faire est de justifier son cœur, et le séparer d'une erreur de son jugement, qui a mal interprété les intentions de David[1]. »

« Je le regarde toujours comme un homme vertueux, mais aigri par ses malheurs, emporté par sa passion, et qui n'écoute pas assez ses amis. Je ne puis lui donner raison jusqu'à ce qu'il me paraisse l'avoir. Si, dans la suite, il fait voir des preuves que Hume est un noir scélérat,

1. 27 septembre 1766, *Rousseau, ses amis et ses ennemis.*

certainement, je lui donnerai raison; mais, jusqu'à cette heure, je ne vois pas apparence de preuves solides[1]. »

Ennuyé et fatigué de ces querelles, Mylord Maréchal, cessa toute correspondance avec le philosophe. Jean-Jacques fut vivement affecté de cette décision, et il l'attribua naturellement à une manœuvre souterraine de ses ennemis[2].

« La ligue qui s'est formée contre moi est trop puissante, trop adroite, trop ardente, trop accréditée, pour que, dans ma position, sans autre appui que la vérité, je sois en état de lui faire face dans le public. Couper les têtes de cette hydre ne servirait qu'à les multiplier; et je n'aurais pas détruit une de leurs calomnies, que vingt autres plus cruelles lui succéderaient à l'instant[3]. »

Il était tellement convaincu, tellement persuadé, non seulement de la trahison de Hume, mais encore de ses efforts pour le perdre, qu'il écrivait sérieusement, à du Peyrou :

« Les choses qui se passent en Angleterre à mon égard sont, je vous assure, hors de toute imagination. J'y suis dans la plus complète diffamation où il soit possible d'être.... Il paraît maintenant que le projet de M. Hume et de ses associés est de me faire périr ici de douleur et de misère. J'espère qu'ils ne réussiront pas. »

1. 28 novembre 1766, à du Peyrou. Streckeisen-Moultou.
2. 14 février 1767, à du Peyrou.
3. 2 août 1766.

CHAPITRE XXI

1766

Sommaire : Accusations de Rousseau contre d'Alembert. — Irritation de d'Alembert. — Publication de l'*Exposé succinct*. — Réponses. — *Lettre à Hume*, par Voltaire. — *Notes de la lettre à Hume*. — Jean-Jacques et M. de Montaigu. — Opinion de Tronchin sur Voltaire et Rousseau. — *La guerre de Genève*. — *Avis aux Sages du siècle*, par Dorat. — *Les Adorateurs*.

Pendant le cours de ce récit, nous avons toujours vu d'Alembert parler de Rousseau avec beaucoup d'amitié et de considération, nous l'avons toujours vu s'efforcer de pallier ou d'excuser les fautes et les mauvais procédés du Citoyen. Cette attitude, si constamment bienveillante, n'eut pas les résultats qu'on en pouvait espérer. Quand la prétendue lettre de Frédéric parut dans les journaux anglais, Jean-Jacques, qui tout d'abord l'attribua à Voltaire, s'aperçut bientôt, avec sa sagacité habituelle, qu'il faisait erreur : « Elle est de d'Alembert, dit-il; en y jetant les yeux, j'ai connu son style, comme si je la lui avais vu écrire[1]. » A partir de ce moment, sans plus ample informé, et sur un soupçon aussi bien fondé, il mit ce philosophe au rang de ses persécuteurs : « Je regarde le triumvirat de Voltaire, de d'Alembert et de Hume comme une chose certaine, écrit-il. Je ne pénètre pas leur projet, mais ils en ont un. » Il lui était assez difficile, en effet, de deviner le but du triumvirat.

Dans son acte d'accusation contre Hume, Rousseau jugea encore à propos de faire intervenir d'Alembert en lui prêtant les sentiments les plus hostiles : « il était depuis longtemps mon ennemi caché, dit-il, et n'épiait que les occasions de me nuire sans se commettre[2]. » Comme preuve de cette inimitié secrète, il rappelait que lors de son récent passage à Paris, le seul homme de lettre qui ne fût pas venu lui rendre hommage était d'Alembert.

Tant qu'il ne se trouva pas directement mis en cause, tant qu'il ne vit outrager que ses voisins, d'Alembert ne se départit jamais d'une grande modération et il ne cessa de prêcher la résignation, l'oubli des injures aux victimes de Rousseau. Du jour où il se vit à son tour attaqué, et injustement soupçonné, il perdit quelque peu de ce calme philosophique qu'on admirait tant chez lui quand les autres seuls étaient en jeu : « Vous vous êtes chargé de montrer l'ours à la foire, mande-t-il furieux à Hume; sa loge qui d'abord était

1. A du Peyrou, 10 mai 1766.
2. 10 juillet 1766.

pleine, est bientôt restée vide et il vous en rend responsable[1]. » C'est sous le coup d'une profonde indignation qu'il écrit à Voltaire :

« Pour le coup, Jean-Jacques s'est bien fait voir ce qu'il est, un fou et un vilain fou, dangereux et méchant, ne croyant à la vertu de personne, parce qu'il n'en trouve pas le sentiment au fond de son cœur, malgré le beau pathos avec lequel il en fait sonner le nom ; ingrat, et qui pis est, haïssant ses bienfaiteurs (c'est de quoi il est convenu plusieurs fois lui-même), et ne cherchant qu'un prétexte pour se brouiller avec eux afin d'être dispensé de la reconnaissance. Croiriez-vous qu'il veut aussi me mêler dans sa querelle, moi qui ne lui ai jamais fait le moindre mal, et qui n'ai jamais senti pour lui que de la compassion dans ses malheurs et quelquefois de la pitié de son charlatanisme ? Il prétend que c'est moi qui ai fait la lettre, sous le nom du roi de Prusse, où on se moque de lui. Jean-Jacques est une bête féroce qu'il ne faut voir qu'à travers des barreaux, et toucher qu'avec un bâton...[2]. »

Quelques jours après, il lui mande encore : « M. Hume vient de m'envoyer une longue lettre de ce drôle (car il ne mérite pas d'autre nom), qui excite tour à tour l'indignation et la pitié en la lisant ; c'est le commérage et le cailletage le plus plat joint à la plus vilaine âme[3]. » Il demandait en même temps au patriarche s'il fallait faire imprimer et publier la lettre de Rousseau.

---

1. 4 août 1766. « Edinburgh's Royal Society Mss. *Hume's life and correspondence*.
2. 11 août 1766.
3. 29 août 1766.

Voltaire aurait pu se donner le plaisir d'exhorter à son tour son correspondant à la modération; il n'aurait eu qu'à lui renvoyer certains passages de ses propres lettres où les mauvais procédés de Jean-Jacques étaient traités de peccadilles sans importance et dont il ne fallait pas tenir compte; il aima mieux se priver de cette vengeance facile et il répondit :

« Oui, sans doute, mon digne philosophe, il faut publier la lettre de ce polisson; les sages qu'il a trompés pendant quelques années doivent s'assembler pour le dégrader. Il était tonsuré en philosophie; il faut écorcher promptement sa tonsure des quatre mineurs. Envoyez-moi, je vous prie, sa lettre avec les commentaires que vous jugerez à propos d'y joindre, et si vous dédaignez de fournir des notes, envoyez le texte tout pur, c'est-à-dire dans toute sa turpitude[1]. »

On pense bien que cette querelle ne causa pas de tristesse à Ferney. Le châtelain ne pouvait qu'être enchanté de voir Rousseau prouver au monde entier son insociabilité et son ingratitude. Les troubles de Genève, les querelles des *Natifs*, des *Représentants*, des *Négatifs* sont dans toute leur intensité, mais le patriarche abandonne la fourmilière pour se moquer de « ce polisson, devenu un scélérat par excès d'orgueil ».

Pas une lettre ne sort de Ferney sans un sarcasme à son adresse : « Pourquoi ne l'a-t-on pas mis à Bedlam? ce petit bonhomme aurait été enchanté d'y être logé

---

1. *Inédite*, 5 septembre 1766. *Temps* du 31 juillet 1884.

pourvu qu'on eût mis son nom sur la porte et que les gazettes en eussent parlé[1]. » Un autre jour, Jean-Jacques est un singe qu'on devrait enchaîner et montrer à la foire pour un schelling[2]. Quand il s'agit de son ennemi, Voltaire est inépuisable : « Jean-Jacques est un monstre, mande-t-il encore à Bertrand. C'est le plus détestable extravagant que j'aie jamais connu. Cette dernière aventure achève de le couvrir d'opprobre. Il faut qu'il aille chez vos Patagons hauts de neuf pieds; quoiqu'il n'en ait qu'environ quatre et demi, il leur prouvera qu'il est plus grand qu'eux[3]. »

La querelle entre Hume et le citoyen de Genève occupa Paris pendant plus d'un mois, il n'y eut plus d'autre sujet de conversation : « Une déclaration de guerre entre deux grandes puissances n'aurait pu faire plus de bruit[4]. » En général on blâma Rousseau; seuls, quelques fidèles le défendirent avec acharnement. D'Alembert fut assez étonné de trouver des opinions contradictoires sur une question où, selon lui, il ne pouvait y avoir deux avis possibles, l'ingratitude de Rousseau étant cette fois nettement et clairement démontrée. Suard lui écrivit à ce sujet une lettre curieuse et qui mérite d'être conservée :

« Il n'y a point de vérité mathématique, mon cher ami, qui ne fût publiquement contestée, s'il y avait beaucoup de gens

---

1. A d'Alembert, 15 octobre 1766.
2. A Damilaville, 16 septembre 1766.
3. 31 octobre 1766.
4. *Corresp. littér.*, octobre 1766.

intéressés à croire le contraire. Si Mahomet avait dit dans un chapitre du Coran que deux et deux ne font pas toujours quatre, vous trouveriez des milliers d'insensés qui vous en citeraient des exemples. Faites-y bien attention, il n'y a qu'un petit nombre d'hommes qui sachent se servir de leur raison ; la foule du genre humain se laisse gouverner par les préjugés, la paresse et les passions.

« Vous êtes étonné que dans la dispute de M. Hume avec M. Rousseau, tous les esprits ne se soient pas soulevés en faveur de la bienfaisance contre l'ingratitude ? mais dans quelle dispute avez-vous donc vu la justice réunir ainsi toutes les voix pour elle ? dans une question d'honnêteté, de bienséance, et de raison, comment voulez-vous que les gens d'esprit et les sots, les honnêtes gens et les fripons, les sages et les fous, s'accordent ensemble et soient tous du même avis ? Si vous ajoutez à ces différences d'esprit et de caractère, celles qui naissent des préventions personnelles, du goût du paradoxe, de la singularité naturelle et factice, et de plusieurs autres causes, vous expliquerez aisément cette diversité de jugements et d'opinions qui vous étonne. Il semble en effet que tous les hommes soient intéressés à défendre la bienfaisance, mais il y en a beaucoup qui sont encore plus intéressés à justifier l'ingratitude, car il y a plus de vrais ingrats que de vrais bienfaiteurs. Il ne faut souvent que de la vanité pour faire du bien, il faut toujours de la vertu pour être reconnaissant[1]. »

David fut extrêmement affecté de voir qu'une partie du public paraissait ajouter quelque créance aux accusations du Citoyen et il eut l'idée, autant pour se

---

1. *Inédite.* Cette lettre nous a été communiquée par M. Horteloup ainsi que tous les papiers relatifs à la publication de l'*Exposé succinct*. Nous adressons à l'éminent magistrat nos plus vifs remerciements.

disculper aux yeux de ses contemporains que pour se laver de tout soupçon auprès de la postérité, de publier les pièces du procès : « Le silence a ses dangers, mandait-il à Mme de Boufflers, Rousseau compose maintenant un livre dans lequel il me déshonorera par des mensonges atroces. Il écrit ses *Mémoires*. Supposez qu'ils soient publiés après sa mort, ma justification perdra beaucoup de son authenticité; on me dira qu'il est aisé d'inculper un mort[1]. »

Ces raisons n'étaient pas sans valeur, et avec un homme du caractère de Jean-Jacques on ne faisait qu'agir avec la plus stricte prudence, en réduisant à néant publiquement et sur l'heure les accusations qu'il lançait avec tant de prodigalité. Cependant Mme de Boufflers, et les autres amis que Hume possédait à Paris, cherchèrent à le dissuader de soumettre le procès au public : « Rousseau est sur le point de tomber dans l'obscurité, lui écrivait Adam Smith, et il espère se donner de l'importa... en provoquant un illustre adversaire. Il aura un grand parti : l'Église, les Whigs, les Jacobites, toute la vieille race anglaise seront ravis d'humilier un Écossais et d'applaudir un homme qui a refusé une pension du roi.... Tout le monde ici vous conseille de ne rien publier[2]. »

D'Alembert également trouvait inutile de faire un exposé devant « cette sotte bête appelée le public ».

---

1. 15 juillet 1766.
2. 6 juillet 1766. Edinburghs' Royal Society Mss. *Hume's life and correspondence*.

Malheureusement Rousseau a connaissance du projet de Hume ; aussitôt il s'empresse d'écrire à tous ses amis, en les priant de répandre ses lettres, qu'il est parfaitement rassuré, que jamais le philosophe anglais n'osera publier leur correspondance, ou que du moins, s'il s'y décide ce ne sera pas *sans les falsifications les plus énormes*. Il le dit à du Peyrou, au libraire Guy, au pasteur Roustan, et il a même soin d'ajouter que Hume doit amèrement regretter de s'être ainsi avancé, mais que si, après avoir promis de donner les pièces du procès, il ne les publie pas, ce sera naturellement sa condamnation la plus éclatante. « Un tel silence, après le bruit qu'il a fait, serait décisif[1]. » Ce défi audacieux fut même imprimé dans les papiers publics de Paris et de Londres.

Hume hésitait encore et il allait probablement céder aux conseils qu'il recevait de Paris, quand les provocations de Rousseau lui imposèrent une ligne de conduite différente. Ne voulant pas rester sous le coup de ces imputations outrageantes, il consulta encore une fois d'Alembert, en lui faisant observer combien un plus long silence serait interprété d'une façon peu favorable. D'Alembert lut la lettre un soir chez Mlle de Lespinasse, en présence de Turgot, de Saurin, de Marmontel, de Duclos, de l'abbé Morellet. Toute l'assemblée fut d'avis que le philosophe anglais se trouvait dans l'obligation de se disculper et qu'il devait

---

1. Au pasteur Roustan, 7 septembre 1766.

au public le récit de ses relations avec le citoyen de Genève[1].

En lui communiquant la décision de l'aréopage littéraire, d'Alembert ne dissimula pas à David que dans certaines coteries il passait pour avoir collaboré à la prétendue *Lettre du roi de Prusse* et qu'on expliquait ainsi l'indignation de Rousseau; il l'exhortait à se justifier. Hume ne put mieux faire que de s'adresser à Walpole lui-même en lui soumettant le cas; il en reçut cette réponse catégorique :

« Je ne peux pas me rappeler avec précision le temps où j'ai écrit la *Lettre du roi de Prusse;* mais je vous assure avec la plus grande vérité, que c'était plusieurs jours avant votre départ de Paris et avant l'arrivée de Rousseau à Londres; et je peux vous en donner une forte preuve, car non seulement, par égard pour vous, je cachai la lettre, tant que vous restâtes à Paris, mais ce fut aussi la raison pour laquelle, par délicatesse pour moi-même, je ne voulus pas aller le voir, quoique vous me l'eussiez souvent proposé. Je ne trouvais pas qu'il fût honnête d'aller faire une visite cordiale à un homme, ayant dans ma poche une lettre où je le tournais en ridicule. Vous avez pleine liberté, mon cher Monsieur, de faire usage, soit auprès de Rousseau, soit auprès de tout autre, de ce que je dis ici pour votre justification : je serais bien fâché d'être cause qu'on vous fît aucun reproche. J'ai un mépris profond pour Rousseau et une parfaite indifférence sur ce qu'on pensera de cette affaire, mais s'il y a en cela quelque faute, ce que je suis bien loin de croire, je la prends sur mon compte. Il n'y a point de talents

---

1. Edinburgh's Royal Society, Mss. *Hume's life and correspondence.*

qui m'empêchent de rire de celui qui les possède, s'il est un charlatan ; mais s'il a de plus un cœur ingrat et méchant, comme Rousseau l'a fait voir à votre égard, il sera détesté par moi comme par tous les honnêtes gens, etc.[1] »

Hume écrivit donc l'*Exposé succinct de la contestation survenue entre M. Rousseau et M. Hume*, et, comme il l'avait promis, il mit sous les yeux du public les pièces mêmes du procès. Dès que l'ouvrage fut terminé, il l'adressa à Suard en le chargeant de la traduction et de la publication ; il le priait en même temps de s'entendre avec d'Alembert, « qu'il laissait absolument maître de retrancher ou d'altérer ce que bon lui semblerait pour mettre l'ouvrage à la latitude de Paris[2]. »

« Vous avez désiré que je fusse votre traducteur, lui répond Suard, et je n'avais pas besoin de tous les sentiments qui m'attachent à vous pour me charger de ce travail avec plaisir. Votre cause me paraissait celle des honnêtes gens et surtout celle des amis de la philosophie. Il y a longtemps que je regardais Rousseau comme un profond et dangereux charlatan, qui avait passé sa vie à recevoir des bienfaits de tout le monde et à faire tout le mal qu'il avait pu à ceux qui lui avaient fait le plus de bien[3]. »

Loin de se refuser au service que Hume lui demandait, d'Alembert employa tous ses soins à la publication de l'*Exposé succinct* ; il revit l'ouvrage en entier, le corrigea

1. Arlington street, 20 juillet 1766. *Exposé succinct.*
2. Hume à Adam Smith. Edinburgh's Royal Society. Mss.
3. Edinburgh's Royal Society. Mss. *Hume's life and correspondence.*

et rédigea de concert avec Suard un *Avertissement des éditeurs*[1].

A l'*Avertissement* était jointe une lettre de d'Alembert dans laquelle il affirmait n'être pas l'auteur de la fausse lettre du roi de Prusse. Il ajoutait « qu'il n'était pas l'ennemi de Rousseau et qu'il le mettait au défi d'en fournir la moindre preuve[2]. »

La défense de Hume n'obtint pas le suffrage général; tous ceux qui auraient accablé le philosophe anglais s'il n'avait pas répondu, tous ceux qui auraient tiré de son silence un argument décisif contre lui, se hâtèrent de le blâmer, et on lui reprocha de n'avoir pas su conserver le noble dédain qu'il avait montré jusqu'alors[3]. « La conduite que M. Hume a tenue en cette occasion, dit Fréron, fait bien voir, hélas! qu'un philosophe qui se sent attaqué n'est pas plus raisonnable que les hommes les plus vulgaires[4]. »

Voltaire lui-même, oubliant ses propres procédés, ju-

1. Quelques contemporains, entre autre Mme du Deffand, soupçonnèrent la coopération de d'Alembert dans la rédaction de l'*Exposé succinct*, mais le fait n'avait jamais été clairement prouvé. Il n'y a pas de doute possible en présence des lettres de d'Alembert dans lesquelles il discute avec Suard chaque phrase, chaque terme de l'*Exposé*.
2. M. Horteloup a bien voulu nous communiquer la lettre autographe de d'Alembert; elle contient le passage suivant qui a été supprimé par Suard : « A l'égard du reproche que me fait M. Rousseau de ne l'avoir point été voir quand il a passé par Paris, quelque singulier que ce grief puisse paraître, je veux bien y répondre. Différentes raisons dont le détail importerait très peu au public m'avaient donné lieu de croire que M. Rousseau ne me mettait pas au rang de ses amis, on m'assurait d'ailleurs qu'il était excédé, disait-il, des visites qu'il recevait, en conséquence je n'ai pas cru devoir l'importuner de la mienne. »
3. Bachaumont, 23 octobre 1766.
4. *Année littéraire*, 1766.

gea la publication de cette querelle fâcheuse pour la philosophie : « Hume prouve que Jean-Jacques est un maître fou et un ingrat pétri d'un sot orgueil, écrit-il à Damilaville, mais je ne crois pas que ces vérités méritent d'être publiées[1]. »

Rousseau ne répondit pas à l'*Exposé succinct*, il garda le plus profond silence. Une de ses dévotes, Mme de la Tour Franqueville, prit pour lui la parole et essaya de réfuter la brochure de Hume.

Le procès « de la bienfaisance contre l'ingratitude » passionnait tous les esprits. Mme de la Tour eut des imitateurs et il parut en faveur de Jean-Jacques plusieurs écrits dont le style malheureusement ne fut pas à la hauteur de l'intention : « On a publié ici pour sa défense quatre brochures, écrit d'Alembert[2], toutes plus mauvaises les unes que les autres : c'est un homme noyé, ou peu s'en faut, et tout son pathos, pour l'ordinaire si bien placé, ne le sauvera pas de l'odieux et du ridicule[3]. »

Hume, quoi qu'on ait pu en dire, agit vis-à-vis de Rousseau avec générosité ; il ne lui garda pas rancune de ses indignes procédés, et il s'employa de son mieux peu de temps après pour lui faire obtenir la pension que

---

1. A Damilaville, 15 octobre 1766.
2. A Voltaire, 20 janvier 1767.
3. Il parut sur ce sujet un grand nombre de brochures. Voici les principales : *Justification de J.-J. Rousseau dans la contestation qui lui est survenue avec M. Hume*, 1766. — *Observations sur l'Exposé succinct de la contestation qui s'est élevée entre M. Hume et M. Rousseau.* — *Lettre à l'auteur de la justification de J.-J. Rousseau*, etc., etc.

le roi d'Angleterre était disposé à accorder et que le philosophe, dans un moment d'humeur, avait une fois déjà repoussée. Ses efforts furent couronnés de succès et en mars 1767 le roi fit offrir au citoyen de Genève une pension de cent livres sterling; elle fut acceptée avec reconnaissance[1].

Voltaire, qui se plaignait avec tant de raison du tort que ces disputes publiques faisaient à la philosophie, n'eut ni la sagesse ni la patience de rester en repos. Bien qu'il ne fût pas directement intéressé dans la querelle, bien qu'il n'eût jamais eu de relations avec Hume, il n'hésita pas à intervenir, au risque d'envenimer un débat qui n'avait déjà que trop duré.

Prenant prétexte de quelques ridicules imputations qu'il eût mieux fait assurément de dédaigner, il se crut dans l'obligation de riposter et de faire voir sans réplique que Jean-Jacques était le « plus méchant coquin qui ait

1. On fut assez choqué en France en apprenant cette libéralité du roi d'Angleterre. Mme du Deffand écrivait à Walpole : « Le Ministre (Choiseul) me dit hier (5 avril 1767) que rien n'était plus étonnant qu'on eût donné une pension à Jean-Jacques, qu'on n'avait point d'argent à jeter par les fenêtres; à la sollicitation de qui? en vertu de quoi? que cela n'avait pas de bon sens. Effectivement, je trouve ses réflexions très justes; nous ne donnerions point ici une pension à un banni de chez vous, mais on dit que cette pension ne sera pas payée, non par mauvaise volonté, mais par impossibilité : je vous conseille de ne pas vous en mettre en peine, vos réparations vont par delà de vos torts. » — Walpole lui répond : « Le ministre ne doit pas s'étonner que nous ayons donné une pension à Jean-Jacques, il est Suisse, il n'est pas Français. Personne n'a sollicité pour lui; lui-même il l'a demandée. Il est vrai que j'ai appuyé la demande. Mon cousin, M. Conway, l'a procurée, à ma prière et à celle de M. Hume. A vous parler sérieusement, il me semble que Rousseau ne compte pas fort sur la pension, car il n'a même pas envoyé son adresse à M. Conway. » Jean-Jacques cependant la toucha pendant plusieurs années.

jamais déshonoré la littérature¹ ». Pour confondre le calomniateur, qui « mentait avec des distinctions de jésuite et avec l'impudence d'un janséniste² », il écrivit sous forme de lettre un détail succinct des bontés qu'il avait eues pour lui et de la singulière ingratitude dont il avait été payé. Il rappelait en même temps la conduite du Genevois envers Helvétius, comment, après avoir accepté ses bienfaits, il l'avait accusé « d'un matérialisme grossier » et s'était engagé à écrire « contre l'ouvrage infernal de l'*Esprit*³. »

Cette lettre était adressée à David Hume⁴, et Voltaire, contre son habitude, s'en reconnaissait l'auteur. Peu de temps après parurent, sous le couvert de l'anonyme, des *Notes sur la lettre de M. de Voltaire à M. Hume*.

Ces notes, destinées à éclaircir certaines imputations assez obscures de la lettre, renfermaient sur la vie de Rousseau des détails nouveaux et de nature à le déconsidérer. L'auteur anonyme affirmait en particulier que Jean-Jacques avait audacieusement altéré la vérité en prétendant avoir rempli autrefois les fonctions de secrétaire d'ambassade à Venise.

Voici quelle était l'origine de cette accusation. En

---

1. A Damilaville, 3 novembre 1766.
2. A Mme du Deffand, 21 novembre 1766.
3. Voir la lettre de M. Montmollin, page 255. Rousseau possédait un exemplaire de l'*Esprit* sur lequel il avait écrit de nombreuses notes marginales. Il le vendit en 1767 à Dutens ainsi que tous ses livres, mais à la condition que pendant sa vie on ne publierait pas les notes mises en marge.
4. Hume ne connut que très longtemps après la lettre que Voltaire lui avait adressée.

1765, Rousseau fut informé par un correspondant plus ou moins véridique, que Voltaire venait de déclarer devant huit personnes que l'auteur d'*Émile* avait été, non pas le secrétaire, mais bien le valet de M. de Montaigu.

Jean-Jacques, furieux, eut l'imprudence d'envoyer à Ferney ces simples lignes :

« Si M. de Voltaire a dit qu'au lieu d'avoir été secrétaire de l'ambassadeur de France à Venise, j'ai été son valet, M. de Voltaire en a menti comme un impudent.

« Si dans les années 1743 et 1744, je n'ai pas été premier secrétaire de l'ambassadeur de France, si je n'ai pas fait les fonctions de secrétaire d'ambassade, si je n'en ai pas eu les honneurs au sénat de Venise, j'en aurai menti moi-même[1]. »

Le patriarche, qui ignorait même que Jean-Jacques eût été à Venise, fut mis en éveil par cette lettre. Quand les médiateurs arrivèrent à Genève en 1766, il fit aisément comprendre à M. de Beauteville que, Rousseau étant le fauteur des troubles, il était de la plus haute importance de l'abaisser et de le ridiculiser aux yeux de ses partisans, et il engagea le plénipotentiaire à faire rechercher au dépôt des affaires étrangères les lettres relatives au séjour à Venise du citoyen de Genève.

Beauteville, désireux de ruiner le crédit de Rousseau, suivit le conseil qu'on lui donnait sans se rendre compte qu'il servait surtout la passion du rancuneux philosophe. Les recherches furent couronnées de succès

---

[1]. 31 mai 1765.

et M. de Taulés, secrétaire du plénipotentiaire, déterra dans « l'énorme fatras du dépôt des affaires étrangères » plusieurs lettres adressées par Jean-Jacques à M. du Theil, premier commis[1].

Après sa rupture violente avec M. de Montaigu, qui avait eu pour lui d'indignes procédés, Rousseau s'était empressé d'écrire à M. du Theil pour demander justice; malheureusement ses lettres furent écrites dans un style singulier et qui prêtait fort à l'équivoque. On peut juger de la joie du patriarche quand il posséda une lettre ainsi conçue :

« J'ose porter jusqu'à vous, écrivait Jean-Jacques le 8 août 1744, mes très justes et très respectueuses plaintes contre un ambassadeur du roi, et contre un maître dont j'ai mangé le pain.... Il y a quatorze mois que je suis entré au service de M. le comte de Montaigu en qualité de secrétaire. Ce n'est pas à moi d'examiner si j'étais capable ou non de cet emploi; il est certain que j'ai toujours plus compté sur mon zèle que sur mes talents pour le bien remplir....

« M. l'ambassadeur a enfin pris le parti de me congédier : je comptais que la chose se passerait avec l'honnêteté accoutumée entre un maître qui a de la dignité et un domestique honorable, à qui quelques défauts particuliers ne doivent point ôter les égards dus à son état, à son zèle et à sa probité. Je me suis trompé. M. l'ambassadeur, qui s'est fait des maximes de con-

---

[1]. Il n'est pas question de Rousseau dans la correspondance officielle des affaires étrangères, son nom n'est même pas prononcé.

fondre tous ceux qui sont à son service sous le vil titre de valets, et de traiter tous les gens qui sortent de sa maison comme autant de coquins dignes de la potence, a jugé à propos d'exercer avec moi cette étrange politique. Après des procédés inouïs, après avoir manqué à la plupart de ses engagements, M. l'ambassadeur voulut avant-hier me faire ce qu'il appelait mon compte. Ce fut d'un ton à faire trembler que ce compte fut commencé; les termes dont il se servit, les épithètes odieuses dont il m'accabla, furent autant de préparatifs pour m'intimider et me rendre docile aux injustes réductions qu'il me faisait.... Enfin, S. E. ne pouvant m'obliger à consentir à passer ce compte comme elle le voulait, me proposa en termes très nets d'y souscrire ou de sauter par la fenêtre, jurant de m'y faire jeter sur-le-champ; et je vis le moment qu'elle se mettait en devoir d'exécuter la menace elle-même....

« Dans une telle situation, pardonnez, Monsieur, la liberté que je prends d'employer votre protection contre les cruels traitements que M. l'ambassadeur exerce sur le plus zélé et le plus fidèle domestique qu'il aura jamais.... Je sais, Monsieur, combien de préjugés sont contre moi, je sais que dans les démêlés entre le maître et le domestique c'est toujours le dernier qui a tort; je sais d'ailleurs qu'étant entièrement inconnu, je n'ai personne qui s'intéresse pour moi; votre générosité et mon bon droit sont mes seuls protecteurs[1].... »

---

1. Il y a encore une autre lettre de Rousseau à M. du Theil, du 15 août 1744, conçue dans des termes analogues.

Enchanté d'une pareille trouvaille et comprenant le parti qu'il pouvait tirer de l'ambiguïté des termes de cette correspondance, Voltaire se hâta d'écrire à ses amis de Paris que Rousseau était un impudent menteur, que jamais il n'avait été secrétaire de M. de Montaigu, mais bien son valet, qu'on l'avait chassé à coups de bâton, etc., et pour qu'on ne pût douter de ses affirmations, il confia à Damilavillé les copies mêmes des lettres.

Mais ce n'était pas suffisant de les répandre sous le manteau, Voltaire voulut les faire imprimer; il sollicita de M. de Beauteville une autorisation qui lui fut accordée : c'est ainsi que les *Notes à la lettre de M. de Voltaire* à Hume contenaient les extraits les plus compromettants des missives de Rousseau[1].

L'origine de ces lettres fut soigneusement dissimulée et le libelliste anonyme avait soin de déclarer qu'elles avaient été trouvées par hasard chez les héritiers de M. du Theil[2].

Il est bien évident que le mot domestique n'avait nullement dans la pensée de Rousseau le sens de valet, mais l'expression était malheureuse et Voltaire l'exploita cruellement.

En réalité Jean-Jacques ne fut ni secrétaire d'ambassade ni valet; il remplit simplement auprès de l'ambassadeur

---

1. Mémoires de Wagnière. Après la mort de Voltaire les copies de ces lettres passèrent entre les mains de l'impératrice de Russie comme tous les papiers et les livres du philosophe.
2. Le fils de M. du Theil réclama par une lettre du 10 décembre 1766, adressée à Fréron et insérée dans l'*Année littéraire*. Il écrivit également à Rousseau; sa lettre se trouve dans les manuscrits de Neufchâtel.

les fonctions de secrétaire particulier : tout le prouve, et les dépêches qu'on lui dictait, et les gages qu'il recevait, et la désinvolture avec laquelle M. de Montaigu le remercia.

Le philosophe crut devoir se défendre contre les imputations lancées contre lui et il écrivit à M. de Chauvel le 5 janvier 1767 :

« Je ne me souviens point exactement de ce que j'écrivis, il y a vingt-trois ans, à M. du Theil : mais il est vrai que j'ai été domestique de M. de Montaigu, ambassadeur de France à Venise, et que j'ai mangé son pain, comme ses gentilshommes étaient ses domestiques et mangeaient son pain : avec cette différence, que j'avais partout le pas sur les gentilshommes, que j'allais au sénat, que j'assistais aux conférences, et que j'allais en visite chez les ambassadeurs et ministres étrangers ; ce qu'assurément les gentilshommes de l'ambassadeur n'eussent osé faire. Mais bien qu'eux et moi fussions ses domestiques, il ne s'ensuit point que nous fussions ses valets. Il est vrai qu'ayant répondu sans insolence, mais avec fermeté, aux brutalités de l'ambassadeur, dont le ton ressemblait assez à celui de M. de Voltaire, il me menaça d'appeler ses gens, et de me faire jeter par les fenêtres. Mais ce que M. de Voltaire ne dit pas, et dont tout Venise rit beaucoup dans ce temps-là, c'est que sur cette menace, je m'approchai de la porte de son cabinet, où nous étions ; puis l'ayant fermée, et mis la clef dans ma poche, je revins à M. de Montaigu, et lui dis : « Non pas, s'il vous plaît, Monsieur « l'ambassadeur. Les tiers sont incommodes dans les explica- « tions. Trouvez bon que celle-ci se passe entre nous. » A l'instant Son Excellence devint très-poli : nous nous séparâmes fort honnêtement ; et je sortis de sa maison, non pas honteusement, comme il plaît à M. de Voltaire de me faire dire, mais en triomphe. »

Il est à remarquer que Rousseau n'a pas fait mention dans ses lettres à M. du Theil de cette scène avec l'ambassadeur.

Les *Notes sur la lettre de Voltaire à Hume* se terminaient par d'incroyables violences de langage :

« Ainsi, en insultant toutes les nations, toutes les conditions de la vie, tous les arts qu'il a voulu lui-même cultiver, et tous les hommes avec lesquels il a vécu, cet écrivain s'est flatté d'usurper par une insolence cynique, une réputation qu'on n'acquiert jamais que par le génie. Il a calomnié les philosophes qui l'avaient reçu, protégé et instruit; ingrat envers ses maîtres, envers ses amis, envers ses bienfaiteurs; recevant l'aumône d'un bourgeois inconnu parce qu'il croit qu'on n'en saura rien[1], et la refusant de la main d'un prince parce qu'il croit qu'on le saura; il s'est imaginé que ses bizarreries lui feraient un nom.

« Il appelle M. Tronchin *jongleur*, dans sa lettre à M. Hume, tandis que lui-même pousse le charlatanisme jusqu'à s'habiller à l'orientale à Paris et en Angleterre, pour attirer sur lui les regards de la populace, qui le dédaigne.

« Il parle de mœurs et de décence, et de la sainte vertu. Cela s'accorde mal avec les suites des récréations philosophiques qu'il prenait dans ces lieux honnêtes où il oubliait la Suissesse russe, Mme de Volmar. Celui qu'il traita de *jongleur* lui a fourni le chirurgien dont la main, tout habile qu'elle est, n'a pas plus guéri son corps par ses opérations gratuites

1. Rousseau avait accepté une pension de Mylord Maréchal.

que les remontrances de ses amis n'ont pu guérir son cœur.

« Il a mis le trouble dans sa patrie avant d'en sortir, comme un incendiaire qui s'enfuit après avoir allumé la mèche. Celui-là, certes, a eu raison qui a dit que Jean-Jacques descendait en droite ligne du barbet de Diogène accouplé avec une des couleuvres de la Discorde.

« On n'aurait pas reproché à d'autres sans doute ces opprobres ou connus ou secrets, dont on est forcé de montrer ici la turpitude. Il y a des faiblesses et des humiliations qu'on doit laisser dans les ténèbres, quand les affligés restent dans une obscurité modeste, quand ils ne lèvent point une tête audacieuse, quand ils ne distillent point le fiel et l'outrage. Mais c'est ici un procès personnel qui exclut tous les égards; et puisqu'il est permis à un Diogène subalterne et manqué d'appeler jongleur le premier médecin de monseigneur le duc d'Orléans, un médecin qui a été son ami, qui l'a visité, traité, qui a été au rang de ses bienfaiteurs, il est permis à un ami de M. Tronchin de faire voir ce que c'est que le personnage qui ose l'insulter. On peut, sur le fumier où il est couché et où il grince les dents contre le genre humain, lui jeter du pain s'il en a besoin ; mais il a fallu le faire connaître, et mettre ceux qui peuvent le nourrir à l'abri de ses morsures.

« Finissons par faire sentir qu'un charlatan qui a lassé la pitié de ses bienfaiteurs et l'indignation publique n'a pu déshonorer que lui-même, et non pas la littérature. »

Cette passion dans la lutte, cette exagération de polémique furent sévèrement jugées : « Ces notes, dit Grimm, forment un dégoûtant libelle où l'on reproche à M. Rousseau de vilaines choses qui, vraies ou fausses, ne doivent jamais souiller la plume d'un honnête homme. L'auteur des *Notes* se fait le défenseur de MM. Tronchin et Helvétius et de beaucoup d'autres honnêtes gens qui ne l'en avaient pas chargé[1]. »

Quel était donc l'auteur de ces *Notes*? Il n'y a pas à en douter. Elles partaient de Ferney, mais le philosophe s'empressa de les désavouer et il désigna le coupable comme un homme très au courant et intime ami du docteur Tronchin[2].

Il faut reconnaître que malgré des griefs véritables et une irritation légitime, Voltaire abusait de la situation. Emporté par la passion, il traitait maintenant Rousseau comme il traitait tous ses autres ennemis, c'est-à-dire qu'il le piétinait. Et quand on lui conseillait de ménager un homme malheureux et que tout le monde blâmait, il répondait :

« Je vous ai dit sans doute, et si je ne vous l'ai pas dit, je le redis ; et, si je l'ai redit, je le redis encore : il est avéré, prouvé, démontré, que ce malheureux Jean-Jacques ne m'avait écrit, pour prix de mes bontés, une lettre très insolente sur les spectacles que pour engager avec moi une querelle, pour soulever contre moi les prêtres et les autres gueux de Genève, et pour me faire sortir des Délices. Il n'y a jamais eu de pareil monstre dans la littérature, pas même Fréron ; voilà ce qu'il faut qu'on sache. Je me reprocherais de m'être

---

[1]. Fréron dit également : « Une passion aveugle et une haine féroce ont dicté ce libelle contre J.-J. Rousseau, dont le mérite et la célébrité sont les sources uniques de ces déclamations et de ces injures qui finiront par ennuyer le public, sans lui faire prendre le change. » (*Année littéraire*, 1766.)

[2]. A Damilaville, 20 décembre 1766.

même moqué de ce polisson, si je n'étais justifié par ses scélératesses[1]. »

Dans son emportement, le patriarche écrivit à Frédéric pour lui demander ce qu'il pensait des nouvelles folies de Rousseau, et de la querelle avec Hume. Il s'attendait à quelque sarcasme de la part du roi. Il ne reçut que ces quelques lignes qui durent lui enlever toute envie d'interroger de nouveau le monarque : « Vous me demandez ce qu'il me semble de Rousseau de Genève? Je pense qu'il est malheureux et à plaindre. Je n'aime ni ses paradoxes, ni son ton cynique. Ceux de Neufchâtel en ont mal usé envers lui ; il faut respecter les infortunés ; il n'y a que des âmes perverses qui les accablent[2]. »

Ces querelles bruyantes inspirèrent à Tronchin des réflexions qui valent la peine d'être rapportées. On se rappelle que le docteur, après avoir été intimement lié avec Rousseau, s'était vu repoussé comme tant d'autres. Aux effusions d'une véritable amitié avait succédé de la part du philosophe une haine implacable. Tronchin, de son coté, aristocrate et croyant, avait perdu toute amitié et même toute estime pour l'homme qui avait exposé ses enfants, pour l'auteur impie d'*Émile* et du *Contrat social*. Il n'aimait pas davantage Voltaire, il ne l'avait jamais aimé, même au temps de leur plus grande intimité, mais en apparence tout au moins leurs

1. A Damilaville, 24 novembre 1766.
2. 1766.

rapports étaient restés empreints d'une certaine cordialité.

Depuis 1765 le docteur habitait Paris, où il remplissait les fonctions de médecin du duc d'Orléans. C'est de Villers-Cotterets où il avait suivi le prince qu'il écrivait ces sévères appréciations sur les deux philosophes :

« La manifestation de la folie et de la méchanceté de Rousseau ne peut que nous être utile. Le mépris de sa personne rejaillira sur ses principes et nombre de ses dévots s'en détacheront. Sa charlatanerie de vertu en avait séduit un grand nombre. Le masque est tombé, l'homme reste, le héros est évanoui. L'autre méchant fou, son antagoniste, perd aussi beaucoup de ses amis. Ces deux hommes, en vérité, font à la vertu bien beau jeu. La coupe enchanteresse qui a enivré tant de buveurs perdra sa force et on finira par rougir de s'être enivré. Si ces deux hommes malheureusement eussent pu conserver une apparence de sagesse, que de mal n'auraient-ils pas fait ! Soyez sûr, mon bon ami, et dites-le à qui doit l'entendre, qu'aucun de ces deux hommes n'est personnellement à craindre. Ils ont perdu tout crédit et ne peuvent pas l'ignorer. L'homme de Ferney en a tous les jours des preuves bien mortifiantes. Qu'il prenne garde à lui, il a un ennemi bien redoutable en M. Pasquier, qui n'entend pas raillerie et jouit à la cour et dans tout son corps de la plus haute considération. *Non mittet cutem...*, je sais ce qu'il m'en a dit[1].... »

Quelques mois après, il mandait encore à son fils :

« Je voudrais bien que tu m'eusses dit si Voltaire persiste

---

1. *Inédite*. Villers-Cotterets, 21 août 1766.

à vouloir s'expatrier. Cet autre fou, J.-J. Rousseau, serait le plus coquin de tous les hommes s'il n'était pas le plus fou.... Cet homme est un charlatan de vertu, et je n'aime point les charlatans, et l'homme de Ferney est un fou. Celui qui a dit que l'esprit est un panache qui expose, tandis que le bon sens est un casque qui défend, a dit une chose très vraie. Ayons du bon sens, mon cher fils, et n'envions pas aux autres l'esprit[1]. »

Non content de la *Lettre à Pansophe*, de la *Lettre à Hume*, des *Notes*, Voltaire, insatiable dans sa vengeance, écrivit en 1767 la *Guerre de Genève*. Sous le prétexte de peindre dans un poème héroï-comique, comme le *Lutrin*, les dissensions de la petite République et de jeter le ridicule sur ses habitants, il composa contre Rousseau la satire la plus virulente.

Les héros du poème sont ce fameux Robert Covelle, « M. le Fornicateur », et sa tendre amie, Mlle Ferboz. Le sujet n'est autre que les mésaventures des deux amants, la sentence prononcée par le Consistoire et le refus de Covelle de se soumettre à la génuflexion, refus qui provoque la guerre civile. Mais tous ces incidents ne sont là que pour la forme et n'ont d'autre but que d'amener ce portrait de Rousseau :

> Dans un vallon fort bien nommé Travers,
> S'élève un mont, vrai séjour des hivers ;
> Son front altier se perd dans les nuages,
> Ses fondements sont au creux des enfers ;
> Au pied du mont sont des antres sauvages,

[1]. Manuscrits Tronchin, 8 octobre 1766.

Au dieu du jour ignorés à jamais :
C'est de Rousseau le digne et noir palais.
Là se tapit ce sombre énergumène,
Cet ennemi de la nature humaine,
Pétri d'orgueil et dévoré de fiel ;
Il fuit le monde, et craint de voir le ciel :
Et cependant sa triste et vilaine âme
Du dieu d'amour a ressenti la flamme ;
Il a trouvé, pour charmer son ennui,
Une beauté digne en effet de lui :
C'était Caron, amoureux de Mégère.
Cette infernale et hideuse sorcière
Suit en tous lieux le magot ambulant,
Comme la chouette est jointe au chat-huant.
L'infâme vieille avait pour nom Vachine,
C'est sa Circé, sa Didon, son Alcine.
L'aversion pour la terre et les cieux
Tient lieu d'amour à ce couple odieux.
Si quelquefois, dans leurs ardeurs secrètes,
Leurs os pointus joignent leurs deux squelettes,
Dans leurs transports ils se pâment soudain
Du seul plaisir de nuire au genre humain.

. . . .

Toutes ces lettres, tous ces libelles injurieux que les philosophes ou soi-disant tels se prodiguaient à l'envi, amusaient incontestablement le public, mais faisaient tort à la philosophie. Le poète Dorat[1], trouvant que ces querelles intestines manquaient de dignité, voulut rappeler Voltaire et Rousseau au sentiment des con-

---

1. Dorat (Claude-Joseph) (1734-1780), poète assez connu par ses épigrammes et par les pièces nombreuses qu'il a fait représenter.

venances et il écrivit un *Avis* ... *Sages du siècle*[1] où il leur prêchait la modération.

> Sages fameux, qu'allez-vous faire ?
> Laissez les dogues d'Angleterre
> S'entre-mordre, se déchirer :
> Vous sied-il d'amuser la terre ?
> Vous êtes faits pour l'éclairer.
>
> . . . .
>
> O mes maîtres ! ne donnez pas
> L'exemple de ces vils combats
> Qui font rougir chaque adversaire.
> Pour l'honneur de l'humanité,
> Soyez unis, daignez m'en croire ;
> Vous avez la célébrité,
> Il faut songer à votre gloire.
>
> . . . .
>
> Soyez toujours nos bienfaiteurs ;
> Et, plus dignes de nos hommages,
> Achevez enfin par vos mœurs
> Ce qu'ont ébauché vos ouvrages[2].

A la lecture de cette pièce qui non seulement laissait planer sur ses mœurs un doute blessant, mais encore le mettait en parallèle avec Jean-Jacques, Voltaire ressentit une vive indignation. Il connaissait le marquis de Pezay[3], ami intime et élève de Dorat ; il lui écrivit aussitôt pour se plaindre d'avoir été confondu

---

1. In-8° de 8 pages.
2. 1766.
3. Pezay (Alexandre-Frédéric-Jacques-Massou, marquis de) (1741-1777), littérateur assez médiocre.

d'une manière si désagréable avec Rousseau et, faisant l'historique de ses rapports avec lui, il montrait comment la calomnie et l'ingratitude avaient toujours payé ses soins officieux[1].

Dorat, qui ne tenait nullement à s'attirer la haine du philosophe de Ferney, car il savait ce qu'il en coûtait, s'empressa de l'apaiser par les excuses les plus complètes.

A partir de cette époque, Voltaire, impitoyable, n'a jamais laissé échapper l'occasion d'écraser Rousseau et ses ouvrages. Presque pas un écrit ne sortit de sa plume sans une allusion outrageante pour son ennemi. « Résignons-nous, écrivait-il en 1769, quand nous voyons un petit homme né dans la fange, pétri de tout l'orgueil de la sottise, de toute l'avarice attachée à son éducation, de toute l'ignorance de son école, vouloir dominer insolemment, prétendre faire respecter par les autres têtes toutes les chimères de la sienne, calomnier avec bassesse, et chercher à persécuter avec cruauté. Cet amas de turpitudes est dans sa nature, comme la soif du sang est dans la fouine, et la gravitation dans la matière[2]. »

---

[1]. 5 janvier 1767.
[2]. *Les Adorateurs ou les louanges de Dieu*, ouvrage unique de M. Imhof (1869).

CHAPITRE XXII

1767—1778

Sommaire : Rousseau s'enfuit de Wootton. — Sa lettre au général Conway. — Générosité de Hume. — Jean-Jacques débarque à Calais et s'installe à Trie. — Maladie de du Peyrou. — Rousseau s'établit à Bourgoin. — Il épouse Thérèse Levasseur. — Il souscrit à la statue de Voltaire. — Haine de Choiseul. — Rousseau revient à Paris. — Émotion qu'y cause sa présence. — Lecture des *Confessions*. — L'isolement se fait autour de lui. — Ses hallucinations. — Persécution universelle dont il se croit l'objet. — Arrivée de Voltaire à Paris. — Sa mort. — Mort de Rousseau. — Voltaire et Rousseau après leur mort.

Après la crise cruelle qu'il eut à traverser pendant l'année 1766, Rousseau continua à demeurer chez M. Davenport, mais il s'isola de plus en plus, et son humeur chagrine ne fit qu'augmenter. Il se persuada d'abord que son hôte le supportait avec peine, il exigea des explications, puis il crut s'apercevoir que les domestiques le regardaient de mauvais œil, qu'ils manquaient d'égards pour lui, qu'il était en butte de leur part à un espionnage incessant, etc. Ces récriminations étaient-elles fondées? C'est fort peu vraisemblable, mais ce qu'on peut affirmer sans crainte de se tromper, c'est que Thérèse faisait tous ses efforts pour affoler l'imagination de son compagnon, et lui persuader d'abandonner un pays dont elle ignorait la langue, où elle n'avait aucunes relations, où elle éprouvait un mortel ennui.

Cette femme passait pour méchante, querelleuse, bavarde, elle était si bornée qu'elle ne savait ni l'année, ni le mois, ni le jour de la semaine, elle ne pouvait même pas signer son nom, et cependant elle possédait sur Jean-Jacques l'empire d'une nourrice sur son enfant[1].

« Quelle âme que celle de cette bonne fille ! écrivait-il, quelle fidélité ! quelle affection, quelle patience ! Elle a fait toute ma consolation dans mes malheurs, elle me les a fait bénir.... J'espère que tous ceux qui m'ont aimé lui transporteront les sentiments qu'ils ont eus pour moi : elle en est digne : c'est un cœur tout semblable au mien[2]. »

Dès son arrivée à Wootton, Thérèse se querella avec tous les domestiques et particulièrement avec la nourrice de M. Davenport, vieille femme de quatre-vingt-

---

1. Hui. a Mme de Boufflers, 19 janvier 1766. — En 1762 Rey fit cadeau à Thérèse d'une rente viagère de trois cents francs pour la mettre à l'abri du besoin si le philosophe venait à mourir. Thérèse ne put écrire à Rey pour le remercier, ne sachant même pas *signer*, dit Rousseau.

2. A M. X. 1ᵉʳ août 1763. — Il est vrai que dans un autre moment, il disait d'elle : « Je sens bien qu'elle n'est pas nécessaire à mon moral, mais elle me donne du bouillon parfait, quand je suis malade. »

dix ans, aux trois quarts aveugle et qui avait la haute main dans la maison. A plusieurs reprises il y eut des scènes très vives à propos de chaudrons, de braises, etc.; tantôt les domestiques étaient accusés de mettre à dessein le couvert de travers, tantôt on les soupçonnait de jeter de la cendre sur les plats qu'on servait à table. Thérèse faisait soigneusement remarquer à Rousseau toutes les vilenies auxquelles ils étaient soi-disant en butte.

Sous l'empire de ces persécutions imaginaires, la surexcitation du philosophe devint extrême, et, à la fin d'avril 1767, il se trouvait dans un état d'esprit véritablement lamentable. Il se crut l'objet d'un horrible complot, « il voyait marcher, dit-il, vers son exécution, sans y résister, la conjuration la plus noire, la plus épouvantable qu'on eût jamais tramée contre la réputation d'un humain ». Il crut que le gouvernement, par cela même qu'il venait de lui accorder une pension, était complice du forfait et le retiendrait de force dans le pays. Non seulement sa liberté lui paraissait menacée, mais il croyait ses jours mêmes en danger. Son effroi fut tel que, pour dépister ses persécuteurs, il s'enfuit de Wootton au milieu de la nuit, abandonnant tous ses effets et ne prenant avec lui que les six premiers livres des *Confessions*. Il aurait voulu emporter également un roman qu'il venait d'écrire et qui formait une suite à l'*Émile*, mais, craignant d'en être embarrassé dans sa fuite, il préféra le livrer aux flammes.

Avant de partir, il laissa sur une table une lettre

adressée à M. Davenport, où il le prévenait de sa détermination en lui reprochant de l'avoir si mal accueilli et de n'avoir pas su le protéger contre les persécutions de ses domestiques[1].

Rousseau et Thérèse partirent à pied et en se cachant comme des criminels; ils prirent la route qu'ils croyaient mener vers les côtes de la Manche. Ni l'un ni l'autre ne connaissait le pays, ils ne parlaient pas l'anglais et ils errèrent à l'aventure pendant plusieurs jours. Le philosophe avait emporté des couverts d'argent et il payait son écot dans les auberges en faisant casser un morceau de cuiller ou de fourchette.

Enfin ils arrivèrent à Spalding, dans le comté de Lincoln. C'est de là que Rousseau écrivit au chancelier pour réclamer la protection du roi et demander un détachement de cavalerie qui l'escortât jusqu'à Douvres. En même temps, complètement éperdu, il adressait à M. Davenport une lettre suppliante pour lui demander de le laisser rentrer chez lui : « Je préférais la liberté au séjour de votre maison, lui dit-il, ce sentiment est bien excusable. Mais je préfère infiniment le séjour de votre maison à toute autre captivité, et je préférerai toute captivité à celle où je suis, qui est horrible et qui, quoi qu'il arrive, ne saurait durer. »

M. Davenport envoya en hâte un domestique à Spalding pour ramener les fugitifs, mais ils n'avaient pas

---

[1]. M. Davenport avait toujours traité Rousseau avec la plus grande générosité, et son intention était même de lui laisser par testament la propriété de Wootton.

attendu la réponse et ils avaient pris la route de Douvres.

Deux jours leur suffirent pour parcourir les deux cents milles qui séparent Douvres de Spalding. En arrivant, Rousseau voulut s'embarquer, malheureusement les vents étaient contraires et il vit dans cet événement fortuit une coalition certaine du ciel avec ses ennemis. Il se livrait du reste à toutes les excentricités imaginables; il montait sur les bornes au coin des rues et haranguait le peuple, qui, ne comprenant pas un mot à ses discours, le regardait comme un fou[1].

De Douvres il écrit au général Conway, la lettre la plus extravagante. Il reprend de nouveau le thème de ses accusations contre David : « J'ignore, dit-il, avec quel projet j'ai été amené en Angleterre, mais il y en a eu un, cela est certain », et il ne peut comprendre comment une nation tout entière se prête aux passions d'un particulier qui veut en avilir un autre.

« Vous concevez, Monsieur, que cette ignominie intolérable au cœur d'un homme d'honneur rend au mien le séjour de l'Angleterre insupportable. Mais on ne veut pas que j'en sorte ; je le sens, j'en ai mille preuves, et cet arrangement est très naturel ; on ne doit pas me laisser aller publier au dehors les outrages que j'ai reçus dans l'île, ni la captivité dans laquelle j'ai vécu ; on ne veut pas non plus que mes mémoires passent dans le continent et ailleurs, instruire une

---

1. C'est lui-même qui plus tard a raconté tous ces détails en reconnaissant qu'il avait été frappé d'un véritable accès de folie.

autre génération des maux que m'a fait souffrir celle-ci....

« Je veux sortir de l'Angleterre ou de la vie; et je sens bien que je n'ai pas le choix. Les manœuvres sinistres que je vois m'annoncent le sort qui m'attend, si je feins seulement de vouloir m'embarquer. J'y suis déterminé pourtant, parce que toutes les horreurs de la mort n'ont rien de comparable à celles qui m'environnent. Objet de la risée et de l'exécration publiques, je ne me vois environné que des signes affreux qui m'annoncent ma destinée. C'est trop souffrir, Monsieur.... »

Du reste, on doit y prendre garde ! il a encore quelque réputation, et sa fin tragique ou sa disparition ne pourront avoir lieu sans bruit. Les Anglais savent qu'il a écrit ses *Mémoires*, ils craignent sans doute qu'il ne raconte les traitements qu'il a reçus d'eux. Pour calmer leur effroi et obtenir sa liberté, Rousseau « engage sa foi, sa parole, tous les sentiments d'honneur dont il fait profession, et toutes ces espérances sacrées qui font ici-bas la consolation des malheureux, que non seulement il abandonne pour toujours le projet d'écrire sa vie et ses mémoires, mais qu'il ne lui échappera jamais, ni de bouche, ni par écrit, un seul mot de plainte sur les malheurs qui lui sont arrivés en Angleterre; qu'il ne parlera jamais de M. Hume, ou qu'il n'en parlera qu'avec honneur.... »

« Je m'engage solennellement, dit-il, à ne jamais écrire quoi que ce puisse être, et sous quelque prétexte que ce soit, pour être imprimé ou publié, ni sous mon nom, ni en anonyme, ni de mon vivant, ni après ma mort. »

Enfin il prévient Conway qu'il est résolu à périr plutôt que de rester en captivité.

Il n'y a pas de commentaires à faire sur cette correspondance ; la démence du malheureux Rousseau s'y lit à chaque ligne ; il n'y a pas un mot qui ne dénote la perturbation d'esprit la plus complète. Qui donc songeait à le retenir en Angleterre ? Il en partit aussi librement qu'il y était venu.

Hume, prévenu par M. Davenport et le général Conway des nouvelles folies du philosophe, eut encore la générosité de courir chez M. de Guerchy[1], pour le mettre au courant de ces derniers incidents et le supplier d'obtenir de la cour de France quelque ménagement pour un homme qui évidemment ne jouissait plus de ses facultés. Il écrivit aussi à Turgot dans le même but, et il en reçut la réponse suivante :

« Je me hâte de répondre par ce courrier, quoique je n'aie encore fait aucune démarche pour le malheureux homme auquel il est si digne de vous de prendre intérêt. Le degré de folie qu'il montre aujourd'hui est en vérité préférable à une folie moins exaltée, qui le laissait chargé de tout l'odieux d'un excès d'ingratitude envers vous et M. Davenport. Une pareille ingratitude réfléchie et méditée ne peut me paraître dans la nature.... Je vous remercie de m'avoir choisi parmi vos amis de ce pays-ci pour m'associer à la bonne action que vous voulez faire en lui rendant service. J'y mettrai certainement tout le zèle dont je suis capable.... Il n'y a que l'intérêt même que vous y prenez et la singula-

---

[1]. Ambassadeur de France à Londres.

rité de cette circonstance qui puisse peut-être adoucir le roi sur le compte de M. Rousseau en faisant demander la chose en votre nom par M. de Choiseul[1]. »

Walpole, dès qu'il connut le départ de Rousseau, écrivit également à la duchesse de Choiseul pour lui recommander l'infortuné philosophe, mais son intervention fut peu goûtée :

« Je vous envoie, ma chère enfant, la lettre de M. Walpole, écrivait l'aimable duchesse à sa vieille amie Mme du Deffand, il finit par me recommander Rousseau. La compassion l'égare ; c'est une surprise de son amour-propre. Que puis-je pour Rousseau ? des secours d'argent, ou ma protection pour les Petites-Maisons ? Mais il est à présent hors de France et à l'abri de mes secours. Le protéger dans sa gloire m'aurait paru un acte de vanité, le protéger dans sa folie serait un acte de folie. Mais Rousseau n'est pas plus fou à présent qu'il n'était alors, et n'était pas plus fou alors qu'il ne l'est à présent. Son exhorbitante vanité a toujours tourné sa tête. Il veut qu'on parle de lui, il veut être célèbre à quelque prix que ce soit ; il aurait brûlé le temple d'Éphèse. Je ne serais pas étonnée qu'il finît par se faire prophète, qu'il courût les villages, qu'il assemblât le peuple, qu'il fît des miracles, qu'il finît par être pendu[2].... »

On était tellement habitué aux excentricités de la part de Rousseau que sa fuite d'Angleterre, dans les circonstances que l'on sait, ne causa pas autant de bruit qu'on le pourrait supposer. « L'histoire de Jean-Jacques est

1. 1ᵉʳ juin 1767. Edinburgh's Royal Society Mss. *Hume's life and correspondence.* »
2. 12-14 juin 1767.

admirable, mande Mme du Deffand à Walpole; elle n'a pas fait grande sensation sur tous les gens que j'ai vus, il est si décidé fou, que personne n'oserait chercher quelque ombre de bon sens dans tout ce qu'il a jamais fait[1]. »

Le 21 mai le philosophe arrive à Calais, il en part le 23 pour Amiens où il reste dix jours, puis, après une courte halte chez le marquis de Mirabeau, il s'installe le 21 juin au château de Tric que le prince de Conti, invariable dans son amitié, met à sa disposition. Rousseau, pour ne pas braver ouvertement les lois, prend le nom de Renou[2], et sur le conseil du prince il fait passer Thérèse pour sa sœur afin d'éviter les propos.

Malheureusement, à peine en repos, il est repris par ses terreurs, ses hallucinations. Il se persuade que les domestiques du château sont autant d'espions et de traîtres apostés par ses ennemis, le concierge surtout l'a pris en haine et le persécute. Il ne peut concevoir par quelles mains est poussé cet homme, mais le fait est là, on ne peut le nier.

Le prince de Conti, désolé de l'état d'esprit de son malheureux ami, prend la peine de lui démontrer l'inanité de ses soupçons et il est assez heureux pour le convaincre. Mais aussitôt la folie de Rousseau prend une autre forme. Il n'est plus espionné, il est vrai, mais tout le monde le prend pour un espion et le traite en consé-

---

1. 31 mai 1767.
2. Le prince de Conti avait obtenu que l'on fermerait les yeux sur sa présence et que le Parlement ne le poursuivrait pas.

quence. On peut « juger de sa position, lui qui n'a jamais pu s'habituer à la malveillance de personne! »

Ce n'est pas tout! Le concierge du château est atteint d'une hydropisie et son état s'aggrave. Rousseau compatissant lui envoie du vin, des confitures, du poisson. Le malade succombe. Aussitôt le philosophe se croit soupçonné d'un crime, il s'imagine qu'on l'accuse d'avoir empoisonné ce malheureux, il demande justice et veut à tout prix comparaître devant le Parlement. On a toutes les peines du monde à lui faire abandonner ce projet.

Sur ces entrefaites, du Peyrou vient rendre visite à son ami; par malechance il tombe malade, et dans le délire de la fièvre, hanté par les récits dont son hôte ne cesse de l'entretenir, il repousse le breuvage que Jean-Jacques lui offre, en le disant empoisonné. C'est le dernier coup. Plus que jamais Rousseau se croit de la part de tous ceux qui l'entourent l'objet des plus affreux soupçons. « Tirez-moi de l'abîme d'iniquité où je suis plongé, écrit-il suppliant à Mme de Boufflers, faites-moi finir mes jours en paix. » La comtesse lui répond avec la plus affectueuse bonté; le prince de Conti accourt lui-même à Trie pour donner au fugitif un témoignage éclatant de sa protection, rien ne peut calmer ses terreurs. Au bout d'un an de séjour, arrivé au paroxysme de l'effroi et de l'affolement, il quitte subitement le château de Trie comme il a quitté Wootton; il se rend à Lyon; de là il gagne Chambéry, puis Bourgoing, où il arrive le 16 août 1768.

C'est pendant son séjour à Bourgoing que Jean-Jacques épousa Thérèse Levasseur. Il est assez singulier qu'il n'ait songé à régulariser leur situation que le jour où depuis longtemps déjà leurs relations étaient devenues purement fraternelles. Du reste, tout se passa le plus simplement du monde. Il n'y eut ni cérémonie religieuse, ni cérémonie civile, ni contrat, ni bénédiction nuptiale. « Rousseau nomma simplement Thérèse sa femme en sortant de table et en présence de deux convives[1]. » Il faut dire que Jean-Jacques étant protestant, aucune cérémonie ne lui était permise[2].

« Mme Delessert aura pu vous dire, écrivait-il à M. X, que Mlle Renou est devenue ma sœur Sarah et que je suis son frère Abraham. Si tous les mariages commençaient ainsi par un attachement de vingt-cinq ans confirmé par l'estime, ne pensez-vous pas qu'ils en seraient généralement plus unis[3] ? »

Personne ne comprit cette singulière union ; on ne put s'expliquer pourquoi Rousseau donnait son nom à la créature qu'il traînait à sa suite depuis vingt-trois ans. Ses amis, qui avaient appris à la connaître

---

1. D'Escherny. Ces deux témoins étaient M. de Champagneux, maire de Bourgoing, et M. de Rozière, tous deux officiers d'artillerie.
2. A cette époque les protestants qui voulaient se marier légitimement étaient obligés de se présenter devant l'Église catholique, démarche qui équivalait à une abjuration.
3. *Inédite*. Catalogue d'Autog. 2 septembre 1768. L'année suivante, c'est-à-dire en 1769, cette union, que rien n'était venu troubler tant qu'elle avait été libre, subissait déjà les singuliers effets du lien, bien fragile cependant, que le philosophe avait créé. Jean-Jacques soupçonna Thérèse de froideur, de défiance, et il lui proposa une rupture qui ne fut pas acceptée.

et qui appréciaient à son prix sa valeur morale, furent stupéfaits de cette détermination :

« Si Rousseau l'épouse pour légitimer des enfants, écrit Mlle de Bondeli, je ne puis que l'approuver ; il ne peut leur laisser que son nom, et ce nom-là sera, je crois, une plus forte recommandation dans vingt ans d'ici, qu'il ne l'a été jusqu'ici. Mais s'il n'a pas cette raison, c'est pure faiblesse, assujettissement, dépendance des soins de cette personne qu'il craindrait de perdre ; dans ce cas-là je ne sais ce qu'il peut s'en promettre quand il aura satisfait son ambition. Peut-être aussi que c'est un principe d'honnêteté et de reconnaissance, que la Levasseur lui aurait fait valoir, son temps, ses soins, sa réputation altérée et son sort s'il venait à mourir sans lui laisser son nom[1]. »

Depuis sa fuite d'Angleterre, Rousseau s'occupait de terminer l'histoire de sa vie, qu'il avait commencée à Wootton :

« M. Hume me mande, écrivait d'Alembert à Voltaire, que ce pauvre fou travaille actuellement à ses mémoires dont le premier volume a été fait en Angleterre, et qui doivent en avoir treize ou quatorze (il ne me dit pas, si c'est in-folio ou in-vingt-quatre) ; l'*Histoire romaine* n'en a pas tant. Il est vrai que ce qui regarde ce grand philosophe est absolument la nature entière pour lui, et je lui conseillerais d'intituler son bel ouvrage *Histoire universelle* ou *Mémoires de J.-J. Rousseau*[2]. »

Son idée constante était qu'on voulait l'empêcher d'écrire ses *Mémoires* et qu'une ligue immense dont

1. Julie de Bondeli à Usteri, 1ᵉʳ octobre 1768.
2. 18 janvier 1768.

les réseaux s'étendaient sur l'Europe entière n'avait d'autre but que de le persécuter et d'étouffer sa voix. Pas plus à Bourgoin que dans ses autres résidences, il ne trouva le calme et la tranquillité. A peine installé il se croyait en butte à mille persécutions, et il cherchait une autre retraite qui lui donnât enfin ce repos si ardemment désiré et qui fuyait devant lui comme une ombre insaisissable.

En 1769, il est établi à Monquin ; en 1770, nous le retrouvons à Lyon.

C'est à cette époque qu'il eut l'occasion de jouer à son vieil ennemi un tour excellent et de très bonne guerre.

Un soir de l'année 1770, il y avait grande réunion chez Mme Necker. Hommes de lettres et philosophes s'y trouvaient assemblés. Quand l'assistance fut au complet, la maîtresse de la maison proposa solennellement d'élever une statue au patriarche de la littérature, mais de la lui élever de son vivant[1]. La motion fut votée par acclamation et il fut décidé que la statue serait érigée au moyen d'une souscription publique.

Voltaire s'empressa de remercier Mme Necker, et en même temps il lui adressa quelques vers où il ne

---

1. L'enthousiasme pour Voltaire était tel dans un certain milieu que d'Alembert écrivait à Suard en lui renvoyant quelques lettres du patriarche : « Mille remerciements de ces charmantes lettres. Comme il plaide pour l'humanité ! Ses vers sont languissants mais sa prose est divine, mais son âme est de feu, mais son éloquence, sa bourse, sa protection, tout est actuellement consacré à secourir les malheureux. Une statue! il lui faut un temple ! » (*Inédite*, collection Horteloup.)

laissait pas échapper l'occasion de se moquer de Rousseau, en rappelant que ce philosophe avait demandé depuis longtemps une statue qu'on ne s'empressait pas de lui élever[1].

Les souscriptions affluèrent : les souverains, les hommes de lettres se firent un honneur et un devoir d'envoyer leur offrande[2], mais quelles ne furent pas la rage et l'indignation de Voltaire, quand il apprit par la *Gazette de Berne* que Rousseau avait envoyé sa souscription par l'intermédiaire de M. de la Tourrette. Il écrivit aussitôt à ce dernier pour lui demander si le fait était exact. « J'ai peur, ajoutait-il insidieusement, que les gens de lettres de Paris ne veuillent point admettre d'étrangers. Ceci est une galanterie toute française. Ceux qui l'ont imaginée sont tous artistes ou amateurs. M. le duc de Choiseul est à la tête, et trouverait peut-être mauvais que l'article de la gazette se trouvât vrai[3]. »

La gazette était bien renseignée : Jean-Jacques, ayant entendu parler dans une société de la statue qu'on projetait d'ériger, s'écria avec enthousiasme : « Cela honore la France et le siècle ! Je voudrais bien être admis au nombre des souscripteurs : comment faut-il

---

1. Rousseau avait dit dans sa *Lettre à Christophe :* « Oui, je ne crains point de le dire, s'il existait en Europe un seul gouvernement vraiment éclairé, un gouvernement dont les vues fussent vraiment utiles et saines, il m'eût rendu des honneurs publics, il m'eût élevé des statues. »
2. On voulait engager Piron à contribuer ainsi que ses confrères aux frais de la statue : « Je ne donnerai pas un sou pour la souscription, dit Piron, mais je me charge de l'inscription. »
3. 25 juin 1770.

s'y prendre? » On lui répondit qu'il fallait s'adresser à M. d'Alembert.

Deux jours après il faisait parvenir au philosophe par l'intermédiaire de M. de la Tourrette deux louis d'or. L'envoi était accompagné de la lettre suivante :

$$17\frac{6}{2}70^1$$

Pauvres aveugles que nous sommes!
Ciel, démasque les imposteurs,
Et force leurs barbares cœurs
A s'ouvrir aux regards des hommes[2] !

« J'apprends, monsieur, qu'on a formé le projet d'élever une statue à M. de Voltaire et qu'on permet à tous ceux qui sont connus par quelque ouvrage imprimé de concourir à cette entreprise. J'ai payé assez cher le droit d'être admis à cet honneur pour oser y prétendre, et je vous supplie de vouloir bien interposer vos bons offices pour me faire inscrire au nombre des souscrivants. »

En accusant réception de l'envoi, d'Alembert ajoutait : « M. de Voltaire sera sûrement très sensible à cette marque d'estime de la part de M. Rousseau; je ne manquerai pas de l'en informer. »

Le patriarche y fut sensible, en effet, mais il prit cette marque d'estime pour une sanglante ironie, et il voulut

---

1. Rousseau avait adopté cette manière de dater ses lettres; il partageait le millésime par deux chiffres, dont celui de dessus indiquait le quantième du mois et celui de dessous le rang que tient ce mois dans l'année.

2. Depuis son retour en France, Jean-Jacques faisait précéder *toutes* ses lettres de ces quatre vers destinés à rappeler ses infortunes.

à tout prix la repousser. Ses amis eurent toutes les peines du monde à lui faire comprendre le ridicule dont il allait se couvrir; il se résigna donc, et Jean-Jacques resta au nombre des souscripteurs[1].

Depuis son retour en France, c'est-à-dire depuis près de trois ans, l'état d'esprit de Rousseau ne s'est pas amélioré. Plus que jamais il est possédé de la manie de la persécution, plus que jamais il se croit entouré d'embûches cachées, de trahisons et de perfidies. Mais Voltaire et Tronchin n'occupent plus le premier rang dans la phalange des persécuteurs, c'est Choiseul maintenant qui a pris leur place. La persécution du ministre revêt même parfois les formes les plus inattendues. Ainsi, on n'a pas oublié qu'à la demande de Paoli, Rousseau a préparé un projet de constitution pour la Corse. Que fait Choiseul? il achète l'île aux Génois[2] et s'en empare par la force : « Ce suppôt du despotisme, dit Jean-Jacques, a voulu me ravir la gloire du code que j'avais rédigé pour ces insulaires. »

1. Rousseau se plaint dans ses *Dialogues* (3e) du peu de bruit que fit sa souscription et il en fait retomber la faute sur le « discret » d'Alembert : « Je comprends bien, dit-il, que cette souscription est moins une générosité qu'une vengeance, mais c'est une vengeance à la Jean-Jacques, que Voltaire ne lui rendra pas. »
2. Walpole écrivait plaisamment le 4 juin 1765 : « J'aime les Génois vendant la Corse! Je crois que nous pourrions suivre leur exemple et vendre la France, nous y avons autant de droits et nous l'occupons à peu près de même! A combien peuvent-ils estimer la Corse? Du prix courant des îles, cela ne doit pas monter bien haut. Charles II a vendu l'Angleterre et l'Irlande à Louis XIV pour 300 000 livres sterling par an, et l'on a reconnu que c'était d'une cherté extravagante. Lord Bolingbroke s'est contenté pour cela de 100 000 livres sterling une fois payées, et ces deux pays étaient en bien meilleur état. » (Traduction du comte de Baillon.)

Pour comprendre le degré d'exaltation auquel Jean-Jacques est arrivé, pour se rendre compte exactement de son état mental, il faut lire sa lettre à M. de Saint-Germain, où il décrit avec quelle merveilleuse adresse M. de Choiseul a su le persécuter :

« Pour mieux assouvir sa vengeance, il n'a voulu ni ma mort qui finissait mon malheur, ni ma captivité qui m'eût du moins donné le repos. Il a conçu que le plus grand supplice d'une âme fière était le mépris et l'opprobre.... Il s'est appliqué à me travestir en monstre effroyable... il m'a fait enlacer de toutes parts par ses satellites; il m'a fait traîner par eux dans la fange; il m'a rendu la fable du peuple et le jouet de la canaille. Pour m'accabler encore mieux de la haine publique, il a pris soin de la faire sortir par les moqueuses caresses des fourbes dont il me faisait entourer; et pour dernier raffinement, il a fait en sorte que partout les égards et les attentions parussent me suivre, afin que, quand, trop sensible aux outrages, j'exhalerais quelques plaintes, j'eusse l'air d'un homme qui n'est pas à son aise avec lui-même, et qui se plaint des autres parce qu'il est mécontent de lui.

« Me voilà devenu le mépris, la dérision, l'horreur de cette même nation, dont j'avais, il y a dix ans, l'estime, la bienveillance, j'oserais dire la considération; et ce changement prodigieux, quoique opéré sur un homme du peuple, sera pourtant la plus grande œuvre du ministère de M. de Choiseul, celle qu'il a eue le plus à cœur, celle à laquelle il a consacré le plus de temps et de soins!... Si M. de Choiseul eût employé à bien gouverner l'État la moitié du temps des talents, de l'argent et des soins qu'il a mis à satisfaire sa haine, il eût été l'un des plus grands ministres qu'ait eus la France. »

Dans le courant de l'année 1770, Jean-Jacques, grâce à l'influence de ses amis, obtint l'autorisation tacite de rentrer à Paris[1]. Mais comment le duc de Choiseul put-il se montrer si débonnaire vis-à-vis d'un homme qu'il persécutait avec tant d'acharnement? Le philosophe ne s'est pas expliqué sur cette contradiction au moins étrange.

Depuis longtemps déjà Rousseau désirait ardemment revenir dans la capitale. Il avait une mission à y remplir : confondre ses ennemis et rétablir sa réputation qu'il croyait flétrie. « Ne parlons plus de Chambéry, écrit-il à Moultou le 4 avril 1770, ce n'est pas là où je suis appelé. L'honneur et le devoir crient, je n'entends plus que leur voix. »

Il part donc pour Paris, et son arrivée cause tout d'abord une certaine sensation. Pendant quelques jours il n'est question que de lui. Il se montre plusieurs fois au café de la Régence, sur la place du Palais-Royal; sa présence y attire une grande affluence; on s'attroupe sur la place pour le voir passer. « On demandait à la moitié de cette populace ce qu'elle faisait là, dit Grimm, elle répondait que c'était pour voir Jean-Jacques. On lui demandait ce que c'était que Jean-Jacques, elle répondait qu'elle n'en savait rien, mais qu'il allait passer. » Ce n'était plus cependant l'étrangeté de son

---

1. Quand il revint en France en 1767, Rousseau promit au duc de Choiseul de ne faire paraître aucun ouvrage sans son consentement. Choiseul fut disgracié en décembre 1770. En 1771, Jean-Jacques le fit prier par l'intermédiaire d'amis communs de lui rendre sa parole et le duc obtempéra à ce désir par une lettre du 5 février 1772.

costume qui attirait la foule, car il avait eu le bon goût
d'y renoncer.

Flatté d'un tel empressement, Rousseau se prêtait volontiers à ces exhibitions publiques et il faisait la fortune du cafetier, dont le local devenait insuffisant pour contenir tous les enthousiastes du grand homme.

On s'étonnait cependant de voir un homme frappé par le Parlement vivre d'une manière aussi publique dans « le lieu même de son décret », et bien des gens blâmaient la faiblesse du gouvernement. Mais personne assurément ne s'indigna plus de cette tolérance que Voltaire. Ainsi l'auteur de la *Henriade*, sur une simple interdiction verbale et sans qu'aucune condamnation l'ait jamais frappé, restait exilé de Paris; depuis près de vingt ans il s'épuisait en vains efforts pour y rentrer, et l'auteur du *Contrat social*, sous le coup d'un décret de prise de corps, s'y promenait paisiblement, en narguant les lois : « Il est plaisant, écrivait le patriarche avec humeur au duc de Richelieu, il est plaisant qu'un garçon horloger, avec un décret de prise de corps, soit à Paris, et que je n'y sois pas. »

Pendant les premiers temps de son séjour, Rousseau jouit d'une véritable vogue, non seulement auprès de la populace, mais aussi dans le monde et surtout dans cette nouvelle génération qui ne le connaissait que par ouï-dire et éprouvait pour l'auteur d'*Émile* et de la *Nouvelle Héloïse* la plus impatiente curiosité.

Son humeur s'était complètement transformée :
« il avait déposé sa peau d'ours avec son habit

d'Arménien, il était redevenu galant et doucereux[1]. »
Bien loin de brusquer les gens, il les accueillait avec
bonne grâce, il acceptait les invitations, bref il s'humanisait au point d'aller souper chez Sophie Arnould. On
pouvait croire qu'il cherchait à faire revenir le public
de la mauvaise impression qu'avaient laissée son caractère et son insociabilité. « Je suis depuis mon arrivée tellement accablé de visites et de dîners, écrit-il à
M. de la Tourrette, que si ceci dure, il est impossible
que j'y tienne, et malheureusement je manque de force
pour me défendre[2]. »

Mais la petite cour qui se pressait autour de lui en 1770
ne ressemblait guère à celle qui l'entourait à l'Ermitage
et chez Mme de Luxembourg. Aussi bien pour les hommes
de lettres que pour les grands seigneurs, le niveau s'était sensiblement abaissé. Mme du Deffand le disait avec
beaucoup de justesse : « Le spectacle que cet homme
donne ici est au rang de ceux de Nicolet. C'est actuellement la populace des beaux esprits qui s'en occupe[3]. »

Il était resté vis-à-vis de ses anciens amis dans un
dédaigneux éloignement et il n'avait pas voulu les
revoir ; Mme de Boufflers elle-même, à laquelle il avait
de si grandes obligations, ne trouva pas grâce à ses
yeux : n'était-elle pas coupable du crime irrémissible de
l'avoir blâmé dans sa querelle avec Hume[4] ?

1. *Corresp. littér.* de Grimm.
2. 4 juillet 1770.
3. Mme du Deffand à Walpole, 15 juillet 1770.
4. Il accuse nettement dans les *Confessions* Mme de Boufflers et Mme de
Verdelin de l'avoir *livré* à Hume : « on verra dans ma troisième partie,

Peu de temps après son retour à Paris, Rousseau mit la dernière main à ses *Confessions*, qu'il avait à peu près terminées pendant sa vie errante de 1767 à 1770. On avait beaucoup parlé de l'ouvrage, il inspirait la plus vive curiosité, mais personne ne devait en avoir connaissance puisque l'auteur, pour se dérober aux réclamations de tous les personnages vivants qui y jouaient un rôle peu agréable, avait décidé qu'il ne paraîtrait qu'après sa mort.

Cependant, cédant aux instances de ses amis, il consentit à faire de son œuvre quelques lectures en petit comité pendant l'hiver de 1770 à 1771[1].

La sociabilité du philosophe fut éphémère et son naturel sauvage et ombrageux reprit vite le dessus. Les fantômes qui hantaient son cerveau revinrent bientôt plus tenaces que jamais. Après avoir recherché la société, il s'en fatigua, et, se plaignant des instances importunes dont il était l'objet, il ferma impitoyablement sa porte. Après les lectures des *Confessions*, il prétendit qu'on l'avait diffamé, il renonça à tout commerce avec les quelques amis qu'il fréquentait depuis son retour.

---

dit-il,... comment les deux dames qui disposaient de moi et de ma réputation, après m'avoir, à force d'intrigues, chassé de la Suisse, où je n'étais pas assez en leur pouvoir, parvinrent enfin à me livrer à leur ami. »

1. La première lecture eut lieu chez M. du Pezay, en présence de Dorat, Dussaulx, Barbier de Neuville, Le Mierre, etc. Dorat publia le récit dans un journal. Une seconde eut lieu en présence du comte et de la comtesse d'Egmont, du prince Pignatelli, de la marquise de Mesmes et du marquis de Juigné. Mme d'Épinay, se voyant gravement compromise par les récits des *Confessions*, s'adressa au lieutenant de police qui fit interdire à Rousseau de poursuivre ses lectures.

Duclos lui-même, avec lequel il était lié depuis plus de vingt ans et qu'il avait toujours regardé comme le seul homme sûr, vrai et vertueux, ne fut pas plus épargné ; il l'accusa d'avoir abusé des *Confessions* qu'il lui avait confiées et de « n'avoir fait du plus sacré dépôt de l'amitié qu'un instrument d'imposture et de trahison. »

Mais les temps n'étaient plus les mêmes. Une nouvelle génération avait succédé aux enthousiastes de 1760. Les brusqueries, les excentricités qui, vingt ans plus tôt, alors qu'elles étaient raisonnées, lui avaient attiré tant de dévots et avaient contribué à sa réputation, aujourd'hui qu'elles étaient spontanées et faisaient partie inhérente de son caractère, furent médiocrement goûtées. Cette humeur sombre, ces incartades inattendues, parurent fort étranges et fort déplacées. Tous ces amis de fraîche date, dont il s'était si complaisamment entouré dès son arrivée à Paris, furent moins patients que Mme d'Épinay, Mme de Boufflers, Mme de Luxembourg, d'Alembert, Voltaire, Diderot, etc. Sa méchante humeur fut prise au sérieux ; il malmena ses nouveaux amis, ils ne revinrent plus ; il demanda qu'on le laissât en repos, la solitude se fit autour de lui.

En revenant dans la capitale, il s'était imaginé qu'il allait y produire une longue et durable sensation ; il se rappelait les quelques jours qu'il y avait passés en 1765 et pendant lesquels la ville entière n'avait vécu que pour lui ; il croyait que les mêmes transports allaient se reproduire ; il se voyait déjà tenant le premier rang, fêté, adulé, honoré, pendant que son éternel ennemi continuerait à se morfondre à Ferney.

L'illusion fut de courte durée. Après un premier accès d'enthousiasme plus factice que réel, on se conforma à ses désirs, on ne s'occupa plus de lui, il se vit seul, abandonné, et son orgueil en reçut la plus cruelle atteinte. Il ne put pardonner à ses contemporains l'oubli dans lequel ils le laissaient. Plus que jamais il se persuada qu'il était victime d'une conspiration universelle, qu'il n'avait autour de lui que trahison, duplicité et mensonge. Ennuyé des « caresses fardées » qu'on lui prodiguait, fatigué « de ces démonstrations moqueuses et mensongères, indigné d'être ainsi le jouet de ses prétendus amis, il cessa de les voir et se retira sans leur cacher son dédain[1] ».

De 1770 à 1778, sa vie s'écoula paisiblement, sans incidents graves; il vécut obscur et ignoré dans une petite maison de la rue Plâtrière. « Deux petits lits de cotonnade rayée de bleu et de blanc, une commode, une table et quelques chaises faisaient tout son mobilier. Aux murs étaient attachés un plan de la forêt et du parc de Montmorency, où il avait demeuré, et une estampe du roi d'Angleterre, son ancien bienfaiteur[2] ».

Les circonstances que nous venons de rapporter n'étaient pas de nature à guérir Jean-Jacques de la manie de la persécution qui le possédait. Plus il vit ses amis s'éloigner, plus il crut que la ligue universelle

1. *Dialogues.*
2. Bernardin de Saint-Pierre.

dirigée contre lui redoublait d'efforts pour l'abattre. Il oubliait que c'était lui-même qui de sa propre main chassait ses amis.

L'idée de la persécution ne le quittait ni jour ni nuit; il en parlait sans cesse, et ses interlocuteurs devaient se prêter à sa chimère, avoir l'air d'y ajouter foi, sans quoi il les regardait comme des espions et ne voulait plus les voir.

Il leur tenait les propos les plus bizarres :

« D'ici, Monsieur, disait-il à Dussaulx, du coin de mon feu où nous sommes, je vois et j'entends à cent lieues à la ronde, tout ce qui se dit, tout ce qui se trame contre moi.... Vous verrez que pour me forcer à boire la coupe amère de l'ignominie, mes ennemis auront soin de la faire circuler sans cesse autour de moi dans l'obscurité, de la faire dégoutter sur ma tête afin qu'elle m'abreuve, m'inonde, me suffoque. Tout sera pour moi secret, mystère ou mensonge, on élèvera autour de moi un impénétrable édifice de ténèbres. »

Une des formes les plus singulières de sa maladie, c'est que, moins la persécution qui le frappait était visible, plus il en était convaincu; moins il pouvait découvrir ses ennemis, plus il croyait à leur rage et à leur acharnement. Le désabuser était impossible puisque tout concourait à lui prouver la réalité de ses soupçons, même la tranquillité dont il jouissait, même les égards qu'on avait pour lui, même les marques d'affection de ses amis.

Les propos qu'il tenait dénotaient la perturbation

d'esprit la plus complète : « Hélas! disait-il à Dussaulx, depuis dix ans que l'on me traque comme une bête fauve, je ne cause plus avec sécurité qu'à la fin de la journée et lorsque mes ennemis commencent à s'endormir : que dis-je? ils me font alors surveiller par leurs espions[1]. »

Parlant d'une troupe de moineaux qu'il avait longtemps nourris sur sa fenêtre, il s'écriait : « Je les croyais mes amis, mais ils ne valent pas mieux que les hommes. Un jour je veux les caresser, et voilà qu'ils s'envolent comme si j'eusse été un oiseau de proie. Ils n'auront pas été à deux pas de la maison, qu'ils auront dit pis que pendre de moi[1]. »

Il en était arrivé, raconte Rulhières, à se méfier de son propre chien, parce que les caresses de cet animal étaient trop fréquentes et qu'il y avait là-dessous quelque mystère caché.

Le jour de la mort de Louis XV, Jean-Jacques reçoit la visite d'un de ses amis qui le trouve abîmé dans la douleur. Il lui en demande la cause : « Il y avait en France, lui répond le philosophe, deux hommes également détestés, moi et le roi : il n'en reste plus qu'un, et vous sentez, mon ami, que je vais hériter de la haine que l'on portait à ce prince; ainsi, vous voyez où j'en suis[2]. »

Un jour Ducis lui rend visite; voyant l'heure du dîner approcher, il se lève et part. A peine dans l'escalier,

---

1. Dussaulx.
2. Dussaulx.

le philosophe le rappelle pour s'excuser de ne pas l'avoir invité : « Mais mon ami, lui dit-il, s'il vous était arrivé à ma table le moindre accident, qu'en auraient pensé mes inséparables ennemis, qui, comme vous le savez, ont des espions partout et ne me perdent pas de vue? Le soir même ils auraient dit à tout venant : « Jean-« Jacques vient d'empoisonner Ducis », et tout le monde l'aurait cru. »

Il demanda un jour le prix des pois à la Halle[1]. On le lui dit. « Eh bien, répondit-il, voyez la profondeur des machinations de mes ennemis, ils emploient pour me cerner de toutes parts plus d'idées qu'il n'en faudrait pour gouverner l'Europe. Je ne paie, moi, les petits pois que tant, expliquez-moi, si vous le pouvez, cette préférence[2]. »

En 1775, les comédiens français voulurent jouer une œuvre du philosophe intitulée *Pygmalion*[3]. Ils députèrent Larive auprès de l'auteur pour lui demander son agrément, mais Rousseau, fidèle à son caractère, refusa

---

1. Corancez, an VI.
2. Ses amis, d'accord avec Thérèse, avaient eu en effet recours à une ruse pour lui procurer une nourriture meilleure; ils donnaient secrètement de l'argent à Mlle Levasseur qui trompait Rousseau sur le prix de ses achats. (Note de l'éditeur anglais des *Dialogues*.)
3. « C'est un nouveau genre de drame lyrique, composé presque en entier d'un simple monologue, où le discours, sans être jamais chanté, est coupé par des traits de symphonie qui expriment successivement les différents sentiments qu'éprouve le personnage. Le sujet est Pygmalion dans son atelier, voulant travailler et ne le pouvant pas, parce qu'il a la tête pleine de sa statue de Galathée dont il est devenu amoureux; il y revient sans cesse, il demande à Vénus de mettre une âme dans son beau corps, ses vœux sont exaucés.... » (Correspondance *Inédite* de Suard, communiquée par M. Horteloup.)

d'ouvrir sa porte et répondit par le trou de la serrure qu'il ne pourrait ni donner ni refuser son consentement; « du reste, ajouta-t-il, je vous avertis qu'il y a une sottise dans la pièce. »

L'ouvrage fut joué :

« J'ai assisté à la première représentation et j'ai cru voir une loge des Petites-Maisons ouverte, écrit Suard. Malgré le défaut de naturel, de vraisemblance et d'intérêt, ce nouveau drame a excité de grands applaudissements, mais la nouveauté du spectacle, le nom de J.-J. Rousseau, le zèle des enthousiastes, la beauté de la décoration, la beauté plus touchante encore de Mlle Raucour, qui faisait la statue, enfin l'art et la chaleur avec lesquels Larive a joué son rôle, tout cela me paraît avoir échauffé les spectateurs. »

Mais comment s'exerce cette persécution si flagrante et cependant si peu visible qui accable Rousseau? Lui-même se charge de nous le dire :

« Dès qu'il s'établit quelque part, les murs, les planchers, les serrures, tout est disposé autour de lui pour la fin qu'on se propose, et l'on n'oublie pas de l'envoisiner convenablement, c'est-à-dire de mouches venimeuses, de fourbes adroits et de filles accortes à qui l'on a bien fait la leçon. C'est une chose assez plaisante de voir les barboteuses de nos messieurs prendre des airs de vierges pour tâcher d'adorer cet ours[1]. »

Pour rendre ses plaintes chimériques, pour le mieux « rassasier du pain de l'ignominie et de la coupe de l'op-

1. Premier dialogue.

probre, on affecte pour lui des attentions moqueuses et dérisoires, des respects comme ceux qu'on prodiguait à Sancho dans son île et qui le rendent encore plus ridicule aux yeux de la populace[1]. »

Bien entendu toutes ses lettres sont ouvertes et l'on retient celles qui pourraient l'instruire :

« On a trouvé l'art de lui faire de Paris une solitude plus affreuse que les cavernes et les bois, où il ne trouve au milieu des hommes ni communication, ni consolation, ni conseil, ni lumières, ni rien de ce qui pourrait lui aider à se conduire, un labyrinthe immense où on ne lui laisse apercevoir dans les ténèbres que de fausses routes qui l'égarent de plus en plus. S'il entre en quelque lieu public, il y est regardé et traité comme un pestiféré : tout le monde l'entoure et le fixe, mais en s'écartant de lui et sans lui parler, seulement pour lui servir de barrière; et s'il ose parler lui-même et qu'on daigne lui répondre, c'est toujours par un mensonge ou en éludant ses questions d'un ton si rude et si méprisant, qu'il perd envie d'en faire. Au parterre, on a grand soin de le recommander à ceux qui l'entourent, et de placer toujours à ses côtés un garde ou un sergent qui parle ainsi fort clairement de lui sans rien dire.

« On l'a montré, signalé, recommandé partout aux facteurs, aux commis, aux gardes, aux mouches, aux savoyards, dans tous les spectacles, dans tous les cafés, aux barbiers, aux marchands, aux colporteurs, aux libraires. S'il cherchait un livre, un almanach, un roman, il n'y en aurait plus dans tout Paris : le seul désir manifesté de trouver une chose telle qu'elle soit, est pour lui l'infaillible moyen de la faire disparaître[1].

---

1. Premier dialogue.

« Veut-il passer l'eau vis-à-vis les Quatre-Nations, on ne passera point pour lui, même en payant la voiture entière. Veut-il se faire décrotter, les décrotteurs, surtout ceux du Temple et du Palais-Royal, lui refuseront avec mépris leurs services.

« Une de leurs plus jolies inventions est le parti qu'ils ont su tirer de l'usage annuel de brûler en cérémonie un Suisse de paille dans la rue aux Ours. Cette fête populaire paraissait si barbare et si ridicule en ce siècle philosophe, que déjà négligée on allait la supprimer tout à fait si nos messieurs ne se fussent avisés de la renouveler bien précieusement pour Jean-Jacques. A cet effet, ils ont fait donner sa figure et son vêtement à l'homme de paille, ils lui ont armé la main d'un couteau bien luisant, et, en le faisant promener en pompe dans les rues de Paris, ils ont eu soin qu'on le mît en station directement sous les fenêtres de Jean-Jacques, tournant et retournant la figure de tous côtés pour la bien montrer au peuple, à qui cependant de charitables interprètes font faire l'application qu'on désire, et l'excitent à brûler Jean-Jacques en effigie, en attendant mieux[1]. »

Ce n'est pas à la légère et sans preuves que Rousseau se dit victime d'une conspiration universelle, il ne combat pas une chimère. Lui-même a tenu à bien établir les motifs de son opinion :

Les philosophes, à l'en croire, sont les seuls coupables ; ce sont eux et eux seuls qui ont organisé cette noire intrigue par jalousie contre un infortuné dont ils ne pouvaient égaler le talent. Associés à des hommes puissants, ils sont devenus les arbitres de l'opinion publique

1. Premier dialogue.

et ils se sont servis de leur pouvoir pour étreindre Rousseau dans des liens dont il ne peut se dégager. Tous les événements qui lui arrivent, et qui paraissent accidentels et fortuits, sont concertés d'avance ; tout ce qui doit lui arriver dans la suite a déjà sa place marquée dans le tableau[1]. Les ligueurs, très habiles, ne l'attaquent jamais qu'à mots couverts, sans jamais le nommer, ni lui ni ses livres.

Mais n'est-il pas invraisemblable que le monde entier ait concouru à ce ténébreux dessein ? L'explication est fort simple : l'art des conjurés a été de ne pas dévoiler la trame à tous les yeux et de n'initier chacun dans le complot qu'autant que l'exigeait la partie de l'exécution qui lui était confiée. Il n'y a peut-être pas dix personnes qui connaissent le fond de la trame[2].

Quelle est la cause de cet acharnement ? Rousseau lui-même ne peut supposer que cet accord si unanime n'ait aucun fondement raisonnable et que toute une génération s'accorde pour violer toutes les lois de la justice, toutes les règles du bon sens, sans objet, sans profit, sans prétexte, uniquement pour satisfaire une fantaisie. Et cependant, après avoir soigneusement cherché les raisons de ce parti suivi par tout le monde, il n'a rien trouvé, il n'a pu parvenir à s'expliquer ce qui lui arrive et rien n'a pu l'éclairer sur ces étranges dispositions[3].

1. Troisième dialogue.
2. Troisième dialogue.
3. Premier dialogue.

Quelque âme juste et généreuse a-t-elle pris le parti de l'opprimé? Y a-t-il au moins un homme qui n'ait pas partagé « un aveuglement si stupide, une si absurde prévention? »

« La ligue est universelle, dit Rousseau sans exception, sans retour, et je suis sûr d'achever mes jours dans cette affreuse proscription, sans jamais en pénétrer le mystère[1]. »

C'est pendant que le malheureux philosophe était en proie aux hallucinations dont nous venons de donner quelques exemples, qu'il écrivit[2], pour protéger, disait-il, sa mémoire contre les calomnies de ses contemporains, deux appendices à ses *Confessions*, sous les titres de *Dialogues* et de *Rêveries*.

Voici ce qu'on lit en tête de ce singulier ouvrage :

« Qui que vous soyez que le ciel a fait l'arbitre de cet écrit, quelque usage que vous ayez résolu d'en faire et quelque opinion que vous ayez de l'auteur, cet auteur infortuné vous conjure, par vos entrailles humaines et par les angoisses qu'il a souffert en l'écrivant, de n'en disposer qu'après l'avoir lu tout entier. Songez que cette grâce que vous demande un cœur brisé de douleurs est un devoir d'équité que le ciel vous impose. »

Quand Jean-Jacques eut composé ce long panégyrique pour bien prouver la persécution dont il était victime, il s'imagina que les contemporains, qui le guet-

1. Huitième promenade.
2. Il les composa de 1772 à 1776.

taient et le surveillaient, s'arrangeraient de façon à détruire son œuvre et empêcheraient sa justification de parvenir à la postérité. Pour échapper à leur surveillance, il en fit trois copies et, dans un moment d'abandon, en remit une à l'abbé Etienne Bonnot de Condillac, une seconde à Moultou, la dernière à M. Brooke Boothby, jeune Anglais qu'il avait connu à Wootton; tous trois s'engagèrent sous les serments les plus sacrés à publier le manuscrit après la mort de l'auteur. Mais, la réflexion aidant, Jean-Jacques se persuada qu'il serait trahi par eux comme par le reste des humains. Convaincu que toutes ses mesures étaient fausses, tous ses soins inutiles, qu'il ne pouvait se fier à aucune âme humaine, il résolut de s'en rapporter à la Providence et de déposer son manuscrit sur le grand autel de Notre-Dame de Paris.

Après avoir soigneusement étudié les lieux, il se rend à Notre-Dame muni de son manuscrit. En tête de l'ouvrage se trouvait cette dédicace :

Dépôt remis à la Providence.

« Protecteur des opprimés, Dieu de justice et de vérité, reçois ce dépôt que remet sur ton autel et confie à la Providence un étranger infortuné, seul, sans appui, sans défenseur sur la terre, outragé, moqué, diffamé, trahi de toute une génération, chargé depuis quinze ans à l'envi de traitements pires que la mort, et d'indignités inouïes jusqu'ici parmi les humains, sans avoir pu jamais en apprendre au moins la cause.... Providence éternelle, mon seul espoir est en toi. Daigne prendre mon dépôt sous ta garde, le faire tomber en des mains jeunes et fidèles qui le transmettent exempt de fraude à une meilleure génération : qu'elle apprenne en déplorant mon sort comment fut traité par celle-ci un homme sans fiel et sans fard, ennemi de toute injustice, mais patient à l'endurer, et qui jamais n'a fait, ni voulu, ni rendu de mal à personne. »

Rousseau entre dans l'église par une porte latérale et, profitant d'un moment où la nef est déserte, il se précipite vers le grand autel. Mais ô terreur! une grille qu'il n'avait jamais vue se dresse entre lui et l'autel[1]. Terrifié de cet obstacle imprévu, il croit, dans un premier transport, voir le ciel même concourir à l'œuvre d'iniquité des hommes et il s'enfuit éperdu. En proie à la plus vive agitation, dit-il, « je courus tout le reste du jour, errant de toutes parts, sans savoir ni où j'étais, ni où j'allais, jusqu'à ce que, n'en pouvant plus, la lassitude et la nuit me forcèrent à rentrer chez moi, rendu de fatigue et presque hébété de douleur. »

Désespéré de l'insuccès de cette tentative dans laquelle il avait mis toutes ses espérances, il prit le parti d'écrire « une espèce de billet-circulaire adressé à la nation française, d'en faire quelques copies et de les distribuer aux promenades et dans les rues, aux inconnus dont la physionomie lui plairait le plus. »

« Je fis, dit-il, mon petit écrit en forme de billet et j'eus la patience d'en tirer un grand nombre de copies. Mais, pour en faire la distribution, j'éprouvai un obstacle que je n'avais

---

1. On avait simplement fermé les grilles des bas-côtés qui environnaient le chœur.

pas prévu, dans le refus de le recevoir par ceux à qui je le présentais. La suscription était : *A tout Français aimant encore la justice et la vérité.* Je n'imaginais pas que sur cette adresse, aucun l'osât refuser; presque aucun ne l'accepta. Tous, après avoir lu l'adresse, me déclarèrent avec une ingénuité qui me fit rire au milieu de ma douleur, qu'il ne s'adressait pas à eux : « Vous avez raison, leur disais-je en le reprenant, je vois bien que je m'étais trompé. » Voilà la seule parole franche que depuis quinze ans j'aie obtenue d'aucune bouche française[1]. »

On voit dans quel état d'esprit Rousseau passa les dernières années de sa vie. Il était tellement convaincu de la réalité de ses malheurs, qu'il ne se comparait plus seulement à Socrate, mais qu'il se mettait sans cesse en parallèle avec Jésus-Christ.

En 1778, Voltaire obtint enfin l'autorisation de venir à Paris. Son arrivée fut un triomphe : jamais on n'avait vu pareil enthousiasme. Quelle différence entre cette réception et l'accueil qu'avait reçu Rousseau huit ans auparavant! quelle différence entre tous ces personnages marquants qui assiégeaient la demeure de Voltaire et la populace qui courait au café de la Régence pour voir passer le citoyen de Genève!

S'il faut en croire les rares hommes de lettres qui fréquentaient encore l'humble demeure de la rue Plâtrière, Jean-Jacques ne s'émut pas des honneurs extraordinaires rendus à son rival et sut conserver toute sa dignité.

---

1. Histoire du précédent écrit.

Il demanda un jour à Bernardin de Saint-Pierre s'il n'irait pas, comme tous les gens de lettres, se présenter chez Voltaire : « Non, répondit l'écrivain, je serais trop embarrassé pour aborder un homme qui, comme un consul romain, a des peuples pour clients et des rois pour flatteurs. Je ne suis rien : je ne sais même pas tourner un compliment. » — « Oh ! répondit Jean-Jacques, vous n'avez pas une idée convenable de Voltaire : il n'aime pas tant à être loué. Un jour, un avocat du Bugey l'étant venu voir, s'écria en entrant dans son cabinet : « Je viens saluer la lumière du monde. » Voltaire se mit à crier aussitôt : « Madame Denis, apportez les mouchettes. »

Rousseau parlait souvent de Voltaire avec ses amis, mais, paraît-il, avec modération. Il aimait à rendre justice à la diversité de ses talents et à sa fécondité inépuisable. Quant à son caractère, il n'en disait que ces mots : « Je ne sache pas d'homme dont les premiers mouvements aient été plus beaux que les siens, mais la réflexion le rend méchant[1]. »

Le lendemain du jour où le patriarche fut couronné au Théâtre-Français, un des assistants, croyant faire sa cour à Rousseau lui raconta la cérémonie avec les plaisanteries les plus déplacées : « Comment, dit Jean-Jacques avec chaleur, on se permet de blâmer les honneurs rendus à Voltaire dans le temple dont il est le dieu et par les prêtres qui, depuis cinquante ans, y vivent de ses chefs-

---

1. Dussaulx.

d'œuvre! Qui voulez-vous donc qui y soit couronné[1]? »

Il est vrai que quand Bernardin de Saint-Pierre racontait que Montesquieu appelait Voltaire le Pantalon de la philosophie, Rousseau l'arrêtait pour lui dire : « Non, il en est l'Arlequin. »

Voltaire ne survécut que peu de jours à son apothéose du Théâtre-Français; il mourut le 30 mai 1778. Sa mort causa dans toute l'Europe une immense sensation. Le clergé s'opposa à l'inhumation, mais, grâce aux mesures prises par l'abbé Mignot, neveu du philosophe, le corps fut honorablement enterré dans l'abbaye de Scellières.

Après la mort du patriarche, on fit courir dans Paris cette épitaphe dont la paternité fut attribuée, sans preuves, du reste, à Rousseau.

> Plus bel esprit que grand génie,
> Sans loi, sans mœurs et sans vertu,
> Il est mort comme il a vécu,
> Couvert de gloire et d'infamie.

Jean-Jacques, qui prétendait ne pouvoir vivre en paix tant que Voltaire serait vivant, suivit de près dans la tombe son irréconciliable ennemi. Le 2 juillet 1778, il mourut subitement à Ermenonville, chez M. de Girardin, dont il avait accepté l'hospitalité.

On a nié qu'il se fût donné la mort, mais, avec son caractère, l'hypothèse du suicide nous paraît de beaucoup la plus vraisemblable. Sa mort passa presque inaperçue.

---

[1]. Corancez.

Son corps fut déposé dans l'île des Peupliers, à Ermenonville, où M. de Girardin lui fit élever un tombeau[1].

———

Après avoir suivi Voltaire et Rousseau dans les différentes phases de leur longue lutte, nous devons raconter comment la destinée s'est complu à rapprocher après leur mort ces deux implacables ennemis.

Un décret de l'Assemblée nationale[2] décida que les restes de Voltaire seraient ramenés à Paris. Le 10 juillet 1791, un cortège immense transportait triomphalement au Panthéon[3] les cendres du patriarche de la philosophie.

Trois ans plus tard, la Convention décrétait que Jean-Jacques Rousseau et Marat seraient également transportés dans le temple que la patrie reconnaissante dédiait aux grands hommes. Le 20 vendémiaire an III[4], une foule enthousiaste accompagnait d'Ermenonville au Panthéon les restes du citoyen de Genève[5].

---

1. On peut remarquer une singulière coïncidence dans la conduite que tinrent les deux femmes qui pendant de si longues années avaient vécu près des deux philosophes. Bien qu'il n'y ait pas de parallèle à établir entre Mme Denis et Thérèse Levasseur, il est assez curieux que l'une et l'autre, malgré un âge qui pouvait raisonnablement les mettre à l'abri des passions, se soient empressées de se marier. Maman Denis, avec ses soixante ans bien comptés, épousa M. Duvivier, à la grande indignation de l'Académie, et peu de temps après fut fort maltraitée par son jeune époux. Quant à Thérèse, c'est le valet de chambre de M. de Girardin qui hérita de ses cinquante et quelques années.

2. Du 30 mai 1791.

3. Nouveau nom qu'on venait de donner à l'église Sainte-Geneviève.

4. 11 octobre 1794.

5. Rousseau fut l'idole de la Révolution. Son *Contrat social* devint l'évangile des révolutionnaires ; quand on déposait une motion à la tribune de l'Assemblée, il était essentiel de prouver d'abord qu'elle n'était pas en contradiction avec les principes de Rousseau. Thérèse Levasseur reçut de l'État une pension de 1500 francs.

L'influence des idées françaises se fit sentir jusque dans la patrie de Rousseau. Le 3 janvier 1791, ses concitoyens demandèrent que le décret rendu autrefois contre lui fût aboli et que pour effacer l'outrage qu'il avait reçu on lui élevât enfin cette statue qu'il avait vainement demandée pendant sa vie. Le gouvernement répondit aux citoyens que le décret prononcé en 1762 étant illégal, se trouvait par cela même frappé de nullité, et que mention en serait faite en marge de la délibération du Conseil qui avait condamné l'*Émile*[1]. Quant à la statue, il engagea les Genevois à en élever une dans leur cœur, les assurant qu'il n'y en avait pas de plus durable.

En 1793, cependant, les Genevois érigèrent au milieu du bastion bourgeois une colonne de quarante pieds de haut sur laquelle était placé un buste de Rousseau[2]. De 1794 à 1798, on célébra chaque année la fête du Citoyen; en 1798, la République française s'étant emparée de Genève, la fête cessa d'avoir lieu.

Le Directoire avait décidé d'élever un monument à Jean-Jacques dans le jardin des Tuileries, mais le Consulat survint et le projet fut abandonné. Une réaction s'opérait contre l'enthousiasme qui avait saisi la Révolution en faveur de l'auteur du *Contrat social*. Dès 1802, Bonaparte était supplié de purger la demeure destinée aux grands hommes et de traîner « l'urne infâme de Rousseau hors du temple des Dieux[3]. »

Sous l'Empire, le Panthéon fut rendu au culte; on respecta cependant les tombeaux des deux philophes.

1. Voir page 205.
2. En 1819, la promenade où ce buste était placé fut convertie en Jardin des Plantes. On en profita pour faire disparaître le buste. Mais en 1821 on en éleva un autre.
3. Epitaphe de J.-J. Rousseau à placer sur la porte du Panthéon, par A. J. Guyot. Germinal an X.

S'il faut s'en rapporter au récit reproduit par l'*Intermédiaire*[1], « aussitôt après la rentrée des Bourbons à Paris au mois d'avril 1814, les hommes du parti royaliste qui avaient le plus contribué à la Restauration se préoccupèrent de la sépulture de Voltaire et regardèrent comme un outrage à la religion la présence du corps de cet excommunié dans une église. » Il fut décidé qu'on enlèverait sans bruit les restes de Voltaire et de Rousseau et qu'on les ferait disparaître.

Une nuit du mois de mai 1814, les ossements des deux philosophes furent extraits des cercueils de plomb[2] où ils avaient été enfermés; on les réunit dans un sac de toile et on les porta dans un fiacre qui stationnait derrière l'église.... On arriva vers deux heures du matin, par des rues désertes, à la barrière de la Gare, vis-à-vis Bercy. Il y avait là un vaste terrain entouré d'une clôture en planches.... et qui appartenait à la ville de Paris. Les alentours étaient déjà envahis par des cabarets et des guinguettes. « Une ouverture profonde était préparée au milieu de ce terrain vague et abandonné.... On vida le sac rempli d'ossements sur un lit de chaux vive puis on rejeta la terre par-dessus, de manière à combler la fosse, sur laquelle piétinèrent en silence les auteurs de cette dernière inhumation de Voltaire. »

Ainsi rien ne put épargner aux restes de Voltaire et de Rousseau la suprême injure que ces deux philosophes avaient tant redoutée. Le public ignora cette profanation; les tombeaux restèrent en apparence intacts et tout le monde put croire qu'ils avaient été respectés[3].

1. 15 février 1864.
2. Le cercueil de Voltaire était en bois, Mme Denis ayant trouvé qu'un cercueil de plomb coûterait trop cher.
3. C'est seulement en 1822 que le bruit se répandit que les sépultures de Rousseau et de Voltaire avaient été profanées. Le 25 mars 1822, M. Stanislas Gérardin interrogea le ministre de l'intérieur à la Chambre des députés et, se faisant l'interprète de l'émotion publique, le somma de dire ce que ces dépouilles étaient devenues. M. de Corbières, ministre

Peut-on méconnaître l'étrange fatalité qui pesa sur ces deux hommes qui, à eux seuls, représentent le dix-huitième siècle? Peut-on méconnaître le singulier enchaînement de circonstances qui, après avoir créé entre eux pendant leur vie les plus étonnants contrastes, après en avoir fait des ennemis irréconciliables, les réunit d'abord dans une apothéose commune au Panthéon, leur infligea ensuite une fosse commune, la voirie.

de l'intérieur, répondit : « Elles ont été déposées dans les caveaux de l'église Sainte-Geneviève et elles y sont encore. » On se contenta de cette affirmation, mais en 1864, lorsque les héritiers du marquis de Villette, firent don à l'État du cœur de Voltaire, l'empereur décida qu'il serait déposé dans le cercueil qui renfermait les restes du poète. Monseigneur Darboy, consulté et sollicité d'autoriser l'ouverture des tombeaux, répondit qu'avant de rien faire il était bon de s'assurer que les restes de Voltaire n'en avaient pas été enlevés en 1814. C'est ce qui eut lieu; on ouvrit le tombeau pendant la nuit, il était vide. (*Intermédiaire*, 15 mars 1764.)

CONCLUSION

Nous disions au commencement de cet ouvrage : « En suivant Jean-Jacques dans ses rapports avec les autres philosophes de l'époque, avec les pasteurs de l'Église réformée et avec le gouvernement de Genève, nous verrons s'il fut réellement, de la part du patriarche de Ferney, l'objet d'une persécution que rien ne saurait excuser, ou s'il n'a pas été plutôt le jouet de ses hallucinations et le propre artisan de ses infortunes. »

Nous avons fidèlement observé ce plan, et nous espérons avoir enfin disculpé Voltaire de l'accusation qui, depuis si longtemps, pèse sur sa mémoire.

En montrant par le récit impartial des faits que Rousseau a toujours été l'agresseur, qu'il n'a épargné personne, qu'il a successivement traité de persécuteurs tous ses amis, nous croyons avoir prouvé que, pour Voltaire, comme pour tous ceux qu'il a accusés, le citoyen de Genève a été le jouet de ses hallucinations.

En montrant la hardiesse de ses écrits, les imprudences de sa conduite, la démence véritable qui inspirait toutes ses actions, nous croyons avoir prouvé qu'il fut le propre artisan de ses infortunes.

Si, dans notre travail, nous avons donné à Rousseau une part beaucoup plus large qu'à Voltaire, c'est que la vie du citoyen de Genève est infiniment moins connue que celle du philosophe de Ferney et qu'il y a de précieux enseignements à en tirer au point de vue du jugement que l'on doit porter sur l'homme.

Si nous nous sommes appesanti sur certains incidents de la vie de Jean-Jacques, peut-être un peu en dehors de notre cadre, c'est que nous n'avons rien voulu négliger de ce qui pouvait contribuer à faire connaître le caractère de cet homme singulier dont les malheurs sont devenus légendaires.

Nous n'avons pas plus dissimulé les violences de Voltaire que les fautes de Rousseau. Sur l'un comme sur l'autre de ces deux philosophes, nous avons tout dit, uniquement préoccupé de faire ressortir ce qui nous a paru être la vérité.

Nous avons toujours cité les textes à l'appui de notre dire, et, si notre jugement s'est égaré, le lecteur a pu le réformer puisqu'il a eu les documents mêmes sous les yeux.

Notre étude ne serait pas complète si nous ne résumions maintenant dans un rapide exposé ce qui ressort de ces trente dernières années de la vie de Rousseau ; si nous ne montrions le philosophe tel qu'il nous apparaît après ce long récit.

Nous venons de l'observer et de l'étudier pendant la période la plus intéressante de son existence. Nous l'avons vu jouir tout d'abord d'une renommée universelle et jeter un incomparable éclat, puis, aigri par la maladie et les soupçons, s'isoler peu à peu et terminer ses jours dans l'oubli et la solitude.

Sans cesse nous l'avons vu se plaindre de la méchanceté des humains et accumuler preuves sur preuves pour démontrer l'existence de cette conspiration universelle dont il se dit la victime innocente.

Nous venons de le voir, pour défendre sa mémoire, écrire successivement les *Confessions*, les *Dialogues*, les *Rêveries*.

Il a toujours cru que ses ennemis, « semblables aux vils corbeaux qui s'acharnent sur les cadavres, l'attaqueraient violemment après sa mort[1] », et personne ne s'est montré plus soucieux que lui du jugement de la postérité, personne plus que lui ne s'est efforcé de le prévenir en sa faveur.

Peut-on ajouter foi aux ouvrages qu'il a laissés pour éclairer les générations futures? Lui-même se charge de nous répondre : « Je n'ai jamais mieux senti mon aversion naturelle pour le mensonge, dit-il, qu'en écrivant mes *Confessions*.... Oui, je le dis et le sens avec une fière élévation d'âme, j'ai porté dans cet écrit la bonne foi, la véracité, la franchise, aussi loin, plus loin même, au moins, je le crois, que ne fit jamais aucun autre homme[2]. »

1. 4 février 1769, à Laliaud.
2. Quatrième Dialogue.

Dès les premières lignes du livre, il prend à témoin le Tout-Puissant : « J'ai dévoilé mon intérieur tel que tu l'as vu, ô Éternel ! que chacun de mes semblables se découvre à son tour au pied de ton trône avec la même sincérité, et puis qu'un seul te dise, s'il ose : « Je fus meilleur que cet homme-là. »

Eh ! bien, il faut le dire hautement, l'homme qui s'est toujours posé comme l'organe incorruptible de la vérité, l'homme qui a pris comme enseigne de sa vie cette fière devise : *Vitam impendere vero*, cet homme a audacieusement menti. Les *Confessions* sont un tissu de calomnies, une œuvre de haine, de passion à laquelle on n'aurait jamais dû ajouter foi[1]. Les *Dialogues*, les *Rêveries*, ne méritent pas plus de crédit.

Tous ces ouvrages sont écrits sous l'empire d'une idée fixe, la persécution. L'auteur la voit, la découvre partout. Personne n'est épargné, pas plus ses amis que ses ennemis, pas plus ceux qu'il a violemment exclus de ses

---

[1]. « Si, par une bizarrerie qui n'est pas sans exemple, écrit Diderot, il paraissait jamais un ouvrage où d'honnêtes gens fussent impitoyablement déchirés par un artificieux scélérat, qui, pour donner quelque vraisemblance à ses injustes et cruelles imputations, se peindrait lui-même de couleurs odieuses,... demandez-vous à vous-même, si un impudent..., qui s'avouerait coupable de mille méchancetés, serait un garant bien digne de foi, ce que la calomnie aurait dû lui coûter, et ce qu'un forfait de plus ou de moins ajouterait à la turpitude secrète d'une vie cachée pendant plus de cinquante ans sous le masque le plus épais de l'hypocrisie.... Détestez l'ingrat qui dit du mal de ses bienfaiteurs; détestez l'homme atroce qui ne balance pas à noircir ses anciens amis; détestez le lâche qui laisse sur sa tombe la révélation des secrets qui lui ont été confiés ou qu'il a surpris de son vivant. » (*Essai sur les règnes de Claude et de Néron*).

relations, que ceux qui pendant de longues années lui ont donné les preuves de la plus constante amitié. Pas un n'échappe à ses soupçons, pas un sur la loyauté et la sincérité duquel il ne laisse planer des doutes outrageants. Mme de Boufflers, Mme de Verdelin[1], Moultou, Duclos, d'Ivernois ne sont presque pas mieux traités que Voltaire, Grimm, Mme d'Épinay, Hume, d'Alembert, etc.

On s'est étonné de cette véritable monomanie qui a poussé Rousseau à déshonorer sans exception tous ceux avec lesquels il a vécu, sans se rendre compte que l'unanimité même de ses outrages devenait un argument qui se retournait contre lui. Mais on oublie qu'il était dans son rôle et qu'il devait les calomnier tous, puisqu'il se croyait de bonne foi victime de leurs machinations. Et cela est si vrai, que le jour où il écrit ses *Confessions*, il voit sa vie passée à travers un prisme tout nouveau et il découvre la perfidie et la trahison là où autrefois, sous l'impression même des événements, il n'avait vu que le dévouement et la loyauté.

L'époque à laquelle les *Confessions* ont été écrites ne suffit-elle pas pour leur enlever toute créance? Composées à Wootton, à Trie, à Bourgoin, comment ne se seraient-elles pas ressenties de l'état d'esprit de celui qui les écrivait? Comment Jean-Jacques aurait-il pu se dégager des visions qui l'obsédaient et tracer avec sérénité le récit de sa vie passée? Qu'il le voulût

---

1. Nous passons sous silence Mme de Warens, « cette femme incomparable » (voir page 320) odieusement salie.

ou non, ne devait-il pas fatalement interpréter tous les actes de son existence sous l'influence du délire de la persécution ?

En écrivant les *Confessions,* les *Dialogues,* les *Rêveries,* Jean-Jacques n'a eu qu'un but, se venger des prétendues offenses de ses amis, et il a agi avec d'autant plus de perfidie qu'au lieu de publier ces libelles de son vivant, il les a confiés à plusieurs dépositaires sous la promesse formelle de les faire paraître après sa mort.

Il mettait ainsi ses victimes dans l'impossibilité de se défendre avec succès ; car si l'accusé était mort quand l'accusation paraissait, elle devenait un article de foi ; s'il était encore vivant, il pouvait, il est vrai, produire sa justification, mais n'était-elle pas d'avance frappée de nullité puisqu'un débat contradictoire n'était plus possible ! Rousseau, qui attachait tant de prix au jugement de la postérité, aurait dû se dire que ses contemporains ne désiraient peut-être pas moins que lui de laisser une mémoire honorée, et qu'il eût été d'une stricte justice de ne pas leur enlever tout moyen de se réhabiliter[1].

On ne peut se dissimuler que le philosophe a pleinement atteint son but et que ses efforts ne sont pas demeurés stériles. Non seulement les *Confessions* sont devenues l'Évangile de ses dévots, mais elles ont

1. Outre toutes les accusations des *Confessions,* faut-il rappeler le libelle contre le pasteur Vernes? Dans les *Dialogues,* Bovier, avocat de Grenoble, qui, en 1768, accueillit Rousseau et le servit avec passion, n'est-il pas formellement accusé d'avoir voulu empoisonner le philosophe etc., etc. ?

fait loi pendant de longues années et bien des générations n'ont jugé les hommes du dix-huitième siècle que sur les calomnieux récits de Rousseau. Aujourd'hui même le public n'est pas encore revenu des impressions reçues il y a plus d'un demi-siècle; on croit encore à cette ligue organisée par les philosophes pour faire périr un infortuné sous l'opprobre et la douleur.

Les articulations de Jean-Jacques ne devraient même pas avoir besoin d'être discutées, tant l'évidence ressort du simple récit des événements, si des âmes charitables ne s'étaient fait l'écho des plaintes douloureuses du grand homme méconnu. Dans un article sur les Charmettes, Mme George Sand dit en effet :

« Rousseau n'était-il pas condamné et banni pour avoir écrit l'*Emile*? N'était-il pas également repoussé par les protestants et forcé d'errer et de fuir comme un coupable? Avait-il rêvé cette persécution exercée contre lui par une monarchie et une république, cet anathème lancé par les deux Églises? Et quand il se retranchait contre l'intolérance dans une humble solitude, cherchant un village, une chaumière, l'oubli et le repos, les véritables mauvais philosophes, les Grimm et consorts, ne publiaient-ils pas contre lui des attaques plus perfides encore que celles de la gent dévote de Suisse et de France? Quel est donc ce parti pris de nier la conspiration contre Rousseau? Est-ce que les preuves n'existent pas? Est-ce que pour lui seul l'histoire ne prouve rien[1]? »

---

1. *Revue des Deux-Mondes*, 15 novembre 1863.

C'est précisément parce que l'histoire prouve quelque chose qu'il était bon d'écrire celle de Rousseau. Or, en ce qui concerne ce philosophe, l'histoire prouve d'une façon péremptoire qu'il eût été le plus heureux des hommes si son tempérament le lui eût permis et qu'il a toute sa vie « tourné le dos au bonheur[1] ».

Jusqu'en 1762, jusqu'à la publication de l'*Emile* et du *Contrat social*, quelles sont donc les persécutions qui l'ont frappé? N'a-t-il pas joui d'une popularité à nulle autre pareille? quel homme fut jamais l'objet d'un enthousiasme si prompt, si universel?

Assurément, en 1762, il a été banni de France, de Genève, de Berne. Mais c'était là une fatalité inhérente aux mœurs de l'époque, et peut-on appeler persécution ce qui n'était que la loi commune? Quel est l'homme de lettres qui ayant écrit les mêmes ouvrages n'eût pas subi le même sort et peut-être un sort plus rigoureux[2]? Pourquoi devait-on suspendre les lois en faveur du citoyen de Genève?

S'il voulait échapper à la législation de l'époque, que n'imitait-il tous ces écrivains illustres qui se contentaient de publier leurs ouvrages, mais ne les signaient pas! Peut-on se plaindre de la persécution, quand, pouvant l'éviter, on va volontairement au-devant d'elle?

A Motiers, dit-on, Rousseau vivait tranquille et pai-

---

1. Grimm à la duchesse de Saxe-Gotha, 25 décembre 1765.
2. En 1762, on donna à Rousseau toutes les facilités pour fuir la France; en 1765, on lui permit de passer à Paris, en 1767 de résider en France, en 1770 d'habiter Paris.

sible, cherchant dans une chaumière l'oubli et le repos : niera-t-on qu'il n'en ait été chassé par les mauvais philosophes « Grimm et consorts »?

Qui donc a écrit les *Lettres de la montagne*? Serait-ce Grimm ou Voltaire? Cherchait-il l'oubli et le repos l'homme qui couvrait d'outrages la religion de Calvin et ses ministres? l'homme qui allumait la guerre civile dans sa propre patrie? l'homme qui appelait sur Voltaire et ses écrits toute la rigueur des lois? Et quand Voltaire riposte par de sanglants libelles, quand Genève maudit le fils impie qui répudie sa mère, quand tous les pays calvinistes repoussent avec horreur celui qui déshonore leur clergé, on crie à la persécution!

Rousseau n'a-t-il pas cherché son sort? En quoi les « mauvais philosophes Grimm et consorts » en ont-ils la responsabilité?

Si l'on admet que Jean-Jacques a été persécuté parce que ses ouvrages lui ont valu d'être exilé de France et de Genève, il faudra pour être équitable s'attendrir sur le sort de Voltaire qui a souffert une persécution plus dure encore. N'a-t-il pas été plusieurs fois à la Bastille? N'a-t-il pas été banni de France? N'est-il pas resté vingt-cinq ans exilé de fait dans sa terre de Ferney, malgré tous ses efforts pour rentrer à Paris? Ne vivait-il pas toujours sous le coup d'une arrestation arbitraire, et dans des transes affreuses?

Personne ne dit cependant qu'il a été persécuté. Lui-même ne s'est jamais posé en victime d'une conspiration universelle, il n'a jamais cherché à apitoyer la postérité sur ses infortunes. Il est vrai qu'il jouissait de son bon sens. Il savait à quels désagréments un écrivain était exposé, il savait ce qu'il risquait, et quand les déboires dont nous venons de parler survenaient, il ne se croyait pas victime de la perfidie de ses contemporains et ne criait pas à la conspiration ; il se contentait d'accuser la barbarie de son époque, et il s'efforçait d'amener des mœurs plus douces.

En dehors des condamnations prononcées contre Rousseau au sujet de ses ouvrages, où est la persécution ?

Fut-il persécuté en Angleterre, à Trie, à Bourgoin, à Lyon, à Paris ? Il y vécut libre et indépendant et il aurait joui dans toutes ces résidences d'une tranquillité parfaite s'il n'avait pas été en proie à une véritable maladie mentale.

On ne peut nier cependant que Jean-Jacques n'ait eu des ennemis ; mais se les est-il attirés par sa faute ou a-t-il été victime de haines inexplicables ?

A l'en croire, il « ne fit, ne voulut, ne rendit jamais de mal à personne [1] », « il s'est toujours fait un devoir de pratiquer la morale de l'Évangile et, quand on l'a frappé sur la joue droite il a tendu la gauche » [2]; il parle

---

1. 5 février 1763, Rousseau à Rey. Amsterdam 1878, Bosscha.
2. Rappelant ses premiers démêlés avec Grimm, il écrit en effet : « J'allai chez Grimm comme un autre Georges Dandin, lui faire des excuses des offenses qu'il m'avait faites, toujours dans cette fausse persuasion, qui m'a fait faire en ma vie mille bassesses auprès de mes feints amis, qu'il n'y a point de haine qu'on ne désarme à force de douceur et de bons procédés. » (*Confessions*, partie II, livre IX.)

toujours de son naturel aimant et tendre[1] et il écrit avec conviction[2] : « Les basses vengeances sont indignes de mon cœur et la haine n'y prend jamais pied[3]. »

Qui donc a attaqué avec une inconcevable violence les philosophes, le gouvernement et les pasteurs de Genève, le clergé de Neufchâtel, Vernes, Hume, Montmollin, etc.? Qui donc a diffamé tous ses bienfaiteurs, toute sa génération? N'est-ce pas cet homme au cœur aimant et tendre, inaccessible à la haine comme à la vengeance et qui jamais n'attaqua personne?

Et il s'étonne d'avoir des ennemis! De quel droit, quand il porte les premiers coups, vient-il se plaindre de la riposte, et quelle pitié peuvent exciter ses douloureux gémissements quand on le voit toujours et sans cesse l'agresseur?

Toutes ses victimes, il est vrai, n'ont pas supporté patiemment les injures et les diffamations. Quelques-unes se sont défendues, et aux libelles ont opposé les libelles. Ne devait-il pas s'y attendre? Se croyait-il tellement au-dessus de ses semblables qu'on ne pût lui répondre?

---

1. *Dialogues*.
2. *Confessions*, partie II, live IX, note.
3. Il disait cependant au duc de Wirtemberg : « J'ai écrit une fois à Voltaire que je le *haïssais*, et je lui en ai dit les raisons. » (11 mars 1764.) Parlant de Grimm, il disait encore : « De Grimm, nous n'en parlerons pas, tout ce que j'en dirais serait suspect, parce que c'est le seul homme que j'ai pu haïr. » (D'Escherny, *OEuvres philosophiques*.) Causant avec Meister d'un Français célèbre, il s'écriait : « C'est un homme injuste! il ne m'a point fait de mal, mais je le hais, je le hais quoique mort. » « L'accent avec lequel il prononçait ces paroles me fit trembler, dit Meister; on aurait dit que c'était la justice divine qui prononçait ce jugement foudroyant ». (Bibliothèque de Genève, 1836.)

On a reproché aux quelques audacieux qui ont osé relever ses attaques d'avoir manqué de générosité et de n'avoir pas su pardonner à une imagination maladive ses défaillances et ses erreurs.

Il faut être juste : s'il est facile aujourd'hui de jeter un coup d'œil d'ensemble sur la vie de Rousseau, il n'en était pas de même pour les contemporains; ils ne pouvaient juger le philosophe que d'après des faits isolés, et comment dans ces conditions reconnaître avec certitude le plus ou moins de responsabilité de ses actes? Il ne faut pas oublier qu'en dehors de son idée fixe, Jean-Jacques conserva jusqu'à la fin toute la vigueur de son esprit : cela seul suffisait pour faire illusion. Comment les contemporains ne s'y seraient-ils pas trompés? Comment auraient-ils jugé irresponsable l'homme qui écrivait toujours avec la même puissance de logique et d'un style si merveilleux?

Assurément, quelques âmes généreuses traitèrent longtemps Rousseau en malade, sans s'inquiéter de ses soupçons et de ses injures, mais même pour elles ne vint-il pas un moment où il leur fallut se défendre contre d'odieuses imputations?

On pouvait quand on restait hors de la lutte prêcher la modération et la résignation; la tâche était moins aisée pour les victimes de Rousseau, et de ce que le philosophe paraissait inconscient aux yeux de quelques esprits perspicaces, la situation n'en était pas moins pénible pour ceux qu'il déshonorait.

En présence d'accusations publiques audacieusement

soutenues, que faire? Garder le silence? C'était avouer sa culpabilité et rester chargé aux yeux des contemporains et de la postérité de calomnies abominables. Si Vernes, Hume, ne s'étaient pas défendus, ne resteraient-ils pas encore soupçonnés, l'un d'un horrible libelle, l'autre d'une conduite infâme? Tous ceux qui par générosité ou par dédain se sont tus devant les imputations de Rousseau n'ont-ils pas été cruellement dupes de la bonté de leur cœur[1]?

Rousseau, qui se disait à si juste titre, nous venons de le voir, le meilleur et le plus inoffensif des humains, ne se jugeait pas avec moins de sagacité quand il parlait de son goût pour l'amitié : « J'étais né pour l'amitié, dit-il, mon humeur facile et douce la nourrissait sans peine[2]. La candeur et la confiance font les délices de mon cœur. Je n'ai jamais connu dans la vie d'autre bonheur que celui d'aimer et d'être aimé[3]. »

En effet, il se créait des amis parce qu'il avait l'abord le plus sympathique; dans ses moments de calme, on le trouvait bonhomme, simple et gai, il inspirait la confiance, on se passionnait pour lui. Mais les démonstrations d'amitié lui devenaient vite importunes, les bienfaits l'irritaient, une funeste méfiance hantait sans cesse son esprit et il payait des plus vils

---

1. Nous n'en citerons d'autre exemple que Grimm, qui a toujours gardé vis-à-vis de son ennemi un dédaigneux silence, et que la postérité, impressionnée par les récits de Rousseau, a si sévèrement jugé.
2. Premier dialogue.
3. 21 septembre 1767, à Coindet, Streckeisen-Moultou, *Pièces inédites*.

soupçons l'affection et le dévouement de ceux qui l'entouraient[1].

Il réduit ses amis à un véritable état de vasselage; opinions, famille, relations, ils doivent tout lui sacrifier; sous peine de forfaiture, ils doivent épouser toutes ses querelles, toutes ses haines : c'est en vain qu'ils ont pour lui des trésors d'indulgence, c'est en vain qu'ils se résignent à ses injurieuses boutades, rien ne peut le désarmer; plus ils se montrent dociles et résignés, plus il les accable, et quand, abreuvés par les mauvais procédés, ils restent à l'écart, il se pose aussitôt en victime de leur méchanceté.

Mais son ingratitude notoire l'empêche-t-elle de retrouver des amis? Nullement. Il en perd un, dix se présentent, ardents, zélés, pleins de confiance et d'illusions, persuadés qu'ils réussiront là où les autres ont échoué.

C'est que Rousseau ne fut pas seulement regardé comme un homme de génie, on se plut à le considérer comme un prophète. Il n'eut pas seulement des amis, il eut des fanatiques, des sectateurs, des adeptes, il

---

[1]. En dehors des calomnies qui lui furent personnelles, ses partisans diffamèrent à l'envi les plus dévoués de ses amis. Voyez Mme de Boufflers : lisez cette lettre au marquis de Beauvau du 10 février 1789, où on l'accuse formellement d'avoir conçu pour Jean-Jacques une passion qui fut repoussée; de dépit, elle arracha à l'auteur, en couvrant sa demande du voile de l'amitié, un exemplaire d'*Émile* et elle courut le porter à Joly de Fleury. A force d'intrigues et d'insistances auprès du procureur général, elle obtint que le livre serait poursuivi. « C'est ainsi que fut creusée la source des calamités contre laquelle Rousseau fut condamné à s'abriter le reste de ses jours. » (Comte de Barruel-Beauvert.)

fut l'objet d'un culte poussé jusqu'au fétichisme. Cette société sans croyance et sans mœurs accepta aveuglément ses paradoxes les plus exagérés et s'inclina humblement devant ses brusqueries et ses boutades.

L'excès même des adulations développa chez Rousseau un amour-propre prodigieux. Il croyait ne rien devoir à personne, mais il était convaincu qu'on lui devait tout. Il n'admettait pas la contradiction et la plus légère critique vous faisait passer au rang de persécuteur et de bourreau. Avec lui « ce n'était point assez d'être honnête homme selon l'opinion de tous les hommes, il fallait l'être selon sa fantaisie, et si vous ne conveniez pas au modèle de bonté et de vertu qu'il avait dans sa tête, vous étiez le vice même, la perfidie, la scélératesse. »

Ce qui l'a perdu, c'est cet orgueil effroyable, c'est cette vanité « inquiète, ombrageuse, irascible et vindicative qu'irritait la seule pensée que l'on eût voulu la blesser, qui le supposait même sans aucune apparence et ne le pardonnait jamais. Ce fut le poison de sa vie; elle lui rendit les bienfaits odieux, les bienfaiteurs insupportables, la reconnaissance importune : elle lui fit outrager, rebuter l'amitié; elle l'a fait vivre malheureux et mourir presque abandonné[1]. »

Et cependant il dit n'avoir jamais été occupé que du bonheur du genre humain, il y a consacré sa vie entière, mais, par un accord unanime, les hommes, « dans les raffinements de leur haine, ont cherché quel tour-

---

1. Mémoires de Marmontel.

ment pouvait être le plus cruel à son âme sensible » et ils ont cessé d'être hommes pour se dérober à son affection[1].

En quoi donc Rousseau a-t-il si puissamment contribué au bonheur de l'humanité? Pour quelle grande et noble cause s'est-il dévoué?

Son amour ardent pour ses semblables se bornait à des utopies plus ou moins dangereuses, à des spéculations humanitaires plus ou moins chimériques, jamais il ne s'est abaissé jusqu'aux souffrances des infortunés qui imploraient son appui.

Voltaire ne parlait pas si souvent de son amour pour l'humanité, mais il ne dédaignait ni les faibles ni les humbles et jamais l'opprimé ne fit en vain appel à sa protection. Il imposait des réformes pratiques et effectives; l'intolérance, la barbarie, l'injustice cédaient peu à peu sous les coups redoublés qu'il leur portait. Quand il prenait en main la cause d'un infortuné, il s'y donnait tout entier; temps, argent, crédit, il prodiguait tout jusqu'à ce qu'il eût triomphé. C'est ainsi qu'en dépit de toutes les résistances sociales et religieuses il parvenait à son but. Jusqu'à la dernière heure de sa vie il a lutté contre l'iniquité, et quel que soit le jugement que l'on puisse porter sur certains de ses écrits, on ne peut méconnaître la générosité de son cœur.

Qu'on cite dans la vie de Rousseau un acte comme la réhabilitation de Calas, de Sirven, de Lally-Tollendal, etc.!

---

1. Première promenade.

A en croire Rousseau, personne n'a été plus odieusement calomnié que lui ; ses contemporains l'ont dit méchant et féroce, son seul crime a été de n'être pas faux et perfide comme eux[1]. La patience, la douceur, la résignation, l'intégrité, la justice impartiale sont au nombre de ses moindres vertus[2].

Des esprits prévenus ont osé l'accuser d'avoir été un père sans entrailles : « Je comprends, dit-il, que le reproche d'avoir mis mes enfants aux Enfants-Trouvés a facilement dégénéré *avec un peu de tournure* en celui d'être un père dénaturé et de haïr les enfants[3]. » Ne fallait-il pas en effet une rare malveillance et bien de la tournure pour porter une semblable accusation contre l'homme qui se croyait la synthèse de toutes les vertus humaines ?

Lui-même s'est chargé de réfuter cette calomnieuse imputation :

« Si je me trompai dans mes résultats, dit-il, rien n'est plus étonnant que la sécurité d'âme avec laquelle je m'y livrai. Si j'étais de ces hommes mal nés, sourds à la douce voix de la nature, au dedans desquels aucun vrai sentiment de justice et d'humanité ne germa jamais, cet endurcissement serait tout simple ; mais cette chaleur de cœur, cette sensibilité si vive, cette facilité à former des attachements, cette force avec laquelle ils me subjuguent, ces déchirements cruels quand il faut les rompre, cette bienveillance innée

---

1. Seconde promenade.
2. Troisième promenade.
3. Neuvième promenade.

pour mes semblables, cet amour ardent du grand, du vrai, du beau, du juste, cette horreur du mal en tout genre, cette impossibilité de haïr, de nuire, et même de le vouloir, cet attendrissement, cette vive et douce émotion que je sens à l'aspect de tout ce qui est vertueux, généreux, aimable : tout cela peut-il s'accorder dans la même âme avec la dépravation qui fait fouler aux pieds sans scrupule le plus doux des devoirs[1]? »

Ainsi Rousseau a toujours à la bouche les mots d'austérité et de vertu, il répète à satiété que personne ne fut meilleur que lui[2]. S'il fuit les hommes, c'est qu'ils sont tous pervers et corrompus. Lui seul est bon, juste, généreux ; lui seul est intègre, vertueux, ami fidèle. Dans ce siècle dépravé, il est resté comme un spécimen des vertus d'un autre âge. Il est le seul et unique dépositaire des mœurs, de la religion, de l'amitié, il en a le monopole absolu, il est l'homme vertueux par excellence.

Vertueux ! l'homme qui a mis ses cinq enfants à l'hôpital, qui a vécu toute sa vie en concubinage, qui séduisait les maîtresses de ses amis ! Vertueux, l'homme qui pour venger des griefs personnels soulevait la guerre civile dans sa patrie, l'homme qui a fait de l'ingratitude la règle unique de sa vie et qui dans son délire orgueilleux s'est cru au-dessus de tous les devoirs afin de n'en remplir aucun ! Vertueux, l'homme qui a trahi et diffamé tous ses amis !

1. *Confessions*, partie II, livre VIII.
2. Lettres à Malesherbes, 1762 ; à Duclos, 1865 ; *Confessions*; troisième dialogue, etc.

Mais alors qu'entend-on par vertu? Qu'entend-on par bonnes mœurs, austérité, amitié? Que dira-t-on des hommes qui élevaient leurs enfants, qui ne trahissaient pas leurs amis, qui ne payaient pas les services rendus de la plus noire ingratitude, qui ne mordaient pas la main qui les nourrissait?

Si Rousseau a été austère, vertueux, ami sûr et dévoué, il faut dénaturer le sens de tous ces mots, car assurément leur signification commune ne s'applique pas dans l'espèce.

La conduite du philosophe serait inexplicable si l'on n'avait une idée juste de son état physique et moral.

Il était doué d'une sensibilité maladive qui fut prodigieusement développée par la solitude. Dès qu'il se trouvait seul, il disséquait toutes ses actions et celles de ceux qui l'approchaient; « quelquefois il vous quittait vous aimant encore, mais si vous aviez dit une seule parole qui pût lui déplaire, il se la rappelait, l'examinait, l'exagérait, y pensait pendant huit jours et finissait par se brouiller avec vous.... L'imagination était la première de ses facultés et elle absorbait même toutes les autres. Il rêvait plutôt qu'il n'existait et les événements de sa vie se passaient dans sa tête plutôt qu'en dehors de lui. Il n'était pas fou, mais une faculté de lui-même, l'imagination, était en démence[1]. »

C'est cette sensibilité d'imagination qui cause ses inconséquences innombrables, c'est elle qui lui inspire

---

1. *Lettres sur les ouvrages et le caractère de J.-J. Rousseau*, par Mme de Staël.

cette mauvaise foi constante dont nous nous avons donné tant d'exemples, c'est elle qui le place en contradiction perpétuelle avec lui-même, qui l'empêche de distinguer la vérité de l'erreur et qui le met dans l'impossibilité de combattre ses propres impressions.

Corancez a fort ingénieusement décrit comment le philosophe réalisait dans son imagination les fantômes dont on pouvait le dire obsédé :

« Sa sagacité était telle qu'elle lui fournissait des arguments réellement capables de lui en imposer. Il partait toujours d'un principe, fruit de son imagination blessée, qu'il ne pouvait examiner sensément, mais les conséquences qu'il en tirait étaient toutes dans les règles de la plus saine logique, de façon qu'on ne pouvait qu'être infiniment étonné de le voir sur le même fait, si sage, ensemble, et si fou.

« Pour en donner une idée juste, je dirai qu'il m'a réalisé l'existence possible de Don Quichotte avec lequel je lui trouve une grande conformité. Chez tous deux se trouve une corde sensible. Cette corde en vibration amène chez l'un les idées de la chevalerie errante et toutes les extravagances qu'elle traine après elle; chez l'autre, cette corde résonnait ennemis, conspirations, coalition générale, vastes plans pour le perdre, etc. Chez tous deux, cette corde, en repos, laisse à leur esprit toute sa liberté[1]. »

Son état physique, nous l'avons dit dès le début de cet ouvrage, eut également la plus funeste influence sur son état moral. Il fut la victime souvent irresponsable de son infirmité.

1. An VI.

Quand ses crises de vessie survenaient, sa tête se perdait complètement, et il est à remarquer que jusqu'en 1766, c'est-à-dire tant que la maladie demeura intermittente, il y eut une corrélation certaine entre les accès du mal et ses moments de démence.

Il est arrivé dans la suite ce qui fatalement devait arriver; l'état s'aggravant, l'influence des accès se fit sentir même pendant les périodes de calme; la crise terminée, le malade restait sous l'empire des hallucinations conçues pendant l'état aigu.

Non seulement par son infirmité mais encore par sa naissance, Rousseau semblait prédestiné à l'hypocondrie. Bien des Genevois, en effet, sont sujets à une mélancolie maladive qui empoisonne leur vie et devient fréquemment héréditaire[1].

Il y a dans l'opinion qui existe sur Jean-Jacques une contradiction évidente. On admet volontiers maintenant que dans les dernières années de sa vie il fut en proie au délire de la persécution, mais au lieu de reconnaître que, sous l'influence de cet état morbide, il a jugé les hommes avec une insigne mauvaise foi, qu'il a vu les événements sous le jour le plus faux, qu'il a menti

---

[1]. Nous ne nous permettrions pas d'avancer cette assertion si nous ne pouvions nous appuyer sur l'autorité du pasteur Gaberel qui, Genevois lui-même, sait mieux que personne ce qu'il faut penser de ses concitoyens. « Nos médecins, dit-il, connaissent de ces infortunés, qui au milieu d'une carrière honorée par des services rendus à leur pays, embellie par les affections de la famille, gâtent misérablement leur vie; ils pensent que le regard malin du public plonge sans cesse dans leur intérieur, ils se croient calomniés à journée faite; leurs meilleures années sont absolument détruites par cette fatale pensée, « *tout le monde m'en veut.* » (*Rousseau et les Genevois.*)

et diffamé, on s'empresse de défendre tous ses actes, de tenir pour bonnes toutes ses affirmations, et l'on noircit avec empressement tous ceux qu'il a accusés lui-même.

Il faut pourtant prendre un parti :

Ou Rousseau a joui de son bon sens et alors on peut défendre ses assertions. Mais dans ce cas nous n'hésitons pas le regarder comme un monstre d'ingratitude et de méchanceté.

Ou il était fou, et alors il ne faut accorder aucune créance à ses récits.

Comment, en effet, s'obstine-t-on à accepter des allégations et à justifier des actes qui étaient la conséquence directe, fatale, de sa maladie, qu'il ne pouvait presque pas plus éviter qu'on ne peut éviter les hallucinations dans le délire de la fièvre?

Pour son honneur même, la thèse que nous soutenons nous paraît la meilleure.

Irons-nous jusqu'à dire qu'il fut irresponsable? Non; car avec ce système la responsabilité n'existerait plus. Au lieu de se laisser conduire par ses instincts et de subir sans résistance les influences maladives qui le dominaient, il aurait dû réagir et chercher à les combattre.

Mais son âme était « à la fois trop forte et trop faible pour porter tranquillement le fardeau de la vie[1] », personne moins que lui n'était apte à subir la fortune con-

---

1. *Corresp. Litt.* 1778.

traire : le moindre coup du sort suffit pour l'abattre.

Pour porter sur Rousseau un jugement équitable, il ne faut pas seulement considérer l'homme insociable, ingrat, haineux, atrabilaire, que nous connaissons, il faut aussi tenir compte de la bonne foi évidente qu'il apporta dans ses déplorables égarements et des fatalités physiques et morales qui ont si lourdement pesé sur son existence.

FIN

APPENDICE

I

Voici le texte même du traité avec les modifications de M. de Malesherbes :

Projet communiqué à M. Rousseau le 29 août 1761 et qu'il approuve.

« Je soussigné, Jean-Jacques-Rousseau, citoyen de Genève, reconnais avoir vendu et livré au sieur Nicolas Bonaventure Duchesne, libraire à Paris, un manuscrit de ma composition, intitulé : *Émile, ou Traité de l'Éducation*, pour en jouir par lui et ses ayants-cause comme de chose qui leur appartient en propriété, et ce, moyennant le prix et somme de six mille livres, dont je reconnais avoir maintenant reçu moitié comptant, et les trois mille livres restantes, en trois billets dudit sieur Duchesne, payables à mon ordre, aux termes d'avril, juillet et octobre de l'année prochaine, mil sept cent soixante-deux ; en outre à la charge par ledit sieur Duchesne de me livrer cent exemplaires brochés de mondit ouvrage avant de le mettre en vente. *Me réservant néanmoins, moi Jean-Jacques-Rousseau, de comprendre ledit ouvrage dans une édition générale, et non autrement, de mes œuvres et à condition toutefois que je ne ferai point cette édition avant trois ans, à compter du jour de la publication de celle du présent ouvrage et je compte donner la préférence audit sieur Duchesne de la vente de cette édition générale, si lorsque nous en traiterons dans le temps nous sommes d'accord sur mes conditions.*

« Et moi Nicolas-Bonaventure Duchesne, ai accepté ce que dessus, en conséquence de quoi j'ai payé comptant à mondit sieur Rousseau ladite somme de trois mille livres et lui ai remis pareille somme de trois mille livres en mes trois billets de mille livres chacun, payables à son ordre, aux termes stipulés ci-dessus, et je promets de livrer à mondit sieur Rousseau la quantité de cent exemplaires brochés du susdit ouvrage, avant de le mettre en vente et d'en faire l'impression sur beau papier et en beaux caractères.

« Fait double entre nous, à Paris. »

(*Inédite.* Bibl. nationale. Mss. f. Fr. Nouv. acq. 1183. Les mots en italiques ont été ajoutés en marge par M. de Malesherbes lui-même.)

II

Montmorency, le 25 septembre 1761.

« J'espérais, Monsieur, dans un petit voyage que j'ai fait hier à 'hôtel du Luxembourg, aller remplir auprès de vous un devoir qui m'est bien précieux, mais vous étiez à Malesherbes, et je m'en reviens encore sans avoir pu vous rien témoigner, mais tranquille pourtant dans l'espoir que vous voulez bien me supposer un cœur sensible et honnête, et cela dit tout.

« Mme la Maréchale de Luxembourg veut bien se charger, Monsieur, de vous remettre le petit écrit dont je vous avais parlé et que vous avez bien voulu me promettre de lire non seulement comme magistrat, mais comme homme de lettres qui daigne s'intéresser à l'auteur et veut bien lui en dire son avis. Je ne pense pas que ce barbouillage puisse supporter l'impression séparément, mais peut-être pourra-t-il passer dans le recueil général, à la faveur du reste. Toutefois je souhaiterais qu'il pût être donné à part à cause de ce Rameau qui continue à me tarabuster vilainement et qui cherche l'honneur d'une réponse directe qu'assurément je ne lui ferai pas. Daignez décider, Monsieur, votre jugement sera ma loi à tous égards. »

M. Streckeisen, qui donne la réponse à cette lettre, dit que l'ouvrage auquel Rousseau fait allusion est l'*Émile*; c'est une erreur. Jean-Jacques envoyait à M. de Malesherbes non pas l'*Émile*, mais l'*Essai sur l'origine des langues*, traité dans lequel plusieurs chapitres sont consacrés à la musique.

III

Propositions du sieur J.-J. Rousseau au sieur Duchesne :

« En aliénant mon manuscrit au sieur Duchesne, je n'ai point entendu lui vendre la propriété de mon ouvrage, mais seulement le profit de l'impression, et publication. Lors donc qu'il ne procède ni ne veut procéder de bonne foi à l'impression, mon manuscrit ne lui appartient à aucun titre, et voici, cela posé, les propositions que j'ai à lui faire et entre lesquelles il pourra choisir :

« 1° La première est qu'il me rende mon manuscrit en retirant son argent et ses billets. Et pourvu que cette restitution réciproque soit faite sur-le-champ, je n'exige même aucun dédommagement pour le préjudice du retard, pour la perte de mon temps, pour les peines de toutes espèces qu'on m'a données, et pour le risque de l'abus qu'on a pu faire de mon manuscrit.

« 2° Si le sieur Duchesne veut un autre ouvrage, j'offre en échange mon *Dictionnaire de musique* et en retour ce qui sera jugé convenable.

« 3° Si le sieur Duchesne veut garder le *Traité de l'Éducation*, qu'il le garde sous une de ces deux conditions à son choix. La première qu'il prenne un terme préfix pour l'impression et publication du livre, faute de quoi, passé ledit terme, je serai en droit, de mon côté, de le faire imprimer et publier où il me plaira. La seconde, que si le sieur Duchesne a réellement un traité avec le sieur Néaulme, que ce traité soit révoqué, et qu'il en soit fait avec moi un semblable au moyen duquel je me chargerai de l'édition étrangère, soit en Hollande, soit ailleurs, et de lui payer ou passer en déduction ce qui sera convenu pour cela. Bien entendu que je ne serai point tenu de suivre dans cette édition la lenteur du sieur Duchesne.

« Si le sieur Duchesne, refusant d'accepter aucune de ces conditions, manifeste ainsi sa mauvaise volonté, je lui déclare que je prendrai de mon côté les mesures qui me paraîtront convenables pour que mon ouvrage ne soit pas perdu ; sauf à lui faire en temps et lieu, si le cas y échoit, les restitutions qui seront ordonnées par le magistrat compétent. »

(*Inédit.* Bibliothèque nationale. Mss. f. fr. Nouv. acq. 1183.)

IV

Extrait d'une lettre de Marc-Michel Rey à J.-J. Rousseau du 7 décembre 1761.

« M. Jean Néaulme, libraire, a donné pouvoir à M. Guérin pour conclure le marché avec Duchesne, ce qu'il a fait pour la somme de seize cents livres. J'ai prié Néaulme de me remettre le marché moyennant un profit, mais il n'a pas voulu. Je tiens tout cela de ce dernier : que le *Traité de l'Éducation* s'imprimera à Paris et qu'il le réimprimera ici.

« J'avais mandé à M. Duchesne que j'étais surpris qu'il ne se fût adressé à moi pour cet ouvrage; voici sa réponse :

« Si j'eusse suivi mon inclination pour l'ouvrage en question,
« il est certain que je ne me serais pas adressé à un autre qu'à
« vous. Des considérations m'ont obligé de voir ailleurs ; c'est encore
« un mystère que le temps éclaircira. »

V

Voici la déclaration de M. de Malesherbes, datée de Paris du 31 janvier 1765 : « Quand M. Rousseau traita de son ouvrage intitulé *Émile, ou de l'Éducation*, ceux avec qui il conclut son marché lui dirent que leur intention était de le faire imprimer en Hollande. Un libraire, devenu possesseur du manuscrit, demanda la permission de le faire imprimer en France sans en avertir l'auteur. On lui nomma un censeur. Le censeur, ayant examiné les premiers cahiers, donna une liste de quelques changements qu'il croyait nécessaires. Cette liste fut communiquée à M. Rousseau, à qui l'on avait appris, quelque temps auparavant, qu'on avait commencé à imprimer son ouvrage à Paris.

« Il déclara au magistrat chargé de la librairie qu'il était inutile de faire des changements aux premiers cahiers, parce que la lecture de la suite ferait connaître que l'ouvrage entier ne pourrait jamais être permis en France. Il ajouta qu'il ne voulait rien faire en fraude des lois, et qu'il n'avait fait son livre que pour être imprimé en Hollande, où il croyait qu'il pouvait paraître sans contrevenir à la loi du pays.

« Ce fut d'après cette déclaration, faite par M. Rousseau lui-même, que le censeur eut ordre de discontinuer l'examen, et qu'on dit au libraire qu'il n'aurait jamais de permission. D'après ces faits, qui sont très certains, et qui ne seront pas désavoués, M. Rousseau peut assurer que si le livre intitulé *Émile ou l'Éducation* a été imprimé à Paris malgré les défenses, c'est à son insu, et même qu'il a fait ce qui dépendait de lui pour l'empêcher.

« Les faits contenus dans ce mémoire sont exactement vrais; et puisque M. Rousseau désire que je le lui certifie, c'est une satisfaction que je ne peux lui refuser. A Paris, le 31 janvier 1765.

Signé : DE LAMOIGNON DE MALESHERBES.

TABLE DES MATIÈRES

Préface.... 1

I

1745-1754. — Sommaire : Préambule. — Rousseau jusqu'en 1745. — *Les fêtes de Ramire.* — Premiers rapports avec Voltaire. — *Discours sur les Sciences et les Arts.* — Voltaire part pour Berlin. — Sauvagerie de Rousseau. — *Le Devin du village.* — Rousseau et Jelyotte. — Thérèse Levasseur. — Rousseau et ses enfants. — Maladie de Rousseau.................. 1

II

1754-1755. — Sommaire : Départ de Rousseau pour Genève. Il rentre dans la foi évangélique. — *Discours sur l'inégalité des conditions sociales.* — Il le dédie à la République. — Il l'envoie à Voltaire. — Tremblement de terre de Lisbonne. — Poème de Voltaire. — *Lettre sur la Providence.* — *Candide.* 31

III

1756-1759. — Sommaire : Article *Genève* de d'Alembert. — *Lettre à d'Alembert sur les spectacles.* — Réponse de d'Alembert. — Rousseau refuse de revenir dans sa patrie. — Corruption des mœurs à Genève........................ 56

IV

1757-1670 — Sommaire : Rupture de Rousseau avec Mme d'Épinay, Grimm, Diderot, d'Holbach — Lettre à Voltaire. — Rupture

avec le patriarche. — La *lettre sur la Providence*. — Rousseau
veut la faire paraître. — Il y renonce.   90

V

1760-1761. — Sommaire : Affaire Necker. — Interdiction des représentations de Voltaire. — La comédie des *Philosophes*. — Ramponeau. — *La Nouvelle Héloïse*. — Rupture de Rousseau avec le parti philosophique. — Les *lettres de Ximénès*. — La *Muse limonadière*. — Le *Projet de paix perpétuelle*.   117

VI

1761-1762. — Sommaire : Impression de l'*Émile* et du *Contrat social*. — La propriété littéraire au dix-huitième siècle. — M. de Malesherbes directeur de la librairie. — L'*Émile* s'imprime en France. — Inquiétudes de Rousseau. — Il croit son ouvrage livré aux jésuites. — Correspondance avec M. de Malesherbes. — Accusation contre les libraires Duchesne et Guérin. — Rousseau avoue ses torts.   144

VII

1762. — Sommaire : Le *Contrat social* et l'*Émile*. — Ils sont brûlés à Paris. — Rousseau se réfugie à Yverdun.   176

VIII

1762. — Sommaire : Rousseau est décrété à Genève. — L'*Émile* et le *Contrat social* y sont brûlés. — Effervescence dans la ville. — Jean-Jacques se plaint de l'indifférence de ses concitoyens. — Il est expulsé d'Yverdun. — Il se réfugie à Motiers.   198

IX

1762. — Sommaire : Causes de la rigueur du Conseil. — Rousseau accuse Voltaire de le persécuter. — Lettre du colonel Pictet. Réponse de Voltaire   216

X

1762. — Sommaire : Rousseau et les pasteurs de Genève. — Rousseau et M. de Montmollin. — Communion du philosophe.   240

XI

1763. — Sommaire : *Lettre à Christophe de Beaumont.* — Rousseau refuse d'écrire au Consistoire de Genève. — Il abdique les droits de bourgeoisie. — *Représentants et négatifs*. . 259

XII

1763-1764. — Sommaire : Difficultés avec Voltaire et Tronchin. — Moultou et les Calas. — Voltaire veut se réconcilier avec Rousseau. — Rupture entre Rousseau et Moultou. — Voltaire, Rousseau et Lefranc de Pompignan. — Rousseau et les protestants de France. — Il refuse de prendre leur défense. — Voltaire devient l'apôtre de la tolérance. 286

XIII

1763-1764. — Sommaire : Rousseau à Motiers. — Le duc de Wirtemberg et ses enfants. — Le comte Golowkin. — Thérèse Levasseur à Motiers. — Vie de Rousseau. — Il fabrique des lacets. — Il s'habille en Arménien. — Visite des Deluc, de d'Ivernois; intimité avec Du Peyrou, de Pury, d'Escherny. — Les dîners chez le philosophe. — Promenades dans la montagne. — Mauvaise santé de Rousseau. — Son projet de quitter Motiers. — Départ de Mylord Maréchal. 307

XIV

1763-1764. — Sommaire : Le pasteur Roustan réfute Rousseau. — Vernes publie également une réfutation. — Les *Lettres de la campagne*. — Les *Lettres de la montagne*. — Indignation qu'elles causent à Genève. — Enthousiasme des partisans de Rousseau. — Troubles à Genève. — Menace de démission du Conseil. — Pacification apparente des deux partis. 331

XV

1764. — Sommaire : Voltaire et les *Lettres de la montagne*. — Le *Sermon des cinquante*. — Acte d'accusation contre les *Lettres de la montagne*. — Le *Sentiment des citoyens*. — Rousseau l'attribue au pasteur Vernes. — Protestations de Vernes. 363

XVI

1765. — Sommaire : L'auteur du *Sentiment des citoyens*. — Dangereuse situation de Voltaire. — *Lettres d'un quaker*. — Le *Dictionnaire philosophique*. — Voltaire renonce aux Délices. . . . 382

XVII

1765. — Sommaire : Les *Lettres de la montagne* sont défendues à Paris. — Elles sont brûlées à Berne et à La Haye. — Rousseau ne peut trouver d'asile. — Projet d'établir une imprimerie à Motiers pour y imprimer les œuvres complètes de Rousseau. — La vénérable classe de Neufchâtel s'oppose à l'impression. — Les pasteurs veulent excommunier Rousseau. — Il est cité en Consistoire. — Il refuse de se présenter. — Frédéric le prend sous sa protection. — Montmollin prêche contre lui. — Lapidation de Motiers. — Fuite de Rousseau. — Son séjour à l'île de Saint-Pierre. — Il part pour Strasbourg. 397

XVIII

1765. — Sommaire : Relations de Voltaire avec les Représentants. — Voltaire et d'Ivernois. — Tentative de réconciliation avec Rousseau. — Voltaire et Du Peyrou. — Rousseau et les Corses. Le *Sermon des cinquante*. — Le théâtre à Genève. — Voltaire et les troubles de Genève. . . . .

XIX

1766. — Sommaire : Rousseau à Strasbourg. — David Hume. — Lettre d'Horace Walpole. — Rousseau en Angleterre. — Départ pour Wootton. — Premiers soupçons contre Hume. 453

XX

1766. — Sommaire : *Lettre au docteur Pansophe*. — Rousseau l'attribue à Voltaire. — Voltaire désigne successivement l'abbé Coyer et M. Bordes comme les auteurs. — Le roi d'Angleterre accorde une pension à Rousseau. — Le philosophe la refuse. — Rupture avec Hume, avec Mme de Boufflers et Mylord Maréchal. . 481

XXI

1766. — Sommaire : Accusations de Rousseau contre d'Alembert. — Irritation de d'Alembert. — Publication de l'*Exposé succinct*. — Réponses. — *Lettre à Hume*, par Voltaire. — *Notes de la lettre à Hume*. — Jean-Jacques et M. de Montaigu. — Opinion de Tronchin sur Voltaire et Rousseau. — *La guerre de Genève*. — *Avis aux Sages du siècle*, par Dorat. — *Les Adorateurs*. 505

XXII

1767-1778. — Sommaire : Rousseau s'enfuit de Wootton. — Sa lettre au général Conway. — Générosité de Hume. — Jean-Jacques débarque à Calais et s'installe à Trie. — Maladie de Du Peyrou. — Rousseau s'établit à Bourgoin. — Il épouse Thérèse Levasseur. — Il souscrit à la statue de Voltaire. — Haine de Choiseul. — Rousseau revient à Paris. — Émotion qu'y cause sa présence. — Lecture des *Confessions*. — L'isolement se fait autour de lui. — Ses hallucinations. — Persécution universelle dont il se croit l'objet. — Arrivée de Voltaire à Paris. — Sa mort. — Mort de Rousseau. — Voltaire et Rousseau après leur mort. . 533

Conclusion 573

Appendice. 596

Table des matières. 601

FIN DE LA TABLE DES MATIÈRES

13681. — Imprimerie générale A. Lahure, 9, rue de Fleurus à Paris.

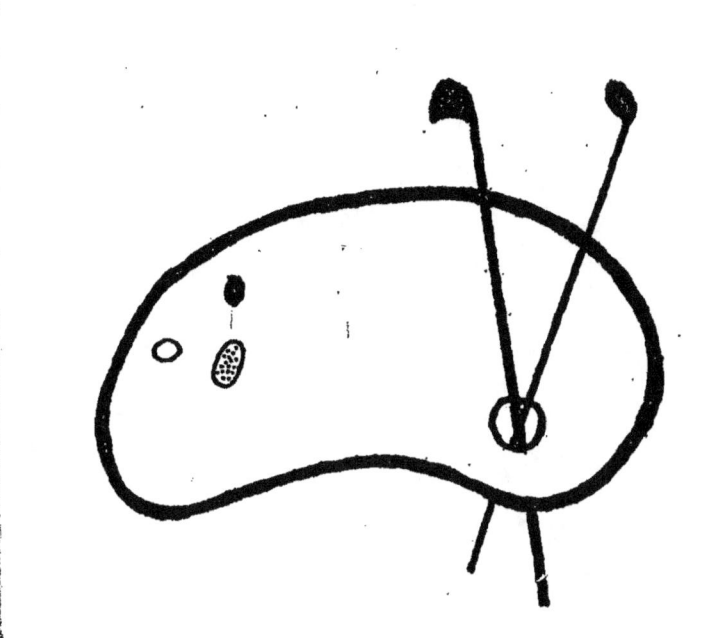

ORIGINAL EN COULEUR
NF Z 43-120-8

www.ingramcontent.com/pod-product-compliance
Lightning Source LLC
Chambersburg PA
CBHW060405230426
43663CB00008B/1393